TaschenAtlas Deutsche Geschichte

Herausgegeben von
Hans Ulrich Rudolf und Vadim Oswalt

Klett-Perthes Verlag
Gotha und Stuttgart

Text- und Kartenbearbeitung
Prof. Dr. Hans Ulrich Rudolf (Seiten 12–135)
Prof. Dr. Vadim Oswalt (Seiten 136–227)

Textredaktion
Franziska Hohm

Kartenredaktion und -entwürfe
Willi Stegner

Kartographie
Klett-Perthes (Anja Krüger, Katrin Schöbel, Thomas Hönicke, Dr. Manfred Reckziegel)

Einbandgestaltung
Grafikdesign Kerstin Brüning, Erfurt

Grafiken
Grafikdesign Kerstin Brüning, Erfurt

Herstellung
Ulrike Glauner

Druck und buchbinderische Verarbeitung
Aprinta, Wemding

Bildquellen
Sämtliche Grafiken wurden überwiegend nach verlagseigenen Quellen (Klett-Atlanten, Folienbücher, Wandkarten und Schulbücher) gestaltet.
Es wurden in allen Fällen neue digitale Karten- und Bildoriginale geschaffen, deren Nachnutzung nur mit Zustimmung des Verlages möglich.

2. Auflage 2006

www.klett.de

ISBN-13: 978-3-623-00011-4
ISBN-10: 3-623-00011-6

9 783623 000114

Geschichte befasst sich im Wesentlichen mit dem Handeln von Einzelmenschen und Gesellschaften. Neben der Kategorie Zeit hat auch der Raum eine wesentliche Bedeutung für den historischen Prozess. Daher ist zum Verständnis von Geschichte neben historischen Kompendien und Nachschlagewerken ein Geschichtsatlas unverzichtbar. Nach dem TaschenAtlas Weltgeschichte behandelt der vorliegende Nachfolgeband Deutsche Geschichte die zentralen Themen der deutschen Geschichte von der Vor- und Frühgeschichte bis zur Gegenwart in 115 anschaulichen und allgemein verständlichen Karten.

Der Atlas – als Grundinformations- und Nachschlagemedium in betont handlicher Form – bildet gerade in Zeiten wachsender Informationsflut ein unverzichtbares kompaktes Standardwerk für jeden Geschichtsinteressierten. Durch die breite Berücksichtigung der Ereignisse der jüngeren deutschen Vergangenheit leistet er ebenso Orientierung im Hinblick auf aktuelle Entwicklungen, Zustände und Tendenzen.

Auch für den Geschichtsunterricht an allgemeinbildenden Schulen bietet er sich Lehrern und interessierten Schülern als Medium an, da alle wichtigen Lehrplanthemen zur Deutschen Geschichte enthalten sind; darüber hinaus sind gerade die zahlreichen landesgeschichtlichen Karten für einen vertiefenden regional orientierten Unterricht geeignet.

Die einheitliche Gestaltung soll den Gebrauch des TaschenAtlas Deutsche Geschichte erleichtern. Jede Karte wird durch einen Text begleitet, der wesentliche geschichtliche Hintergründe des kartographisch dargestellten Themas erläutert. Durchgängig sind die im Textzusammenhang eingebetteten Begriffserklärungen – im Text mit Sternchen (*) gekennzeichnet – und chronologischen Übersichten. Ein ausführliches Orts-, Personen- und Sachregister erschließt sowohl die Karten als auch die Begleittexte.

Herausgeber, Autoren, Kartographen und die Redaktion haben sich bemüht, diesen Atlas mit möglichst exakten, anschaulichen und verständlichen Karten und Texten auszustatten, sind aber für inhaltliche und gestalterische Verbesserungsvorschläge dankbar.

Die Herausgeber und der Verlag

Inhaltsverzeichnis

Gesellschaftliche und staatliche Umbrüche in der napoleonischen Zeit (1789–1815)

Politische Modernisierung oder Restauration? Wiener Kongress (1815), Vormärz und Revolution 1848/49

Auf dem Weg zum führenden Industriestaat: Modernisierung und Industrialisierung Deutschlands bis 1914

Der unvollendete Nationalstaat: Reichsgründung, Deutsches Kaiserreich und Erster Weltkrieg 1870/71–1914

Abkürzungen

allg.	allgemein
amer.	amerikanisch
aut.	autonom
b.	bis; bei
bed.	bedeutend
bes.	besonders
Bez.	Bezeichnung
bez.	bezeichnet
...bg.	...berg
...bˇg.	...burg
bfl.	bischöflich
Bm.	**Bistum**
brand.	brandenburgisch
byz.	byzantinisch
chin.	chinesisch
Dep.	**Departement**
d. Gr.	der (die) Große
d.h.	das heißt
dt.	deutsch
Dt. Ord.	Deutsche Orden
Ebm.	**Erzbistum**
ehem.	ehemalig
eig.	eigentlich
einschl.	einschließlich
einz.	einzeln
Einw.	Einwohner
Erzst.	Erzstift
europ.	europäisch
Fgft.	**Freigrafschaft**
frz.	französisch
Fsm.	**Fürstentum**
Ft.	Fort
G.	Golf
gen.	genannt
gegr.	gegründet
Gf.	Graf
Gfsm.	**Großfürstentum**
Gft.	**Grafschaft**
Ghzm.	**Großherzogtum**
gr.	groß
habsb.	habsburgisch
Hft.	**Herrschaft**
hist.	historisch
hl.	heilig
Hl. Röm. R.	Heiliges Römisches Reich
...hsn.	...hausen
Hst.	Hochstift
Hz., Hzge.	Herzog, Herzöge
Hzm.	**Herzogtum**
i. Allg.	im Allgemeinen
i.d.R.	in der Regel
inzw.	inzwischen
ital.	italienisch
i.W.	im Wesentlichen
i.w.S.	im weiteren Sinne
Jh.	Jahrhundert
Jt.	Jahrtausend
K.	Kap
kath.	katholisch
Kf.	Kurfürst
Kfsm.	**Kurfürstentum**
Kg., Kgt.	König, Königtum
kgl.	königlich
Kgr.	**Königreich**
kl.	klein
Ks., Ksm.	Kaiser, Kaisertum
ksl.	kaiserlich
Ksr.	**Kaiserreich**
KZ	Konzentrationslager
kult.	kulturell
lat.	lateinisch
Lehensh.	Lehenshoheit
Lgft.	**Landgrafschaft**
lit.	litauisch
M.	Meer
M.	Mark
meckl.	mecklenburgisch
Mgft.	**Markgrafschaft**
Mio.	Million
Mrd.	Milliarde
N	Norden
nat.	national
n. Chr.	nach Christus
ndl.	niederländisch
norm.	normannisch
O	Osten
o.g.	oben gennant
osm.	osmanisch
österr.	österreichisch
P.	Papst
port.	portugiesisch
prot.	protestantisch
Prov.	**Provinz**
R.	**Reich**
Rep.	**Republik**
rep.	republikanisch
Rev.	Revoultion
rev.	revolutionär
S	Süden
selbst.	sebstständig
sog.	so genannte
sowj.	sowjetisch
soz.	sozial
St., Sta.	Sankt, Saint
teilw.	teilweise
Terr.	Territorium
trad.	traditionell
u.	und
u.a.	und andere, unter anderem
urspr.	usprünglich
US-am.	US-amerikanisch
v.a.	vor allem
v. Chr.	vor Christus
vgl.	vergleiche
VR	**Volksrepublik**
W	Westen
wiss.	wissenschaftlich
witt.	wittelsbachisch
würt.	württembergisch
zahlr.	zahlreich
z.B.	zum Beispiel
zeitw.	zeitweise, zeitweilig
zus.	zusammen
zw.	zwischen
z.T.	zum Teil
z.Z.	zur Zeit

sowie Endungen auf -lich und -isch (z.B. nördl., griech., engl.).

Abkürzungen in Karten: Staatennamen und andere Territorialnamen werden mittels Ziffern, Siedlungs- und Flussnamen mittels Anfangsbuchstaben abgekürzt und erläutert. Politische Gattungsnamen (z.B Kgr., Hzm., Fsm., oder Gft.) werden im oben stehenden Verzeichnis erläutert und sind hervorgehoben.

Der Karteninhalt wird durch Einzellegenden und durch die Sammellegende erschlossen. Die ***Einzellegende*** erklärt vorwiegend *Signaturen (Kartenzeichen)* zur Thematik der Karte und spezielle kartengestalterische Ausdrucksmittel. Die ***Sammellegende*** erklärt Kartenschriften und Signaturen, die ständig auftreten. Außer topographischen Zeichen sind das Grenzen, Siedlungen, Vertragsorte, Verkehrswege und Signaturen zur Sozial- und Militärgeschichte, z. B. Aufstände und Schlachten.

Grenzen: Soweit nicht anders angegeben, entspricht die Grenzdarstellung der Situation am Ende des im Kartentitel genannten Zeitraumes. Zeitlich davor liegende Veränderungen und zeitweilige Erwerbungen werden durch Farbbänder markiert. Staatengrenzen sind mittels durchgehender grauer Grenzlinien und innerstaatliche Grenzen (Herrschaften, Bundesstaaten, Provinzen) mittels gerissener grauer Grenzen dargestellt. Unsichere Grenzverläufe und unscharfe Abgrenzungen von früheren Staaten und Reichen, aber auch kaum abgrenzbarer Siedlungsräume, sind durch konturlose oder verlaufende Farbflächen ausgewiesen.

Farben: Wichtige Staaten werden in der Regel durch dieselbe Farbe ***(Leitfarbe)*** gekennzeichnet. Kolonien und abhängige Gebiete weisen die entsprechende Leitfarbe des Mutterlandes auf; Erwerbungen werden durch abgestufte Aufhellung der Leitfarbe ausgewiesen. Areale, in denen sich mehrere Gebietsansprüche überschneiden, werden durch entsprechende Farbstreifen dargestellt.

Zahlenangaben: Einzeln stehende Jahreszahlen geben den Beginn der historischen Entwicklung an, z. B. das Jahr der Erwerbung eines Gebietes, Gründung eines Staates oder einer Siedlung. Steht ein Schrägstrich zwischen zwei aufeinanderfolgenden Daten, so wird damit zum Ausdruck gebracht, dass der betreffende Vorgang nicht kontinuierlich ablief. Eine Jahreszahl in Klammern bedeutet das Jahr eines Gebietsverlustes oder das Ende bzw. die Schließung einer Einrichtung z. B. einer Universität.

Karten- und Textverweise: Die im Text in eckigen Klammern stehenden Verweise [→ ...] sollen den Zusammenhang mit anderen Karten und Texten erschließen.

Legende (Zeichenerklärung)

- Grenze des Heiligen Römischen Reiches, des Deutschen Bundes, Reichsgrenze 1871 – 1945
- Staatsgrenze, Staatengrenze
- –1860– Grenzvertrag
- innerstaatliche Grenze
- umstrittene Grenze

- Hauptstadt, Residenz
- Reichsstadt
- sonstige Orte
- Ruinenstätte

- Sitz eines Papstes, eines Patriarchen
- Sitz eines Erzbischofs
- Sitz eines Bischofs
- erloschenes Erzbistum / Bistum
- Kloster, Kirche
- Burg, Schloss
- Pfalz

- Personalunion
- *1919* Vertrags- bzw. Konferenzort (mit Datum)
- Schlacht
- Belagerung
- Festung
- Aufstand, Revolution, militärischer Konflikt
- Grenzbefestigung (Limes)

- Eisenbahn
- Handelsweg, Fernhandelsweg, Straße
- Seehandelsweg
- Hafen
- Flughafen
- Pass

- Fluss
- Kanal
- See
- Sumpf

Kartenzeichen zur Wirtschaftsgeschichte

Bergbau

- Steinkohle
- Fe Eisen
- Co Kobalt
- Au Gold
- Ag Silber
- Pb Blei
- Zn Zink
- Sn Zinn
- Cu Kupfer
- Hg Quecksilber
- Sa Salz
- Bernstein

Gewerbe

- Eisen- und Buntmetallurgie
- Eisen- und Metallverarbeitung
- Schiffbau
- Feinmechanik, Uhren
- chemische Erzeugnisse
- Papier
- Druckerzeugnisse
- Porzellan, Keramik
- Glas, Glaswaren
- Leder, Pelze, Rauchwaren

Landwirtschaft

- Getreide Roggen
- Weizen
- Wein
- Flachs
- Farbpflanzen
- Krapp
- Waid

- Rinderhaltung
- Schafhaltung

Kartenschriften

POLEN	selbständiger Staat, Reich
Baden	Teilstaat, Bundesstaat, Land, Herrschaft
GOTEN	Völkergruppe, Volk, Stamm
Prag	Siedlung, Stadt
Wettin	Burg, Pfalz, Schloss
Banz	Kloster, Kirche
Sylt	Insel
Hegau	Landschaft
Alpen	Gebirge
Vesuv	Berg
Elbe	Gewässername

Bundesrepublik Deutschland (seit 1949)

Republik Österreich (seit 1945)

Früh- und Hochmittelalterliches Reich (8.–14. Jh.)

Deutsche Demokratische Republik (nicht realisiert)

Römischer Legionsadler

Spätmittelalterliches Reich (14./15. Jh.–1806)

Deutsches Reich (1933–1945)

Kaiserreich Österreich (1804–1918)

Königreich Preußen (1701–1918)

„Regenbogenschüsselchen". *Volkstümliche Bezeichnung für kelt. Goldmünzen, griech. Vorbildern in Form und Dekor nachgeahmt. Deutung rätselhaft.*

Gallien. Die gall. Kelten hat zw. (58 und 52 v.Chr.) Julius Caesar unterworfen. Mit diesem Erfolg, den er selbst in einer Art Propagandaschrift, dem *Bellum Gallicum (Gallischer Krieg)*, beschrieben hat, begann sein Aufstieg zum röm. Diktator und Ahnvater des röm. Kaisertums.

Kelten, ein Volk, das aus dem Dunkel kam

Die Kelten (griech. *Keltoi* und *Galatoi*, lat. *Celtae* und *Galli*), ein Zweig der indogerman. Sprachfamilie, waren Bauern- und Kriegerstämme, die sich vermutlich im 2. Jt.v.Chr. gebildet hatten. Es ist uns anfangs nur aus Bodenfunden, seit dem 6./5. Jh.v.Chr. auch über griech. und röm. Schriftsteller bekannt; schriftliche Selbstzeugnisse fehlen.

Als ihre Urheimat gilt der Raum zw. dem Oberrhein und Böhmen. Im 7. Jh. breiteten sie sich nach Frankreich aus, im 6. Jh. auf die Iberische Halbinsel und im 5. Jh. auf die Britischen Inseln. Seit dem 4. Jh. drangen sie nach Italien und auf den Balkan vor, um 278 v.Chr. sogar nach Vorderasien *(Galatien)*.

Die zahlr. Stämme und Ethnien besaßen weder Gemeinschaftsbewusstsein noch bildeten sie eine staatl. Einheit. Nur Kultur und die in der Bretagne, in Wales und Irland erhaltene Sprache waren ihnen gemeinsam.

In manchen Regionen waren sie nur eine Herrenschicht über einheim. Bevölkerung, in Spanien (Iberer) und im Alpenraum (Illyrer, Veneter) dagegen verschmolzen sie mit dieser. Ihre stark mediterran beeinflusste Kultur, welche stadtähnliche Siedlungen *(oppida)* kannte, wird nach den Hauptfundorten in die ***Hallstatt-**** und ***La-Tène-Zeit**** geschieden.

Hallstatt-* und ***La-Tène-Zeit****. Die Hallstattzeit (ca. ***800–450***) wird i.W. durch mächtige Adels-/Hügelgräber mit reichen Grabbeigaben (vierrädrige Totenwagen, reicher Goldschmuck, griech.-etrusk. Importbronze und -keramik) sowie Kupferbergbau u. Bronzeherstellung gekennzeichnet. Die anschließende *La-Tène-Zeit* (ca. 450–1. Jh v. Chr.) kennt die Eisenverarbeitung, die Töpferscheibe, zweirädrige Streitwagen, Halsringe, Schnabelkannen und zunehmend Brandbestattungen.

Ihre Machtstellung erlangte um 400 v.Chr. ihren Höhepunkt, als sie – wie Grabfunde zeigen – von mächtigen Fürsten beherrscht wurden. Unter dem Druck der Germanen und Römer zerfiel ihr Verbreitungsgebiet um Christi Geburt in Germanien, Italien, Spanien und ***Gallien****.

Die Germanen

Die Germanen waren als indogermanische Sprach- und Völkergruppe in Nord- und Mitteleuropa vermutlich im 2. Jt.v.Chr. entstanden. Trotz ihres – freilich urspr. *keltischen* – Sammelnamens empfanden sie sich selbst zwar als verwandt, aber nie als Einheit.

In ihrer Frühzeit bildeten sie zahlreiche kleine – allenfalls durch gemeinsame Kulte miteinander verbundene – Stämme. Erst bei den späteren Wanderungen entstanden größere polit. Völkerschaften. Weiter ausgreifende Einigungsversuche (wie später z.B. durch Arminius und Marbod) scheiterten.

Die Völker bestanden aus sozial und wirtschaftlich bevorzugten Adelsschicht, freien Kriegern, Halbfreien und Sklaven/Unfreien. Die gefolgschaftlich strukturierten Freien- und Adelsverbände, das (Krieger-)*Volk*, führten *Herzöge (duces)* oder – zeitlich ursprünglich befristete – *Heerkönige (reges)*.

Ihre ursprüngliche Heimat ist Südskandinavien mit Dänemark sowie N- und NW-Deutschland (erste gesicherte german. Kultur in *Jastorf*, 7. Jh.v. Chr.). Von dort aus verbreiteten sie sich nach Skandinavien (Nordgermanen) und stießen gegen die Kelten nach S vor: im 5. Jh.v.Chr. zum Harz und zur Saale, im 3. Jh. nach Hessen und im 1. Jh. nach Böhmen. Der Zug der Kimbern, Ambronen und Teutonen 120–101 v.Chr. nach Italien, wo sie 102 bei *Aquae Sextiae* und 101 bei *Vercellae* besiegt wurden, leitete die Südvorstöße der sich von den Nordgermanen ablösenden Ostgermanen gegen das Röm. Reich ein: Die *Vandalen* zogen nach Schlesien, die *Langobarden* zur Unterelbe, die *Rugier* zur Oder- und Weichselmündung, die *Burgunder* zur Weichsel, die *Goten* und *Gepiden* ebenfalls zur Weichsel und die *Warnen* nach Mecklenburg.

Seit 72 v.Chr. drangen Sueben in Gallien ein; 58 v.Chr. wurden sie von Caesar geschlagen, der 55/51 den Rhein zur Grenze zw. Kelten und Germanen bestimmte.

Mitteleuropa (ca. 600 – 50 v. Chr.)

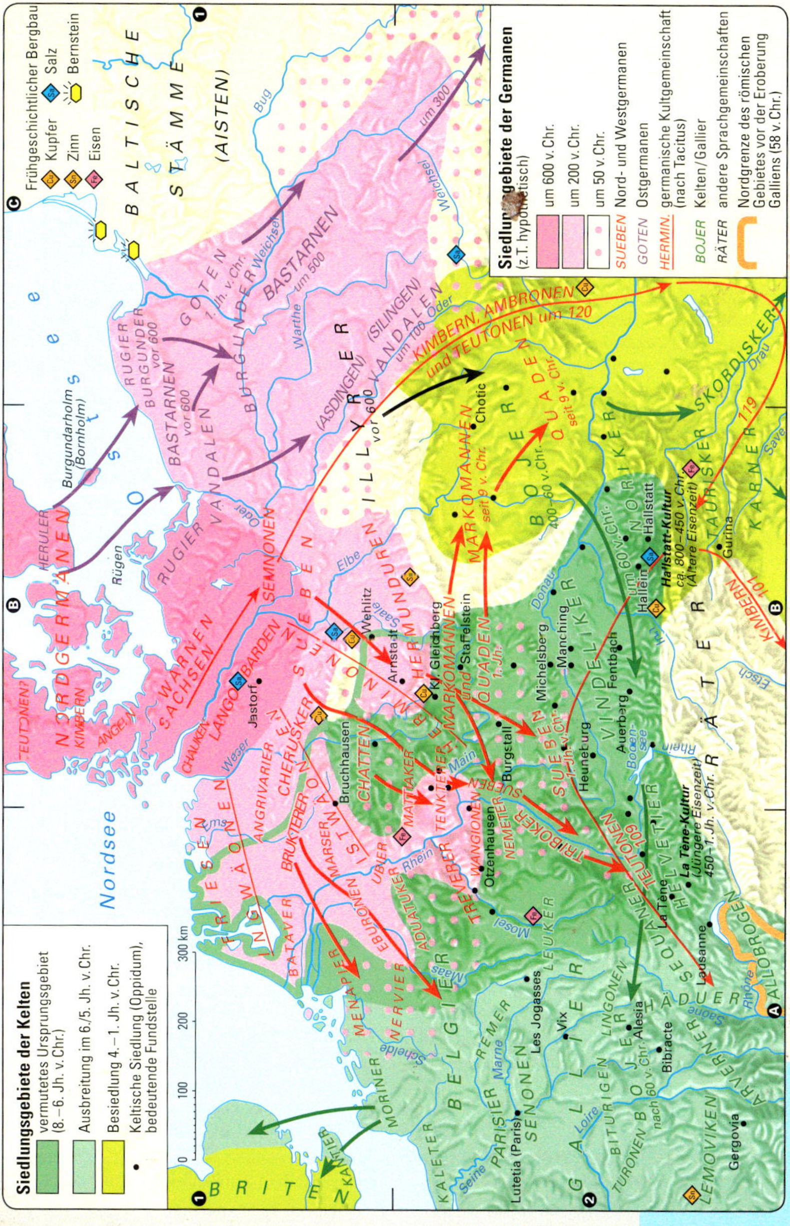

Unter dem römischen Adler.
Nur ein kleiner Zipfel Germaniens, der später durch den sog. Limes befestigt wurde, geriet unter röm. Herrschaft und wurde Teil des Römischen Reiches.

Der Plan der römischen Elbgrenze

Die von ***Julius Caesar*** (*100–44 v.Chr.) 55/51 v.Chr. festgelegte *Rheingrenze* zw. Gallien und Germanien blieb nicht sicher. Es kam zu Raubzügen der Sugambrer, Usipeter und Tenkterer, die 16 v.Chr. in Gallien den Statthalter *M. Lollius* besiegten. Dies veranlasste Caesars Nachfolger und Neffen, ***C. Julius Caesar Octavianus Augustus*** (*63 v.Chr., 44/31–14 n.Chr.), zu großen ***Germanenfeldzügen***. Seine Stiefsöhne *Drusus* und *Tiberius* sollten 12–9 v.Chr. bzw. 4–6 n.Chr. die röm. Reichsgrenze bis zur Elbe vorschieben. Drusus erreichte sie 9 v.Chr. beim späteren Magdeburg, starb aber auf dem Rückweg. Tiberius drang 4 n.Chr. bis über die Weser, 5 n.Chr. mit Heer und Flotte zugleich bis zur Elbmündung, 6 n.Chr. gegen Marbod vor.

Es wurde eine ***Provinz Germanien*** errichtet, welche auch die linksrheinischen Germanenstämme einbezog; der rechtsrheinische Raum wurde nur oberflächlich provinzialisiert: Föderations- und Freundschaftsverträge u.a. mit Semnonen und Cheruskern.

Im Jahre 9 n.Chr. kam der Rückschlag. Die Cherusker, Chatten, Usipeter u.a. erhoben sich unter dem Cherusker und römischen Ritter Arminius. Im sog. ***Teutoburger Wald*** [*Kalkriese* bei Osnabrück?] besiegten sie drei römische Legionen unter *Varus*. Dieser Sieg verhinderte die Romanisierung des sog. *freien Germaniens*. Auch die Feldzüge des *Germanicus* 15 n.Chr. ins Gebiet der Chatten, an die Emsmündung und zur Weser (16 n.Chr.: *Schlacht bei Idistaviso*) änderten nichts mehr daran. Die Romanisierung des germanischen Uferstreifens links des Rheins war allerdings auch durch den Aufstand des *Iulius Civilis* 69/70 n.Chr. nicht mehr aufzuhalten.

Der Bau des Limes

Unter ***Ks. Domitian*** (81–96) wurden zw. 82 und 90 die Provinzen ***Unter- und Obergermanien*** (*Germania inferior* und *Germania superior*) errichtet. *Untergermanien* umfasste die späteren Niederlande, Belgien und das linksrhein. dt. Niederrheingebiet. Der in den Rhein fließende Vinxtbach (lat. *ad fines*?) bildete die Grenze zu *Obergermanien*. Zu diesem gehörte ein 40 km breiter linksrhein. Streifen am Oberrhein sowie die rechtsrhein. sog. *Agri Decumates* zw. Rhein und Schwäb. Alb. Domitian hatte auch begonnen, die ***Limesgrenze**** anzulegen und zu befestigen.

Limesgrenze. Der Limes (eigentlich *Grenzweg* zwischen zwei Grundstücken) sollte Obergermanien gegen das *freie Germanien* absichern. Der ***obergermanische Limes*** begann am Rhein gegenüber der Mündung des Vinxtbaches zwischen Hönningen und Rheinbrohl, überquerte Westerwald und Taunus, lief an der Grenze der Wetterau entlang zum Main (Hanau bis Miltenberg) und von da über den Odenwald bis Lorch. Von dort führte er als ***rätischer Limes*** nordöstlich über Aalen nach Gunzenhausen und überquerte die Fränkische Alb, um westlich von Kelheim an der Donau zu enden.

Ks. Trajan (98–117) verringerte die Grenzlegionen und gab den Plan der Elbgrenze auf. ***Ks. Hadrian*** (117–38) und seine Nachfolger führten den ***Ausbau des Limes**** weiter.

Ausbau des Limes. Domitian begann entlang der Grenze Beobachtungstürme auf Sichtweite einzurichten und in der Wetterau, am Main und am mittleren Neckar erste Kastelle anzulegen. Unter Hadrian sicherten die Römer die begradigte Limeslinie durch eine ***Holzpalisade***, um die Eingänge ins Provinzialland auf wenige Stellen zu beschränken. Der Palisadenzaun stand in einem kleinen Graben; an ihm entlang führte ein Fahrweg. Im 3. Jh. wurde in Obergermanien hinter der Palisade ein v-förmiger *Graben* angelegt und das ausgehobene Erdreich zu einem *Wall* aufgeschüttet. Als unter ***Caracalla*** (212–17) die Alamannen erstmals gegen den Limes anstürmten, wurden die Palisaden in Rätien durch eine 1,1 m starke und 2,5–3 m hohe ***Steinmauer*** ersetzt.

Um 260 durchbrachen die ***Alamannen*** [→ 17] den obergermanischen Limes und ließen sich in den ***Agri Decumates*** nieder. Die Römer gaben daraufhin auch den rätischen Limes auf und verlegten die Reichsgrenzen zurück an Donau und Rhein. Die Angriffe der Alamannen gingen in der Folge unvermindert weiter; ein Sieg *Ks. Julians bei Straßburg* 357 brachte nur wenig Entlastung. Um 450 hatten sich die Alamannen bis ins Elsass und die Nordschweiz ausgebreitet. Schließlich (497?) wurden sie durch *Kg. Chlodwig* (482–511) dem Frankenreich eingegliedert.

A. Aliso? (Haltern)
B. Bielefeld
D. Dortmund
Gi. Gießen
Gö. Göttingen
Ha. Hamburg
Hi. Hildesheim
K. Kalkriese
M. Magdeburg
P. Paderborn
Germanisches Meer
Suebisches Meer
ANGELN
RUGIER
WARNEN
SACHSEN
LANGOBARDEN
SEMNONEN
FRIESEN
CHAUKEN
AMSIVARIER
ANGRIVARIER
CANNENEFATEN
Lacus Flevo
FRIESEN
CHAMAVER
USIPETER
BRUKTERER
CHERUSKER
BATAVER
Idistaviso? 16 n. Chr.
9 n. Chr.
Teutoburger Wald
Visurgis (Weser)
Amisia (Ems)
(Aller)
Albis (Elbe)
(Havel)
Lupia (Lippe)
SUGAMBRER
MARSER
CHATTEN
Kassel
HERMUNDUREN
Sog. „freies Germanien"
Noviomagus (Nimwegen)
Colonia Ulpia Traiana (Xanten) Vetera
Rhenus (Rhein)
Untergermanien
Novaesium (Neuss)
UBIER
Colonia Claudia Ara Agrippinensium (Köln)
Aduatuca (Tongern)
Aquae (Aachen)
Bonna (Bonn)
TENKTERER
Mosa (Maas)
(Lahn)
(Saalburg)
Confluentes (Koblenz)
Obergermanischer Limes
(Saale)
(Eger)
MARKOMANNEN
Mogontiacum (Mainz)
Mosella (Mosel)
Moenus (Main)
TEUTONEN
TREVERER
Augusta Treverorum (Trier)
VANGIONEN
(Worms)
Borbetomagus
Belgien
Noviomagus (Speyer)
Nicer (Neckar)
Biriciana (Weißenburg)
(Naab)
Castra Regina (Regensburg)
Divodurum (Metz)
NEMETER
Rätischer Limes
SUEBEN
Ober-germanien
Aquae (Baden-Baden)
(Lorch)
(Aalen)
Danuvius (Donau)
Quintanis (Künzing)
Matrona (Marne)
357
Argentorate (Straßburg)
Grinario (Köngen)
A. D.
Sumelocenna (Rottenburg)
VINDELIKER
Isara (Isar)
Castra Batava (Passau)
Augusta Vindelicum (Augsburg)
Aenus (Inn)
Arae Flaviae (Rottweil)
Rätien
Iuvavum (Salzburg)
Andemantunnum (Langres)
Cambodunum (Kempten)
Pons Aeni (Rosenheim)
Lyon
Basilia (Basel)
Rhenus (Rhein)
Constantia
Lacus Venetus (Bodensee)
Licca (Lech)
Noricum
Saône
Dubis
Augusta Raurica
Vindonissa
HELVETER
Brigantium (Bregenz)
Isonta (Salzach)
12 v. Chr.
5 n. Chr.
16 n. Chr.
15 n. Chr.
4 n. Chr.
5 n. Chr.?
9 v. Chr.
14 n. Chr.
11 v. Chr.
Römische Feldzüge 12 v. Chr. – 16 n. Chr.:
Drusus (12 – 9 v. Chr.)
Tiberius (4/5 n. Chr.)
Sentius Saturnius (6 n. Chr.)
Germanicus (14 – 16 n. Chr.)
ungefährer Ort der Varus-Schlacht (9 n. Chr.)
Provinzgrenze
römisches Provinzialgebiet
zeitweilig röm. Gebiet (zu Beginn des 1. Jh. n. Chr.)
röm. Grenzbefestigung (Limes) (ab 83 – 260 n. Chr.)
Legionslager
Kastell
aufgehobenes römisches Legionslager oder Kastell
römische Stadt
heutiger Ort
Römerstraße
UBIER germanischer Stamm im 1. Jh. n. Chr.
HELV. keltischer Stamm
A. D. Agri Decumates (Dekumatland)
0 50 100 150 km

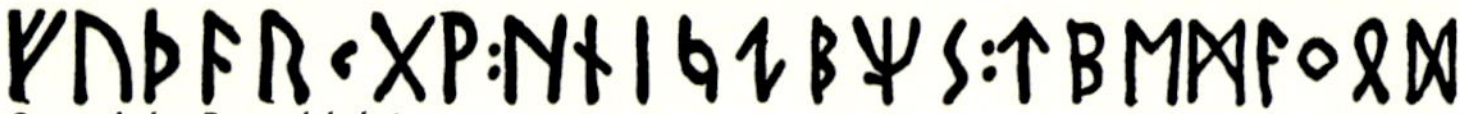

Germanisches Runenalphabet.
Etrusk. Einflüsse bewirkten vermutl. die Ausbildung german. Schriftzeichen (Runen) mit 24 und mehr Zeichen.

Zwischen dem 2. und 4. Jh. führten zahlreiche Expansionen, Rivalitäten und Wanderungen germanischer Völker zur Entstehung von Großstämmen in der Nähe von Rhein und Donau, welche die römische Reichsgrenze in wachsendem Maße bedrohten.

Die ***Alamannen***, im Mittelalter auch *Schwaben (Sueben)* genannt, sind vermutlich aus mehreren Heerhaufen (s. Name *Alamannen*) vorwiegend sueb. Herkunft zu einem Großstamm verschmolzen, der erstmals 213 am oberen Main auftauchte. Ziel der Vereinigung, in der auch die *Juthungen* aufgingen, dürfte die Eroberung röm. Gebiets gewesen sein. Nach mehreren Versuchen, z.B. 233, gelang ihnen 259/260 die ***Überwindung des Limes*** [→ 15] und die Besiedlung des von der galloröm. Vorbevölkerung nicht völlig geräumten ***Dekumatlandes***. Noch im 3. Jh. rückten sie in zahlreichen Kriegszügen aber auch nach W und S vor, weit in die linksrhein. röm. Provinzen Obergermanien und Rätien.

Seit der Mitte des 3. Jh. drangen immer häufiger zusammenfassend ***Franken*** *(= kühn, ungestüm, frech*, später *frei*) genannte Kleinstämme über die Rheingrenze in Nordgallien ein; genannt werden z.B. Chamaver, Brukterer (Chatten?) und Chattuarier, die aber um 280 durch ***Kaiser Probus*** (276–82) wieder vertrieben wurden. In der Folge nahm das röm. Heer immer mehr fränk. Hilfstruppen auf und siedelte Franken als *römische Bundesgenossen* auf weström. Staatsland an.

352/53 verwüsteten Franken und Alamannen das linke Rheinufer vom Bodensee bis zur Nordsee. Der gr. Alamannensieg Julians 357 bei Straßburg und sein Feldzug gegen die nun zusammenfassend ***Salier*** gen. Franken, denen als Föderaten der Wohnsitz zw. Schelde und Maas bestätigt wurde – im Unterschied zu den ***Ripuariern*** gen. oben aufgeführten Kleinstämmen – festigte die röm. Autorität noch einmal. 361 stand wieder das ges. linksrhein. Gebiet unter röm. Herrschaft.

Die ***Markomannen***, ein Teil der Sueben, die seit etwa 19 n. Chr. im Egergebiet (Böhmen) unter lockerer röm. Oberhoheit standen, erhoben sich 166 gegen die röm. Herrschaft und kamen bis Verona. Kaiser ***Mark Aurels*** (161–180) *Markomannenkriege* 160–180 vermochten ihrer nur mühsam Herr zu werden. Ende des 4. Jh. wurden sie in Oberpannonien (Wiener Becken) angesiedelt.

Die Expansion der Goten vertrieb wohl auch die ***Burgunder*** [→ 15] aus ihren (Zwischen-)Sitzen an der unteren Weichsel. Mitte des 3. Jh erschienen sie am oberen und mittleren Main, 406 überquerten sie den Rhein und errichteten ein *Königreich* um die Hauptstadt Worms.

Die ***Friesen*** siedelten im Küstengebiet nördlich der Zuiderzee bis zur Ems und waren 98 n. Chr. in die östlichen *Großen* und die *westlichen Kleinen Friesen* geschieden. Seit Ende des 3. Jh. waren sie selbstständig und dehnten sich in der Folgezeit bis zu Weser und Schelde aus.

Die erstmals 21 n. Chr. erwähnten ***Quaden*** zählten ursprünglich wohl zu den Sueben. Ihr Reich reichte zeitweise bis zur Donau und zu den Karpaten und umfasste auch die Markomannen, wurde von diesen aber 357/58 und 374/75 besiegt. Der größte Teil der Quaden zog 407 mit den Vandalen nach Spanien und war dort an der Gründung des Suebenreichs beteiligt.

Der Stammesverbund der ***Sachsen***, spätestens im 3. Jh. n. Chr. entstanden, hat sich vom heutigen Schleswig-Holstein aus in kriegerischer Expansion südwärts ausgebreitet. Dabei gingen u.a. Angrivarier, vielleicht auch Chauken und Cherusker, in ihnen auf.

Die ***Thüringer*** werden erstmals im 4. Jh. erwähnt. Sie sind wohl aus den Hermunduren hervorgegangen, denen sich im 5. Jh. Angeln und Warnen anschlossen. Die Stammesbildung führte zur Bildung eines Königreichs beiderseits der Saale, von der Gegend um Magdeburg bis zum Obermain, von der Elbe bis zur Werra.

Wanderungen germanischer Großstämme (2.–4. Jh.)

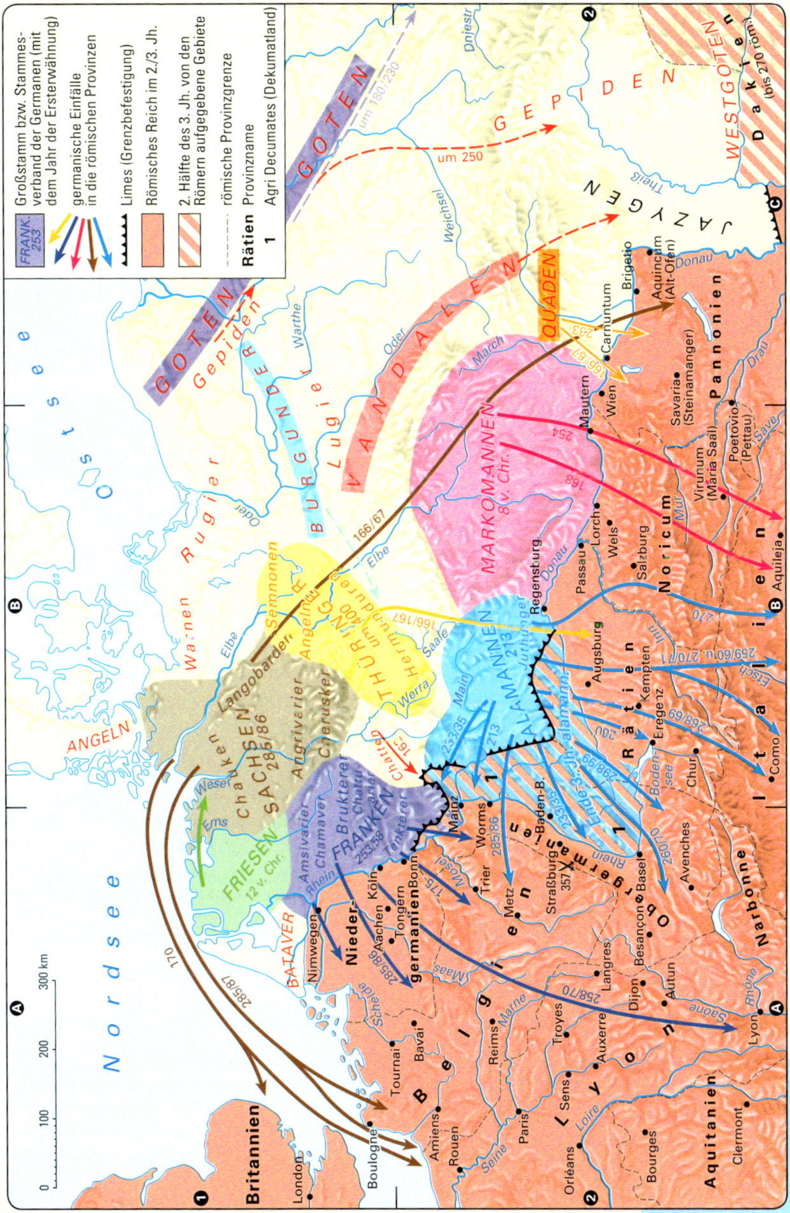

Grabmal Theoderichs in Ravenna. *Mit dem Ostgotenkönig starb 526 ein Politiker, der – wenn auch letzlich vergeblich – für eine solidarische germanische Politik gegenüber Byzanz eintrat.*

Die durch Klimawechsel, Überbevölkerung, Beutegier und die Westwanderung der ***Hunnen****** verstärkte ***Völkerwanderung*** traf das Röm. Reich nach der Teilung von 395 in Ost- und Westrom und nach dem Untergang des weström. Ksm. 476 verheerend. Überall entstanden im Westteil nun german. Reiche.

Die Hunnen in Europa.

209/174 v. Chr. *Hunnisches Großreich* von der Mongolei bis zum Pamir.

Seit 85 n. Chr. Allmähliches Vordringen nach Westen

Um 350 Zerstörung des *Alanenreichs.*

375 Sieg über die *Ostgoten.*

Seit 445/46 Attila (Etzel, gotisch: *Väterchen*) eint die Horden zwischen Kaukasus und Rhein.

451 Hunn. Niederlage auf den *Katalaun. Feldern.*

453 Tod Attilas und Zerfall des Reichs.

Ostgotenreich (ca. 488 – 562)

Die ***Goten*** waren um 150 von der Weichsel aufgebrochen, saßen um 200 am Dnjepr und Schwarzen Meer und begannen ab 240 in das röm. Dacien einzufallen, das trotz der Kriege *Ks. Decius'* (249 – 51) von den ***Westgoten*** besiedelt wurde, während die ***Ostgoten*** von der Ukraine aus ein großes Reich aufbauten.

Nach der Niederlage gegen die Hunnen 375 zogen sie als röm. Föderaten nach Pannonien, 471 auf den Balkan. Ihr bedeutendster König, ***Theoderich der Große*** (471 – 526), eroberte 488 – 93 gegen Odoaker Italien. Von Ravenna aus regierte er später neben Italien und Sizilien auch Dalmatien, Pannonien, die Alpenländer und Rätien. Hinzu kam eine lockere Oberhoheit über Alamannen (nach 496/506?) und Westgoten (seit 508) der Provence sowie (seit 511) Spaniens; 523 verhinderte er die fränk. Unterwerfung der Burgunder. Gegen Byzanz und die Franken erstrebte er einen *Bund aller german. Völker auf röm. Boden*, scheiterte jedoch am Widerstand des fränk. Kg. Chlodwig I. (481 – 511). Unter Theoderichs Nachfolgern begann Byzanz 535 mit der Rückeroberung Italiens und besiegte 562 das Ostgotenreich endgültig.

Burgunderreich (443 – 534)

Als der burg. König Gundahar 435 versuchte, sein Reich durch die Eroberung Belgiens nach W auszuweiten, ließ der röm. Heermeister im W, Aetius (ca. 390 – 454), das burg. Reich **437** durch hunn. Hilfsvölker vernichten (Nibelungensage!) und siedelte die Überlebenden 443 in der *Sapaudia* (Savoyen) um Genf an. Das um 456 arian. gewordene Volk wurde 516 kath. und machte 461 Lyon zur Hauptstadt. **534** unterlag es den Franken.

Thüringerreich (4. Jh. – 534)

Das Königreich der Thüringer [→ 17] gehörte zum progermanischen Bündnis Theoderichs, wodurch es in Gegensatz zu den Franken geriet. Franken und Sachsen vernichteten es **531** durch den Sieg an der ***Unstrut*** und 534 durch Ermordung des Königs.

Frankenreich (seit ca. 500)

Die Franken [→ 15] wurden ursprünglich von zahlreichen Kleinkönigen beherrscht. ***Chlodwig*** (482 – 511), Kg. der Salier um Tournai, eroberte um 486 die römische Restprovinz zwischen Somme und Loire. Durch Beseitigung der übrigen Könige einigte er die Franken, und durch erfolgreiche ***Eroberungskriege**** gegen die Nachbarn errichteten er und seine Nachfolger ein ***Fränkisches Großreich***, das nach dem Tod Theoderichs (526) zur Vormacht Westeuropas wurde.

Eroberungskriege – Fränkische Erfolge

486 Sieg über den dux Syagrius. Annexion der letzten römischen Gebiete in Gallien.

496? Zülpich?: Unterwerfung der Alamannen. Annexion des nördlichen Alamanniens.

507 Vouillé: Annexion des Westgotenreichs.

531 Unstrut: Annexion des Thüringerreichs.

534 Autun: Annexion des Burgunderreichs.

M. 6. Jh. Bayern unter fränkischer Herrschaft.

Langobardenreich (568 – 774)

Der aus Südschweden stammende Volksstamm zog um 490 aus dem Elbgebiet nach Niederösterreich. Zwischen **568** und 650 eroberte er Ober- *(Lombardei)* und Teile Süditaliens.

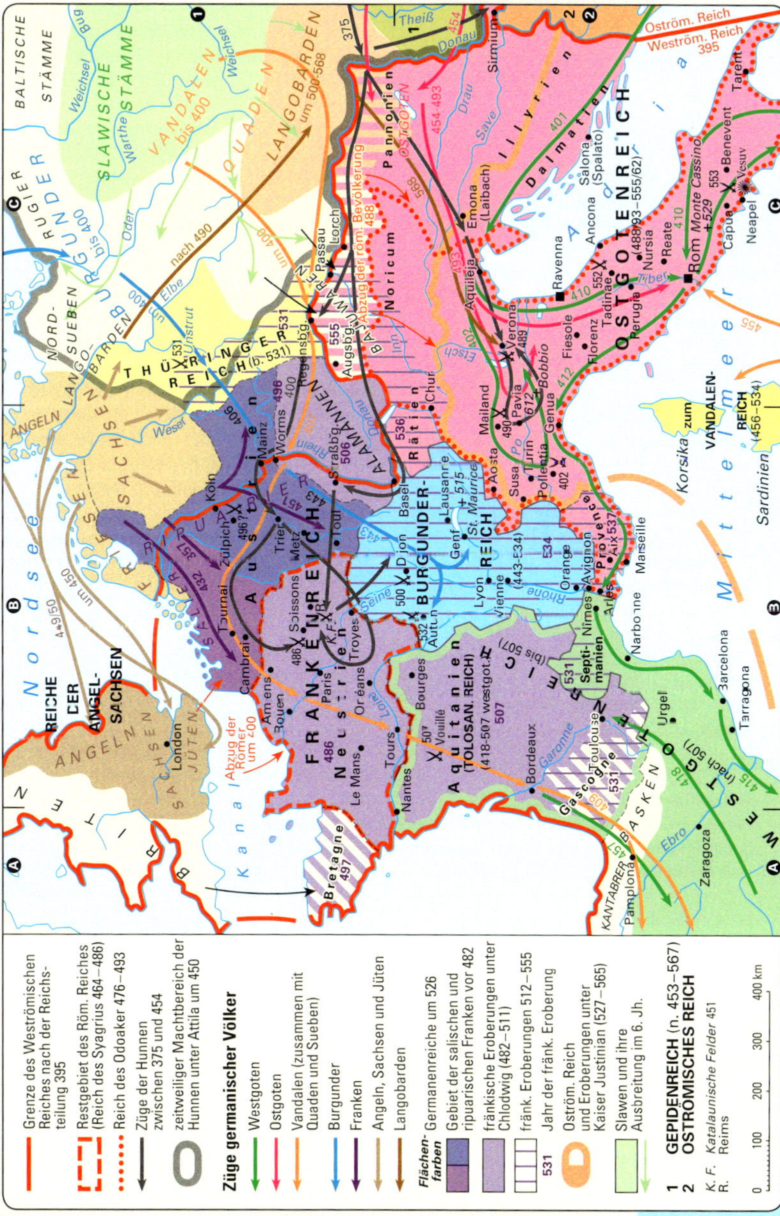

Grenze des Weströmischen Reiches nach der Reichsteilung 395

Restgebiet des Röm. Reiches (Reich des Syagrius 464–486)

Reich des Odoaker 476–493

Züge der Hunnen zwischen 375 und 454

zeitweiliger Machtbereich der Hunnen unter Attila um 450

Züge germanischer Völker

- Westgoten
- Ostgoten
- Vandalen (zusammen mit Quaden und Sueben)
- Burgunder
- Franken
- Angeln, Sachsen und Jüten
- Langobarden

Flächenfarben

- Germanenreiche um 526
- Gebiet der salischen und ripuarischen Franken vor 482
- fränkische Eroberungen unter Chlodwig (482–511)
- fränk. Eroberungen 512–555
- 531 Jahr der fränk. Eroberung
- Oström. Reich und Eroberungen unter Kaiser Justinian (527–565)
- Slawen und ihre Ausbreitung im 6. Jh.

1 **GEPIDENREICH** (n. 453–567)
2 **OSTRÖMISCHES REICH**

K. F. *Katalaunische Felder* 451
R. Reims

0 100 200 300 400 km

Unterm Schutz Christi.
Zum Zeichen ihres christlichen Glaubens wurden toten Alamannen bis ca. 700 oft sog. Goldblattkreuze ins Grab gelegt; unter christl. Einfluss endete auch der Brauch der Grabbeigaben.

Der oström. ***Ks. Theodosius I.*** (379–95) hatte **391** alle heidn. Kulte, auch die ***Olymp. Spiele***, verboten und das ***Christentum zur Staatsreligion*** erhoben. Während in der Osthälfte der ***Cäsaropapismus*** entstand, vermochte sich in dem staatlich zerfallenden Westrom allmählich der Bischof von Rom, genannt *papa (Papst)*, in den Vordergrund zu schieben und einen Primat in der Kirche zu begründen.

Der christlichen *Staatskirche* stellte sich als neue Aufgabe die „Bekehrung" der german. Völker und Reiche auf röm. Staatsgebiet; diese nahmen das Christentum meist in der arianischen Form an. Bald traten auch die Germanen außerhalb des Röm. Reichs ins Blickfeld der Mission. Zwischen dem 5. und 10. Jh. erfasste das Christentum Nordeuropa. Es waren in erster Linie ***Benediktinermönche***, welche die christliche Lehre nach Schottland (ab 400/563), Irland (ab 432) und England (ab 596) trugen. Von dort aus wurde sie dann im 6./8. Jh. durch ***iroschottische*** und im 7./8. Jh. durch ***angelsächsische Mönchsmissionare*** wieder auf dem Kontinent, v.a. bei den rechtsrhein. Germanen (6./7. Jh.), verbreitet.

Der ***Islam***, der zwischen 622 und 750 auch von der Iber. Halbinsel her gegen West- und Mitteleuropa vordrängte, wurde **732** durch den fränk. Hausmaier Karl Martell bei ***Tours und Poitiers*** gestoppt. Er bedrohte Europa erst wieder nach dem ***Fall Konstantinopels*** **1453**, dann aber von Südosteuropa her.

Die iroschottische Mission (6.–8. Jh.)

Die irische Kirche war durch ein asketisches und eremitisches Mönchtum geprägt. Als Askeseform galt – im Gegensatz zur benediktinischen *Ortsgebundenheit (Stabilitas loci)* – die *Heimatlosigkeit um Christi Willen* (lat. *peregrinatio propter Christum*). Mönche aus Irland (lat. *Scotia*) zogen daher seit dem 6. Jh. als Missionare nach Schottland und Gallien, seit dem 7. Jh. nach Italien und Deutschland. In Gallien gründete z.B. ***Kolumban*** (d.J.) das fränk. Kloster *Luxeuil* von dem über 50 Klostergründungen ausgingen. Zahlr. Nachfolger kamen bis ins 8. Jh. und missionierten – oft im Konflikt mit der Amtskirche – im Fränk. Reich, v.a. in NW-Deutschland, Franken *(Kilian)*, Thüringen, Alamannien (Fridolin?, Gallus?) und Bayern (Virgil). Seit dem 7. Jh. wurde die rigorose Mönchsregel der Iroschotten durch die Benedikts von Nursia ersetzt.

Die angelsächsische Mission (7.–8. Jh.)

Im Gefolge der Iroschotten kamen ab etwa 680 ***Angelsachsen*** zur Mission der heidnischen Germanen aufs Festland. Sie wirkten vorwiegend in Absprache mit der fränkischen Staatsgewalt und dem röm. Papsttum, gründeten daher nicht nur Klöster, sondern auch Bistümer. Große Verdienste erwarb sich dabei ***Winfried-Bonifatius*** (†754).

Winfried-Bonifatius. In der Mission bei Friesen, Thüringern und Hessen, bei seinen Kloster- ***(Amöneburg, Fritzlar, Fulda, Kitzingen und Ochsenfurt (bei Würzburg), Ohrdruf, Tauberbischofsheim)*** und Bistumsgründungen (Bayern 739: *Regensburg, Freising, Salzburg* und *Passau*; im Fränkischen Reich nach 741: *Würzburg, Büraburg* und *Erfurt*) wurde er durch *Lul, Willibald* u.a. Angelsachsen unterstützt. Seit 742 suchte er, gegen Adelswiderstände, die fränkische Reichskirche wieder stärker an Rom anzuschließen, wodurch er den späteren fränkisch-päpstlichen Bund unter Pippin III. vorbereitete.

Christliche Mission im Osten (9.–13. Jh.)

Die christliche Mission der *Slawen* ist wesentlich der Verdienst der griech. Brüder ***Method*** (ca. 815–85) und ***Konstantin*** *(Kyrill)* (826/27–69), der sog. ***Slawenapostel***. Von Byzanz mit Billigung Roms gesandt, führten sie das Slawische als liturgische Sprache ***(Kirchen- und Literaturslawisch)*** ein.

Seit dem 10. Jh. trieben die ottonischen Kaiser (936–1024) das östliche Christentum durch neue Missionsbistümer, wie Magdeburg (968), Bamberg (um 1007) und Prag, voran. Ab dem 12. Jh. wurde die Mission nachhaltig durch dt. Grenzfürsten und slaw. Fürsten gefördert. Diese riefen nicht nur dt. Adlige, Bauern und Bürger ins Land (Ostsiedlung) [→ 43], sondern gründeten auch Bistümer und Klöster und förderten so den Anschluss des Ostens an das christl. Abendland.

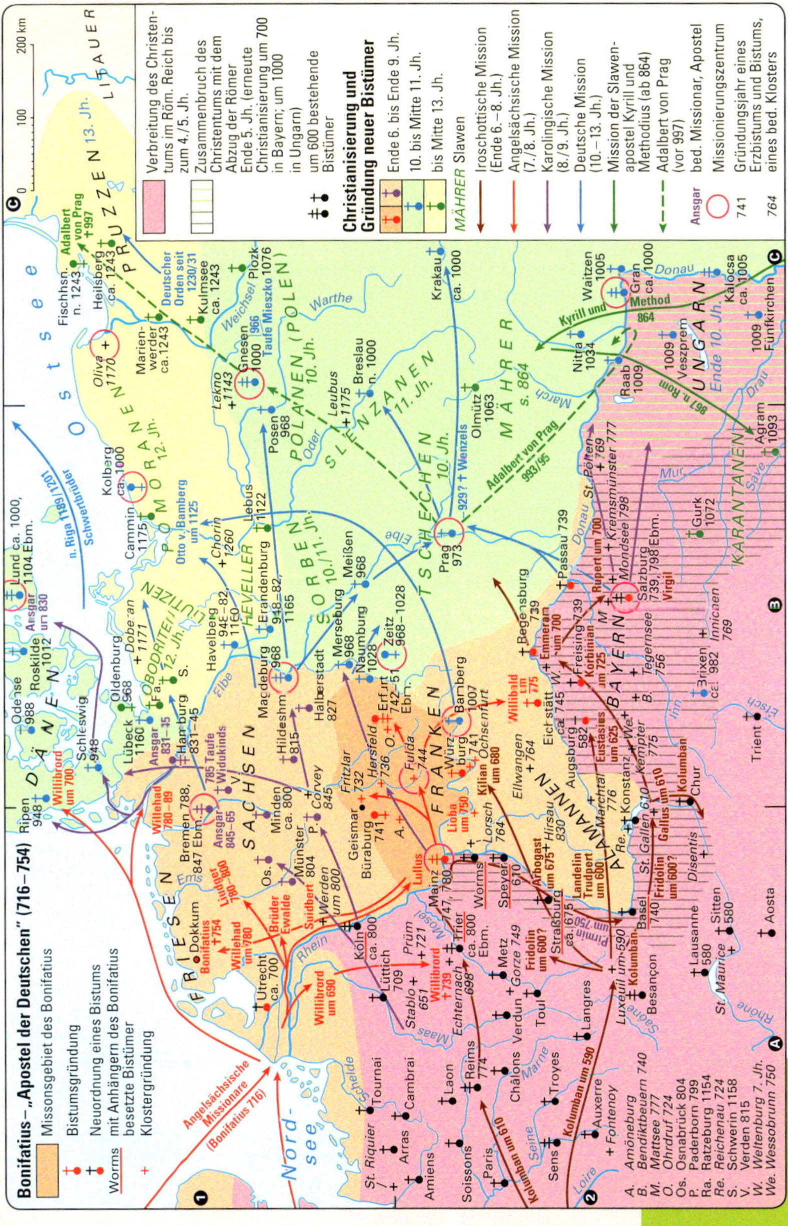

Bonifatius – „Apostel der Deutschen" (716–754)
Missonsgebiet des Bonifatius
Bistumsgründung
Neuordnung eines Bistums
Worms mit Anhängern des Bonifatius besetzte Bistümer
Klostergründung
Verbreitung des Christentums im Röm. Reich bis zum 4./5. Jh.
Zusammenbruch des Christentums mit dem Abzug der Römer Ende 5. Jh. (erneute Christianisierung um 700 in Bayern; um 1000 in Ungarn)
um 600 bestehende Bistümer
Christianisierung und Gründung neuer Bistümer
Ende 6. bis Ende 9. Jh.
10. bis Mitte 11. Jh.
bis Mitte 13. Jh.
MÄHRER Slawen
Iroschottische Mission (Ende 6.–8. Jh.)
Angelsächsische Mission (7./8. Jh.)
Karolingische Mission (8./9. Jh.)
Deutsche Mission (10.–13. Jh.)
Mission der Slawenapostel Kyrill und Methodius (ab 864)
Adalbert von Prag (vor 997)
Ansgar bed. Missionar, Apostel
Missionierungszentrum
741 Gründungsjahr eines Erzbistums und Bistums,
764 eines bed. Klosters
A. Amöneburg
B. Benediktbeuern 740
M. Mattsee 777
O. Ohrdruf 724
Os. Osnabrück 804
P. Paderborn 799
Ra. Ratzeburg 1154
Re. Reichenau 724
S. Schwerin 1158
V. Verden 815
W. Weltenburg 7. Jh.
We. Wessobrunn 750
0 100 200 km
Nord-see
Ostsee
FRIESEN
SACHSEN
FRANKEN
ALAMANNEN
BAYERN
DÄNEN
OBODRITEN 12. Jh.
LIUTIZEN
HEVELLER
SORBEN 10./11. Jh.
TSCHECHEN 10. Jh.
SLENZANEN 11. Jh.
POLANEN (POLEN) 10. Jh.
POMORANEN 12. Jh.
PRUZZEN 13. Jh.
LITAUER
MÄHRER s. 864
UNGARN Ende 10. Jh.
KARANTANEN
Angelsächsische Missionare (Bonifatius 716)
Willibrord um 690
Willibrord um 700
Willehad 780–89
Liudger 780–800
Brüder Ewalde
Suidbert
Lullus
Lioba um 750
Kilian um 680
Willibald um 775
Emmeran um 700
Korbinian um 725
Rupert um 700
Virgil
Eustasius um 625
Kolumban um 590
Kolumban um 610
Gallus um 610
Fridolin um 600?
Pirmin um 750
Landelin Trudpert um 600
Arbogast um 675
Ansgar 831–45
Ansgar 845–65
785 Taufe Widukinds
Otto v. Bamberg um 1125
n. Riga 1189/1201 Schwertbrüder
Deutscher Orden seit 1230/31
Adalbert von Prag +997
Adalbert von Prag 993/95
929? + Wenzels
966 Taufe Mieszko
Kyrill und Method 864
867 n. Rom
Utrecht ca. 700
Köln ca. 800
Mainz 747, 780
Trier ca. 800 Ebm.
Bremen 788, 847 Ebm.
Hamburg 831–45
Magdeburg 968
Prag 973
Gnesen 1000
Krakau 1000
Breslau n. 1000
Salzburg 739, 798 Ebm.
Passau 739
Regensburg 739
Gran ca. 1000
Lund ca. 1000, 1104 Ebm.

Nachfolger der römischen Kaiser. *Durch Münzprägungen nach dem Vorbild römischer Kaisermünzen bekundete Karl der Große seit der Kaiserkrönung 800 sein neues Herrschaftsbewusstsein.*

Der Herrschaftsantritt Karls 768

Nach dem Tode König Pippins (751–768), der das fränkische Königtum von den Merowingern auf die Karolinger übertragen hatte, erhielt sein ältester Sohn Karl (768–814) den Nordteil, der jüngere Sohn Karlmann (768–771) den Südteil des Reichs. Der frühe Tod Karlmanns verhinderte den Ausbruch eines Bruderkriegs. Karl übernahm – unter Übergehung seiner erbberechtigten Neffen – die Alleinherrschaft im Reich.

Karls Eroberungen

Zu den wichtigsten Eroberungen gehörten Sachsen, das ehem. Langobardenreich und das Hzm. Bayern. Unterwerfung und Christianisierung der ***Sachsen*** (772–804) dauerten Jahrzehnte. Karls Erfolg gab dem *Fränk. Reich* einen stärker german. Charakter und trug so zur Entstehung des Dt. Reichs bei, in dem den Sachsen eine führende Rolle zufiel.

Auf den Hilferuf Papst Hadrians I. zog Karl 773 gegen den ***Langobardenkönig*** Desiderius, dessen Tochter er verstoßen hatte. Nach der Eroberung Pavias 774 ließ er sich zum *König der Langobarden* krönen. Dadurch beherrschte er Nord- und Mittelitalien mit ***Rom*** und dem ***Kirchenstaat*** *(Patrimonium Petri)* und insgesamt einen Großteil des ehem. Weströmischen Reichs. Das Frankenreich war nun Schutzmacht des bis dahin immer wieder von den Langobarden bedrohten Papsttums, das zuletzt in Byzanz keinen wirksamen Schutz mehr gefunden hatte. So war die Erneuerung des (west)röm. Kaisertums, die ***Translatio Imperii****, vorbereitet.

Translatio Imperii. Variantenreiche mittelalterliche Lehre von der *Übertragung des Kaisertums* von den Römern auf die Deutschen. Dabei ist v.a. strittig, ob das röm. Volk diese Übertragung vorgenommen hat oder – wie die durch die *Konstantinische Schenkung* von ca. 750 begründete und v.a. seit dem 12. Jh. verbreitete päpstliche Theorie behauptet – der apostolische Stuhl. Seit der *Goldenen Bulle* von 1356 ist die Frage bedeutungslos.

Das ***Hzm. Bayern*** gehörte seit früher Zeit locker dem Frankenreich an, doch suchten sich die agilofing. Hzge. immer wieder aus dem fränk. Reichsverband zu lösen. Die ***Absetzung Hz. Tassilos III.*** im Jahr 788 beseitigte das letzte Stammeshzm. und integrierte das wegen seiner langobard. Beziehungen und zentralen Alpenpässe nach Italien und Rom wichtige Bayern dem fränk. Großreich.

Karls Kaisertum von 800

Karls Reich umfasste bis 800 zahlreiche Provinzen des ehem. Weström. Reichs und Rom. Seit 787 unterhielt Karl diplomat. Beziehungen zum Kalifat von Bagdad. Sein Ansehen fand seinen Ausdruck am 25.12.800 in Rom in der nach Ablauf und Motivation umstrittenen ***Erhebung Karls zum Kaiser***, Vorbild aller späteren Kaiserkrönungen. Bis 812 weigerte sich jedoch der byz. Kaiser, dieses ***Kaisertum*** anzuerkennen. ***Karls Kaisertitel**** versuchte die Streitfrage zu umgehen.

Karls Kaisertitel von 800. *„Karl der Große, von Gott gekrönter großer und friedbringender Kaiser und Augustus, der das Römische Reich regiert, und durch die Milde Gottes auch König der Franken und der Langobarden [ist].“*

Vater Europas?

Karl, den schon die Zeitgenossen „den Großen“ nannten, und der später als Inbegriff des Reichsgründers und weisen Herrschers galt, hat nicht nur fast das ganze christliche Abendland politisch geeint, sondern es durch seine Herrschaft und Kulturpolitik (v.a. Förderung der benediktinischen Klöster, der Klosterschulen und der Künste) so tief geprägt, dass es trotz des schon unter seinem Sohn Kaiser Ludwig dem Frommen (814–40) einsetzenden Verfalls auf Jahrhunderte hin seine geistige Einheit behielt. Karl gilt daher mit Recht als *Vater Europas*.

Die Reichsteilung von 843

Bereits unter Karls Sohn Ludwig brachen bürgerkriegsähnliche Kämpfe unter dessen drei Söhnen aus. Nach der Schlacht bei ***Fontenoy*** 841 musste der älteste, Ks. Lothar I. (843–55), auf die Oberhoheit verzichten und im ***Vertrag von Verdun*** 843 einer Dreiteilung des Frankenreichs zustimmen.

Frankenreich im Jahre 768

Wachstum unter Karl dem Großen 768–814

Erwerbungen

Marken Karls

Einflussgebiete

788 durch Karl erobert oder gefestigt

Pfalz

SORBEN slawische Völker

Kaiserreich Byzanz

arabisches Herrschaftsgebiet

Reichsteilung von Verdun 843

Teilungsgrenze

I Westfränkisches Reich (Reich Karls des Kahlen 843–877)

II Ostfränkisches Reich (Reich Ludwigs des Deutschen 843–876)

III Reich Kaiser Lothars I. (843–855)

1 KGR. DÄNEMARK
2 KGR. ASTURIEN

Aa. Aachen
A. Attigny
D. Düren
F. *Fulda*
Ing. Ingelheim
K. *Kitzingen*
M. Meersen *870*
Pr. *Prüm*
S. Soissons
St. *Stablo*
V. Verdun
W. *Weißenburg*

0 100 200 300 km

Normannenschiffe. *Die Normannen bedienten sich wendiger Langboote, die sowohl gerudert als auch mit Segeln gefahren wurden. Englische Buchmalerei 12. Jh.*

Erbrecht kontra Reichseinheit

Die ***Reichsteilung von Verdun*** 843 [→ 23] hatte den Auftakt zum Zerfall des Frankenreichs gebildet. Immer stärker entwickelten sich Ost- und Westteil kulturell, mental und sprachlich auseinander, unterstützt von dem wachsenden erbrechtlichen Denken der karolingischen Dynastie. Trotzdem blieb die Idee des Gesamtreichs lebendig, und immer wieder versuchten einzelne Karolinger die Reichseinheit wiederherzustellen. Aus diesen Auseinandersetzungen erwuchs bis 1100 die dann Jahrhunderte lang gültige Grenze zwischen Frankreich und Deutschland.

Sofort nach dem Tode Lothars II. (*ca. 835–69) riss ***Karl II. der Kahle*** (*823, 843–77) ganz Lothringen an sich, ohne das Anrecht des Lotharsohnes zu respektieren. Als ***Ludwig II.*** (*um 805, 843–76) mit Krieg drohte, musste er diesem allerdings 870 im ***Vertrag von Meersen*** das Gebiet östlich der Linie Maas-Ourthe-Mosel-Saône-Genf überlassen.

Nach dem Tode des westfränkischen Königs ***Ludwigs des Stammlers*** (877–79), Karls des Kahlen Sohn, suchte König ***Ludwig III.*** (*um 830/35, 876–82), der zweite Sohn Ludwigs II. des Deutschen, das Westfränkische Reich an sich zu reißen, scheiterte aber am Widerstand der Großen. Im ***Vertrag von Verdun*** verzichtete er 879 auf sein Ansinnen und erhielt dafür den zu Meersen westfränkisch gewordenen westlichen Teil Lothringens.

Als Ludwig III. 880 seinen Annektionsversuch wiederholte, stellten sich ihm die inzwischen auf den Thron gelangten westfränkischen Karolinger Ludwig II. (879–82) und Karlmann (879–84) zum Kampf. Daraufhin begnügte er sich 880 im ***Vertrag zu Ribémont*** *an der Oise* erneut mit dem Westteil Lothringens.

Letzte Chance der Reichseinheit – Karl III.

Dem jüngsten Sohn Ludwigs II., ***Karl III. dem Dicken*** (*839, 876–87, †888), fiel durch glückliche Erbfälle für kurze Zeit das gesamte Frankenreich buchstäblich in den Schoß. Von Jugend auf krank und eigentlich regierungsunfähig, hatte Karl 876 beim Tode des Vaters Alamannien, Elsass und Rätien erhalten. Durch den Tod des ältesten Bruders ***Karlmann*** (*um 829, 876–79, †880) wurde er König von Italien. Ein Italienzug brachte ihm 881 die Kaiserkrone. Beim Tode des zweitältesten Bruders Ludwigs III. erwarb er das restliche Ostfrankenreich, und 885, nach dem Tode ***Karlmanns*** (879–84), wurde er von den westfränk. Großen zum König gewählt.

Jedoch war Karl III. dem Amt nicht gewachsen. Weder im O noch im W vermochte er die verheerenden Einfälle der ***Normannen**** und Sarazenen abzuwehren; **882** musste er bei ***Elsloo*** den Abzug der Normannen erkaufen. Eine allg. Erhebung der Großen zwang ihn 887 auf dem *Reichstag zu Tribur*, zugunsten seines Neffen ***Arnulf von Kärnten*** (*um 850, 887–99), der sich allerdings als König nur im Ostreich und in Italien durchsetzen konnte, abzudanken. Das Westreich wählte mit dem Kapetinger Graf ***Odo von Paris*** (888–98) den ersten nichtkarolingischen Herrscher.

Die Normannen und Europa 8.–11. Jh. Seit 787 unternahmen die *Nor(d)mannen (künftig: N.), Dänen, Ostmannen* oder *Wikinger*, in Osteuropa auch *Rus* oder *Waräger* genannt, von ihren ursprünglichen Sitzen in *Dänemark* und *Skandinavien* aus zahlreiche, oft jährliche Raubzüge nach West-, Mittel- und Südeuropa. Ziele waren anfangs Spanien, Südfrankreich und Mittelitalien, seit der Mitte des 9. Jh. zunehmend auch das Ostfranken- und spätere *Deutsche Reich*. Von den Küsten drangen sie, den Flussläufen folgend, weit ins Innere vor (845 Hamburg; 881/2: Neuss, Köln, Bonn und Trier). Motive waren Überbevölkerung, politische und religiöse heimische Gegensätze, Beutegier und Abenteuerlust. Um 911 ließ sich Hz. Rollo vom frz. König mit Gebieten an der unteren Seine (später *Normandie*) belehnen. Von dort aus eroberten die N. 1066 England, das zwischen 991 und 1016 von den Dänen besetzt und mit Dänemark vereinigt gewesen war. Über die *Shetland- und Faröer-Inseln* gelangten die N. um *960* nach *Island*, *982* bis *Grönland*, um *1000* nach *Nordamerika*. In Osteuropa wurden *Nowgorod* (seit 862) und *Kiew* Mittelpunkte norm. Fürstentümer; in *Unteritalien* (Kalabrien, Apulien, Sizilien) entstanden seit 1030 das norm. *Hzm. Apulien* und die *Großgft. Sizilien*, welche ***Roger II.*** 1130 zum ***Königreich Unteritalien-Sizilien*** vereinte.

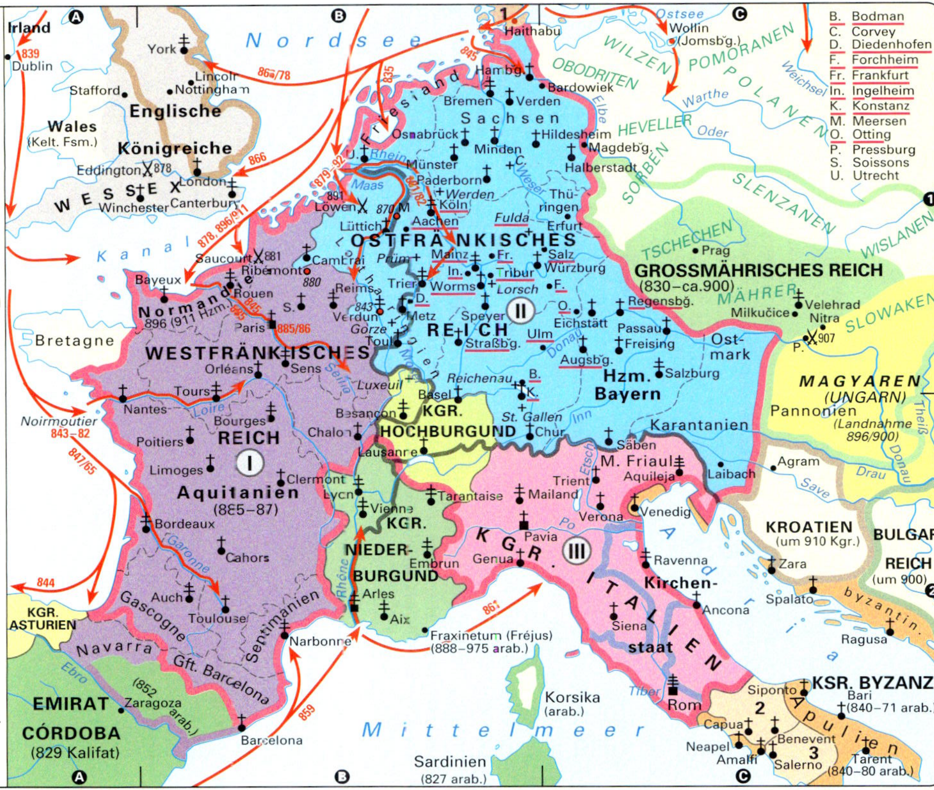

Teilung des Fränkischen Reiches nach dem Vertrag von Meersen (870)

- Teilungsgrenze
- I Westfränkisches Reich (Reich Karls des Kahlen)
- II Ostfränkisches Reich (Reich Ludwigs des Deutschen)
- III Reich Kaiser Ludwigs II.
- Gesamtreich Kaiser Karls III. 887

Die Nachfolgestaaten des Fränk. Reiches nach dem Vertrag von Ribémont (880) und seit dem Tode Karls III. (888)

- Westfränkisches Reich
- Ostfränkisches Reich
- Kgr. Niederburgund (seit 879)
- Kgr. Hochburgund (seit 888)
- Kgr. Italien

- Aachen – Zentrum der Regierungstätigkeit ostfränk. Karolinger
- Züge der Normannen
- Danelag (dän. Eroberungen in England) (866 bis Mitte 10. Jh.)
- Machtbereich des Großmährischen Reiches vor dem Einbruch der Ungarn um 895
- SORBEN – slawische Völker

1 entstehendes normannisches Dänenreich
2 **Hzm. Benevent** (873 unter byz. Oberhoheit)
3 **Fsm. Salerno** (849 unter byz. Oberhoheit)

0 100 200 300 km

Die „Reichskrone".
Bügel und Kreuz, Zahlensymbolik der Perlen und Steine sowie alttestamentliche Abbildungen der Reichskrone wiesen die deutschen Könige seit den Ottonen als christliche Herrscher aus.

Das Deutsche Reich

Um 900 entstand aus dem *Ostfrankenreich* das ***Deutsche Reich***. Es bestand ethnisch überwiegend aus Germanenstämmen, zusammengehalten durch die gemeinsame *theodisca lingua*, die *deutsche* oder *Volkssprache*, sowie den Willen der als Führer an die Spitze der Stämme getretenen ***Herzöge der Franken, Schwaben, Bayern*** und ***Sachsen***, eine politische Einheit zu bilden und auf Teilungen zu verzichten. Dies zeigte sich bei der Königserhebung Hz. Heinrichs von Sachsen (919–36). Zur besseren Legitimation wurde das neue Reich ein *Römisches* genannt und sein auf german. Weise gekürter König zum Ersatz des *fehlenden Geblütsrechts* nach alttestamentlichem Ritus *gesalbt*.

Die Stammesherzöge

Sie waren quasi *Vizekönige*, erhoben noch lange den König aus ihren Reihen und waren die Hauptstützen seiner Herrschaft. Daher suchte Otto I. (936–72) nach konfliktreichem Regierungsbeginn die Hzmer. seinen Söhnen, Brüdern und Schwiegersöhnen zu verleihen. Jedoch auch diese Politik bewahrte Otto nicht vor Aufständen der letztlich doch stärker Stammes- und persönl. Interessen verpflichteten Familienangehörigen.

Die Reichskirche

Auf karoling. Wurzeln aufbauend, stützte Otto I. nun seine Herrschaft in wachsendem Maße auf die Kirche des Reichs [→ 37]. Im Rahmen des sog. ***Ottonischen Reichskirchensystems*** schenkte er ihr in reichem Maße Königsbesitz und übertrug Ebn., Bfn. und Äbten freie Reichslehen, v.a. Grafschaften und Städte, aber auch das Hzm. Lothringen, statt diese als vererbliche Lehen an adlige Vasallen zu geben. Die Kandidaten für diese Ämter erzog er in der ***Hofkapelle*** am Königshof zum Reichsdienst und investierte sie unter Missachtung des kanon. Wahlrechts mit Ring und Stab in ihre geistl. Ämter.

Kaisertum und Heidenmission

Inspiriert von dieser Romidee betrieb Otto eine offensive Missionspolitik nach N und O, die er durch Marken- und 948 durch Bistumsgründungen (Schleswig, Ripen, Aarhus, Oldenburg/Holstein, Havelberg, Brandenburg) sicherte: 968 folgte die Erhebung Magdeburgs zur Metropole (Ebm.) des Ostens.

Das Ende der Ungarngefahr 955

Weltgeschichtlich bedeutsam war Ottos Abwehr der Ungarn, die seit langem immer wieder plündernd ins Reich einfielen. Nach dem Sieg Heinrichs I. bei Riade 933 schlug Otto 955 auf dem Lechfeld bei Augsburg die Ungarn so entscheidend, dass sie ihre Kriegszüge einstellten, sesshaft wurden und sich der christlich-europ. Kultur öffneten.

Italien und das Kaisertum

Die Zersplitterung des karoling. Reichs im 9./10. Jh. hatte das Langobardenreich (Italien) und das Kgr. Burgund dem Einfluss fränk. Adelsdynastien preisgegeben. Damit hatten die karoling. Nachfolger im West- und Ostfrankenreich auch den Bezug zum Papsttum und zur Kaiserkrönung verloren.

Kg. Otto I. leitete hier eine neue und lange Ära ein. 951 unternahm er den ersten Italienzug der dt. Geschichte zur Unterwerfung des italienischen Königreichs. In Pavia heiratete er die Witwe des italienischen Kgs. Hugo, Adelheid, und nahm die langobard. Krone an. 962 ließ er sich nach Abschluss des ***Ottonianums**** in Rom zum Kaiser krönen.

***Ottonianum** 13.2.962.* Die karoling. Schenkungen an die röm. Kirche seit der *Pippinischen Schenkung* von 754 wurden bestätigt: v.a. also Stadt und Dukat von Rom, Exarchat Ravenna, Emilia, Pentapolis, Sabina, Hzmer. Spoleto und Benevent. Der Papst sollte von Klerus und Volk von Rom gewählt und nach dem Treueid vor dem kaiserlichen Gesandten geweiht werden. Der kaiserliche Schutz über Rom wurde bestätigt.

Otto verband in der erklärten Nachfolge Karls d. Gr. das Deutsche Reich mit Italien und schuf den Anspruch des dt. Königs auf Italien, das ***röm. Kaisertum*** und den ***Schutz der Kirche***.

Italien zur Zeit der Ottonen (919–1024)

Zweigewaltenlehre.
Bis zum Investiturstreit (11. Jh.) glaubte die Christenheit an die von Papst Gelasius (um 500) begründete Lehre von der Gleichrangigkeit von Kaiser und Papst als der Christenheit.

Die Nachfolge der fränkischen Salier
Nach dem Aussterben der sächsischen Ottonen oder Liudolfinger empfahlen sich zur Nachfolge auf dem Thron nach Geblütsrecht v.a. die Angehörigen der seit dem 14. Jh. ***Salier**** gen. Adelsfamilie. Gewählt und erhoben wurde Konrad (II.) (1024–39), Urenkel Hz. Konrads des Roten, der mit Ottos I. Tochter Liudgard verheiratet gewesen war. Seine Nachkommen trugen die Krone in Sohnesfolge, über ein Jahrhundert lang, bis 1125.

Salier 1024–1125.
Kaiser Konrad II. (1024–39)
Kaiser Heinrich III. (1039–56)
Kaiser Heinrich IV. (*1050, 1056–1106)
Kaiser Heinrich V. (1106–25)

Heinrich III. – Höhepunkt des Kaisertums
Seit Konrad II. bestand das Reich *(Imperium Romanum)* aus den drei Reichen Deutschland, Italien und Burgund (1032 geerbt), 1033 gekrönt. Es erfuhr v.a. durch Ks. Heinrich III. einen außenpolit. Höhepunkt, der eine Lehens- und Tributoberhoheit über die östlichen Nachbarn, die Liutizen, Polen, Böhmen und Ungarn, errang und die Ostgrenze durch Marken sicherte. Im Innern vermochte er die aufständischen Herzöge von Bayern und Lothringen zu besiegen und seine Macht zu festigen. Als ***christus Domini*** *(Gesalbter des Herrn)* und ***vicarius Christi*** *(Stellvertreter Christi)* beanspruchte er einen geistlichen Rang, und in diesem Bewusstsein suchte er *regnum* und *sacerdotium* (*Reich* und *Kirche*) zu führen. Schon 1040 nannte er sich auch *Rex Romanorum* (Kg. der Römer) und bekundete so den Anschluss seines Reiches an das Römische. Er führte Bischöfe und Reichsäbte mit Ring und Stab in ihr Amt *(Investitur)* ein, erließ nach kirchlichem Vorbild kgl. Friedensgebote (*treuga Dei*: Zeiten, in denen die an sich rechtliche Fehde verboten war), schützte Klöster gegen die Bevormundung durch Bischöfe und Adel und förderte Klosterreformen (v.a. Cluny). Das Papsttum gewann er für die Kirchenreform, indem er es aus der polit. Abhängigkeit des röm. Stadtadels befreite und auf den ***Synoden von Sutri und Rom*** 1046 drei Päpste absetzte, um in der Folge dt. Bischöfe als Päpste einzusetzen.

Sein zu früher Tod markiert eine Wende der mittelalterlichen Geschichte. Das Reich geriet nun in eine tiefe Krise.

Heinrich IV. und der Investiturstreit
Nach konfliktreichen Vormundschaften übernahm Heinrich IV. 1065 nach der Schwertleite (Mündigkeit) die Regierung. Die territoriale Machtgrundlage des Königtums hatte schwere Einbußen erlitten. Heinrichs Versuch, sie mithilfe der Ministerialen wieder wettzumachen, provozierte schwere sächsische Unruhen, in denen Niederlagen *(Friede von Gerstungen 1074)* und Siege *(Schlacht bei Homburg 1075)* wechselten.

Die im Rahmen des *Ottonischen Reichskirchensystems* [→ 27] übliche eigenmächtige Einsetzung des kgl. Hofkaplans Tedald als Erzbischof von Mailand beantwortete Papst Gregor VII. (1073–85) mit dem verschärften ***Verbot der Laieninvestitur*** (Einsetzung von Geistlichen durch Laien) und entfesselte damit den so genannten ***Investiturstreit****.

Investiturstreit. Vordergründig ging es um die Herrschaft des vom Papst als *Laien* gesehenen Königs über die Reichskirche, also um die *Investitur* (Einsetzung) der Bischöfe durch den König mit Ring und Stab, die Papst Gregor VII. abschaffen wollte. Tatsächlich aber vollzog sich ein Machtkampf zwischen *Regnum* und *Sacerdotium* (Kaiser- und Papsttum). Das Papsttum erstrebte die Führung der Christenheit vor dem Kaiser.

Nach wechselseitigen Absetzungserklärungen und Bannungen in Worms und Rom 1076 beugte sich Heinrich IV. dem ***Fürstenspruch zu Tribur*** vom 16.10.1076 und suchte die Absolution vom Kirchenbann durch Gregor VII. Obwohl ihm dies am 28.1.1077 in ***Canossa*** gelang, wählten die Fürsten am 15.3.1077 zu *Forchheim* den schwäb. Herzog Rudolf von Rheinfelden zum (Gegen-)König.

Daraufhin setzte Heinrich die Herzöge Rudolf, Welf IV. von Bayern und Berthold von Zähringen (Kärnten) ab und verlieh das Hzm. Schwaben dem Staufer Friedrich I., den er mit seiner Tochter Agnes verheiratete.

1080 von Papst Gregor erneut gebannt, ließ Heinrich IV. am 25.6.1080 in Brixen Eb. Wibert von Ravenna zum (Gegen-)Papst erheben und sich 1084 zum Kaiser krönen.

In seinem zähen Verteidigungskampf der reichskirchlichen Rechte gegen das kirchliche Reformprogramm und gegen den unbotmäßigen Adel musste Heinrich noch schwere Niederlagen einstecken. So wendeten sich seine Söhne, zuletzt 1104 auch der Nachfolger Heinrich (V.), zusammen mit Adel und Kirche gegen ihn. Heinrich wurde festgesetzt und musste 1105 abdanken. Aus der Gefangenschaft entkommen, starb er 1106, kurz nach seinem *Sieg bei Visé*.

Heinrich V. und das Wormser Konkordat

Nach dem Tod Gregors (1085) und dem Ende des Schismas mit Wiberts Tod (1100) reduzierte sich der Streit immer stärker auf die eigentliche Investiturfrage. Da auch Heinrich V. am kgl. Investiturrecht festhielt, ging der Streit weiter. Als er 1111 in Rom mit Papst Paschalis II. (1099–1118) vereinbarte, gegen die Rückgabe der in (reichs-)kirchl. Besitz befindlichen Regalien auf sein Investiturrecht zu verzichten, da sperrten sich die deutschen Bischöfe und Fürsten. Heinrich nahm nun den Papst gefangen und zwang ihn, das Investiturrecht zu bestätigen und ihn zum Kaiser zu krönen. Der darauf folgende päpstliche Bann von 1112 fruchtete nicht mehr.

In Deutschland kam es, weil Heinrich eine antifürstliche Territorialpolitik mit Begünstigung der Städte und Reichsministerialen führte, zum Konflikt mit den Fürsten, besonders in Sachsen, wo er 1115 am *Welfesholz* bei Mansfeld eine Schlacht verlor. 1116 zog Heinrich V. erneut nach Italien und belegte das reiche Erbe der 1115 verstorbenen ***Markgräfin Mathilde von Tuszien*** mit Beschlag. Als Verhandlungen mit Papst Paschalis scheiterten, besetzte er 1117 Rom, ließ seine Gemahlin zur Kaiserin krönen und stellte dem Nachfolger Paschalis' einen Gegenpapst entgegen. 1119 begann er in Straßburg Verhandlungen mit Papst Kalixtus II. (1119–24), die schließlich in das ***Wormser Konkordat**** von 1122 mündeten, das den eigentlichen *Investiturstreit* beendete, nicht aber die tiefer liegende Frage nach dem Vorrang – Kaiser oder Papst? – beantwortete.

Wormser Konkordat. Der Kompromiss (seit Leibniz „Konkordat"), der am 23.9.1122 bei Worms feierlich verkündet wurde, basierte auf der von Theologen vorgeschlagenen Unterscheidung zwischen ***Temporalia*** (Zeitliche Gewalt = Lehen, Regalien) und ***Spiritualia*** (Geistliche Gewalt = bischöfliche Amtsgewalt). Der Kaiser erlaubte die freie Wahl (durch Domkapitel) und die kanonische Weihe der Bischöfe und verzichtete auf die Investitur mit Ring und Stab. Anderseits durfte er in Deutschland bei der Wahl anwesend sein und zwiespältige Wahlen entscheiden. Binnen 6 Monaten konnte er dem Gewählten dann die Regalien durch das Symbol des Zepters verleihen und den Lehenseid entgegennehmen oder dies verweigern. Erst danach wurde der Gewählte geweiht. In Italien und in Reichsburgund erfolgte die Weihe vor der Belehnung.

So behielt der Kaiser in Deutschland noch einen gewissen Einfluss auf die ehemalige Reichskirche, in Italien und Burgund trat das Papsttum an seine Stelle.

Heinrich starb kinderlos, kurz vor der Auseinandersetzung mit Kg. Ludwig VI. von Frankreich und Hz. Lothar von Sachsen, der ihm auf dem Thron nachfolgen sollte. Mit Heinrich V. erlosch das salische Haus, dessen Hausgüter großteils an die Staufer fielen.

Das Ergebnis des Investiturstreits

Der geschilderte Ausgang des Investiturstreits durch das Wormser Konkordat 1122 beraubte das dt. Königtum eines wesentlichen Teils seines im 10./11. Jh. auf die Reichskirche verlagerten kgl. Machtpotentials. Die Verbindung des Königs zu seiner ehemaligen Reichs(-eigen)kirche wurde fortan durch das – den Lehensherrn zunehmend nachteilige – Lehensrecht geprägt. Die Bischöfe wurden zu ***geistlichen Reichsfürsten***; ihre politischen Interessen verschmolzen immer stärker mit denen der weltlichen Reichsfürsten. Hinzu trat ein unbestreitbarer dauerhafter Prestigeverlust des Königtums durch die Entsakralisierung des von der Papstkirche als „Laien" reklamierten Herrschers.

A. Allstedt
G. Gerstungen 1074
H. Homburg 1075
L. Lukmanier
M. Memleben
Me. Merseburg
P. Pöhlde
R. Rheinfelden
R.F. Ronkalische Felder
S. Süpplingen
V. Visé 1106
W. Wallhausen
0
100
200
300 km
Nordsee
Ostsee
KGR. DÄNEMARK
KGR. POLEN
Pommern
Pruzzen
Schlesien
Hzm. Böhmen
Mähren
Mark Österreich
Hzm. Sachsen
Westfalen
Ostfalen
Holstein
Friesland
Holland
Hzm. Niederlothringen
Hzm. Oberlothringen
Hzm. Franken
Hzm. Schwaben
Thüringen
Nordgau
Mgft.
Deutsches Reich
Mark Lausitz
Mark Meißen
Mark Zeitz
Lusizer
Milziener
Dalaminzier
Wilzen (Liutizen)
Redarier
Ukranen
Ranen
Obodriten
Wagrier
Heveller
Stodoranen
Gft. Flandern
Gft. Champagne
Danzig
Kolberg
Wollin
Stettin
Gnesen
Posen
Breslau
Lebus 1122
Olmütz
Brünn
Prag
Leitmeritz
Brevnow
Pilsen
Kladrau
Eger
Budweis
Hohenfurt
Krems
Melk
Linz
Wien
Pressburg
Nitra
Passau
Nieder-Altaich
Kremsmünster
Regensburg
Freising
Andechs
Eichstätt
Forchheim
Bamberg 1077
Nürnberg
Würzburg
Gelnhausen
Henneberg
Frankfurt
Tribur 1076
Lorsch
Mainz
Ingelheim 1105
Worms 1122
Speyer
Limburg
Trifels
Weißenburg
Hirsau
Büren
Staufen
Ellwangen
Augsburg
Ulm
Zollern
Straßburg
Erstein
Zähringen
Schleswig
Danewerk
Oldenburg
Mecklenburg
(Alt-)Lübeck
Hamburg
Bardowiek
Lüneburg
Bremen
Verden
Rethra
Havelberg
Brandenburg
Magdebg.
Halberstadt
Quedlinburg
Wettin
Merseburg
Naumburg
Zeitz
Meißen
Tilleda
Erfurt
Wartburg
Nordhausen
Bodfeld
Goslar
Werla
Grone
Hildesheim
Corvey
Minden
Osnabrück
Paderborn
Münster
Dortmund
Eresburg
Fritzlar
Hersfeld
Fulda
Andernach
Essen
Werden
Köln
Bonn
Duisburg
Kaiserswerth 1062
Aachen
Nimwegen
Utrecht
Antwerpen
Maastricht
Lüttich
Stablo
Salm
Prüm
Echternach
Trier
Bouillon
Lützelbg. (Luxembg.)
Metz
Verdun
Gorze
Toul
Brogne
Cambrai
Arras
Brügge
Laon
Prémontré
Reims
Châlons
Troyes
Clairvaux
Sens
Weichsel
Warthe
Oder
Havel
Elbe
Saale
Moldau
Donau
Inn
Main
Weser
Ems
Rhein
Mosel
Maas
Schelde
Marne
Seine
Waag

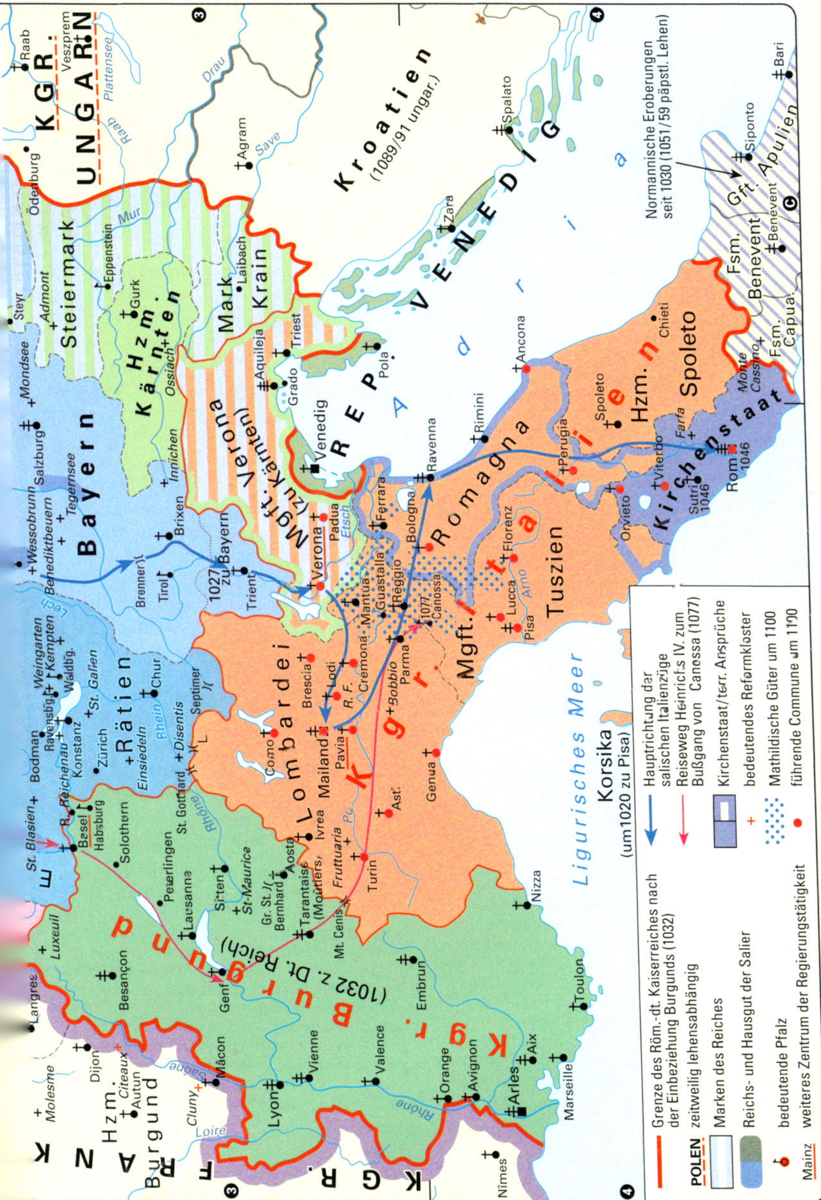
Grenze des Röm.-dt. Kaiserreiches nach der Einbeziehung Burgunds (1032)
POLEN zeitweilig lehensabhängig
Marken des Reiches
Reichs- und Hausgut der Salier
bedeutende Pfalz
Mainz weiteres Zentrum der Regierungstätigkeit
Hauptrichtung der salischen Italienzüge
Reiseweg Heinrichs IV. zum Bußgang von Canossa (1077)
Kirchenstaat/terr. Ansprüche
bedeutendes Reformkloster
Mathildische Güter um 1100
führende Commune um 1100
KGR. UNGARN
Kroatien (1089/91 ungar.)
REP. VENEDIG
Adria
Bayern
Steiermark
Hzm. Kärnten
Mark Krain
Mgft. Verona (zu Kärnten)
Rätien
Lombardei
Kgr. Italien
Romagna
Mgft. Tuszien
Kirchenstaat
Hzm. Spoleto
Fsm. Benevent
Fsm. Capua
Gft. Apulien
Normannische Eroberungen seit 1030 (1051/59 päpstl. Lehen)
Kgr. Burgund (1032 z. Dt. Reich)
Hzm. Burgund
KGR. FRANKREICH
Ligurisches Meer
Korsika (um1020 zu Pisa)
1027 zu Bayern
Canossa 1077
Sutri 1046
Rom 1046

Kaiserliches Herrschaftssymbol.
Der Globus mit dem Kreuz, der ursprünglich einen universalen christlichen Herrschaftsanspruch ausdrückte, wurde im 11. Jh. auch zum Herrschaftsabzeichen vieler Könige.

Das Heilige Römische Reich und die Staufer

In der Ära der ***staufischen Könige und Kaiser**** erklomm das *Heilige Römische Reich* – wie das mittelalterliche Deutsche Reich formell hieß – um 1200 einen neuen und später kaum mehr übertroffenen Gipfel seines Ansehens und seiner Macht in Europa.

Staufische Könige und Kaiser 1138 – 1254.
König Konrad III. (1138 – 52)
Kaiser Friedrich I. Barbarossa (1152 – 89)
Kaiser Heinrich VI. (1190 – 97)
König Philipp von Schwaben (1198 – 1208)
Kaiser Otto IV. (Welfe!) (1198 – 1213, +1218)
Kaiser Friedrich II. (1215 – 50)
König Konrad IV. (1250 – 54)

Die Vereinigung mehrerer Königreiche in stauf. Hand – *Deutschland*, *Burgund* (seit 1032 bzw. 1178), *Italien* sowie *Unteritalien-Sizilien* (seit 1194) und *Jerusalem* (1229) – ließ Zeitgenossen gar vom staufischen ***Weltkaisertum*** schwärmen, weckte anderseits aber auch das Misstrauen der europ. Nachbarn.

Das Reich und Sizilien

Der erst 1191 durch das süddeutsche Erbe Welfs VI. um Weingarten und Ravensburg noch einmal stark gewachsene staufische Hausbesitz wurde durch den Erwerb des ***Königreichs Sizilien**** gekrönt.

Königreich (Unteritalien)-Sizilien. Nach dem Tode König Wilhelms II. (†1189) erhob Kaiser Heinrich VI. namens seiner Frau Konstanze, einer Tante Wilhelms, Erbansprüche auf Unteritalien-Sizilien. 1194 nahm er das im 11. Jh. als päpstliches Lehen zum Königreich erhobene normannische Reich, das zu den modernsten und reichsten Staaten Europas zählte, tatsächlich in Besitz.

Die Führungsstellung des stauf. Hauses im Reich wäre für alle Zeiten gesichert worden, wenn es Ks. Heinrich VI. gelungen wäre, Sizilien dauernd mit dem dt. Reich zu verbinden. Sein ***Erbreichsplan**** scheiterte jedoch am Widerstand des Papstes und der Fürsten.

Erbreichsplan 1196. Die Wahlmonarchie des Reiches sollte in eine Erbmonarchie umgewandelt und dadurch mit der Erbmonarchie Sizilien auf ewig verbunden werden. Den weltlichen Fürsten wurde für den Verzicht auf ihr Königswahlrecht die ***Erblichkeit der Lehen*** in männlicher und weiblicher Linie geboten, den geistl. Fürsten der Verzicht auf das königliche ***Spolienrecht*** (persönlicher Nachlass der Kleriker) und die königliche Zwischennutzung vakanter Bistümer und Reichsabteien.

Der Plan hätte durch die Umklammerung des Kirchenstaats das Papsttum vom Kaisertum abhängig gemacht und die Reichsfürsten entmachtet.

Die Katastrophe der Doppelwahl von 1198

Ausbau und Konsolidierung der stauf. Macht unterbrach und gefährdete 1197 der frühe Tod Heinrichs VI. Die stauf. Partei überging Friedrich (später *Friedrich II.*) und wählte Heinrichs Bruder, ***Hz. Philipp von Schwaben***. Eine Gegenpartei aber einigte sich mit päpstl. Unterstützung auf den Welfen ***Otto IV.***, den zweiten Sohn Heinrichs des Löwen. Es kam zu einem erbitterten ***stauf.-welf. Thronstreit***. Als Philipp 1208 ermordet wurde und Otto IV. Philipps Tochter Beatrix heiratete, wurde der Welfe allgemein anerkannt.

Verhängnisvoller als die großen Verluste an Reichs- und staufischem Hausgut war, dass der Thronstreit dem Papsttum Anlass bot, in die Reichspolitik einzugreifen.

Imperium und Sacerdotium

Das bereits im Investiturstreit aufgebrochene *Zerwürfnis zwischen Imperium (Ksm.) und Sacerdotium (Papsttum)* erfuhr im staufischen Zeitalter eine drastische Verschärfung. Der Rangstreit war bereits im so genannten ***Beneficiumstreit 1157**** zutage getreten.

Beneficiumstreit 1157. Eine päpstliche Delegation übergab Kaiser Friedrich I. auf dem *Reichstag zu Besançon* ein lateinisches Schreiben: Papst Hadrian IV. erinnerte den Kaiser, dass er ihm das ***Kaisertum*** als ***beneficium*** übertragen habe. Als der Reichskanzler dies nicht wörtlich mit ***Wohltat***, sondern sinngemäß mit ***Lehen*** übersetzte, brach ein Sturm der Empörung los. Der staufische Reichsgedanke lehnte – trotz päpstlicher Kaiserkrönung – eine lehensrechtliche Abhängigkeit des Kaisers vom Papst ab und behauptete das gleichberechtigte Nebeneinander beider.

Der Streit entbrannte erneut nach der *Doppelwahl* von 1198: ***Papst Innozenz III.*** (1198 – 1216) beanspruchte nun nämlich – unter Berufung auf die angebliche Übertragung des Ksm. 800 von den Römern auf die Franken durch Papst Leo III. – die ***Approbation***, das Recht, den von den Fürsten zum König Gewählten auf seine Eignung für das Ksm. zu überprüfen (und evtl. auch abzulehnen), was Kaiser und Fürsten scharf zurückwiesen. Außerdem beanspruchte er verschiedene italienische Reichsgebiete als ***Rekuperationen****.

Rekuperationen (Wiedererwerbungen) 1198–1216. Unter Berufung auf die *Pippinische Schenkung* von 754 suchte Papst Innozenz III. mittelitalienische Gebiete, wie die *Mark Ancona* und das *Hzm. Spoleto*, die *Toskana*, die *Pentapolis* und den *Exarchat von Ravenna*, aus dem Reich zu lösen und dem Kirchenstaat einzuverleiben.

Das Reich und Italien

In der Politik der stauf. Herrscher hatte, v.a. seit Ks. Friedrich I., Italien wachsende Bedeutung erlangt. Einmal ging es um das sog. *Reichsitalien* (Kgr. Italien). Dort suchten Barbarossa und seine Nachfolger in zahlreichen Kriegszügen gegen die wehrhaften ***Lombardenstädte****, die seit dem ***Reichstag von Roncaglia*** 1158* definierten, finanziell äußerst einträgl. ***Königsrechte (Regalien)*** den meist mit den Päpsten verbündeten Handelsstädten wieder zu entreißen und sich dadurch auch den Weg nach Rom offen zu halten.

Lombardenstädte. Die Bischöfe Italiens hatten sich aufgrund des Investiturstreits und des *Wormser Konkordats* (1122) aus der Herrschaft des Königs gelöst, und die oberit. Handelsstädte, zus.gefasst im *Lombardenbund* unter Mailands Führung (1183–1213, 1226–nach 1240), suchten sich Zug um Zug ihrer von Barbarossa 1158 zu *Roncaglia* proklamierten Reichspflichten zu entledigen.

Reichstag von Roncaglia 1158. Nach dem Sieg über Mailand ließ Kaiser Friedrich I. durch Juristen aus Bologna zu Roncaglia die ***Rechte (Regalien) des Königs*** in Oberitalien feststellen. Als Regalien – im Werte von 30 000 Pfd. Silber jährlich – wurden bestimmt: Die ***Verfügung über*** *Herzogtümer, Graftschaften, Markgrafschaften, Gericht, Markt, Münze, Zoll, Geleit, Pfalzenbau sowie die Einsetzung von Konsuln und Richtern.*

Hinzu traten der Streit um die o.g. päpstliche *Rekuperationen* in Mittelitalien und (seit 1194) der um die *päpstlichen Lehenrechte über das Königreich Unteritalien-Sizilien.*

Letztlich kämpfte das Papsttum gegen die totale Umklammerung durch die staufische Macht und damit für seine Freiheit, die Staufer aber für die unverzichtbare Verbindung zwischen dem Deutschen Reich, Norditalien und dem Kgr. Unteritalien-Sizilien.

Die Staufer und das Deutsche Reich

Diese Streitigkeiten, untereinander eng verflochten, erreichten ihren Höhepunkt mit dem ***Regierungsantritt Ks. Friedrichs II.****

Regierungsantritt Kaiser Friedrichs II. 1198–1220.

1198 Die Witwe Ks. Heinrichs VI., Konstanze, kehrte ins Kgr. Sizilien zurück, ließ ihren 4-jährigen Sohn Friedrich – unter Verzicht auf die dt. Krone – in Palermo zum Kg. von Sizilien krönen und unterstellte ihn der Vormundschaft Papst Innozenz' III.

1208 Friedrich wurde mündig und unterwarf 1209 die Insel Sizilien.

1210/11 Ks. Otto IV. nahm – gegen den Krönungseid – die staufische Kaiserpolitik auf und besetzte die päpstlichen *Rekuperationen*.

1211 Der Papst rückte vom Ks. ab und ließ Friedrich mit frz. Hilfe erneut zum dt. König wählen.

1211 Friedrich kam nach Deutschland; die süddeutschen Fürsten schlossen sich ihm an.

1214 *Schlacht bei Bouvines*. Auf Seiten Englands verlor Otto IV. gegen das mit Friedrich II. verbündete Frankreich.

1215 Königskrönung Friedrichs II. in Aachen und Tod Ottos IV. (1218).

1220 Rückkehr Friedrichs II. nach Italien, Kaiserkrönung in Rom.

In Friedrichs II. Politik rückte das sog. stauf. ***Nordreich*** in den Hintergrund. Das Kgtm. war dort infolge des Aufstiegs der ***Flächenstaaten**** und ***Landesherren*** stark geschwächt, der Spielraum für die ksl. Politik gering.

Flächenstaaten und Landesherren.

1156 hatte das ***Privilegium minus*** Österreich als ***Herzogtum*** vom Stammeshzm. Bayern abgespalten. Dies hatte nicht nur den staufisch-welfischen Frieden im Reich ermöglicht, sondern auch den ***Präzedenzfall*** eines dem Reich gegenüber recht eigenständigen Territoriums geschaffen.

1180 wurde (Absetzung Hz. Heinrichs des Löwen) das letzte Stammeshzm. (Stammesverband) in einzelne Gebiets- oder Territorialstaaten zerschlagen.

Ab 1198 förderte der Thronstreit den weiteren Aufstieg geistlicher und weltlicher Landesherren.

Die ***Fürstengesetze**** Friedrichs II., der die Hilfe der deutschen Reichsfürsten für seine Italienpolitik benötigte, legalisierten den oft widerrechtlich erreichten Zustand.

Fürstengesetze. 1220, 1231 sprachen zwei Reichsgesetze den geistl. und weltl. Fürsten den legalen Besitz aller ihrer bis dahin ausgeübten ***Königsrechte (Regalien)*** zu.

A. Assisi
Be Bergamo
Br. Braunschweig
Bre. Brescia
Cr. Cremona
Co. Cortenuova 1237
M. Mailand 1162
Ma. Mantua
N. Novara
Pi. Piacenza
R. Ratzeburg
Ra. Ravensburg
Ro. Roncaglia 1158
Tr. Treviso
V. Vercelli
KGR. ENGLAND
London
Canterbury
Themse
0 100 200 300 km
Nordsee
Ostsee
KGR. DÄNEMARK
Schleswig
1227 Bornhöved
Gft. Holstein
Lübeck
Fsm. Mecklenburg (ab 1167)
Schwerin
Rügen (1168 dän.)
Esm.
Eldena
Doberan
Hzm. Pommern (1231 leh.)
Cammin
Stettin
Kolbatz
Hzm. Pommerellen
Danzig
Oliva
Deutscher Orden (seit 1226/30)
Kulm 1233
Thorn
Masowien
Weichsel
KGR. POLEN
Gnesen
Posen
Warthe
Oder
Hzm. Schlesien (1163 leh.)
Breslau
Leubus
Liegnitz 1241
Heinrichau
Krakau
Lebus
Mgft. Brandenburg
Havelberg
Brandenburg
Lehnin
Mark Lausitz
Mgft. Meißen
Meißen
Bautzen
Dobrilug
Altzelle
Merseburg
Altenburg
Magdeburg
Halberstadt
Wettin
Tilleda
Elbe
Lüneburg
Hamburg
Verden
Bremen
Stedinger Aufstand 1229–34
Hzm. Braunschweig
Hzm. Sachsen (bis 1180)
Hildesheim
Goslar
Minden
Osnabrück
Münster
Paderborn
Corvey
Dortmund
Weser
Friesland
Gft. Holland
Utrecht
Nimwegen
Hzm. Brabant
Antwerpen
Gft. Flandern
Brügge
Lille
Bouvines 1214
Arras
Cambrai
Gft. Hennegau
Schelde
Kaiserswerth
Neuss
Köln
Aachen
Lüttich
Rhein
Lgft. Thüringen
Nordhausen
Mühlhausen
Erfurt
Wartburg
Marburg
Fulda
Wetzlar
Gelnhausen
Frankfurt
Mainz
Ingelheim
Worms
Speyer
Kaiserslautern
Trifels
Hagenau
Maulbronn
Wimpfen
Rothenburg
Würzburg
Bamberg
Main
Nürnberg
Eger 1213
Plauen
Saale
Deutsches Reich
Trier
Mosel
Metz
Verdun
Toul
Maas
Hzm. Lothringen
Straßburg
Colmar
Hzm. Schwaben
Zähringen
Zollern
Staufen
Ulm
Augsburg
Donau
Basel
Habsburg
Konstanz
Salem
Waldburg
St. Gallen
Chur
Septimer
Rhein
Kgr. Böhmen (bis 1158 Hzm.)
Prag
Pilsen
Moldau
Elbe
Mgft. Mähren
Olmütz
Brünn
Regensburg
Passau
Eichstätt
Wittelsbach
Freising
München
Kempten
Lech
Inn
Hzm. Bayern
Salzburg
Innsbruck
Gft. Tirol
Brenner
Brixen
Meran
Tirol
Trient
Hzm. (1156) Österreich
Wien
Melk
Hzm. (1180) Steiermark (1192 zu Österr.)
Admont
Seckau
Gurk
Hzm. Kärnten
Lavant
Laibach
Drau
Mur
Friaul
Waag
Tyrnau
Pressburg
Raab
Gran
Ofen
Pest
Donau
Veszprém
Fünfkirchen
Theiß
Ungarn
Burgund
Gft. Burgund
Besançon
Lausanne
Genf
Sitten
Gr. St. Bernhard
Lyon
Saône
Mâcon
Cluny
Cîteaux
Dijon
Hzm. Burgund
Morimond
Clairvaux
Troyes
Marne
Gft. Champagne
Reims
Prémontré
Soissons
Amiens
Paris
Seine
Sens
Nevers
Loire
Bourges
Orléans
Chartres
Blois
Tours
Rouen
Boulogne
Frankreich
Angevinisches
Limoges
Clermont
Como

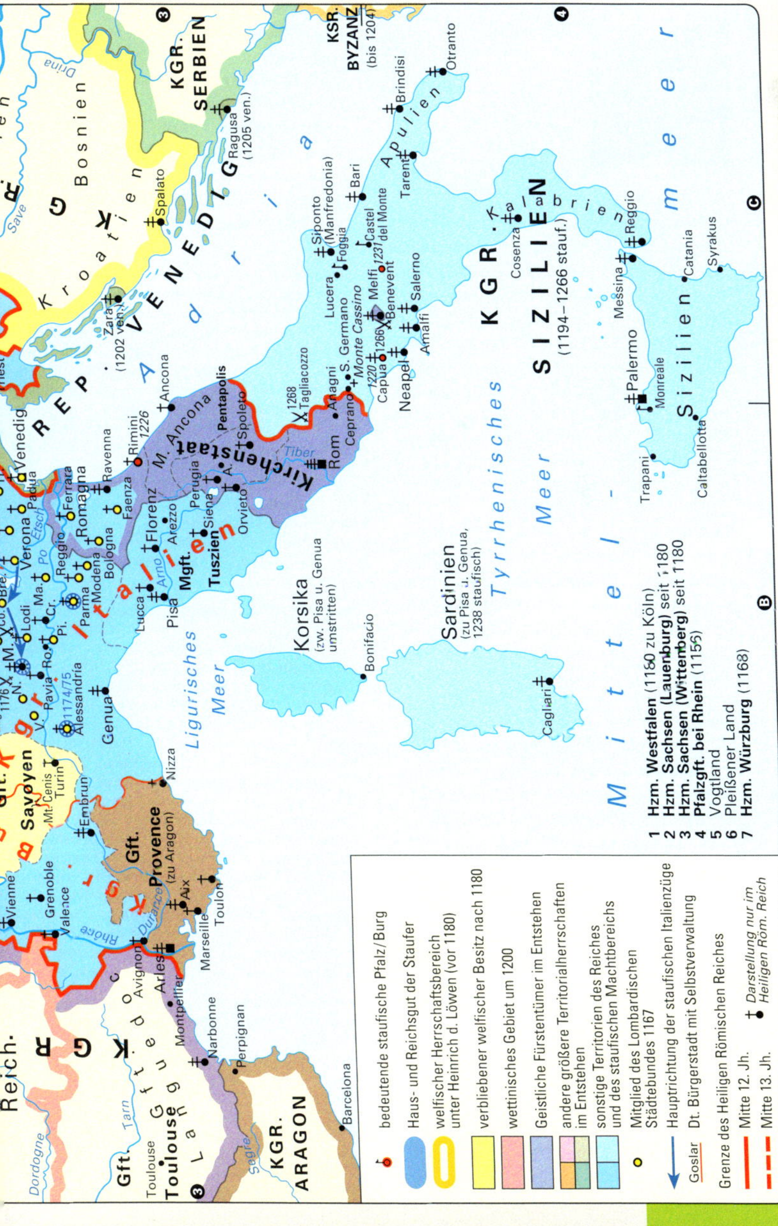
bedeutende staufische Pfalz/Burg
Haus- und Reichsgut der Staufer
welfischer Herrschaftsbereich unter Heinrich d. Löwen (vor 1180)
verbliebener welfischer Besitz nach 1180
wettinisches Gebiet um 1200
Geistliche Fürstentümer im Entstehen
andere größere Territorialherrschaften im Entstehen
sonstige Territorien des Reiches und des staufischen Machtbereichs
Mitglied des Lombardischen Städtebundes 1167
Hauptrichtung der staufischen Italienzüge
Goslar Dt. Bürgerstadt mit Selbstverwaltung
Grenze des Heiligen Römischen Reiches
Mitte 12. Jh.
Mitte 13. Jh.
Darstellung nur im Heiligen Röm. Reich
1 Hzm. Westfalen (1180 zu Köln)
2 Hzm. Sachsen (Lauenburg) seit 1180
3 Hzm. Sachsen (Wittenberg) seit 1180
4 Pfalzgft. bei Rhein (1155)
5 Vogtland
6 Pleißener Land
7 Hzm. Würzburg (1168)
Kgr. Burgund
Gft. Savoyen
Gft. Provence (zu Aragon)
Gft. Toulouse
Languedoc
KGR. ARAGON
Kgr. Italien
Kirchenstaat
M. Ancona
Pentapolis
Romagna
Mgft. Tuszien
REP. VENEDIG
KGR. SIZILIEN (1194–1266 stauf.)
KGR. SERBIEN
KGR. KROATIEN
Bosnien
Slawonien
Krain
KSR. BYZANZ (bis 1204)
Korsika (zw. Pisa u. Genua umstritten)
Sardinien (zu Pisa u. Genua, 1238 staufisch)
Adria
Ligurisches Meer
Tyrrhenisches Meer
Mittelmeer
Apulien
Kalabrien
Sizilien
Legnano 1176
Alessandria 1174/75
Tagliacozzo 1268
Benevent 1266
Capua 1220
Melfi 1231
Rimini 1226
Zara (1202 ven.)
Ragusa (1205 ven.)
Rom
Genua
Pisa
Florenz
Venedig
Mailand
Neapel
Palermo
Messina
Bari
Brindisi
Otranto
Barcelona
Marseille
Avignon
Arles
Turin
Nizza

Reichskirche.
Der König investiert (setzt ein) den Bischof von Gnesen durch die Überreichung von Ring und Stab in sein geistliches Amt.

Die Kirche des Reiches

Auch in den neuentstandenen Germanenreichen wurde - wie im spätröm. Reich üblich – die Kirche in *Provinzen (Erzbistümer, Metropolen)* und diese wieder in *Bistümer (Diözesen)* unterteilt. Beide Amtsbezirke waren im Vergleich mit Italien und anderen ehem. röm. Provinzen viel weiträumiger; Hauptursachen dafür waren die zur Zeit der kirchl. Mission und Organisation geringe Siedlungs- und Städtedichte in Mittel- und Osteuropa. Die Bistümer wurden weiter unterteilt, z.B. in Archidiakonate, Dekanate und Pfarreien.

Die Klöster

Zu der in der Frühzeit nicht immer gleich auf Rom zentrierten, sondern oft eher landes- oder reichskirchlich orientierten Kirchenorganisation traten zahlreiche *Klöster*. Mönche und Nonnen leisteten einen bedeutenden Beitrag zur Christianisierung (Mission) und kulturellen Durchdringung der germanischen Völker. Die anfangs vielfältige westeuropäische Klosterlandschaft wurde durch die Klosterpolitik Papst Gregors des Großen (590–604) und – später – Ks. Karls des Großen (768–814) vereinheitlicht. Beide verhalfen der anfangs nur wenig verbreiteten Regel ***Benedikts von Nursia*** (*um 480–547/53) zu Durchbruch und fast exklusiver Geltung.

Als im 9./10. Jh. vielerorts ein starker Verfall der benediktinischen Disziplin erfolgte, ging von dem 908 neu gegründeten ***Kloster Cluny*** in Burgund ein starker Impuls zur Erneuerung ***(Cluniazensische Reform)*** des Klosterlebens aus. Anknüpfend an *Benedikt von Aniane* (†821) wurde die Handarbeit zugunsten einer stärkeren Verinnerlichung des Klosterlebens zurückgedrängt. Strengstes Stillschweigen wurde eingeführt, Chorgebet und Liturgie stark ausgeweitet und feierlich gestaltet, Kreuz- und Marienverehrung gepflegt. Die cluniazens. Klöster waren frei von weltl. Gewalt (Gründervogtei) und bischöfl. Aufsicht, bildeten aber einen streng hierarch. Verband unter dem ***(Erz-)Abt von Cluny***.

Das Mönchtum musste immer wieder erneuert (reformiert) werden. So entstanden immer wieder neue Orden; die wichtigsten waren bis um 1200 ***Kartäuser****, ***Zisterzienser**** und ***Prämonstratenser****.

Kartäuser. Im Rückgriff auf das spätantike Eremitenwesen gründete ***Bruno von Köln*** (1032–1101) mit sechs Gefährten in der abgeschiedenen Bergwildnis der ***Chartreuse*** bei Grenoble eine *Gemeinschaft von Einsiedlern*. Jeder Mönch besaß am großen Kreuzgang ein eigenes Häuschen mit Schlaf- und Arbeitsraum sowie Garten. Dort lebte, betete und arbeitete er die meiste Zeit. Nur zum Chorgebot ging er täglich in die Kirche. An Sonn- und Feiertagen speiste man gemeinsam im Refektorium und machte einen Spaziergang. So vereinigten die Kartäuser ***Eremiten- und Zönobitentum*** miteinander und führten in Gemeinschaft ein Leben der Selbstheiligkeit und Beschaulichkeit. Nach dem Mutterkloster heißen bis heute solche Klöster ***Kart(h)ausen*** (frz. *Chartreuse*, ital. *Certosa*, lat. *Cartusia*). Der Orden, der als einziger nie reformiert wurde, erreichte im 14./15. Jh. seine größte Popularität und Ausbreitung.

Die Reform der Zisterzienser. Nach dem Stammkloster ***Cîteaux*** bei Dijon nannte sich eine andere Klosterreform, welche Abt ***Robert von Molesme*** 1098 durch sein *Neues Kloster* begründet hatte. Sie kritisierte die Lebensweise der Cluniazenser als im Widerspruch zur *Benediktsregel*. Abt Stephan Harding gab der Reform mit der *Carta Caritatis* (um 1118) ihre Grundregel. Durch die europaweite Wirksamkeit ***Abt Bernhards von Clairvaux*** breitete sich diese dann weit über die Christenheit aus.

Die Zisterzienser sollten sich nicht durch die Abgaben der das Land bearbeitenden Bauern ernähren, sondern durch ihre eigene ***Handarbeit***. Sie lebten fernab menschlicher Ansiedlungen in abgelegenen Klosteranlagen, pflegten in einfach gebauten Klosterkirchen (keine Türme, Fresken, bunten Kirchenfenster noch anderen Prunk) Liturgie und Choralgesang. Sie trugen ein *weißes Mönchsgewand* statt des cluniazens. schwarzen. Arbeitsteilung herrschte insofern, als die (meist adligen) *Herrenmönche* Liturgie und Chordienst pflegten, *Laienbrüder* dagegen die eig. Handarbeit erledigten.

Die Prämonstratenser. Eine ganz andere Zielsetzung verfolgte der 1121 durch ***Bischof Norbert von Xanten*** (1080–1134) in ***Prémontré*** bei Laon gegründete Prämonstratenserorden. Norbert erkannte, dass der Weltklerus der Seelsorge und Mission in der stark gewachsenen Bevölkerung Europas nicht gewachsen war. So schuf er, gestützt auf die *Regel des hl. Augustinus*, einen Verband von Priestermönchen, welche aus intensiver Bildung und dem mönchischen Gemeinschaftsleben die innere Kraft für Predigt und Seelsorge schöpften.

Flächenfarben Kirchenprovinzen

Grenze einer Diözese (Bistum)

dem Papst unmittelbar unterstellte (exemte) Bistümer

Sitz eines Erzbischofs/Patriarchen mit dem Jahr der Erhebung (nach 600)

Bistümer mit dem Jahr der Gründung
- vor 600
- 600–900
- 900–1150
- 1150–1400

Ausgangszentren der monastischen Reformen/weitere bedeutende Klöster
- Benediktiner (Cluniazensische Reform seit 910)
- Zisterzienser (seit 1098)
- Kartäuser (seit 1084)
- Prämonstratenser (seit 1121)

Rodung und Dorfgründung. *Nachdem ein Grundherr die Gründungsurkunde übergeben hat (außerhalb des Bildausschnitts), roden die Bauern und errichten Häuser. Buchmalerei, Sachsenspiegel, um 1200*

Die Schilderung des Römers Tacitus (um 100 n. Chr.) zeigt Germanien als wenig kultiviertes Land, *durch seine Wälder unheimlich und durch seine Sümpfe abstoßend* (Germania c. 5).

In der Zeit der Landnahme dürften die Germanen zuerst die von den Kelten und Römern landwirtschaftlich genutzten Flächen besetzt haben, ehe sie sich an die schwere Arbeit des Rodens machten. Als aber nach den Einbrüchen des 5. und 6. Jh. die Bevölkerung wieder wuchs, wurde die Erweiterung der Anbauflächen unumgänglich. Die eigentlichen Träger dieses ***Landesausbaus***, der Rodungsflächen in Acker- und Wiesenland verwandelte, waren anfangs die (freien) Bauern; mit wachsender ***Vergrundherrschaftung*** steuerten die Grundherren den Prozess durch die Gewährung oder Verweigerung von Siedlungskonzessionen.

Wahrscheinlich ging der *Innenausbau*, die Vermehrung von Wohnstätten und Flur in vorhandenen Orten, den absoluten Neugründungen voraus. Diese mussten keineswegs von Dauer sein, sondern archäologische Indizien deuten auch auf *Entsiedlungsvorgänge* durch *Fehlsiedlungen* hin, bedingt durch ungünstige Verkehrsanbindungen, herrschaftliche Entscheidungen oder geringwertige Böden.

Rodungsphasen und Ortsnamenendungen
Karoling. Zeit: Endungen auf -hof und -hofen sowie -berg, -bach oder -wald.
Hochma. Zeit: Endungen auf -hagen, -rode oder -reuth

Vom Waldreichtum zur Waldkrise

Im Hochmittelalter erfolgte ein extrem starker Bevölkerungszuwachs. Zw. 1000 und 1340 wuchs die Bevölkerung Mitteleuropas von ca. 4 auf 11,5 Mio. Menschen. Der Landesausbau im Altsiedelland wurde intensiviert; die letzten Rodungsreserven verschwanden und mit ihnen der Wald. Es folgte eine Waldkrise, als das Holz – wichtigste Energiequelle, Hauptbaumaterial und -werkstoff für Geräte und Werkzeuge im Mittelalter – knapp wurde.

Der Bevölkerungsüberschuss im Altsiedelland ermöglichte den Landesausbau im Osten, die so genannte ***Deutsche Ostsiedlung*** [→ 43], welche das Reich u. a. um ca. ein Drittel nach Osten erweiterte und Mittelosteuropa kulturell mit dem Westen verband.

Die Rodungsarbeit war von den Naturbedingungen abhängig: Sümpfe und Brüche wurden entwässert, Waldflächen der Gebirge durch Brand gerodet, an den Küsten durch Deichbau neue Anbauflächen gewonnen etc.

Städtegründungen

Im 12./13. Jh. beteiligten sich außer dt. und slawischen Landesherren in und außerhalb des Reichs auch Bistümer und Klöster (wie die Zisterzienser) an der Landerschließung. Durch die Ostsiedlung entstanden tausende neuer ***Dörfer**** und zahlreiche ***Städte****.

Städte, -gründungen. Im Unterschied zum Altsiedelland, wo sich die meisten Städte aus kleinen Anfängen heraus entwickelt hatten, wurden im dt. und slaw. Osten die Städte i. d. R. gegründet und zwar oft komplementär zur Besiedlung des Landes. Die Stadtanlagen sind daher meist gekennzeichnet durch *planmäßige Grundrisse* sowie große *zentrale Marktplätze*. Zur Vielfalt der Stadtrechte im W kontrastiert im O die Prägung der Städte durch die Stadtrechte von Lübeck und Magdeburg.

Rodungsfreiheiten

Um Neusiedler zu Rodung und Siedlung zu motivieren, bot man ihnen persönliche Freiheit und Freizügigkeit, Erbrecht, verbesserte Leiherechte (Erbzinsleihe), große Höfe (meist 1 Hufe = ca. 7–15 ha), Freijahre für Abgaben, geringe Zinspflichten, keine oder geringe Frondienste, verringerte Kirchenzehnten u. a. Hinzu traten geordnete Gerichts- und Herrschaftsstrukturen.

Die Ostsiedlung brachte nicht nur Menschen, sondern auch neue Rechts-, Herrschafts-, Bau- und Wirtschaftsformen sowie Handwerkstechniken in den Osten und förderte somit die kulturelle Annährung Ost- und Westeuropas.

Landesausbau in Deutschland (ca. 900 – 1300)

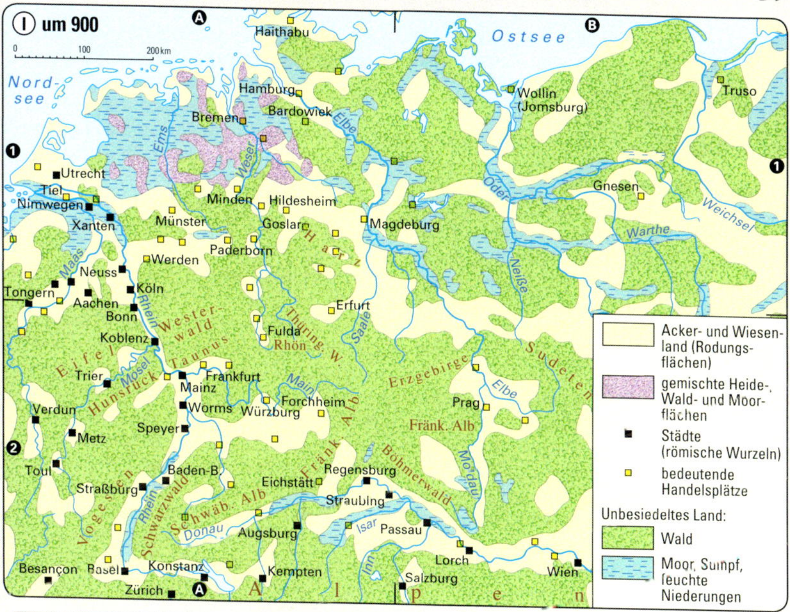

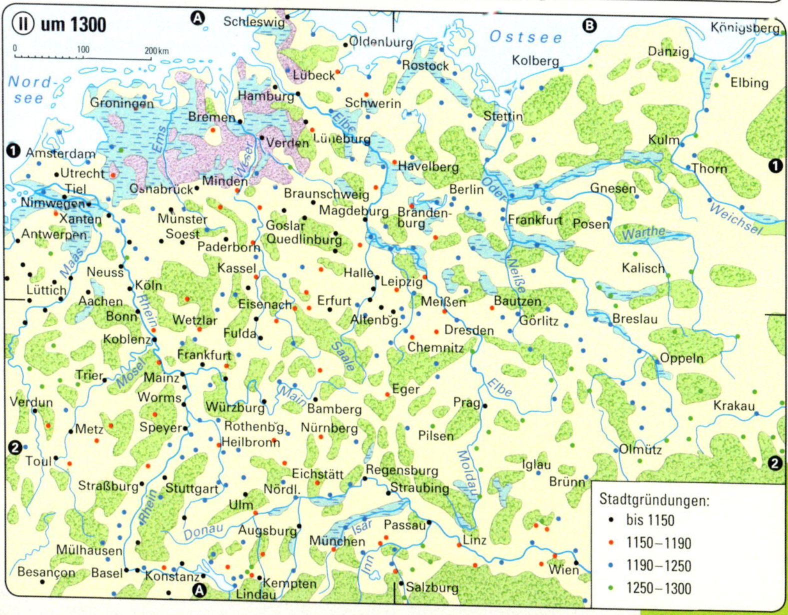

Staufische Silbermünze.
Der Übergang von der agrarischen Tausch- zur Geldwirtschaft vollzog sich im Mittelalter in Märkten und Städten. Dort wurden im Namen des Königs Münzen geprägt.

Das antike Städtewesen

Die aus römischen Kastellen gewachsenen Städte an Rhein und Donau waren in der Völkerwanderung untergegangen. Auch wenn in ihren Ruinen stadtähnliche Siedlungen überlebten, handelte es sich nur um die ***Fortdauer** (Kontinuität) **der römischen Siedlung***, nicht um die von *Gesellschaft, Recht* und *Verfassung Roms.*

Die einzige Institution, welche die Völkerwanderung oft überdauerte, waren die christliche Kirche und Religion *(Kultkontinuität)*. Wo Kirchenprovinzen und Diözesen zusammengebrochen waren, wurden sie früh wieder reorganisiert: Die Bischöfe kehrten an ihre ehem. Sitze zurück und übernahmen in den rasch wieder aufblühenden Siedlungen oft auch staatliche Hoheitsaufgaben.

Kaufmanns- und Marktrecht

Rasch siedelten sich bei solchen Zentren wieder *Kaufleute* an, auch jüdische. Sie standen in den Germanenreichen außerhalb des ***Volksrechts***, waren also relativ schutzlos. Da kirchliche und weltliche Herren aber Fernhandels- oder Luxusgüter benötigten, stellten die Herrscher Juden und Kaufleute, um sie zu Handelsreisen in ihren Reiche zu ermuntern, unter ***Königsschutz***. Sie durften dann Streitigkeiten untereinander nach ihrem Gewohnheitsrecht regeln und wurden von Zöllen sowie Fron- und Kriegsdienst befreit.

Als das Handelsvolumen im karolingisch-deutschen Reich des 9. und 10. Jh. wuchs, ließen sich zunehmend Kaufleute an wichtigen Warenumschlagsplätzen, bei Brücken, Fähren, Furten, Pässen und Straßenkreuzungen, bei Abteien, Bischofssitzen, Burgen oder Königspfalzen, auch nieder; es entstanden so genannte *angelehnte Märkte*. Ab ca. 900 wurden solche Orte immer öfter durch kgl./ksl. Urkunden geschützt. Solche *Marktrechtsprivilegien* gestatteten den *Marktherren* ausdrücklich die Ausübung kgl. Rechte *(Regalien)*, wie *Münzprägung, Geleitschutz, Zollerhebung* und *Marktgerichtsbarkeit* unter dem *Königsbann* (kgl. Strafgewalt). Dies erhöhte die Sicherheit und förderte die Blüte der Märkte, bedeutete für Grund- und Marktherren aber auch höhere Einnahmen.

Aus Märkten werden Städte

Neben bevorrechteten Kaufleuten wohnten in Märkten oft auch unfreie Bauern. Sie standen unter *Hof- und Leibrecht* und wurden vom Grund- und Leibherrn gerichtet. Früh strebten die Unfreien das vorteilhaftere Marktrecht an. Beide Gruppen solidarisierten sich gegen die Marktherren. Sie bildeten (z.B. in Cambrai) *Eidgenossenschaften* und scheuten (z.B. 1081 in Köln) auch bewaffneten Widerstand nicht. Auf Dauer konnten sich die Herren dem politischen, sozialen und wirtschaftlichen Druck ihrer Marktbewohner selten verschließen, sondern mussten sie schrittweise an der Lenkung des Markts beteiligen; aus herrschaftlichen Märkten wurden selbstverwaltete ***Städte****.

Städte. Im Unterschied zu *Dorf, Weiler oder Einzelhof* vorwiegend durch Handel, Handwerk und Gewerbe bestimmte, ummauerte *Großsiedlungen*, deren ursprünglich unterschiedliche Bewohner sich zu einer *Gemeinde* (Genossenschaft) zusammenschlossen und kraft Entwicklung oder Gründung *(Gründungsstadt)* eine gewisse ***Autonomie*** vom Markt- bzw. Stadtherrn erlangten. Ab ca. 1200 wurden die Städte in Deutschland durch den von den Bürgern gewählten ***„Rat“ (Stadtrat)*** regiert. Den Stadtherren verblieben unterschiedliche Rechte. Am freiesten wurden seit dem 13. Jh. die Städte des Königs, die ***„Reichsstädte“***.

Zeitlich gingen im mittelalterlichen Reich in der städtischen Entwicklung und Emanzipation von der Stadtherrschaft die Bischofsstädte voran. Nach kämpferischen Auseinandersetzungen im 11./12. Jh. verliehen ab ca. 1200 einsichtige Stadtherrn ihren Märkten freiwillig ein freiheitlicheres ***Stadtrecht*** um ihre ökonomische Entwicklung zu fördern und die stadtherrschaftlichen Einnahmen zu vermehren.

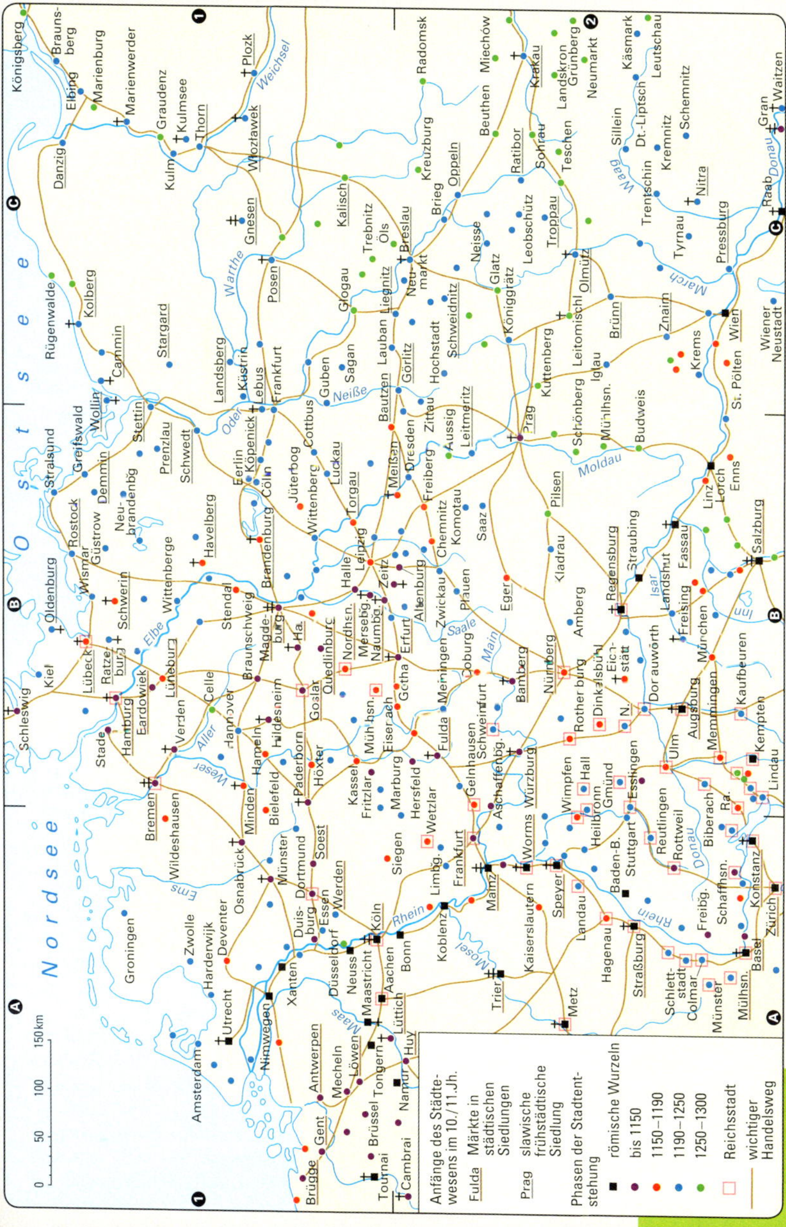

Anfänge des Städtewesens im 10./11. Jh.
Fulda Märkte in städtischen Siedlungen
Prag slawische frühstädtische Siedlung
Phasen der Stadtentstehung
römische Wurzeln
bis 1150
1150–1190
1190–1250
1250–1300
Reichsstadt
wichtiger Handelsweg
0 50 100 150 km
Nordsee
Ostsee
Weichsel
Warthe
Oder
Neiße
Elbe
Saale
Main
Rhein
Mosel
Maas
Weser
Aller
Ems
Donau
Moldau
March
Waag
Isar
Inn
Königsberg
Brauns-berg
Elbing
Marienburg
Marienwerder
Danzig
Graudenz
Kulmsee
Kulm
Thorn
Plozk
Wloclawek
Gnesen
Posen
Kalisch
Trebnitz
Öls
Breslau
Neumarkt
Liegnitz
Glogau
Radomsk
Kreuzburg
Brieg
Oppeln
Beuthen
Miechów
Krakau
Landskron
Grünberg
Neumarkt
Ratibor
Sohrau
Teschen
Leobschütz
Troppau
Neisse
Glatz
Königgrätz
Schweidnitz
Hochstadt
Görlitz
Lauban
Bautzen
Zittau
Olmütz
Leitomischl
Brünn
Iglau
Znaim
Kuttenberg
Prag
Leitmeritz
Aussig
Schönberg
Mühlhsn.
Budweis
Pilsen
Saaz
Komotau
Eger
Kladrau
Amberg
Käsmark
Leutschau
Sillein
Dt.-Liptsch
Kremnitz
Schemnitz
Trentschin
Nitra
Tyrnau
Pressburg
Gran
Waitzen
Raab
Wien
Wiener Neustadt
Krems
St. Pölten
Linz
Lorch
Enns
Passau
Salzburg
Straubing
Regensburg
Landshut
Freising
München
Kolberg
Rügenwalde
Cammin
Stargard
Wollin
Greifswald
Stralsund
Demmin
Stettin
Prenzlau
Schwedt
Neubrandenbg.
Landsberg
Küstrin
Lebus
Frankfurt
Guben
Sagan
Cottbus
Luckau
Berlin
Cölln
Köpenick
Jüterbog
Wittenberg
Torgau
Meißen
Dresden
Freiberg
Chemnitz
Rostock
Güstrow
Wismar
Oldenburg
Schwerin
Havelberg
Wittenberge
Stendal
Brandenburg
Magdeburg
Halle
Leipzig
Zeitz
Altenburg
Zwickau
Plauen
Merseburg
Naumburg
Erfurt
Nordhsn.
Quedlinburg
Halberstadt
Goslar
Braunschweig
Hildesheim
Hannover
Celle
Lüneburg
Bardowiek
Ratzeburg
Lübeck
Kiel
Schleswig
Hamburg
Stade
Verden
Bremen
Wildeshausen
Minden
Hameln
Bielefeld
Paderborn
Höxter
Osnabrück
Münster
Soest
Dortmund
Duisburg
Essen
Werden
Düsseldorf
Neuss
Köln
Bonn
Aachen
Maastricht
Lüttich
Huy
Namur
Tongern
Löwen
Mecheln
Antwerpen
Brüssel
Gent
Brügge
Tournai
Cambrai
Amsterdam
Utrecht
Nimwegen
Xanten
Harderwijk
Deventer
Zwolle
Groningen
Kassel
Fritzlar
Marburg
Hersfeld
Fulda
Mühlhsn.
Eisenach
Gotha
Meiningen
Coburg
Bamberg
Nürnberg
Schweinfurt
Würzburg
Aschaffenbg.
Gelnhausen
Wetzlar
Siegen
Limbg.
Frankfurt
Koblenz
Mainz
Worms
Speyer
Kaiserslautern
Trier
Metz
Wimpfen
Hall
Heilbronn
Gmünd
Esslingen
Stuttgart
Reutlingen
Rottweil
Baden-B.
Landau
Hagenau
Straßburg
Schlettstadt
Colmar
Münster
Mülhsn.
Basel
Freibg.
Schaffhsn.
Konstanz
Zürich
Biberach
Ra.
Lindau
Kempten
Memmingen
Kaufbeuren
Ulm
Augsburg
Donauwörth
N.
Dinkelsbühl
Rothenburg
Eichstätt

Der Welfenlöwe.
Der um 1168 in der Pfalz bei Braunschweig errichtete Löwe ist nicht das persönl. Wappen des Auftraggebers Heinrichs des Löwen, sondern das der aus Altdorf/Weingarten stammenden welfischen Gesamtfamilie.

Frühe Siedlung im Osten

Nach Karls des Großen Sieg über die Awaren 796 wurde der slaw. SO von Bayern bis zur Theiß besiedelt. Im N zwischen Böhmerwald und Ostsee wurde die Grenze durch „*Marken*" gesichert. Nachdem 983 der große Slawenaufstand den ostelbischen Landesausbau unter den Ottonen, bei dem Otto I. (936–73) 948 die Bistümer Brandenburg und Havelberg gegründet hatte, wieder vernichtet hatte, bildeten Elbe und Saale erneut im N die ethnische und politische Grenze zwischen Deutschen und Slawen.

Die Hauptphase der Ostsiedlung 12.–14. Jh.

Nach der Belehnung des Askaniers Albrecht des Bären mit der ***Nordmark*** [→ 59] und der Wettiner mit Meißen und der ***Mark Lausitz***, begann die sog. ***Deutsche Ostsiedlung****.

Deutsche Ostsiedlung. Die Besiedlung slawischer Gebiete östl. der Reichsgrenze (Elbe) bis zum Finn. Meerbusen, zu den Karpaten und zur Save – v.a. durch dt. *Bauern, Handwerker, Kaufleute* und *Adlige* – sowie die kult. Assimilation dieses Raums an Alteuropa. Sie erweiterte zwischen dem 12. und 14. Jh. den dt. Siedlungs-, Sprach- und Herrschaftsraum um mehr als ein Drittel. Da am *Landesausbau (Kolonisation)* auch Flamen, Romanen, Dänen und die einheim. Slawen, Balten u.a. beteiligt waren, wird diskutiert, den seit 1970 üblichen Begriff *Deutsche Ostsiedlung* zu ersetzen, etwa durch *Kolonisation zu deutschem Recht* oder *Deutsche Kolonisation*.

1157 eroberte Albrecht das slawische ***Brandenburg*** [→ 59]. Heinrich der Löwe schlug 1160 die slawischen Obodriten und verlegte das Bistum Mecklenburg nach Schwerin. In Sachsen, Friesland, Flandern und am Niederrhein warb man Siedler. Um die Mitte des 13. Jh. war ***Mecklenburg*** weitgehend deutsch. Auch nach ***Preußen*** rief der Deutsche Orden im Verlaufe seiner Eroberung zwischen 1226 und 1283 deutsche Siedler [→ 63].

Auch andere Fürsten betrieben die Gründung deutscher Dörfer und Städte. Der ungarische Kg. hatte schon im 12. Jh. Siedler nach Siebenbürgen gerufen. In ***Pommern*** war Hz. Barnim I. (1220–78), in ***Schlesien*** Hz. Heinrich I. (1201–38) in diesem Sinne aktiv. Hinzu traten auch die Erzbischöfe, Bischöfe und v.a. die Klöster der Zisterzienser. Nach 1348 kam die Ostsiedlung – infolge des starken Bevölkerungsschwunds durch Klimaverschlechterung und *Pestepidemien* – weitgehend zum Erliegen.

Es war ein Bündel von Faktoren, das im 12./13. Jh. die ***Siedler***, Westeuropäer aller Nationen, überwiegend aber Deutsche, nach Mittel- und Osteuropa lockte: Überbevölkerung und Existenznot im Altsiedelland, der Anreiz der Freiheit, Heidenkampf und Mission, Anwerbung und Sendungsbewusstsein.

Organisation und Recht der Siedlung

Die Siedler wurden zumeist im Altsiedelland durch ***Lokatoren**** geworben.

Lokatoren. Von Landesherren beauftragte bürgerliche oder ritterliche Siedlungsunternehmer, die dafür mit größerem Besitz (2–4 Hufen) und Sonderrechten (Erbschulzenamt, Niedergericht, Gewerbebann) belohnt wurden.

Die ***Siedler*** erwartete das sog. ***Deutsche Recht****, das sie gegenüber der Bevölkerung im Altsiedel- u. im Kolonialland bevorzugte.

Deutsches Recht – Neusiedlerrecht.
- Befristete Abgaben- und Zehntfreiheit.
- *Eigentum* an Hof und Land, zinsbelastet, aber vererblich und verkäuflich, statt stark zinsbelasteter Lehen.
- Geringere, fest fixierte Abgaben an Landes-, Zehnt- und Grundherrn.
- Persönliche Freiheit statt *Leibeigenschaft* oder Unfreiheit mit hohen Todfallabgaben.
- Keine oder nur geringe und gemessene Frondienste.
- Selbstverwaltung und Niedere Gerichtsbarkeit.

Parallel zur bäuerl. Siedlung wurden ***Städte gegründet***, welche das Umland mit Fernhandels- und Gewerbeprodukten versorgten. Ihr Stadtrecht kopierte zumeist Magdeburg, Lübeck (Seehandelsstadt) und Kulm (Preußen).

Die Ostsiedlung bewirkte – neben der Ausweitung des dt. Reichsgebiets durch krieger. und friedl. Besiedlung slaw. Gebiete und der Festigung slaw. Staaten – einen wichtigen kult., rechtl., religiösen und wirtschaftl. Austauschprozess zw. Ost- und Westeuropa.

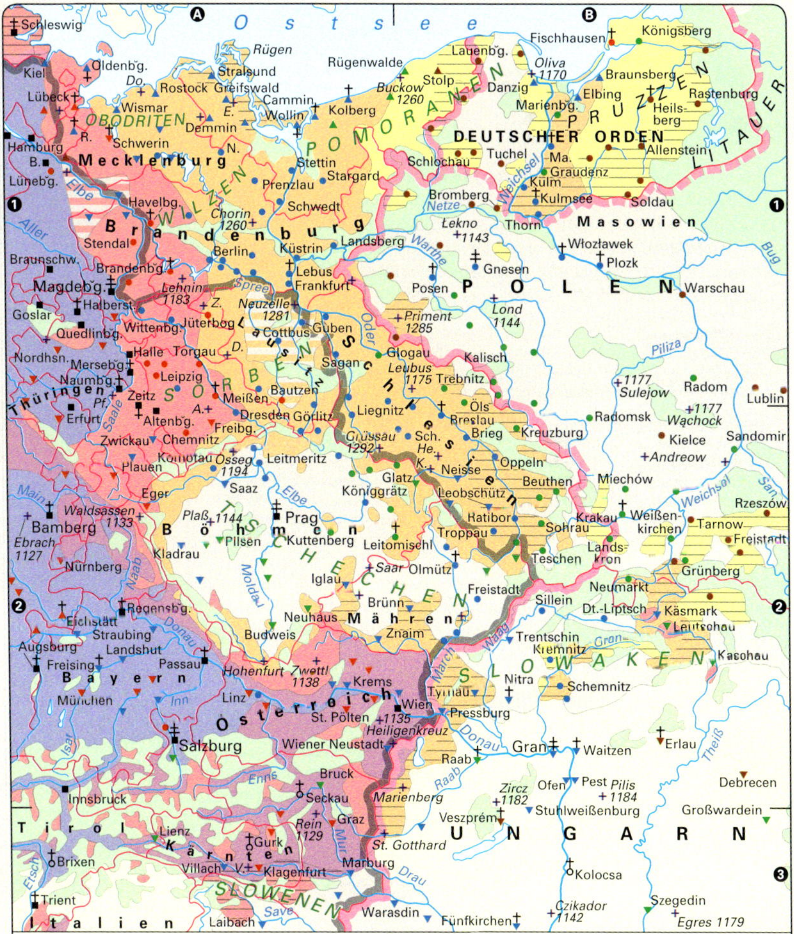

- alter deutscher Siedlungsboden um 700

Bäuerlich-ländliche deutsche Siedlung
- 8.–11. Jh.
- 12. Jh.
- 13. Jh.
- 14. Jh.
- Mischgebiete mit benachbarten Völkern
- *POLEN* slawisches Volk
- slawisches Siedlungsgebiet um 1400
- siedlungsleere Räume um 1400 (Wälder, Gebirge, Sümpfe)
- ■ um 1150 vorhandene Stadt

Entstehung von Städten mit deutschem Recht
- ▲ ● ▼ 1150–1190
- ▲ ● ▼ 1190–1250
- ▲ ● ▼ 1250–1300
- ▲ ● ▼ 1300–1400
- ▲ Lübecker Recht
- ● Magdeburger Recht
- ▼ anderes dt. Recht
- ○ ohne Stadtrecht
- \+ Klostergründungen der Zisterzienser
- Ostgrenze des Deutschen Reiches um 1000
- Grenze des Reiches und des Dt. Ordens 1400
- Territorialgrenzen um 1400

A.	*Altzelle 1175*
B.	Bardowiek
D.	*Doberlug 1165*
Do.	*Doberan 1171*
E.	*Eldena 1199*
He.	*Heinrichau 1221*
K.	*Kamenz 1239*
Ma.	Marienwerder
N.	Neubrandenburg
Pf.	*Pforta 1132*
R.	Ratzeburg
Sch.	Schweidnitz
V.	*Viktring*
Z.	*Zinna 1171*

0 100 200 km

Bauer mit Scharpflug.
Vor Einführung des Scharpflugs pflügten die Bauern im Mittelalter mit dem sog. Haken, der die Erde nur aufriss.

Von Feld-Gras- und Zweifelder- zur Dreifelderwirtschaft

Die Bevölkerung Mitteleuropas wuchs zw. 1000 und 1240 von 4 auf 11,5 Mio. Die Folge war im Altsiedelland Siedlungswachstum sowie ***„Vergetreidung"*** auf Kosten der Viehwirtschaft. In den Getreideregionen setzte sich anstelle der ***Feld-Gras-*** oder ***Zweifelderwirtschaft**** die ***Dreifelderwirtschaft**** durch.

Zweifelderwirtschaft. Die Ackerflur war in zwei *Großfelder (Zelgen, Ösche)* geteilt. Eine Zelge wurde im Herbst mit *Wintergetreide* (Roggen, Dinkel, Weizen) bestellt, während die andere *brach* (unbesät) blieb und als Weide diente; nach der Getreideernte im Sommer wurde meist gewechselt.

Dreifelderwirtschaft. Seit dem 8. Jh. verbreitete sich ein neues Bodennutzungssystem. Dabei wurde die Flur in drei flächengleiche Großfelder *(Zelgen, Ösche)* eingeteilt. Das ***Winterfeld*** wurde im Herbst mit Wintergetreide (Roggen, Dinkel und Weizen) eingesät, im Sommer geerntet, um dann brach zu bleiben. Als ***Sommerfeld*** wurde es im Frühjahr mit *Sommergetreide* (Hafer und Gerste) eingesät, um nach der Ernte im Sommer als ***Brachfeld*** (Brache) zur *Viehweide* zu dienen. Das Brach- wurde nun zum Winterfeld, das Winter- zum Sommerfeld und das Sommer- zum Brachfeld etc.

Dieser Wandel der Landwirtschaft steigerte den Ertrag der Felder und schützte die Böden vor Auslaugung. Ihn begleitete die Entstehung von ***Haufendörfern*** (Prozess der *Verdorfung*) mit ***Gewannfluren*** (Prozess der *Verzelgung*).

Ländliche Siedlungs- oder Dorfformen

Die Germanen hatten sich bei der Landnahme vorwiegend in ***Einzelhöfen***, ***Weilern (Zinken)*** und ***Drubbeln***, niedergelassen. Durch Bevölkerungszuwachs, Erbteilung und Zuwanderung wuchsen solche Kleinsiedlungen vielerorts stark und wurden zu so genannten ***Haufen-**** oder – entlang von Wegen – zu ***Straßendörfern****.

Haufen- oder Straßendörfer. Nach heutiger Auffassung sind Dörfer Ansammlungen rechtlich *(Dorfgemeinde, Flurzwang)* und wirtschaftlich (Flurgemeinschaft, Dreifelderwirtschaft) vernetzter benachbarter Einzelhöfe mit gemeinschaftl. Anlagen (Kirchen, Plätze, Wege, Brunnen) und Gemarkungsflächen (Gewässer, Wald- und Weideallmende).

Im Hochmittelalter wurden zahlreiche planmäßige Dorfsiedlungen gegründet, ***lineare Anlagen***, wie *Straßen-*, *Reihen-* und *Zeilendörfer*, oder ***Platzdörfer***, wie *Anger-* und *Runddörfer (Rundlinge)*, deren Höfe um eine zentrale Freifläche *(Straßen-, Rechteck- oder Rundanger)*, eventuell mit Kirche, angeordnet sind.

Planbildend war auch die Art der Zuordnung der Feldflur zur Siedlung. So liegen bei den so genannten ***Hufendörfern*** die Höfe zwar – wie bei Straßendörfern – entlang den Hauptwegen, das Hufenland ist aber den einzelnen Höfen räumlich sehr eng zugeordnet *(Wald- und Marschhufendörfer)*.

Haufendorf

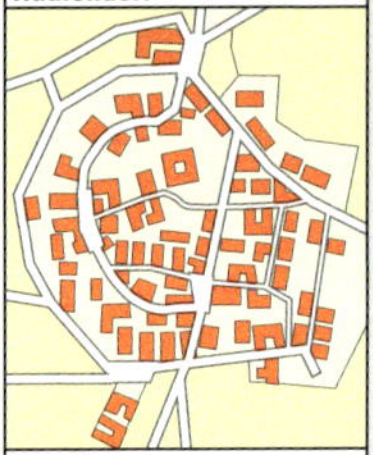

Rundling

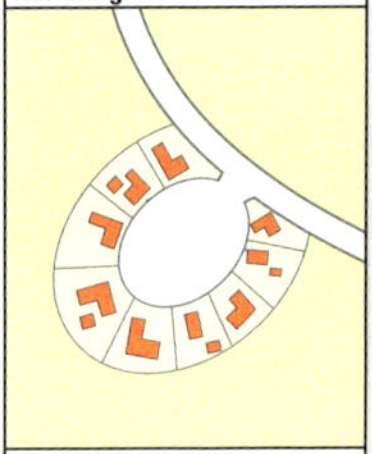

Angerdorf

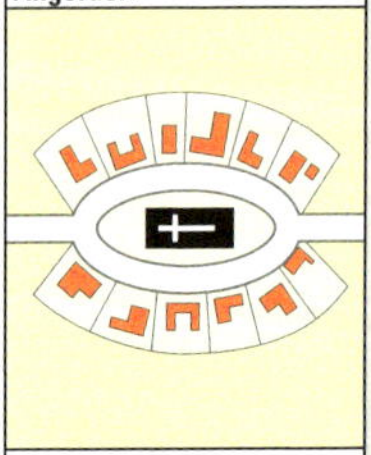

Straßendorf

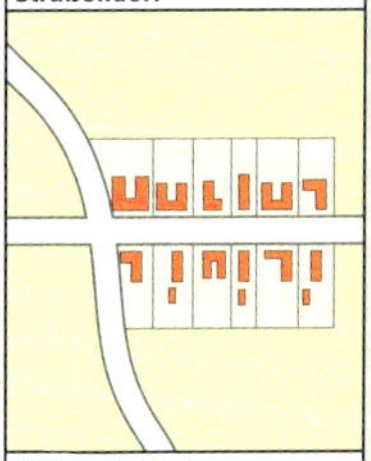

Waldhufendorf

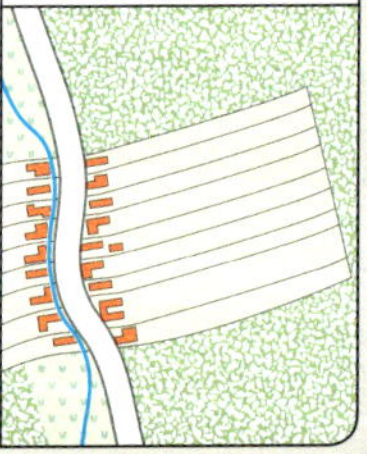

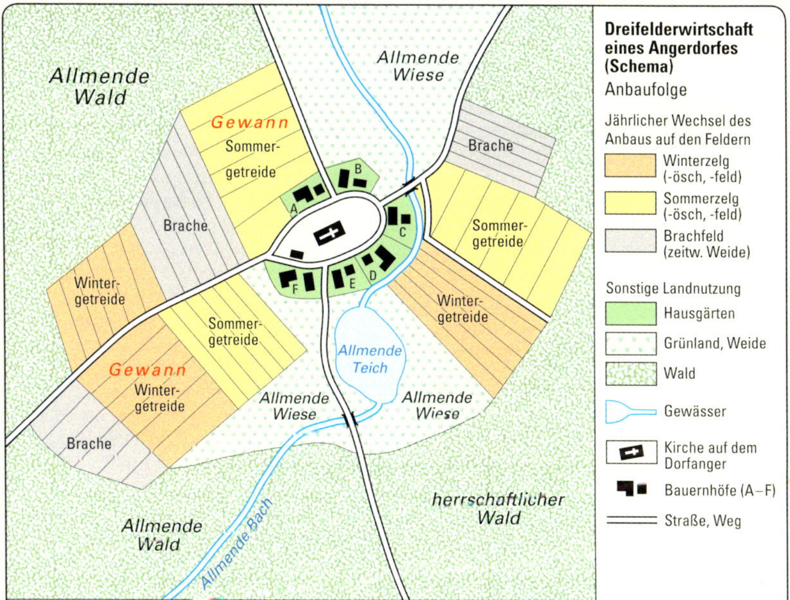
Dreifelderwirtschaft eines Angerdorfes (Schema)
Anbaufolge
Jährlicher Wechsel des Anbaus auf den Feldern
Winterzelg (-ösch, -feld)
Sommerzelg (-ösch, -feld)
Brachfeld (zeitw. Weide)
Sonstige Landnutzung
Hausgärten
Grünland, Weide
Wald
Gewässer
Kirche auf dem Dorfanger
Bauernhöfe (A–F)
Straße, Weg
Allmende Wald
Allmende Wiese
Gewann
Sommergetreide
Wintergetreide
Brache
Allmende Teich
herrschaftlicher Wald
Allmende Bach
A B C D E F

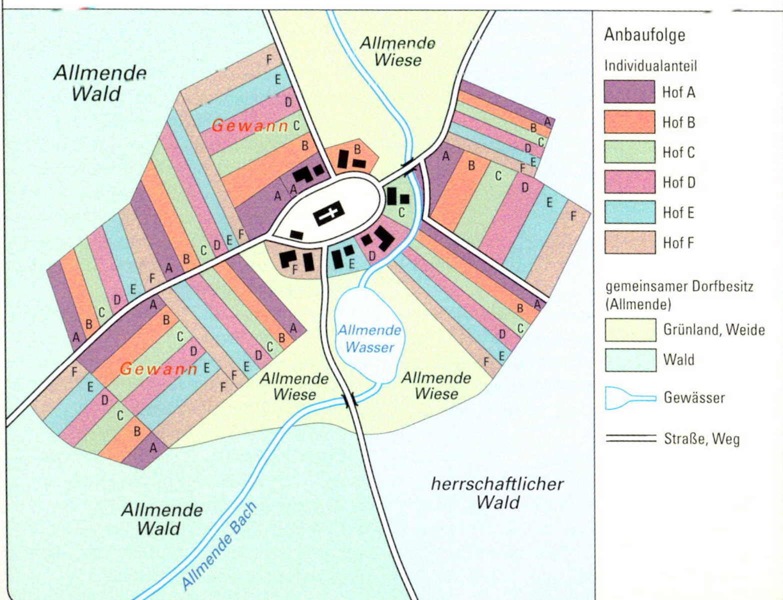
Anbaufolge
Individualanteil
Hof A
Hof B
Hof C
Hof D
Hof E
Hof F
gemeinsamer Dorfbesitz (Allmende)
Grünland, Weide
Wald
Gewässer
Straße, Weg
Allmende Wald
Allmende Wiese
Gewann
Allmende Wasser
herrschaftlicher Wald
Allmende Bach
A B C D E F

Hansekogge.
Das breite bauchige Handels- oder Kriegsschiff konnte durch Rahsegel oder Ruder fortbewegt werden. Es zeichnete sich durch Seegängigkeit und einen großen Laderaum aus.

Während Italien schon im 12. Jh. erste ***Städtebünde**** kannte, z. B. 1167 den *Lombardenbund*, beginnt deren Geschichte in Deutschland erst 1226.

Städtebünde (SB).

1229/30	Lütticher SB	***1308***	Brandenburg. SB
1246	Westfälischer SB	***1317***	SB d. Bodenseestädte
1250	Oberrhein. SB	***1318***	Schweizer SB
1252	Sächsischer SB	***1331***	Schwäbischer SB
1253	Westfälischer SB	***1346***	Oberlausitz. Sechs-SB
1254–56	**Rheinischer SB**	***1347***	SB d. Bodenseestädte
1273	Rhein.-Wetterauer SB	***1354***	Elsäss. SB (Dekapolis)
1285	Wetterauer SB	***1376***	**Schwäbischer SB**
1292/93	Niedersächs. SB	***1381***	**Rheinischer SB**
1301	Rheinischer SB	***1382***	Wetterauer SB
1304/06	Thüringischer SB	***1384***	Sächsischer SB

Die meisten entstanden in Schwächezeiten des Königtums und waren zeitl. befristet. Sie bezweckten sichere Straßen (Landfrieden), die Wahrung des Land- und Stadtrechts, den soz. Ausgleich zwischen Adel und Bürgertum, den Abbau ungerechter Zölle und Steuern sowie ein einheitl. Münzwesen. Dafür sorgten Schiedsgerichte, ein gemeinsamer Rat (Mehrheitsprinzip), Exekutivordnungen zur gegenseitigen Hilfe sowie die Einteilung in Reviere, Viertel, Vororte, Kreise u. a.

Die Städtebünde waren meist prokaiserlich. Daher lehnten die Fürsten auf dem ***Wormser Hoftag Kg. Heinrichs (VII.)*** 1231 solche Bündnisse ab. Die ***Goldene Bulle*** erneuerte 1356 dieses Verbot. Ihre Blütezeit beendete 1389 Kg. Wenzel, dem trotz des generellen Bündnisverbots im ***Landfrieden zu Eger*** ein Ausgleich zw. Fürsten und Städten gelang.

Beispiele für Städtebünde

Das größte Bündnis war der ***Rheinische Bund*** (1254–56) aus über 70 Städten sowie geistl. und weltl. Fürsten, Grafen, Herren und Ritter. Er tagte viermal im Jahr, bestimmte die polit. Linie, beschloss *Statuten* und wahrte durch interne *Schiedsgerichte* den inneren Frieden. Bei Angriffen halfen die Nachbarn oder erfolgte eine ***Bundesexekution***. Der Bund zerbrach 1256 an der Doppelwahl.

Der ***Schwäbische Städtebund*** vom 4.7.1376 provozierte einen kriegerischen Konflikt mit Königtum und Fürsten. Als im Oktober 1376 die ***Belagerung Ulms*** misslang, übertrug Ks. Karl IV. die Fortführung des Kriegs dem Städtegegner Gf. Eberhard II. von Württemberg (1315–92). Dieser erfocht zwar 1372 einen Sieg, doch erlitt sein Sohn 1377 bei ***Reutlingen*** eine schwere Niederlage. In einem neuerlichen Krieg erlagen am ***24.8. 1388*** die Städte bei ***Döffingen*** dem Fürstenheer, und auch der rhein. Pfalzgraf siegte bei ***Pfeddersheim*** über den Rhein. Bund. Die Städte waren zum Einlenken gezwungen.

Die ***Hanse*** war *kein echter Städtebund*, sondern eher eine *Handelsgenossenschaft* mit städtebundl. Zügen. Sie entstand aus genossenschaftl. ***Kaufleutehansen*** *(hansa = Schar)* einzelner Städte. Im Rahmen der Ostsiedlung entstand die *Gemeinschaft der dt. Gotlandfahrer* mit weiten Handelsbeziehungen. Ende 13. Jh. übernahm Lübeck die Führung. Gemeinsame *Kontore* wurden in London, Brügge, Bergen und Nowgorod unterhalten.

Streitigkeiten in Brügge bewogen 1356/58 die Heimatstädte zur Bildung der ***Städtehanse*** (1358: *Stede van der dudeschen hanse*). Der lockere Bund umfasste neben 70–80 aktiven Mitgliedern ca. 100–120 kleinere und passive Städte, aber auch den Deutschen Orden und die Bauernrepublik Dithmarschen.

Die Hanse vermittelte den Warenaustausch zw. den Naturalien des Ostens und den Fertigprodukten des Westens. Ein Sieg über Dänemark und der ***Frieden von Kopenhagen*** 1370 machte sie zeitw. zu einem polit. Faktor. Im 15. Jh. führte die Piraterie der *Vitalienbrüder*, engl. und holl. *merchant adventurers* sowie eine nationale Wirtschaftspolitik zur ***Schließung der Kontore*** (1494 Nowgorod, 1603 London) und zu Mitgliederschwund. Nach 1700 wahrten nur noch Bremen, Hamburg und Lübeck die Hansetradition.

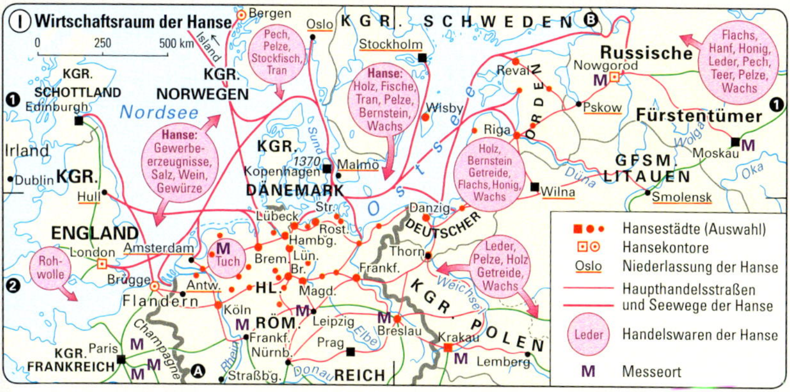
I Wirtschaftsraum der Hanse
0 250 500 km
KGR. SCHOTTLAND
Edinburgh
KGR. NORWEGEN
Bergen
Island
Oslo
KGR. SCHWEDEN
Stockholm
Nordsee
Irland
Dublin
KGR. ENGLAND
Hull
London
Amsterdam
Brügge
Antw.
Flandern
Champagne
Paris
KGR. FRANKREICH
KGR. DÄNEMARK
Kopenhagen
1370
Malmö
Sund
Lübeck
Str.
Rost.
Hamb'g.
Brem.
Lün.
Br.
Magd.
Köln
HL. RÖM. REICH
Leipzig
Frankf.
Nürnb.
Straßb'g.
Prag
Elbe
Rhein
Donau
Breslau
Krakau
Frankf.
Thorn
Danzig
Weichsel
DEUTSCHER ORDEN
KGR. POLEN
Lemberg
Ostsee
Wisby
Reval
Riga
Düna
Wilna
Nowgorod
Pskow
Russische Fürstentümer
Moskau
Wolga
Oka
GFSM. LITAUEN
Smolensk
Pech, Pelze, Stockfisch, Tran
Hanse: Holz, Fische, Tran, Pelze, Bernstein, Wachs
Hanse: Gewerbe-erzeugnisse, Salz, Wein, Gewürze
Holz, Bernstein Getreide, Flachs, Honig, Wachs
Flachs, Hanf, Honig, Leder, Pech, Teer, Pelze, Wachs
Rohwolle
Tuch
Leder, Pelze, Holz Getreide, Wachs
Hansestädte (Auswahl)
Hansekontore
Oslo Niederlassung der Hanse
Haupthandelsstraßen und Seewege der Hanse
Leder Handelswaren der Hanse
M Messeort

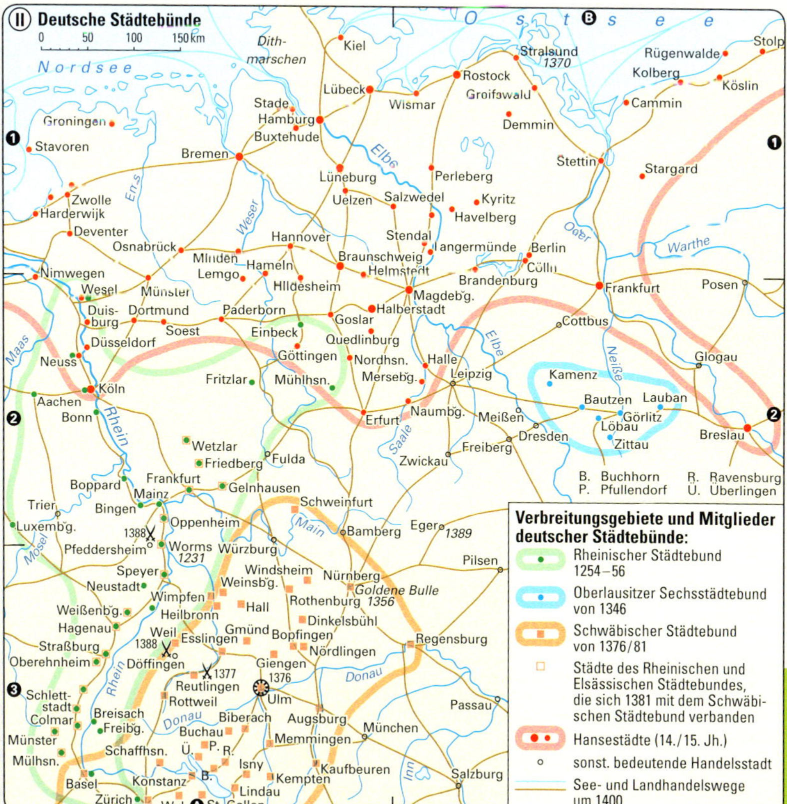
II Deutsche Städtebünde
0 50 100 150 km
Nordsee
Ostsee
Dithmarschen
Kiel
Stralsund 1370
Stolp
Rügenwalde
Kolberg
Köslin
Rostock
Greifswald
Wismar
Lübeck
Stade
Hamburg
Buxtehude
Cammin
Demmin
Groningen
Stavoren
Bremen
Elbe
Lüneburg
Perleberg
Stettin
Stargard
Zwolle
Harderwijk
Deventer
Uelzen
Salzwedel
Kyritz
Havelberg
Stendal
Hannover
Osnabrück
Minden
Hameln
Lemgo
Braunschweig
Helmstedt
Tangermünde
Berlin
Cölln
Brandenburg
Frankfurt
Posen
Oder
Warthe
Nimwegen
Wesel
Münster
Hildesheim
Magdeb'g.
Duisburg
Dortmund
Paderborn
Soest
Goslar
Halberstadt
Einbeck
Quedlinburg
Düsseldorf
Cottbus
Göttingen
Nordhsn.
Halle
Neuss
Fritzlar
Mühlhsn.
Merseb'g.
Leipzig
Kamenz
Glogau
Köln
Aachen
Bonn
Erfurt
Naumb'g.
Meißen
Bautzen
Lauban
Görlitz
Löbau
Zittau
Dresden
Breslau
Freiberg
Zwickau
Wetzlar
Friedberg
Fulda
Saale
Neiße
Maas
Rhein
Weser
Ems
Boppard
Frankfurt
Mainz
Gelnhausen
Schweinfurt
Trier
Bingen
Oppenheim
Bamberg
Eger 1389
Luxemb'g.
1388
Pfeddersheim
Worms 1231
Würzburg
Main
Mosel
Pilsen
Speyer
Windsheim
Nürnberg
Goldene Bulle
Neustadt
Weinsb'g.
Rothenburg 1356
Wimpfen
Hall
Weißenb'g.
Heilbronn
Dinkelsbühl
Hagenau
Weil
Gmünd
Bopfingen
Regensburg
Straßburg
1388
Esslingen
Nördlingen
Oberehnheim
Döffingen
1377
Giengen
Reutlingen
1376
Donau
Schlettstadt
Ulm
Rottweil
Passau
Breisach
Colmar
Freib'g.
Donau
Biberach
Augsburg
Buchau
München
Münster
P.
R.
Memmingen
Mühlhsn.
Schaffhsn.
Ü.
Isny
Kaufbeuren
Inn
B.
Kempten
Salzburg
Basel
Konstanz
Lindau
Zürich
Wyl
St. Gallen
B. Buchhorn
P. Pfullendorf
R. Ravensburg
Ü. Überlingen
Verbreitungsgebiete und Mitglieder deutscher Städtebünde:
Rheinischer Städtebund 1254–56
Oberlausitzer Sechsstädtebund von 1346
Schwäbischer Städtebund von 1376/81
Städte des Rheinischen und Elsässischen Städtebundes, die sich 1381 mit dem Schwäbischen Städtebund verbanden
Hansestädte (14./15. Jh.)
sonst. bedeutende Handelsstadt
See- und Landhandelswege um 1400

Haus Luxemburg.
Der nach rechts schreitende bekrönte sowie goldbezungte und bewehrte rote Löwe mit doppeltem Schweif ist das Wappen der Grafschaft Luxemburg, der die Dynastie der Luxemburger entstammte.

Die Basis des Königtums im Hochmittelalter

Bis ca. 1200 hatte die tatsächliche Macht der dt. Könige auf den lehensrechtlichen ***Leistungen der Vasallen***, der ***Ausübung der Regalien***, dem ***Hausgut ihrer Familie*** sowie dem ***Amtsgut der Könige***, dem ***Reichsgut****, beruht, das der neu erhobene König aus den Händen seines Vorgängers übernahm. Seit Konrad II. (1024–39) waren Haus- und Reichsgut zwar begrifflich geschieden, wurden aber gemeinsam verwaltet.

Reichsgut. Amtsbesitz der deutschen Könige, auch *Krongut* genannt, das aus dem ***Haus- oder Familiengut*** erloschener Dynastien, heimgefallenen Lehen, aus Kauf, Verpfändung etc. stammte. Das im Reich weit verstreute Reichsgut lag v. a. im W und SW; es war bei seinem Zerfall am Ende der Stauferzeit vom Hausgut der regierenden Herrscher nicht mehr scharf geschieden. Pfalzen und Reichsburgen gingen im Spätmittelalter an die Reichsstädte über, während die Landgüter durch Belehnung der Ministerialen nach und nach zu Territorien heranwuchsen.

Erbe – Eroberung – Heirat – Kauf
Vom Reichsgut zur dynastischen Hausmacht

In der Schwäche des Königtums während des *Interregnums* gingen das riesige stauf. Haus- und das Reichsgut bis auf geringe Reste verloren. Vor allem seit Rudolf von Habsburg waren die Könige des Heiligen Römischen Reichs darauf angewiesen, ihre Reichsgewalt durch die Stärkung des eigenen Hausguts zu festigen, indem sie eine ***Hausmachtpolitik**** verfolgten.

Hausmachtpolitik. Die Könige vergaben freigewordene Reichslehen an Mitglieder ihrer Familie, an Brüder, Söhne, Enkel und Neffen. Sie verheirateten diese mit so genannten *Erbtöchtern*, welche Aussicht auf Erbschaften hatten. Die inzwischen längst übliche rechtliche Erblichkeit der Lehen bewirkte, dass derart erworbener Lehensbesitz dann meist dauerhaft in der Familie blieb. Solche Besitzkomplexe aus *Eigengut (Allod)* und Lehen bezeichnet man als *Hausmacht*.

Die Tragik der Hausmachtpolitik und des Königtums war aber, dass das deutsche Königtum nicht erblich, sondern ein *Wahlkönigtum* war. Eine starke Hausmacht konnte einerseits die Freiheit der Königswahl einschränken, weil sie oft nur ihren Erben zuließ. Wurde aber trotzdem ein Mitglied einer anderen Familie gewählt, dann konnte die enttäuschte übergangene Familie aufgrund ihrer starken Hausmacht zur gefährlichen Opponentin des Neugewählten werden. Dieser musste seinerseits beim Punkt Null beginnen, sein ererbtes Hausgut durch eine gezielte Hausmachtpolitik auf eine solide Basis zu stellen. Die Geschichte des Deutschen Reiches im Spätmittelalter war wesentlich geprägt durch die offene (Doppelwahl) oder versteckte Rivalität der ***Habsburger**** und ***Luxemburger****, zweier Geschlechter, deren erfolgreiche Hausmachtpolitik ihre ursprünglichen Herrschaftsräume, Aargau und Elsass bzw. die Grafschaft Luxemburg, rasch in den Hintergrund treten ließ. Alle Versuche, andere als Mitglieder dieser Familien auf den Thron zu bringen, bewirkten die äußere und innere Instabilität des Reiches.

Habsburger	**Luxemburger**
1273–91 Kg. Rudolf I. von Habsburg	***1308–13*** Ks. Heinrich VII. von Luxemburg
1291–98 *Kg. Adolf von Nassau*	***1314–47*** *Ks. Ludwig von Wittelsbach (Gkg.)*
1298–1308 Kg. Albrecht I.	***1347–78*** Ks. Karl IV. (Gkg.)
1314–1322 *Kg. Friedrich der Schöne (Gkg.)*	***1349*** *Kg. Günter von Schwarzburg (Gkg.)*
1438–39 Kg. Albrecht II.	***1378–1400*** Ks. Wenzel
1440–93 Ks. Friedrich III.	***1400–10*** *Ks. Ruprecht von der Pfalz*
1493–1519 Ks. Maximilian I.	
1519–56 Ks. Karl V.	***1400–37*** Ks. Sigmund

Aufstieg des Hauses Luxemburg 1308–1437

Die Gfn. von Luxemburg hatten bis Ende 13. Jh. zwischen mittlerer Mosel und Maas ein geschlossenes Gebiet um die namengebende ***Lützel- oder Luxemburg*** erworben. Die *Niederlage von Worringen* 1288 verhinderte dessen Ausweitung auf das Hzm. Limburg. Der Aufstieg des Hauses erfolgte 1308 mit der Wahl Heinrichs VII. (1308–13) zum deutschen König auf Betreiben seines Bruders Erzbischof Balduins von Trier (1307–54). Rasch erlangte die ***Luxemburger Hausmacht**** europäische Dimensionen.

Luxemburger Hausmacht 1308–1437

1310 Heinrichs Sohn Johann wird mit der Premyslidin Elisabeth verheiratet und mit dem ***Königreich Böhmen*** belehnt.
1346 Karl (IV.) wird zum Gegenkönig Ludwigs IV. des Bayern (1314–47) gewählt.
1354 Erhebung der ***Gft. Luxemburg*** zum ***Herzogtum***.
1367 Angliederung ***Mgft. Niederlausitz*** an Böhmen.
1327/53 Inkorporation der ***Hzmer. Schlesien*** in Böhmen.
1349 Anfall der ***Mgft. Mähren.***
1355–88 Brabant, Limburg und Mgft. Antwerpen mit Hzm. Luxemburg vereinigt.
1373 Erwerb der ***Mgft. Brandenburg***.
1377 Erwerb der ***Mgft. Oberlausitz***.
1387 Erwerb des ***Kgr. Ungarn*** durch Sigmund.
1437 Mit dem Tode Ks. Sigmunds endet das Haus Luxemburg Kg. Albrecht II., vermählt mit der Luxemburgerin Elisabeth, begründet Ansprüche auf Böhmen und Ungarn.

Aufstieg des Hauses Habsburg 13. Jh.–1526

Das Haus Habsburg zählt zu den bedeutendsten Herrscherdynastien der dt., ja der europ. Geschichte. Über fast 650 Jahre, zw. 1273 und 1918, haben sie fast ununterbrochen Herrscher in Deutschland, Spanien und anderen – auch außereurop. – Reiche gestellt.

Ihr ältester bekannter Besitz lag im Aargau/Schweiz und im Elsass/Frankreich. Um 1020 erbaute Bischof Werner von Straßburg die namengebende ***Hab(icht)sburg*** bei Brugg, am Zusammenfluss von Reuß und Aare. Nachweislich nannte sich Gf. Otto II. (†1111) als erster nach der Habsburg. Seit 1135 sind die Habsburger als Lgfn. im Oberen Elsass, seit 1170 als Gfn. im Zürichgau und seit 1239 als Gfn. im Aargau erwähnt.

Als die Fürsten 1273 ***Rudolf von Habsburg*** (1273–91) zum König erhoben, da wählten sie nicht den *kleinen Grafen*, als den ihn seine Gegner darstellten, sondern tatsächlich den mächtigsten Dynasten im dt. Südwesten. Sein Ziel, die Wiederherstellung des staufischen Haus- und Reichsguts, erreichte er nur zum Teil; zu mächtig waren seine Standesgenossen, die dt. Landesfürsten, in der Zeit des sog. Interregnums geworden. Doch schuf er mit dem Erwerb Österreichs und Steiermarks 1282 aus den Händen seines größten Rivalen, Kg. Ottokars II. (†1278) von Böhmen, die Grundlagen einer bedeutenden Hausmacht. Außerdem rettete er zahlreiche ehemals stauf. und kgl. Städte sowie Ministerialen und Klöster vor dem gierigen Zugriff anderer Landesherren, indem er sie als Reichsstädte, Reichsministerialen und Reichsabteien für das Reich reklamierte. Ehemalige Besitzungen und Rechte des Reichs oder der Staufer fasste er in den *Landvogteien Elsass* (später i.W. noch *Dekapolis*), *Schwaben, in der Wetterau* und *Franken* (später i.W. *Burggft. Nürnberg*) zusammen. Die Landvögte hatten sie zu verwalten und weiteren entfremdeten Besitz zurückzugewinnen. Nur die ***Landvogtei Schwaben*** existierte bis 1806; die übrigen fielen in die Hände Frankreichs (Elsass) und der Landesherren.

Die sofortige Nachfolge seines Sohnes Albrecht erreichte Kg. Rudolf nicht, und als dieser, 1298 doch noch zum König gewählt, 1308 ermordet wurde, brach die habsb. Macht fast zusammen und musste über 100 Jahre lang das König- und Kaisertum anderen Dynastien überlassen.

Mit Albrecht II (1438–39) errang sie erneut das Kaisertum, um es – mit Ausnahme des Wittelsbachers Ks. Karls VII. (1742–45) – bis zum Ende des Heiligen Römischen Reiches 1806 nicht mehr herzugeben. Stets durch Erbschaft, Kauf, Heirat und Verpfändung um den Ausbau ihrer Hausmacht bemüht, gelang ihnen ab 1438 innerhalb eines halben Jahrhunderts der Aufstieg zur Weltmacht in den Händen Ks. Karls V. (1519–56).

Die Habsburger Hausmacht. Erwerbungen 1273–1526.

1282 Hzmer. Österreich und Steiermark.
1335 Hzmer. Kärnten u. Krain sowie Windische Mark.
1363 Gft. Tirol
1368 Lgft. Breisgau und die Stadt Freiburg
1375 Stadt Feldkirch
1382 Reichsstadt Triest
1437 Aussterben der Luxemburger: habsb. Ansprüche auf Böhmen und Ungarn.
1478/81 Maximilian (I.) (1493–1519) erbt das Hzm. Burgund (Fgft. Burgund, Hzm. Flandern, Gft. Artois, Gft. Nevers, Gft. Rethel, Mecheln, Antwerpen, Gft. Charolais, Gft. Namur, Hzm. Limburg, Hzm. Brabant, Gft. Holland, Gft. Seeland, Gft. Hennegau, Gft. Luxemburg, Hzm. Geldern, Gft. Zutphen) und überträgt es 1516 an Karl (V.).
1506 Ehz. Philipp der Schöne (†1506) erbt Kastilien u. Aragon (Spanien) mit den Ländern der Neuen Welt, die an seinen Sohn Karl (V.) fallen.
1519 Karl (V.) erbt den gesamten habsb.-dt. Hausbesitz. Wahl zum Kaiser des Hl. Röm. Reiches. Wichtige Verluste: 1415 Aargau, 1460 Thurgau.

KGR. ENGLAND
KGR. DÄNEMARK
Hzm. Schleswig
Gft. Holstein
DEUTSCHER ORDEN
Preußen
KGR. POLEN
Nordsee
Ostsee
Pommern
Hzm. (seit 1295 geteilt)
Hzm. (1348) Mecklenburg
Kfsm. Brandenburg (1323–73 witt.)
Neumark
Schlesische Hzmer.
1327/53/68 böhm. Lehen
Lausitz
Mgftn. (1339–68 witt.)
Kgr./Kfsm. Böhmen
Mgft. Mähren
Hzm. Österreich (seit 1358 Ehzm.)
Hzm. Bayern
Pfalz
Ober-
Mgft. Meißen
Lgft. Thüringen
Vogtland
Hzm. Braunschw.-Lüneburg
Erzst. Bremen
Gft. Oldenburg
Friesland
Hessen
Lgft.
Gft. Nassau
Hzm. Westfalen (Köln)
Kfsm. Köln
Kfsm. Mainz
Kfsm. Trier
Kfsm. Pfalz
Hzm. (1354) Luxemburg
Hzm. Brabant
Gft. Holland
Gft. Seeland
Gft. Flandern
Gft. Artois
Gft. Hennegau
Gft. Kleve
Gft. Zutphen
Hst. Utrecht
Hzm. Lothringen
Gft. Rethel
Königsberg
Marienburg
Danzig
Kulm
Thorn
Weichsel
Wloclawek
Plozk
Gnesen
Kalisch
Posen
Warthe
Kolberg
Stettin
Stargard
Stralsund
Wolgast
Rostock
Schwerin
Lübeck
Kiel
Hamburg
Lüneburg
Bremen
Verden
Weser
Minden
Osnabrück
Münster
Paderborn
Dortmund
Kassel
Marburg
Wetzlar
Frankfurt
Gelnhausen
Fulda
Mainz
Worms
Speyer
Heidelberg
Rhein
Köln
Aachen
Lüttich
Namur
Maas
Antwerpen
Brüssel
Gent
Brügge
Sluis
Calais
Roosebeke
Cambrai
Amiens
Laon
Reims
Paris
Troyes
Sens
Seine
Verdun
Metz
Toul
Trier
Luxemburg
Mosel
Straßburg
Colmar
Hagenau
Zollern
Rottweil
Ulm
Augsburg
Kaufbeuren
München
Freising
Landshut
Regensburg
Straubing
Passau
Salzburg
Eichstätt
Donauwörth
Nürnberg
Rothenburg
Würzburg
Schweinfurt
Bamberg
Eger
Main
Erfurt
Mühlhausen
Nordhausen
Goslar
Hildesheim
Braunschweig
Halberstadt
Magdeburg
Halle
Leipzig
Wittenberg
Tangermünde
Havelberg
Brandenburg
Berlin
Fürstenwalde
Frankfurt
Lebus
Cottbus
Meißen
Bautzen
Görlitz
Zittau
Elbe
Prag
Budweis
Leitomischl
Brünn
Olmütz
Glogau
Liegnitz
Schweidnitz
Breslau
Oder
Oppeln
Ratibor
Teschen
Tschenstochau
Kremnitz
Nitra
Tyrnau
Pressburg
Wien
Marchfeld
Donau
Inn
Neuberg
300 km

Herrschaftsgebiete („Hausmacht") wichtiger Adelsfamilien (2. Hälfte 14. Jh.)
Luxemburger (Kaiser Karl IV.)
Habsburger
Wittelsbacher (bayer./pfälz. Linie)
Hohenzollern
Wettiner
Askanier
Welfen
Burgund (Haus Valois)
Geistliche Gebiete
Reichs- und Freie Stadt
Grenze des Heiligen Römischen Reiches
1310 Jahr der Erwerbung
1 Hzm. Geldern
2 Hzm. Limburg 1355
3 Hzm. Jülich
4 Gft. Berg
5 Gft. Mark
6 Gft. Ravensberg
7 Gft. Schaumburg
8 Gft. Lippe
9 Hzm. Sachsen-Lauenburg
10 Fsm. Anhalt
11 Kfsm. Sachsen-Wittenbg.
12 Hst. Cammin
13 Gft. Henneberg
14 Hzm. Bar
15 Mgft. Baden
16 Gft. Württemberg
17 Burggft. Nürnberg
18 Sundgau 1368
19 Breisgau (habsb.) 1369
20 Windische Mark 1335
B. Biberach
Di. Dinkelsbühl
Dö. Döffingen
E. Esslingen
G. Gmünd
H. Heilbronn
Me. Memmingen
Mü. Münster
N. Nördlingen
Ra. Ravensburg
Re. Reutlingen
S. Schlettstadt
Sch. Schaffhausen
Ü. Überlingen
Wa. Wangen
We. Weißenburg
Wg. Weingarten
Wi. Wimpfen
Wo. Worringen
KIRCHENSTAAT
REP. VENEDIG
KGR. NEAPEL (Anjou)
KGR. BOSNIEN
Korsika (zu Genua)
Signorie Mailand
Gft. Savoyen
Gft. Provence (Anjou)
Freigft. Burgund 1384
Eidgenossenschaft
Ligurisches Meer
Adria

Schweizer Bundeswappen. *Das seit dem 14. Jh. bekannte Schweizerkreuz (in Rot ein schwebendes silbernes Kreuz) wurde 1889 zum Bundeswappen der Eidgenossenschaft.*

Die Entstehung der Eidgenossenschaft

Als im 13. Jh. die Gfn. von Habsburg ihre gräfl., gerichtl. und grundherrl. Rechte im Bereich der sog. *Waldorte* zu einer *geschlossenen* ***Landesherrschaft*** auszubauen suchten, griff der stauf. Kg. Heinrich (VII.) ein und erwarb – vermutlich wegen des *Gotthardpasses* – 1231 die verpfändete Vogtei zurück ans Reich. 1240 stellte Ks. Friedrich II. auch das habsb. ***Schwyz*** unter seinen Schutz, doch blieb dies wegen seines Todes unwirksam. So war nur Uri reichsunmittelbar, als nach Kg. Rudolfs I. (1273–91) Tod die drei Waldorte Uri, Schwyz und Unterwalden 1291 einen ***Ewigen Bund*** *(Einung, Eidgenossenschaft)* zur *Sicherung des Landfriedens* schlossen. Der schwelende eidgenöss.-habsb. Konflikt brach 1314 mit einem Überfall der Schwyzer (Schweizer) auf das habsb. Kloster Einsiedeln offen aus. Als Hz. Leopold I. (†1326) die von Kg. Friedrich (III.) (1314–30) verhängte Reichsacht vollstrecken und die habsb. Herrschaft wiederherstellen wollte, erlitt er bei ***Morgarten*** 1315 eine schwere Niederlage. Daraufhin bestätigte Ks. Ludwig IV. (1314–47) Rechte und Privilegien der Eidgenossenschaft, für die sich zunehmend die Gesamtbezeichnung ***Schweiz*** und ***Schweizer*** einbürgerte.

Durch den Beitritt von Städten (1332 Luzern, 1351 Zürich, 1352 Glarus und Zug, 1353 Bern) wuchs der Bund auf 8 sog. ***„Orte"***.

Orte, Kantone: Vollmitglieder der Eidgenossenschaft hießen *Orte* (ab 1798 *Kantone*), im Unterschied zu *Zugewandten Orten* oder *Untertanenländern*, die als politisch unmündige Untertanen galten.

Weitere Restaurationsversuche durch Herzog Leopold III. von Österreich (1351–86) scheiterten in den ***Schlachten bei Sempach*** (1386) und ***Näfels*** (1388). Daraufhin anerkannte Habsburg die Unabhängigkeit der Schweizer vom habsburgischen Territorialstaat. 1415 annektierten die Eidgenossen den habsburgischen Aargau und 1460 auch den Thurgau als erste ***Untertanenländer***.

Nach dem Aussterben der Grafen von Toggenburg 1436 kam es zum ***Toggenburger Erbschaftskrieg*** (1439–50) zwischen den von Schweiz angeführten Orten und Zürich, das sich mit dem habsburgischen Ks. Friedrich III. (1440–93) verbündet hatte. Trotz der Niederlage von ***St. Jakob an der Birs 1444*** gegen französische Söldner *(Armagnaken)* siegte schließlich die Schweizer Partei, worauf Habsburg erneut auf alle Ansprüche gegen die Eidgenossenschaft verzichtete.

Gegen aggressive ***Expansionsversuche des Ghzms. Burgund*** [→ 65] wehrten sich die Eidgen. erfolgreich (Siege 1476 bei Grandson und Murten) im Bunde mit Habsburg.

Das Ausscheiden aus dem Reich

Alle Auseinandersetzungen mit Habsburg, das seit 1439 auch im Besitz des Kaisertums war, vergrößerten die Distanz zum Deutschen Reich. Als Ks. Maximilian (1493–1519) die Eidgenossenschaft zur Annahme der *Wormser Reichsreform* von 1495 zwingen wollte, kam es 1499 zum sog. ***„Schwabenkrieg"****, in dem sich die Eidgenossen – u.a. nach Siegen bei *Schwaderloh* und *an der Calven* – im ***Frieden von Basel**** behaupteten.

Friede von Basel 1499. Ks. Maximilian verzichtete auf die *Zuständigkeit des Reichskammergerichts* sowie auf *Reichssteuern*. Er **entließ** damit de facto – ausgenommen die kath. Stände Chur, Einsiedeln, Muri und St. Gallen – die ***Eidgenossen aus dem Reich***. Diese behielten den Thurgau, anerkannten aber die österr. Oberhoheit über Graubünden.

Die von Zwingli (Zürich 1523) und Calvin (Genf 1541) durchgeführte ***Reformation*** spaltete zwar den Bund, konnte ihn aber trotz zweier ***Kappeler Kriege*** (1529–31) nicht sprengen. 1566 einigten sich beide Religionsparteien in der *II. Helvetischen Konfession*. Im ***Westfälischen Frieden*** 1648 wurde die *Confoederatio Helvetica* auch staatsrechtlich souverän.

Wachstum der Eidgenossenschaft im 15./16. Jh. Hinzu kamen: 1481 Freiburg und Solothurn, im 16. Jh.: 1501 Basel und Schaffhausen, 1513 Appenzell, 1526 Genf, 1536 die von Bern besetzten Waadt und Hochstift Lausanne, 1555 Greyerz. – Nach der *Schlacht bei Marignano* 1515 wurde auf Expansion nach Süden (Italien) zugunsten strikter Neutralität verzichtet.

Die Schweizer Eidgenossenschaft (13.–16. Jh.)

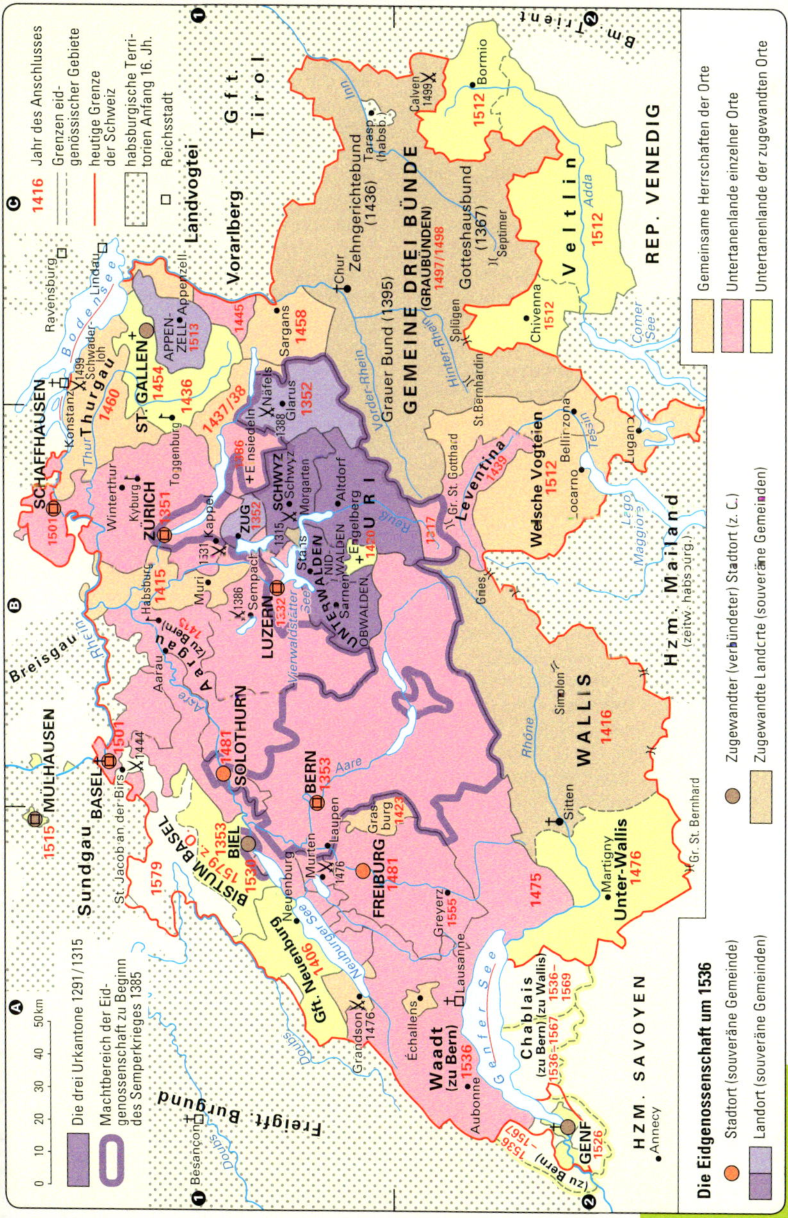

Wappen des Hauses Wittelsbach. *Der von Silber und Blau geweckte Schild, ursprünglich das Wappen der Grafen von Wittelsbach, die seit 1180 das Hzm. Bayern innehatten, wurde zum Wappen des Landes bis heute.*

Das Haus Wittelsbach bis zur Teilung 1329

Um 1115 begannen sich die Gfn. von Scheyern nach ihrer ***Burg Wittelsbach*** bei Aichach zu nennen. 1180 wurde ***Gf. Otto I.*** (um 1120–83) durch Ks. Friedrich I. mit dem ehemaligen welfischen Hzm. Bayern, einem Konglomerat unterschiedlichster Herrschaftsrechte, belehnt. Sein Ausbau zum Territorialstaat stieß auf den Widerstand des Hochadels (z.B. *Bogener Fehde*), der mit kaiserlicher Hilfe überwunden wurde. Auch geistliche Staaten ***(Hochstifte)***, wie Regensburg, Salzburg und die Fürstpropstei Berchtesgaden sowie einige Reichsstädte, „durchlöcherten" das Herzogtum. Als staufischer Parteigänger erhielt Ottos Sohn ***Ludwig I.*** (um 1173–1231) 1214 die ***Pfalzgrafschaft bei Rhein*** verliehen. Zwar misslang 1246 der Erwerb Österreichs, doch konnten bayerische Grafenfamilien (1242 die *Bogener*, 1248 die *Andechser, Orten- und Wasserburger*) beerbt werden.

Bereits die Söhne Hz. Ottos II. (1206–53), Ludwig II. und Heinrich I., teilten den witt. Besitz. Die Söhne Ludwigs II., Pfalzgf. Rudolf I. (1274*, 1310–19) und Hz. Ludwig IV. (1255*, 1302, Kg. 1314–47), begründeten die endgültigen ***Hauptlinien Pfalz*** und ***Bayern***.

Hausmachtpolitik Ks. Ludwigs IV. des Baiern

Der 1314 zum Ks. gewählte Ludwig IV. (*1255, †1347) griff, gestützt auf das Königtum, über Bayern hinaus: Er besetzte 1317 die ***Rheinpfalz*** seines Bruders und behielt sie bis zum ***Hausvertrag von Pavia*** 1329*.

Hausvertrag von Pavia 1329. Ks. Ludwig gab seinen Neffen Rupprecht I. und Rudolf II. ***(Unter-)Pfalz*** und ***Oberpfalz*** zurück. Die Kurwürde sollte zwischen den Hauptlinien alternieren; fiel jedoch durch die *Goldene Bulle 1356* definitiv (bis 1623) an die Pfälzer Linie.

Nach dem Aussterben der Askanier belehnte Ludwig 1323 seinen ältesten Sohn Ludwig V. (*1312, 1323–61) mit der ***Mgft. Brandenburg***, beerbte 1341 die ***Linie Oberbayern***, erwarb 1342 durch die Heirat seines Sohnes mit Margarete gen. Maultasch (1318–69) die ***Gft. Tirol*** und gewann 1345 durch die Ehe mit Margarete von Holland die ***Gften. Holland***, ***Seeland***, ***Friesland*** und ***Hennegau***. Doch verfeindete ihn diese Politik mit den Luxemburgern und überforderte seine Kräfte.

Zerfall der Wittelsbacher Hausmacht

Nach Ludwigs Tod zerfiel die witt. Hausmacht rasch durch ***dynast. Teilungen**** (Primogenitur ab 1506) und Gebietsverluste.

Dynastische Teilungen.
Oberbayer. Hauptstamm: Er bildete unter *Mgf. Ludwig V.* (†1361) die Linien *Brandenburg* (1347–75) und *Oberbayern-Tirol* (1351–63). *Albrecht I.* begründete die Linie *Straubing-Holland* (bis 1425).
Linie Landshut: *Stephan II.* konnte zwischen 1347 und 1375 Ober- und Unterbayern vereinigen; seine Söhne *Stephan III.* (1375–1413), *Friedrich* (1375–93) und *Johann II.* (1375–97) teilten in *Bayern-Ingolstadt* (bis 1447), *Bayern-Landshut* (bis 1503) und schließlich *Bayern-München*, der die Landesherren bis 1777 entstammten.
Pfälzischer Hauptstamm: Er teilte sich nach dem Tode Pfalzgf. Rupprechts III. (1352–1410), seit 1400 dt. König, in die Linien: *Kurpfalz-Heidelberg* (bis 1559), *Oberpfalz-Neumarkt* (bis 1448), *Pfalz-Simmern-Zweibrücken* und *Pfalz-Mosbach* (bis 1499).

Die Entstehung der bayerischen Stände

Die ständigen Teilungen schwächten die Wittelsbacher gegenüber Habsburgern und Luxemburgern. Die Goldene Bulle wies 1356 die Kurwürde der Pfalz und nicht Bayern zu, und 1363 fiel Tirol an Habsburg, Brandenburg 1373 an Luxemburg. Der äußeren Schwäche entsprach die wachsende politische Mitsprache der ***Landstände**** im Innern.

Landstände. In Bayern entwickelten sich Adel, Prälaten und Städte zu *Kurien* des *Landtags*.

1302 *Rittertag zu Oberschneitbach*: Der oberbayerische Adel genehmigte dem Hz. eine Viehsteuer.
1307 Der Hz. verpfändete Rittern, Prälaten und Städten die Ingolstädter Münze gegen eine Steuer.
1311 ***Ottonische Handfeste***: Gegen eine *Vieh- und Getreidesteuer* erhielten Ritter und Prälaten die niedere Gerichtsbarkeit in ihren *Hofmarken*.

Trotz *Landesteilungen* (1410 gab es 8 Linien, 1505 noch 5) und *Fehden* untereinander hielt man an der Idee der Einheit des Hauses fest, führte gemeinsame Titel *(Pfalzgf. bei Rhein, Hz. in Ober- und Niederbayern)* und Wappen (rotgekrönter goldener Löwe in Schwarz).

1 Vogtland
2 Mgft. Meißen (wettin.)
3 Waldsassener Stiftsland
4 Fürstpropstei Ellwangen
5 Gft. Kirchberg
6 Fürstabtei Kempten
7 Gft. Werdenfels (zu Freising)
8 Gft. Ortenburg
9 Lgft. Leuchtenberg
Lgft. Thüringen (wettin.)
Gft. Henneberg
Hst. Würzburg
Hst. Bamberg
Hohenlohe
Burggft. Nürnberg
Gft. Hohenlohe
Oberpfalz (1329 zur Kurpfalz)
Kgr. Böhmen (1310 Luxemburger)
Hzm. Bayern-Straubing
Hst. Eichstätt
Hst. Regensbg.
Hst. Passau
Gft. Öttingen
Mgft. Burgau (1301 habsb.)
Hzm. Bayern-München (Oberbayern)
Hzm. Bayern-Landshut (Niederbayern)
Hst. Freising
Hst. Augsburg
Gft. Schaumberg (1350)
Hzm. Österreich (1282 habsb.)
Hzm. Steiermark
Erzstift Salzburg
Fürstpropstei Berchtesgaden
Gft. Montfort
Gft. Werdenberg
Gft. Tirol (1342 bayer., 1363 habsb.)
Bm. Chur
Gft. Görz
Hzm. Kärnten (1335 habsb.)
Hst. Gurk
Neustadt, Coburg, Kronach, Asch, Eger, Schweinfurt, Lichtenfels, Langheim, Kulmbach, Ebrach, Bamberg, Bayreuth, Waldsassen, Würzburg, Kitzingen, Pommersfelden, Forchheim, Tachau, Kladrau, Weiden, Leuchtenberg, Mossbach, Mergentheim, Windsheim, Sulzbach, Rothenburg, Nürnberg, Amberg, Nabburg, Taus, Ansbach, Schwandorf, Neumarkt, Hohenfels, Reichenbach, Cham, Pisek, Crailsheim, Dinkelsbühl, Weißenbg., Regensburg, Prachatitz, Ellwangen, Heidenheim, Eichstätt, Straubing, Bogen, Bopfingen, Nördlingen, Abensberg, Deggendorf, Aalen, Gmünd, Donauwörth, Ingolstadt, Rohr, Nieder-Altaich, Neuburg, Landau, Vilshofen, Giengen, Dillingen, Dingolfing, Seligenthal, Passau, Wittelsbach, Pfaffenhofen, Landshut, Ulm, Oberschneitbach, Scheyern, Ortenburg, Fürstenzell, Schärding, Zusmarshsn., Augsburg, Freising, Schaumberg, Leonberg, Braunau, Ranshofen, Mühldorf (zu Salzbg.), Ochsenhausen, Fürstenfeld, Burgrain (zu Freis.), Burghausen, Landsberg, München, Haag, Memmingen, Starnberg, Wasserburg, Mattsee, Ottobeuren, Andechs, Laufen, Kaufbeuren, Herrenchiemsee, Traunstein, Mondsee, Leutkirch, Wessobrunn, Tölz, Salzburg, Schongau, Benediktbeuern, Kempten, Tegernsee, Reichenhall, Hallein, Ettal, Berchtesgaden, Füssen, Kufstein, Aussee, Werdenfels, Partenkirchen, Kitzbühel, Rattenberg, Schladming, Hall, Innsbruck, Landeck, Gastein, Brenner, Matrei, Lienz, Sachsenburg, Tirol, Meran, Brixen, Innichen
Main, Regnitz, Altmühl, Jagst, Donau, Iller, Lech, Amper, Isar, Naab, Regen, Inn, Traun, Enns, Salzach, Mur, Drau, Etsch, Eger, Mies, Wottawa, Moldau
Grenze des Stammesherzogtums Bayerns Mitte 10. Jh. (976 Ostmark an die Babenberger und Abtrennung Kärntens)
Besitzung. der Wittelsbacher um 1200
Wittelsbachische Territorien im 13./14. Jh. (Teilherzogtümer in den Grenzen um 1350)
bayrische Linien
pfälzische Linie
Grafschaft Tirol (1342 - 1363 an die Wittelsbacher, danach an die Habsburger)
Herrschaftsgebiete von Bischöfen und Klöstern
Reichsstädte und ihre Territorien
habsburgische Gebiete
Kgr. Böhmen (seit 1310 unter den Luxemburgern)
Burggrafschaft Nürnberg unter den (Hohen-) Zollern
kleinere Grafschaften und sonstige Adelsherrschaften
Grenzen um 1350
0 50 100 km

Die Wettiner. *Als ihr Wappen gilt das der 1089 erworbenen Markgrafschaft Meißen, auf Gold ein schwarzer heraldisch nach rechts schreitender Löwe.*

Die Anfänge des Hauses Wettin

Als Ahnherr gilt ***Dietrich-Dedi***, 949 Graf im Hassegau. Im Rahmen der dt. Ostsiedlung überschritt die Familie die Saale. Dietrich II. besaß die Gftn. im Hasse- und Schwabengau, im Gau Siusli und Brehna sowie die Mgft. in der Niederlausitz. Sein Sohn Dedi II. (†1075) erwarb 1046 die *Thüringische Mark, Camburg* und die *Ostmark (Niederlausitz)*. Dedis II. Sohn gewann die *Gft. Eilenburg a.d.M.* und die *Mgft. Meißen*.

Konrad von Wettin (*1098?, 1130–56, †1157)

1123 erbte Dedis Neffe ***Konrad*** das gesamte Allod. Er nannte sich als erster nach der ***Burg Wettin*** *bei Halle/Saale* und begründete die eigentliche ***Mgft. Meißen***: Im Kampf gegen Ks. Heinrich V. (1106–25) behauptete er Meißen und die Gft. Eilenburg, erwarb 1136 die beiden *Lausitzen*, später *Bautzen und Nisan* (um Dresden) sowie die *Gft. Rochlitz* und beerbte 1143 die *Gfn. von Groitzsch*. 1156 trat er in das wettinische Haus- und Grabkloster *Petersberg bei Halle* ein. Den Gesamtbesitz vereinte nach kurzer Teilung 1290 Konrads ältester Sohn ***Otto der Reiche*** (1156–90); nur die *Gftn. Brehna* und *Wettin* gingen an Sachsen bzw. das Erzbistum Magdeburg verloren. Durch bäuerl. und städt. Kolonisation sowie den Freiberger Silberbergbau blühten die wettin. Lande auf. Ottos Sohn ***Albrecht I. der Stolze*** (1190–95) erwarb die Marken Meißen und Merseburg. Sein Bruder ***Dietrich der Bedrängte*** (1195–1221) konnte sich 1199 der von Ks. Heinrich VI. (1190–96) eingezogenen Marken seines Bruders bemächtigen und erbte 1210 die Niederlausitz, Groitzsch und Eilenburg. Dietrichs Sohn ***Heinrich der Erlauchte*** (1221–88) konnte nach dem Aussterben der Landgrafen 1247/64 Thüringen – ohne Hessen –, 1254 pfandweise das *Pleißenland* und die *Pfalzgft.* Sachsen erwerben. Der älteste Sohn ***Albrecht II. der Entartete*** (1265–1314) verlor fast alle Neuerwerbungen wieder, zumal die Könige seit Rudolf I. (1273–91) die wettinischen Gebiete in ein mitteldt. Reichsterritorium umzuwandeln suchten. Albrechts Bruder, ***Dietrich der Weise*** (1265–85), verkaufte die Gft. Groitzsch an das Bm. Merseburg. Albrechts Sohn, ***Friedrich der Freidige*** (1257–1323), als Enkel Ks. Friedrichs II. (†1250) potentieller Thronanwärter, konnte durch den Sieg über Kg. Albrecht I. (1298–1308) ***bei Luckau*** 1307 das ges. wettin. Territorium vereinigen. Auch seine Nachfolger erweiterten ihr Territorium durch Heirat, Kauf oder Krieg. ***Friedrich II. der Ernsthafte*** (1310–49), Schwiegersohn Ks. Ludwigs IV. (1314–47), erwarb 1344 die *Gft. Orlamünde* und galt 1347 als aussichtsreicher Thronanwärter im Reich. Sein Erbe wurde nach dem Tode des ältesten Sohns, ***Friedrichs III. des Strengen*** (1332–81), in der ***Chemnitzer Teilung von*** 1382 unter die Brüder *Balthasar* (†1406) und Wilhelm (†1407) und ihren Neffen Friedrich (IV.) erblich geteilt.

Kurwürde und Kfsm. Sachsen 1423–85

Bereits 1425 wurde der wettin. Besitz wieder in der Hand Hz./Kf. ***Friedrichs IV./I. des Streitbaren*** (*1370, 1382–1428) vereinigt. Für die Hilfe gegen die Hussiten übertrug ihm Ks. Sigmund (1410–37) beim Aussterben des askan. Hauses Sachsen-Wittenberg – entgegen anderer Erbansprüche – 1423 das ***Kfsm. Sachsen-Wittenberg***. Damit erhielten die Wettiner den ihrer realen Macht angemessenen Rang im Reich; die Bez. ***Kfsm. Sachsen*** wurde auf alle wettin. Lande übertragen, die durch den Erwerb böhm. Gebiete, des *Vogtlands* sowie der Vogtei über *Quedlinburg* weiter wuchsen. Im *Vertrag von Eger 1459* wurde das Verhältnis zu Böhmen geregelt. Um 1450 war das Haus Wettin das nächst Habsburg bedeutendste dt. Fürstenhaus. Doch ging diese Stellung in der ***Leipziger Teilung*** von 1485 endgültig verloren: Die Enkel des Streitbaren, ***Ernst*** (1464–86) und ***Albrecht*** (1464–1500), teilten nach dem söhnelosen Tod Wilhelms III. (†1482) den wettin. Besitz in die ***Hauptlinien*** der ***Ernestiner*** (Thüringen, Kfsm. Sachsen) und ***Albertiner*** (Meißen).

Thüringen vom 11. Jh. bis 1485

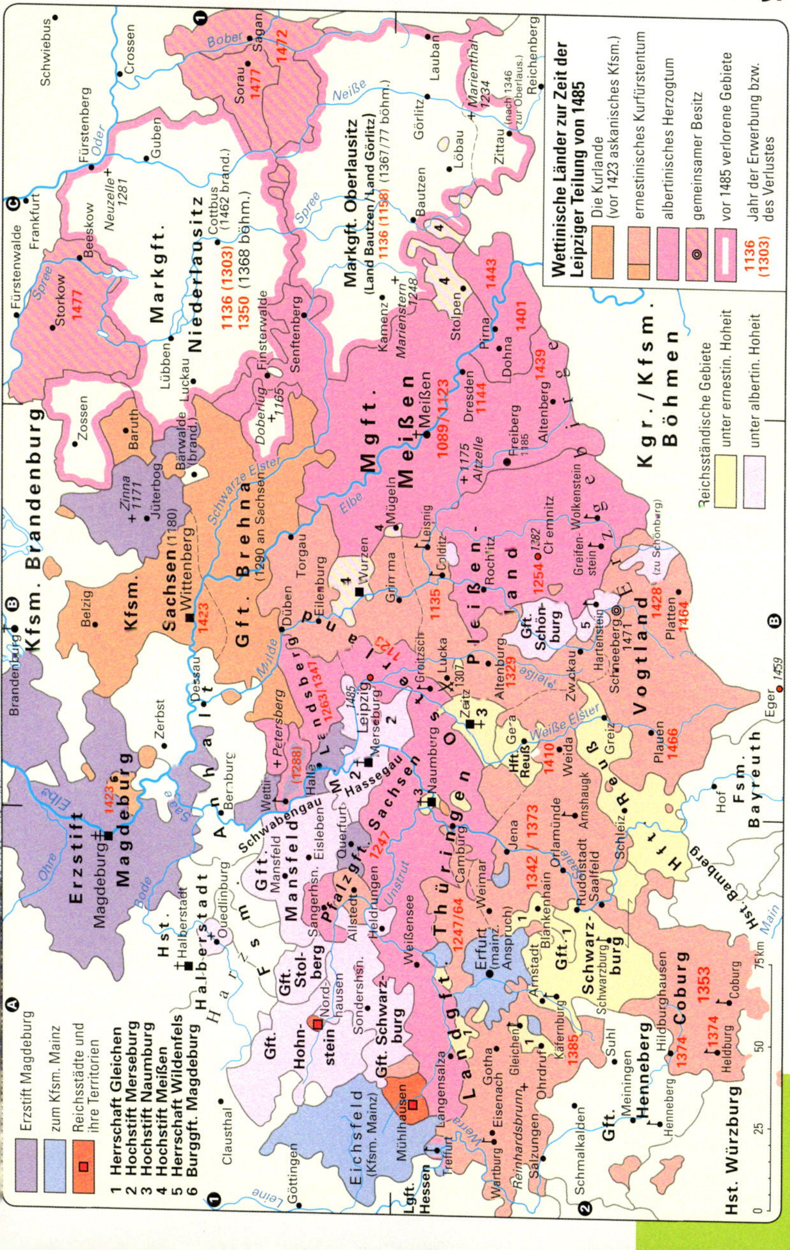

Die Hohenzollern. *Das Wappen der schwäbischen Grafen von Hohenzollern war der von Silber und Schwarz gevierte (geschachte) Schild.*

Die Herkunft und Aufstieg der Askanier

Die askanische Familie ist seit dem 11. Jh. als *Grafen von Ballenstedt* belegt. Sie erwarb Besitz zwischen Ostharz und Saale. Ihr Name Askania ist der lateinische Name der Grafschaft *Ascherleben (Ascharia)*.

Der Aufstieg der Askanier begann unter Graf Otto dem Reichen (†1123), dessen Frau Eilika, die Erbtochter Herzog Magnus' von Sachsen (†1106), ihm reichen Billunger Eigenbesitz einbrachte. Ihr Sohn **Albrecht der Bär** (um 1100–70) erhielt 1134 von Kaiser Lothar III. (1125–37) die sog. *Nordmark* als Lehen.

Sein ältester Sohn Otto I. (†1184) begründete die *Linie Brandenburg*, die mit den 1258 gegründeten *Zweigen Stendal* und *Salzwedel* 1317/19 ausstarb und vom Haus Wittelsbach beerbt wurde. Der zweite Sohn, Hermann (†1176), stiftete die *Linie Weimar-Orlamünde*, die sich dem Gesamthaus entfremdete und 1486 ausstarb. Der dritte Sohn Albrecht II. (†1298) begründete die herzogliche ***Linie Sachsen-Wittenberg*** mit dem sächsischen Besitz um Wittenberg. Diese erlangte **1356** mit Rudolf I. die ***Kurwürde*** und wurde 1423 von den *Wettinern* [→ 56/57] beerbt. Die Söhne und Enkel des vierten Sohns Bernhard I. (1140–1212) begründeten die *Linien Anhalt* sowie *Sachsen-Lauenburg* mit dem 1180 erworbenen *Herzogtum Lauenburg, Neuhaus* und dem *Land Hadeln*, die 1689 bzw. 1731 im Wege der Erbschaft [→ 135] an die Welfen fielen.

Die Entstehung der Mgft. Brandenburg 1157

Von der *Nordmark (=Altmark)* aus dehnte Albrecht der Bär seinen Machtbereich über die Elbe nach Osten aus, wo er bereits vor 1130 vom Hevellerfürsten Pribislaw die *Zauche* erworben hatte. Nach dessen Tod besetzte er das anschließende *Havelland* mit der ***Burg Brandenburg***. Ab 1157 nannte er sich ***Markgraf von Brandenburg*** *(marchio Brandenburgensis)*. Seine unterschiedlichen Herrschaftsrechte– Amtsgut, Eigengut *(Allod)*, Gerichtsrechte und Reichslehen – verschmolzen rasch zur Landesherrschaft.

Die weitere Entwicklung Brandenburgs 1157–1319

Der Eroberung folgten ***Slawenmission*** und die ***europäisch-deutsche Ostbewegung***. Von Klöstern, Adligen oder Fürsten beauftragte Lokatoren warben Bauern und Bürger und siedelten sie in Dörfern und Städten zu einem privilegierten so genannten ***„deutschen Recht“*** an. So kamen Errungenschaften aus Landwirtschaft, Handwerk, Gewerbe, Politik, Recht und Verwaltung aus dem Westen in den Osten [→ 39, 43 und 45].

Die Nachkommen Albrechts erwarben um 1230 *Barnim, Stargard, Teltow* und die südliche *Uckermark* (ehemaliges Land der slawischen Ukranen), welche Herzog Heinrich der Löwe 1172 den Fürsten von Pommern (1234 Gründung der Stadt Prenzlau) überlassen hatte. Im *Vertrag von Hohenlandin* erwarben sie 1250 die *übrige Uckermark* samt der ***Lehenshoheit über Pommern***; die *Prignitz* kam dazu und durch Heirat 1255 die böhmische Oberlausitz. Johann I. nannte sich 1252 erstmals ***Kurfürst***. **1258** kam es zur ***Teilung in die Linien Stendal und Salzwedel***. Die Städte *Berlin, Frankfurt/O., Landsberg/Warthe*, aber auch das Zisterzienserkloster *Chorin* wurden gegründet und das *Land Lebus*, die *Mark Landsberg* sowie die *Niederlausitz* erworben.

Markgraf Woldemar (vor 1281–1319) vereinte das Land wieder, musste aber – im Streit mit dem Deutschen Orden – im *Vertrag von Soldin* 1309 auf *Pommerellen* verzichten. Weitere Expansionsversuche scheiterten. ***1319 erlosch der brandenburgische Zweig der Askanier*** mit Heinrich II. von Landsberg. Die starke gesamtaskanische politische Macht im Nordosten Deutschlands brach zusammen. Die Markgrafschaft Brandenburg fiel zurück ans Reich und gelangte als Lehen an das Haus Wittelsbach [→ 51, 55].

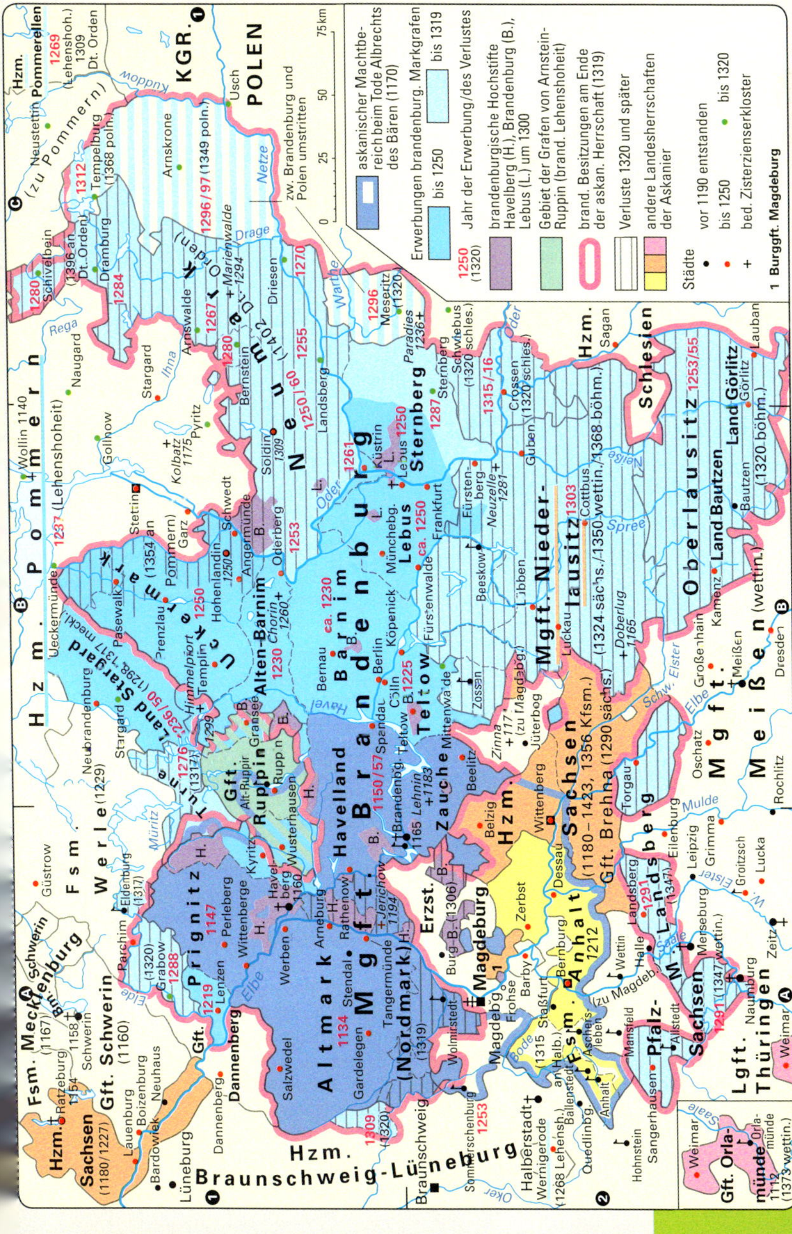

askanischer Machtbereich beim Tode Albrechts des Bären (1170)
Erwerbungen brandenburg. Markgrafen
bis 1250
bis 1319
1250 (1320) Jahr der Erwerbung/des Verlustes
brandenburgische Hochstifte Havelberg (H.), Brandenburg (B.), Lebus (L.) um 1300
Gebiet der Grafen von Arnstein-Ruppin (brand. Lehenshoheit)
brand. Besitzungen am Ende der askan. Herrschaft (1319)
Verluste 1320 und später
andere Landesherrschaften der Askanier
Städte
vor 1190 entstanden
bis 1250
bis 1320
bed. Zisterzienserkloster
1 Burggft. Magdeburg
zw. Brandenburg und Polen umstritten
0 25 50 75 km
Hzm. Pommern
Hzm. Pommerellen
1269 (Lehenshoh.) 1309 Dt. Orden
KGR. POLEN
(zu Pommern)
Neumark
Uckermark
Land Stargard
Mgft. Brandenburg
Altmark
Prignitz
Havelland
Zauche
Teltow
Barnim
Alten-Barnim
Lebus
Sternberg
Gft. Ruppin
Mgft. Niederlausitz
Oberlausitz
Land Bautzen
Land Görlitz
Schlesien
Hzm. Sachsen
Gft. Brehna
Fsm. Anhalt
Mgft. Meißen
Mgft. Landsberg
Pfalz-Sachsen
Lgft. Thüringen
Gft. Orlamünde
Erzst. Magdeburg
Hzm. Braunschweig-Lüneburg
Hzm. Sachsen (1180/1227)
Fsm. Mecklenburg
Gft. Schwerin (1160)
Fsm. Werle
Gft. Dannenberg
Oder
Elbe
Havel
Spree
Warthe
Netze
Drage
Saale
Mulde
Neiße

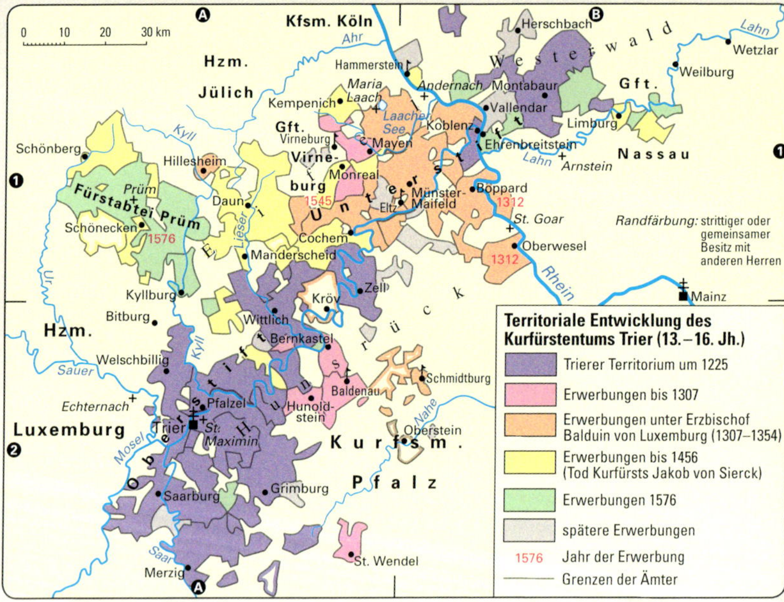

Erzbistum und Kurfürstentum Trier. *Das silberne (weiße) Kreuz im roten Feld galt auch als eine Art Kriegszeichen des heiligen mittelalterlichen Reiches.*

Das Kurfürstentum Trier (13.–16. Jh.)
Eine dt. Besonderheit waren die ***geistlichen Fürstentümer*** (bis 1802/03). Die Übertragung staatl. Herrschaftsrechte auf die Kirche wurzelte in karoling. Zeit, doch förderten die otton. und sal. Kaiser im 10.–12. Jh. diese reichskirchl. Entwicklung systematisch [→ 27].

Die Stadtherrschaft des Erzbischofs
Trier erhielt 898/902 die durch Karl dem Großen entzogenen *Markt-, Münz- und Zollrechte* zurück. 947 bestätigte Otto I. (936–72) die *Immunität* Triers zusammen mit *Grafenrechten (Steuer, Gericht, Heerbann)*; 958 folgte das *Marktrecht*. Dem Erzbischof unterstanden auch die *Stadtklöster*; 1040 kam das röm. Stift St. Symeon, 1139 die *Reichsabtei* St. Maximin und 1158 das *Bergregal* hinzu.

Das Territorium (Hochstift) des Erzbischofs
Kaiserl. Schenkungen (*Bannforste Hunsrück* und *Eifel*, *Königshof Koblenz* 1018), begründeten um die Mosel ein ***Territorium***. Adlige Vogteien konnten abgeschüttelt und Bürgeraufstände unterdrückt werden, so dass der Erzbischof alleiniger Landesherr war.

Erzbischof Balduin von Luxemburg (1307–54) konnte das Hochstift durch *Reichspfandschaften* (z. B. 1312 *Boppard* und *Oberwesel* samt *Rheinzoll*) und *Fehden* fast verdoppeln und das sog. ***Oberstift*** (um Trier) mit dem ***Unterstift*** (um Koblenz) verbinden. Zwischen 1320 und 1340 unterteilte er sein Land in *Ämter* und *Kellereien*. Urkundenkopialbücher *(Balduineen)*, Privilegien (1312) und kurfürstliche Sonderrechte (1356) sicherten ihm die alleinige Gerichtsgewalt. Späte Erwerbungen waren Teile der *Gft. Virneburg* (1545) und die *Abtei Prüm* (1576).

Seit der ***Goldenen Bulle von 1356*** zählten die Trierer als ***Ksl. Erzkanzler für Gallien*** zu den sieben Kurfürsten.

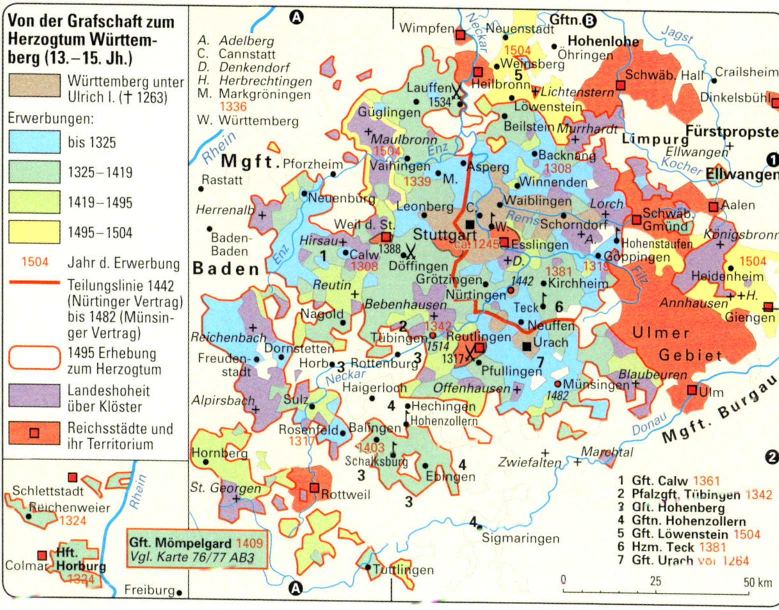

Das Wappen der Württemberger. *Die schwarzen Hirschstangen in Gold, ursprgl. das Familienwappen derer von Wirtemberg (bei Stuttgart), gingen in das Landeswappen der Gft. bzw. (ab 1495) des Hzms. Württemberg ein.*

halben Hzm. Teck mit Kirchheim, Winnenden, der Gft. Aichelberg, Grötzingen, Vaihingen/Enz, von Stadt und Pfalzgft. Tübingen, der Stadt Markgröningen mit dem Lehen der *Reichssturmfahne*. Im Elsass kamen die Hften. Horburg und Reichenweier dazu. Schirmvogteien über insgesamt 14 Klöster rundeten den weltlichen Besitz ab.

Mit dem Übergang Ulrichs I. (†1263) in der *Schlacht von Frankfurt* 1246 von der stauf. zur päpstl. Partei und der anschließenden Niederlage Kg. Konrads IV. scheint die ***Familie der Württemberger*** sich aus dem Schatten der staufischen Politik gelöst und einen eigenen Aufstieg genommen zu haben.

Aufstieg der Gfn. von Württemberg. Im Interregnum erwarben sie stauf. Allod und Reichsgut im Neckarraum, gründeten Leonberg, Schorndorf und Waiblingen, erheirateten Stuttgart und Cannstatt und erwarben die Hft. Urach mit Münsingen, Nürtingen und Pfullingen. Als Landvögte Schwabens 1298 dürften sie Backnang, Calw, Neuffen, die Glemsgaugft. samt Hohenasperg, Göppingen, den Hohenstaufen, Rosenfeld, Dornstetten und Neuenbürg erworben haben. Bereits 1325 war die Gft. die bedeutendste Macht am Neckar. Von Ks. Ludwig IV. erwarb Ulrich III. 1330 die Landvogtei Wimpfen. Sparsames Wirtschaften erlaubte 1381 den Kauf der

Die Gegner der württ. Expansion konnten überwunden werden: Die ***Reichsstädte*** schlug Eberhard II. (†1392) **1388** bei ***Döffingen***. Seinem Enkel Eberhard III. (†1417) gelang 1395 die Auflösung des Ritterbundes der ***Schlegler*** sowie der Erwerb der Hft. Schalksburg mit Balingen und Onstmettingen. Eberhard IV. (†1419) erheiratete 1409 die Gft. Mömpelgard (Montbéliard).

1442 wurde Württemberg in eine Stuttgarter und eine Uracher Hälfte geteilt und 1482 im Münsinger Vertrag wieder vereinigt. Fortan galt die Grafschaft als ***unteilbar***. Dabei waren erstmals die ***Landstände*** (Prälaten, Städte) in den Vordergrund getreten; **1514**, im ***Tübingen Vertrag***, erlangten sie weitgehende politische Mitsprache.

Das Deutschordenskreuz.
Das Wappen des Deutschen Ordens kehrte das anfängliche Johanniterwappen um: auf Silber ein schwarzes („das deutsche") Kreuz.

Die Eroberung Preußens 1231–90

1226 rief der poln. Hz. Konrad von Masowien den ***Deutschen Orden*** (DO)* gegen die heidn. Preußen zu Hilfe und schenkte ihm im ***Vertrag von Kruschwitz 1230*** das *Kulmer Land.*

Der Deutsche Orden – ein deutscher Ritterorden. 1198 Umwandlung einer *Hospitalbruderschaft* in einen *Ritterorden*, den Papst Innozenz III. 1199 bestätigte. Es gab *Ritter, Priester* und *dienende Brüder*, später auch *Schwestern.*

Schon bald suchte der *Orden S. Mariens vom Deutschen Hause in Jerusalem*, kurz: *Deutscher Orden*, nach dem Scheitern der Kreuzzüge ein neues Betätigungsfeld. 1211–26 scheiterte eine Staatsgründung im ungar. Siebenbürgen (Burzenland) am kgl. Widerstand.

Durch die ksl. Bestätigung 1226 in der *Goldbulle von Rimini* und den päpstlichen Schutz 1234 in der *Goldbulle von Rieti* erlangte Preußen den Status eines souveränen Staats mit den Aufgaben Heidenkampf und -mission.

Die Eroberung Preußens begann 1231, erreichte 1290 mit *Semgallen* die litauische Grenze und gewann 1309 im *Vertrag von Soldin* Teile *Pommerellens* sowie 1402 die *Neumark* als Landbrücke nach W. Der *Vertrag von Christburg* 1249 gewährte den bekehrten Preußen Gleichberechtigung.

Das Deutschordensland Livland

1237, nach der *Niederlage von Saule 1236* gegen die Litauer, schloss sich der Rest des 1202 vom Erzbischof von Riga gegründeten *Schwertbrüderorden* dem DO an. Ein weiterer Vorstoß nach NO wurde in der ***Schlacht auf dem Peipussee*** 1242 durch die vom russischen Großfürsten *Alexander Newski* unterstützte Republik Nowgorod gestoppt. Im *Frieden von Kalisch* verzichtete Polen 1343 auf das Kulmer Land und Pommerellen.

Die bis Ende des 14. Jh. jährl. sog. *Litauerzüge* des europ. Adels gegen Schamaiten waren eher ritterl. Mutproben als Kreuzzüge. 1398/1400 wurde im *Vertrag von Sallinwerder* eine Landbrücke nach Livland erworben.

Besiedlung und Verwaltung

Die Eroberung wurde durch Burgen als Zentren von Komtureien unter Komturen abgesichert; Städtegründungen und ab 1280 die Besiedlung durch deutsche Bauern folgten, wobei die so genannten ***Kulmer Handfeste (Stadtrecht)*** von 1232, maßgebend war. Herr des Staates, Landesherr, war der ***Hochmeister**** auf der ***Marienburg****.

Hochmeister. Der auf Lebenszeit vom *Generalkapitel* gewählte Leiter des Deutschen Ordens (seit 1309 auch *Landmeister Preußens*) wurde von den ***5 (6) Großgebietigern*** beraten, dem *Großkomtur* (Stellvertreter des Hochmeisters, Innere Verwaltung), *Marschall* (Kriegswesen), *Spittler* (Spitäler), *Trappier* (Ausrüstung), *Tressler* und (seit 1309) dem *Hauskomtur* der Marienburg.

Marienburg. Nach Akkon und seit 1291 Venedig wurde sie 1309 Sitz des Hochmeisters und prächtig ausgebaut. Mittelpunkt sind ***Hoch-*** *(Konventsbau)* mit *Marienkapelle* (um 1280) und ***Mittelschloss***, der eig. *Meisterpalast* (1393), mit dem *Großen Remter* (Refektorium) sowie dem Sommer- und Winterremter.

Der Niedergang seit 1400

Die ***Personalunion Polens mit Litauen 1386*** schuf dem DO einen mächtigen Nachbarn. Die Niederlage gegen ihn *1410 bei Tannenberg* traf den DO schwer, obwohl der ***I. Thorner Friede*** 1411 große Abtretungen vermied. Hinzu trat die allg. Agrar- und Herrschaftskrise: Die Getreidepreise, Quelle des Reichtums, stürzten ins Bodenlose. Im Innern – die egoistisch schroffe DO-Herrschaft empörte Adel und Städte – wuchs die Opposition. Nach dem verlorenen *Städtekrieg* 1454–66 gegen den *Preußischen Bund* (Städte, Adel) und Polen-Litauen musste der DO in den ***II. Thorner Frieden*** 1466* willigen.

II. Thorner Friede 1466 – Hauptbestimmungen: Abtretung von Pommerellen, Kulmerland, Ermland, Marienburg, Elbing, Christburg und Stuhm an Polen. Die Hälfte der Ordensritter mussten Polen sein (was freilich nie erfüllt wurde), und der Hochmeister musste als polnischer Fürst den polnischen Lehenseid leisten.

Der Landmeister Livlands und der Deutschmeister gingen eigene Wege. 1525 wandelte der luther. gewordene Hochmeister Albrecht von Brandenburg Preußen in ein Herzogtum unter poln. Oberhoheit *(Vertrag von Krakau 1525)* um. Die Hochmeisterwürde übernahm 1580 der Deutschmeister in Mergentheim.

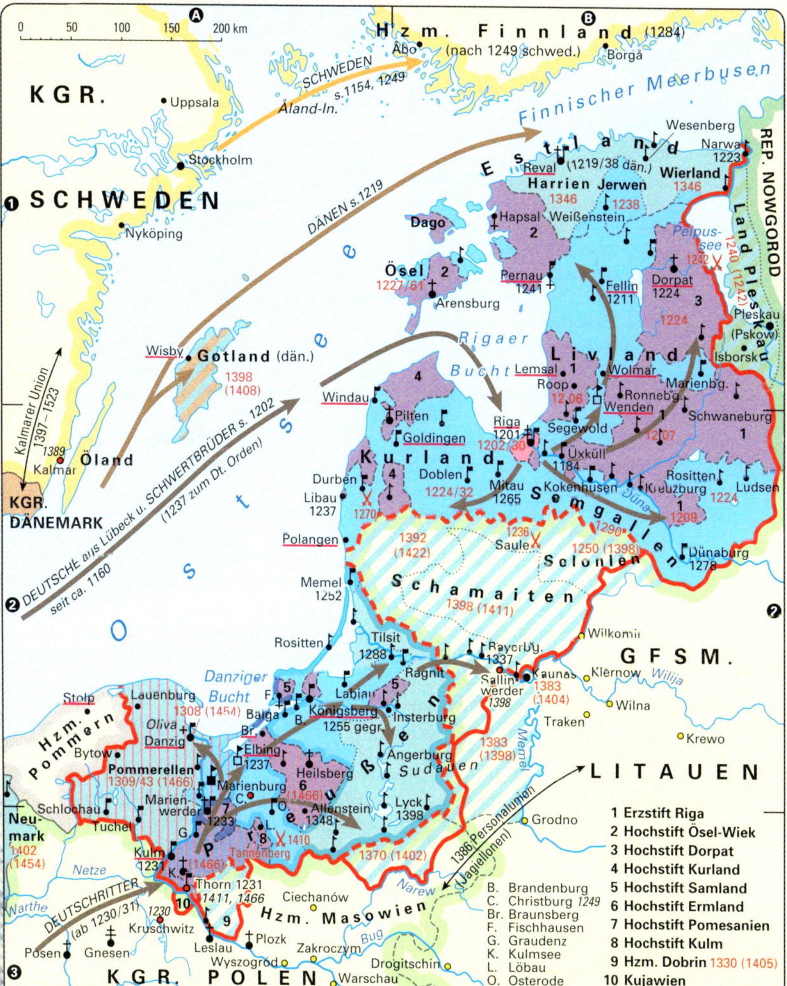

Der Staat des Deutschen Ordens (1237 Vereinigung mit den Schwertbrüdern)

- Kulmerland (Ausgangsgebiet) des Dt. Ordens 1230/31)
- Eroberungen bis 1283
- spätere Erwerbungen
- vorübergehende Erwerbungen
- geistliche Territorien
- Stadtgebiet von Riga (bis 1230 zum Erzstift Riga)
- Grenze des Ordensstaates um 1400
- 1411 (1. Thorner Friede) u. 1422
- an Polen 1454/66 abgetretene Gebiete (2. Thorner Frieden 1466)
- 1466 verbliebenes Ordensgebiet in Preußen (1525 Umwandlung in ein weltliches Herzogtum unter polnischer Lehenshoheit)
- 1309 (1466) Jahr der Erwerbung/des Verlustes
- Sitz des Hochmeisters 1309–1457 (danach in Königsberg)
- Sitz der Landmeister in Preußen und Livland
- Komturei des Deutschen Ordens
- Ordensburg/Vogtei
- Erzbischofs-, Bischofssitz
- Riga Hansestadt (14. Jh.)
- Fürstensitz

Burgund (Bourgogne). *Wappenrock (Tappert) des burgund. Herolds mit den Farben (schrägrechts geteilt von Gold und Schwarz) des Hzms. Burgund um Dijon.*

Das durch den polit. Niedergang des Heiligen Röm. Reichs seit dem Interregnum und die Auseinandersetzung zw. England und Frankreich im *Hundertjährigen Krieg* (1339–1453) bewirkte europ. Machtvakuum nutzten die burg. Herzöge aus dem Haus Valois, um zw. 1363 und 1477 durch den Erwerb der Niederlande ein mächtiges Reich aufzubauen.

Ein europäisches Zwischenreich entsteht

Das Hzm. Bourgogne, lange von Sekundogenituren des frz. Königshauses regiert, fiel 1361 an Kg. Johann II. (1350–64) zurück, der damit 1363 seinen jüngsten Sohn belehnte.

Philipp der Kühne und seine Nachfolger, die *Großherzöge (grands ducs)*, erweiterten bis 1477 diese Basis um frz. und dt. Reichslehen, Allode, Kirchenvogteien und Pfandbesitz zu einem mächtigen Territorialkomplex. Die Einkünfte aus den gewerblich und kommerziell hochentwickelten niederländ. Territorien machten Burgund zum reichsten Staat Europas. Seine ***Territorialpolitik**** bediente sich aller Mittel: Heirat, Erbvertrag, Eroberung, Kauf, Pfand und politische Parteiwechsel. Sie ignorierte die politischen Interessen Frankreichs ebenso wie das Recht.

Territorialpolitik – Erwerbungen Burgunds 1363–1477

1363–1404 Hz. Philipp der Kühne

1384 Heirat (1369) mit Margarete von Flandern: *Gftn. Flandern, Artois, Nevers und Rethel, Hftn. Mecheln und Salins, Fgft. Burgund, Antwerpen.*

1390 Kauf der Gft. Charolais.

1404–19 Hz. Johann Ohnefurcht
Eroberung der *Gft. Tonnere.*

1419–67 Hz. Philipp der Gute

1421/29 Kauf der *Gft. Namur.*

1430 Erbschaft der *Hzmer. Limburg* und *Brabant.*

1433 Usurpation der Gftn. Holland, Seeland, Hennegau und Westfriesland.

1435 ***Friede von Arras:*** territorialer Gewinn: *Picardie, Gftn. Mâcon, Bar-s.-Seine, Ponthieu, Boulogne und Auxerre.* Verzicht auf *Gft. Tonnere.*

1439 Vogtei über das *Bm. Utrecht.*

1443/62 *Gft. Luxemburg* und *Hft. Chiny.*

1467–77 Hz. Karl der Kühne

1468 Vogtei über das *Hochstift Lüttich.*

1468 ***Vertrag von St. Omer***: Habsb. Pfandbesitz am Oberrhein: *Lgft. Oberelsass, Gft. Pfirt sowie Städte Waldshut, Laufenburg, Säckingen, Rheinfelden und Breisach.* Schroffe Verwaltung durch den burg. Landvogt Peter von Hagenbach.

1473 *Hzm. Geldern und Gft. Zutphen.*

1474–77 ***Burgunderkriege*** mit den Schweizer Eidgenossen.

1475 Friede zwischen Burgund und Ks. Friedrich III.: Abbruch der *Belagerung von Neuss.*
Karl erklärt sich zum *Hz. von Lothringen.*

1476 Schwere Niederlagen Karls gegen die Eidgenossen bei *Grandson* und *Murten.*

1477 ***Schlacht bei Nancy***: Niederlage und Tod Karls.

Ziel Karls war eine Landverbindung zwischen den Gebieten im N und S sowie die Vereinigung der heterogenen Länder zu einem Kgr.

Das Ende der Selbstständigkeit Burgunds

Karl scheiterte schließlich an seiner Maßlosigkeit. Die Eidgenossen, die Habsburger, der lothring. Herzog sowie Frankreich waren entschlossene Gegner. Dazuhin erwies sich ***Kg. Ludwig XI. von Frankreich*** (1461–83) als diplomatisch und polit. ebenbürtiger Widersacher. Aber auch die – von den überwiegend bürgerlichen ***Ständen*** – vertretenen Partikularinteressen der einzelnen burg. Staaten widerstrebten einem zu engen Verbund.

Nach Karls Tod fiel sein „Reich" an seine „Erbtochter" Maria (1457–82). Nachdem ein burg.-habsb. Heiratsprojekt noch 1473 in Trier an der Forderung Karls, Burgund zum Kgr. zu erheben und ihm die Nachfolge im Ksm. zuzugestehen, gescheitert war, kam es nach Karls Tod am 21.4./19.8.1477 rasch zur Heirat zw. Maria und Ehz. Maximilian (I.), dem Sohn Ks. Friedrichs III. (1440–93). Gegen Frankreich behauptete dieser im ***Frieden von Senlis 1493*** den Großteil des burg. Erbes (Fgft. Burgund, Artois, Charolais). Dieses kam also dem dt. Adelshaus Habsburg zugute, das um 1500 Weltgeltung erlangte. Nur die ***Bourgogne und Picardie, Mâcon, Auxerre und Bar-sur-Seine*** fielen an Frankreich.

Burgund lebte weiter in seiner am Mittelalter orientierten Hofkultur, die unvergängliche Maßstäbe der fürstlichen Kultur Europas (z.B. Hofzeremoniell und *Orden vom Goldenen Vlies*) gesetzt hatte.

Großen Herzöge von Burgund (1363–1477)

Der Judenhut.
Seit dem Laterankonzil von 1215 mussten sich Juden durch einen spitzen (gelben) Hut und einen gelben „Judenring" kennzeichnen, damit Christen nicht aus Unkenntnis unerlaubten Kontakt mit ihnen pflegten.

Seit dem 11. Jh. häuften sich in Europa Diskriminierung und Verfolgung der Juden. Ursache war ein wachsender ***Antijudaismus****, gepaart mit Sozial- und Wirtschaftsneid.

Antijudaismus. Die ideologische Grundlage bildeten nicht rassistische Vorbehalte wie beim neuzeitlichen ***Antisemitismus***, sondern religiöse und theologische Motive. Die Juden galten als ***Christusmörder***, die den ihnen angekündigten Messias gekreuzigt hatten.

Juden als Sündenböcke

Im Deutschen Reich wurden Juden seit Ks. Friedrich II. (1215–50) als *Kammerknechte des Kaisers (servi camerae nostrae)* angesehen. Ursprünglich als Schutz vor dem fanatisierten Pöbel gedacht, wurde dieser Rechtsstatus rasch zu einer Art ***Judenregal*** mit prakt. uneingeschränkter *Steuerpflicht* umgedeutet und an Reichsstädte und Landesherren verliehen. Dazu mussten die Juden seit dem 4. Laterankonzil **1215** ihre Kleidung kennzeichnen (gelber Fleck, Judenhut) und in geschlossenen Siedlungen *(Ghettos)* wohnen; sie waren aus den Zünften verbannt und durften keine Grundstücke erwerben. 1298 und 1336 kam es zu ersten Pogromen, wie der ***Rindfleisch- und Armleder-Erhebung****.

Rindfleisch- und Armledererhebung. 1298 stachelte der Ritter Rindfleisch wegen einer angeblichen Hostienschändung die Bürger Röttingens/T. gegen die Juden auf; zahlreiche Gemeinden wurden vernichtet, mehrere tausend Juden umgebracht. Erst ein Landfrieden Kaiser Albrechts I. beendete 1298 das Pogrom. Die beteiligten Städte wurden bestraft, die Hinterlassenschaft der jüdischen Opfer vom Kaiser beansprucht.

1336 wurden die Juden Röttingens aus ungeklärter Ursache vom städt. Pöbel und Bauern erschlagen. Unter Führung *König Armleders*, des Ritters Arnold von Uissigheim, breitete sich ein Aufstand aus. Obwohl Armleders Haufe bei Kitzingen vom Würzburger Städteaufgebot besiegt, der Anführer gefangen und hingerichtet wurde, dauerten die Unruhen noch bis 1338.

Judenverfolgungen seit 1348

Seit 1348 suchten zahlreiche Pestepidemien Europa heim. Im Gefolge der ersten Pestwellen geschahen die schrecklichsten Judenpogrome. Den sog. *Christusmördern* warf man nicht nur ***Ritualmord**** und ***Hostienschändung**** vor, sondern stempelte sie nun als ***Brunnenvergifter*** ab sowie zu ***Sündenböcken*** für die Pest. Zahlreiche Judengemeinden wurden von ihren *christlichen (!)* Mitbürgern überfallen, geplündert, verbrannt, niedergemetzelt oder vertrieben.

Ritualmord und Hostienschändung. Seit dem 12. Jh. verbreiteten sich trotz Widerlegung und Verboten durch Päpste und Kaiser (v.a. 1236 Friedrichs II.) unsinnige Verdächtigungen hassverblendeter Christen. Sie unterstellten Juden, christliche Kinder zu ermorden, um mit ihrem Blut den Teig ihrer Mazze-Brote zum Pessachfest anzurühren, sowie sich konsekrierter Hostien zu bemächtigen, um an diesen durch Durchstechen die Leiden Christi zu wiederholen. Zahllose Juden bezahlten diese absurden Beschuldigungen mit Folter und Tod.

Aus v.a. wirtschaftl. Gründen zurückgerufen, wurden sie oft – unter erneuter Vermögenskonfiskation – wieder ausgewiesen. Als das kirchl. Zinsnahmeverbot gelockert und das große Kreditgeschäft für christl. Kaufleute interessant wurde, verblieb den Juden nur das anrüchige kleine Zinsgeschäft, v.a. die Pfandleihe. Ihre wirtschaftspolit. Bedeutung sank ebenso rasch wie der Judenhass im breiten Volk wuchs, und eine fast systemat. Serie von ***Zwangsausweisungen**** vertrieb die Juden aus nahezu allen Reichen Europas.

Zwangsausweisungen von Juden.
1290 England – 1306/15, 1322 endgültig
1394/95 Frankreich
1492 Spanien
1496 Portugal
14./15. Jh. Fast alle Territorien und Reichsstädte des Heiligen Römischen Reiches.

Um 1500 gab es in Deutschland – außer in Frankfurt und Worms – keine bedeutenden jüdischen Gemeinden mehr. Juden lebten nur noch in kleinen Landgemeinden – oft in Gebieten der Reichsritterschaft. Als sich 1525 die Untertanen in Deutschland erhoben („Bauernkrieg"), galt ihr Groll nicht mehr den (inzwischen vertriebenen) Juden.

Zu Krisenerscheinungen im Spätmittelalter (14.–15. Jh.)

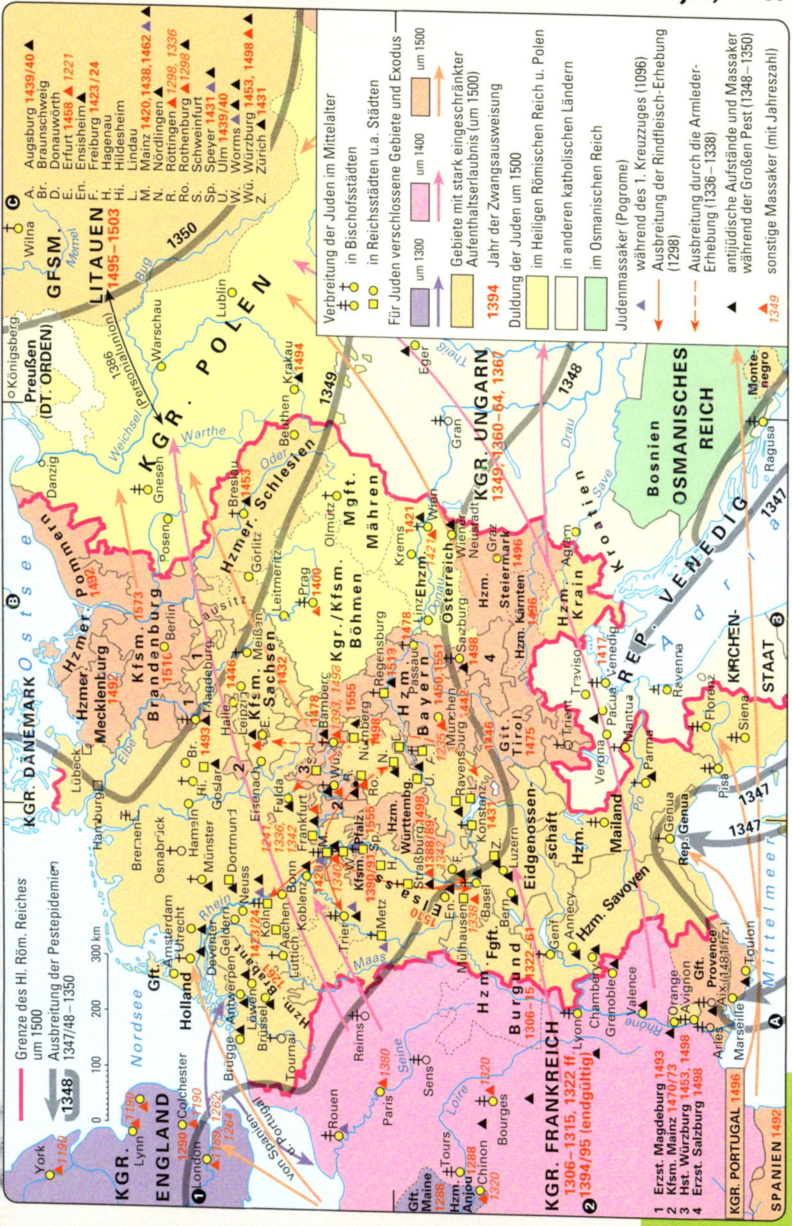

Hussitenkelch. *Ein einfacher Messkelch, meist über Kirchenportalen und auf Kirchturmspitzen angebracht, war das Symbol des Laienkelches, einer Hauptforderung der Hussiten, der gemäßigten Kalixtiner ebenso wie der radikalen Taboriten.*

Der Ruf nach Kirchenreform – Jan Hus

Johannes (Jan) Hus (*um 1370–1415) lehrte seit 1398 an der 1347 gegründeten ersten dt. Universität Prag. Er knüpfte an die älteren Reformforderungen radikaler tschech. Prediger an, anderseits beeinflusste ihn seit 1398 die radikale Kirchenkritik des engl. Reformators John Wicliff (†1384). In die reformator. Anliegen mischten sich nationaltschech. und soziale Tendenzen gegen das in Kirche und Kultur dominante Deutschtum Böhmens.

Trotz Exkommunikation durch den Prager Eb. am 18.7.1410 setzte Hus seine Lehr- und Predigttätigkeit fort. Den päpstl. Bann nach Abschluss seines Prozesses an der Kurie beantwortete er mit der Berufung an Christus. Einer Vorladung vor das ***Konstanzer Konzil*** (1414–18) im Herbst 1414 konnte er sich wegen des Geleitversprechens Ks. Sigmunds (1410–37) nicht entziehen. Da er die Anklagepunkte und die Autorität des Konzils ablehnte, wurde er wegen Ketzerei verurteilt.

Die Hussitenkriege 1419–36

Der Tod Hus' am 6.7.1415 auf dem Scheiterhaufen zu Konstanz löste in Böhmen eine religiöse und nationale Erregung aus. Am 2.9.1415 protestierten auf dem Konzil 452 böhm. Herren und Ritter; es bildeten sich ein hussit. sowie als Reaktion ein kath. ***Herrenbund***. Der böhm. Kg. Wenzel (1378–1419, als dt. Kg. 1400 abgesetzt) stand der hussit. Bewegung anfangs wohlwollend gegenüber, lehnte aber die *Kelchkommunion* ab. Als Reaktion erfolgte am 30.7.1419 der *Erste Prager Fenstersturz*, bei dem ein Richter und 12 weitere Personen aus den Fenstern des Neustädter Rathauses gestürzt wurden. Kg. Wenzel, dessen Autorität schwer gelitten hatte, starb wenig später am Gehirnschlag.

Die Böhmen machten für Hus' Tod jedoch nicht Wenzel, sondern den Erben der böhm. Krone, Ks. Sigmund, verantwortlich. Als Papst Martin V. am 1.3.1420 zum Kreuzzug aufrief, um Sigmund zur böhm. Krönung nach Prag zu führen, formulierten die Hussiten als Minimalprogramm die ***Prager Artikel****.

Prager Artikel, Juli 1420 – Forderungen

1. Freie Predigt des Evangeliums in Böhmen.
2. Abendmahl *in beiderlei Gestalt* (Laienkelch).
3. Apostol. Lebenswandel (Armut!) der Geistlichen.
4. Säkularisation des Kirchenbesitzes.
5. Bestrafung der sündigen Geistlichen.

Der blutige ***Verlauf der Hussitenkriege**** wurde durch überlegene Siege sowie Angst und Schrecken verbreitende Einfälle der Hussiten nach Schlesien, Österreich, Franken, Sachsen, Brandenburg und in den Deutsch-Ordens-Staat Preußen (bis vor Danzig) geprägt. Die hussit. Überlegenheit basierte auf religiöser Motivation und nationaler Überzeugung.

Verlauf der Hussitenkriege 1419–36.

1420 Niederlage des Reichsheers am *Wyschehrad/Prag*.
1421 Absetzung Sigmunds als böhm. Kg. in Tschaslau.
1421 Siege der von Žižka (†1424) geführten Hussiten bei *Kuttenberg* (Berg *Vitkov*) und
1422 bei *Deutsch-Brod*.
1426 Hussit. Sieg bei Aussig über ein sächs. Heer.
1427 Neue Reichssteuer *(gemeiner Pfennig)* zur Finanzierung des Reichsheers. Kampflose hussit. Siege bei *Mies* (1427) und *Taus* (1431).

Ausgleich und Frieden 1436

Ein erster Konsens wurde **1433** in den sog. ***Prager Kompaktaten**** gefunden.

Prager Kompaktaten vom 30.11.1433: Nach Vorverhandlungen auf dem Basler Konzil (1431–49) im Januar 1433 setzten sich auf einem böhm.-mähr. Landtag die gemäßigten Hussiten, die Kalixtiner oder Utraquisten, gegen die radikalen Taboriten durch: Die Prager Artikel von 1420 wurden gemildert, der kirchliche Güterbesitz geduldet, der Laienkelch erlaubt.

Die Niederlage der *Taboriten* unter Prokop dem Kahlen bei *Lipan* 1434 gegen den böhm. Prager Kompaktaten vom 30.11.1433 gegen den böhm. Herrenbund aus *Utraquisten* und *Katholiken* bereitete den Friedensschluss in den ***Iglauer Kompaktaten*** 1436* sowie Sigmunds Rückkehr nach Böhmen vor.

Iglauer Kompaktaten vom 5.7.1436. Ende der Hussitenkriege. Friede zwischen Ks. Sigmund, dem Basler Konzil und dem böhm. Landtag: Böhmen wurde das Abendmahl in beiderlei Gestalt *(Laienkelch)* erlaubt. – Ks. Sigmund wurde als böhm. König anerkannt. – Der Hussit J. Rokyzana (†1471) wurde Erzbischof von Prag.

B. Böhmisch-Brod
H. Habern
Ja. Jaromiersch
Ju. Jungbunzlau
L. Löbau
O. Ottmachau
S. Schlan
W. Wyschehrad
O s t s e e
Fsm. Rügen
Hzmer. Pommern
Hzmer. Mecklenburg
Kfsm. Brandenburg
Neumark (1402–54 Dt. Orden)
DEUTSCHER ORDEN
KGR. POLEN
Hzm. Schlesien
Kfsm. Sachsen
Meißen
Thüringen
Mgft. Niederlausitz
Mgft. Oberlausitz
Kgr./Kfsm. Böhmen
Mgft. Mähren
Mgft. Bayreuth
Oberpfalz
Mgft. Ans-bach
Hzm. Bayern
Ehzm. Österreich
KGR. UNGARN
Danzig
Elbing
Dirschau
Marienburg
Pelplin
Konitz
Marienwerder
Schwetz
Kulmsee
Bromberg
Thorn
Gnesen
Posen
Kalisch
Kolberg
Stralsund
Greifswald
Wolgast
Cammin
Rostock
Wismar
Lübeck
Schwerin
Lauenburg
Stettin
Ruppin
Havelberg
Soldin
Friedeberg
Landsberg
Bernau
Berlin
Fürstenwalde
Lebus
Frankfurt
Brandenburg
Magdeburg
Halberstadt
Wittenberg
Halle
Torgau
Merseburg
Leipzig
Engelsdorf
Naumburg
Meißen
Erfurt
Dresden
Freiberg
Plauen
Coburg
Kulmbach
Bamberg
Eger
Weiden
Sulzberg
Amberg
Nürnberg
Eichstätt
Regensburg
Passau
Landshut
Crossen
Guben
Cottbus
Sagan
Bautzen
Görlitz
Lauban
Zittau
Bunzlau
Liegnitz
Steinau
Breslau
Kreuzburg
Oppeln
Nimptsch
Münsterbg.
Neisse
Kosel
Gleiwitz
Troppau
Olmütz
Kremsier
Ung.-Brod
Trentschin
Kremnitz
Nitra
Tyrnau
Pressburg
Wien
Krems
Linz
Zwettl
Retz
Brüx
Aussig
B.-Leipa
Leitmeritz
Raudnitz
Melnik
Komotau
Laun
Saaz
Prag
Nimburg
Königshof
Trautenau
Glatz
Königgrätz
Chrudrim
Lipan
Kuttenberg
Tschaslau
Leitomischl
Politschka
Pribislau
Dt.-Brod
Iglau
Trebitsch
Brünn
Eibenschitz
Tachau
Mies
Pilsen
Rokitzan
Taus
Klattau
Horaschdowitz
Tabor
Schüttenhofen
Pisek
Prachatitz
Budweis
Wittingau
Krumau
Elbe
Oder
Netze
Warthe
Weichsel
Havel
Spree
Neiße
Saale
Eger
Moldau
March
Waag
Isar
Inn
Donau
Leitha
1420 1421 1422 1425 1426 1427 1428 1429 1430 1431 1432 1433 1433/34 1434 1436
Außerhalb des Kartenrahmens:
Worms
Speyer
Straßburg
Basel
Heilbronn
Taubergrund
Ostgrenze des Hl. Röm. Reiches
Weg Jan Hus´ nach Konstanz 1414
Länder der böhmischen Krone
Gebiete der Hussiten in Böhmen und Mähren
Stadt im Bunde mit den Taboriten und den Sekten der Saazer und Waisen
Stadt im Prager Städtebund
Missionszentrum der Hussiten
hussitischer Stützpunkt außerhalb Böhmens
Wirkungsort hussitischer Prediger außerhalb Böhmens
Zentrum des katholischen Widerstandes in Böhmen
Kreuzzüge gegen die Hussiten
Züge der Hussitenheere (1420–1436)
0 50 100 150 km

Ein weltweites Handelshaus. *Das Kontor des Augsburger Handelshauses Fugger zeigt den Hauptbuchhalter vor einem Registraturschrank mit den Namen der wichtigsten Handelsniederlassungen Europas, des Hauses Fugger.*

Zur Landwirtschaft

Noch immer vollzog sich landwirtschaftliche Produktion nahezu ausschließlich in der ***Grundherrschaft***, d.h. auf gegen Fron- und Zinsverpflichtung geliehenem Herrenland; die ***Gutsherrschaft*** im Osten mit ihrer starken *Guts- oder Eigenwirtschaft* war erst im Entstehen. ***Getreide*** war das Hauptprodukt. Pest- und Agrarkrisen hatten im 14./15. Jh. manche ***Sonderkulturen*** gefördert: *Weidewirtschaft* zur Fleisch- und Käse- sowie *Teichwirtschaft* zur Fischerzeugung, Wein-, Obst- und Gemüsebau sowie den ***Anbau gewerblicher Rohstoffe*** wie Flachs, Hanf und der Farbpflanzen Krapp (rot) und Waid (blau). Vielfach suchten Herren ihre Güter durch willkürliche Ausweitung ihrer Rechte und Erhöhung von Frondiensten, Abgaben und Zinsen rentabler zu machen, was Aufstände und Unruhen bewirkte [→ 79].

Städtisches Handwerk und Gewerbe

Gesellschaft und Wirtschaft der etwa 4000 Städte hingen auch von ihrer ***Bevölkerungsgröße**** ab. Ackerbürgerstädtchen standen großen Exportgewerbestädten mit spezialisiertem Gewerbe und Handwerk gegenüber.

Bevölkerungsgröße spätmittelalterlicher dt. Städte
2800 Städte: <1000 Einw. 900 Städte: 1–2000 Einw.
250 Städte: 2–10000 Einw. 12 Städte: 10–20000 Einw.
12 Städte: mehr als 20000 Einw.: Köln (40000), Danzig, Lübeck, Nürnberg, Straßburg, Ulm, Bremen, Magdeburg, Wien, Prag, Metz und Lüttich

Einen eigenen Städtetyp förderte der im späten Mittelalter aufblühende ***Bergbau****.

Der Bergbau. Der qualitative und quantitative Aufschwung des Bergbaus und die soziale Emanzipation (Freiheit, genoss. Organisation!) des Bergmanns waren eng verbunden mit der ma. Stadtentwicklung seit dem 12. Jh. Hand in Hand damit wurde die ***Bergbautechnik*** (v.a. Wasserkraft, -kunst) weiter entwickelt. Ihre Errungenschaften bildeten die Grundlage für die Blüte in der Frühneuzeit. Um 1500 war der ***Bergbau ein entscheidender wirtschaftl. und polit. Faktor*** geworden, auf dem z.B. die Vorrangstellung von Habsburgern (Tirol) und Wettinern (Erzgebirge) basierte. Nicht zu übersehen sind freilich auch erste ***Umweltschäden***, wie z.B. eine Waldkrise, verursacht durch Raubbau am Wald.

Zum Handel

Die wichtigste Quelle städtischer Wirtschaft und Macht war der (Fern-)Handel. Er versorgte die Stadt mit fremden Fertigprodukten, Rohstoffen und Nahrungsmitteln. Er sorgte auch für den auswärtigen Absatz der eigenen Fertigprodukte, wobei das ***Verlagswesen**** eine wachsende Rolle spielte.

Verlagswesen. Seit dem 13. Jh. ist die Fertigung oder Gewinnung von Erzeugnissen durch Gewerbetreibende belegt, die an handwerkliche oder kaufmännische ***„Verleger"*** gebunden waren. Diese sorgten für die erforderlichen Finanzmittel für Werkzeuge und Rohstoffe sowie für den Absatz der Produkte. Das Verlagswesen wurzelt in der mittelalterlichen Geldknappheit bzw. dem Kreditbedarf mancher Gewerbe sowie im Profitanreiz für kapitalkräftige Bürger. Es war früh im Textil-, Metall-, Leder-, Pelz-, Papier- und Buchgewerbe sowie im Bergbau-, Hütten- und Hammerwesen verbreitet.

Die Städte ***Süddeutschlands*** waren aktiv am Handel beteiligt und schufen an wichtigen europäischen Handelszentren Niederlassungen (*Niederlagen* und *Faktoreien*).

Getragen wurde der Handel von einz. ***Handelshäusern***, wie den Fuggern und Welsern oder durch ***Handelsgesellschaften***, z.B. der 1380 gegr. *Großen Ravensburger Handelsgesellschaft*, an denen auch fremde Geldgeber beteiligt waren. Seine Abwicklung fern der Zentrale oblag örtl. *Filialgesellschaften* oder firmeneigenen Niederlassungen unter *(Ge-)Liegern* oder *Faktoren (Faktoreiverfassung)*.

In ***Mitteldeutschland*** entstanden gleichzeitig bedeutende Messestädte, wie v.a. Frankfurt/M., Frankfurt/O. und Leipzig.

In ***Norddeutschland*** schrumpften ***Handelsraum*** und -aufkommen der Hanse im 15./16. Jh. [→ 47] stark. An ihre Stelle traten englische, russische und skandinavische Seekaufleute. Nur Hansestädte wie Bremen, Hamburg und Lübeck behaupteten, z.B. im *Schiffsbau*, noch größere Bedeutung.

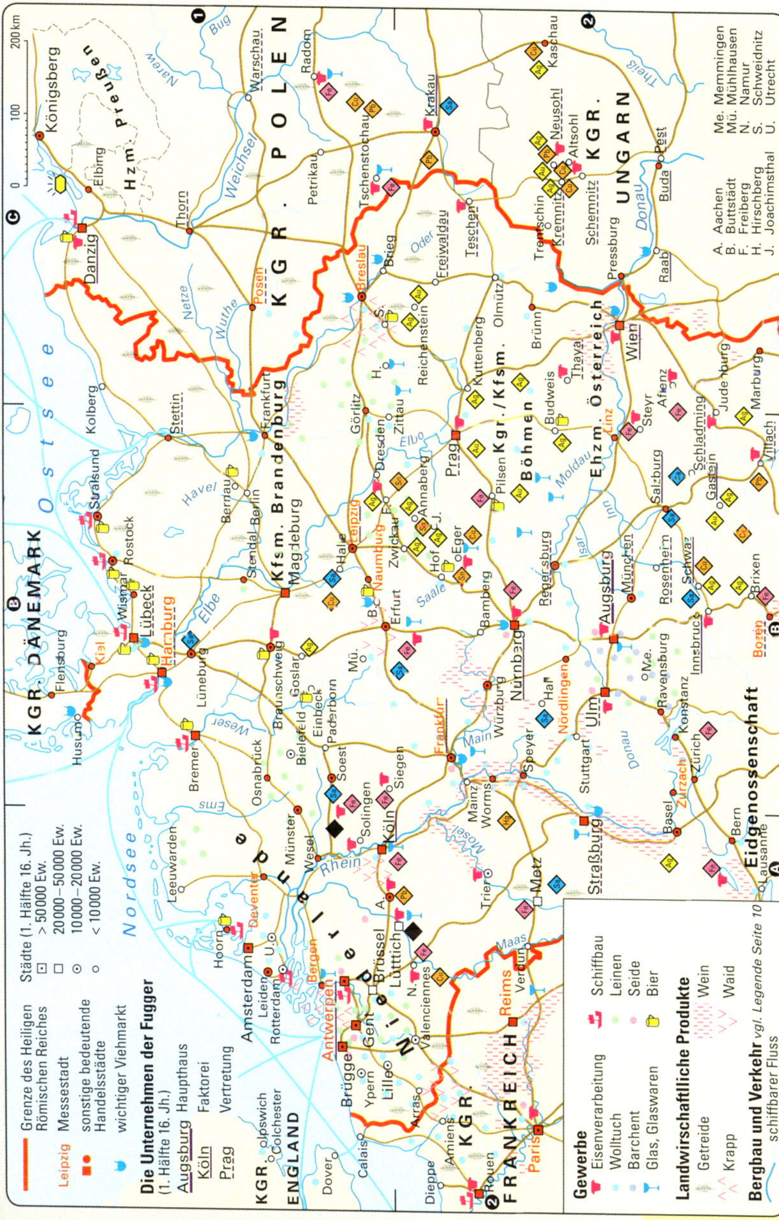
Grenze des Heiligen Römischen Reiches
Leipzig Messestadt
sonstige bedeutende Handelsstädte
wichtiger Viehmarkt
Städte (1. Hälfte 16. Jh.)
> 50 000 Ew.
20000–50000 Ew.
10000–20000 Ew.
< 10000 Ew.
Die Unternehmen der Fugger
(1. Hälfte 16. Jh.)
Augsburg Haupthaus
Köln Faktorei
Prag Vertretung
Gewerbe
Eisenverarbeitung
Wolltuch
Barchent
Glas, Glaswaren
Schiffbau
Leinen
Seide
Bier
Landwirtschaftliche Produkte
Getreide
Krapp
Wein
Waid
Bergbau und Verkehr vgl. Legende Seite 10
schiffbarer Fluss
A. Aachen
B. Buttstädt
F. Freiberg
H. Hirschberg
J. Joachimsthal
Me. Memmingen
Mü. Mühlhausen
N. Namur
S. Schweidnitz
U. Utrecht
0 100 200 km
KGR. DÄNEMARK
KGR. POLEN
KGR. UNGARN
KGR. ENGLAND
KGR. FRANKREICH
Hzm. Preußen
Kfsm. Brandenburg
Kgr./Kfsm. Böhmen
Ehzm. Österreich
Eidgenossenschaft
Niederlande
Ostsee
Nordsee

Die Gemeinschaft der Magister und Scholaren. *Vorlesung im Hörsaal einer mittelalterlichen Universität. (Buchmalerei 14. Jh.)*

Im Früh- und Hochmittelalter war ***Bildung die Domäne der Kirche*** gewesen. Wer lernen wollte, musste in die Kloster-, Stifts- und Domschulen, die in erster Linie geistlichen Nachwuchs ausbildeten. Der Unterricht in lateinischer Sprache basierte v.a. auf den klassischen ***septem artes liberales*** *(sieben Freie Künste)*, auf *Trivium* (Grammatik, Rhetorik und Dialektik oder Logik) und *Quadrivium* (Arithmetik, Geometrie, Astronomie und Musik).

Das städtische Schulwesen

Dies änderte sich etwa ab dem 13. Jh. Mit dem Anwachsen der Städte wuchs das bürgerliche Bildungsbedürfnis und damit der Bedarf an ***Lateinschulen***. Diese sollten der wachsenden Schriftlichkeit im kaufmännischen Geschäftsleben gerecht werden.

Da die Kirche ihr Bildungsmonopol erbittert verteidigte, folgten langwierige Auseinandersetzungen, eigenmächtige Schulgründungen und Prozesse vor Kaiser und Papst. Oft erlangten die Städte durch Erwerb des Schulpatronats Einfluss auf das Schulwesen.

Der Schulmeister, oft ein Kleriker mit den niederen Weihen, war der Hauptlehrer, der nach Bedarf und auf eigene Rechnung Hilfslehrer oder einen Kantor einstellen konnte.

Ein spezifisch bürgerliches Bildungsprogramm im Gegensatz zu den o.g. traditionellen kirchlichen Bildungsinhalten gab es nicht; Unterrichtssprache blieb Latein. Aber Absolventen der Stadtschulen waren nicht mehr nur künftige Kleriker.

Seit dem 14. Jh. wurden – im Zusammenhang mit dem Vordringen der deutschen Sprache in Verwaltung und Recht (Urkunden) – zunehmend auch ***Teutsche Schulen***, *deutsche Schreib- oder Grammatikschulen* unterschiedlichen Niveaus, die im Wesentlichen Lesen und Schreiben lehrten, als städtische und privat-gewerbliche Einrichtungen gegründet. An ihnen wirkten – meist dem Handwerkerstand entstammende – *Lese- und Rechenmeister*.

Im 14. Jh. erfuhren die ***Universitäten**** europaweit einen großen Aufschwung.

Universitäten
Die beiden ältesten entstanden vor 1200 aus der philosophisch-theologischen Hochschule von ***Paris*** und der Rechtsschule von ***Bologna***. Der Begriff Universität *(Universitas magistrorum et scholarium)* wurde erstmals 1222 in Paris für die *Gemeinschaft* oder *Körperschaft der Lehrenden und Studierenden* gebraucht. Papst und Kaiser gewährten den neuen Institutionen Privilegien. Es folgten Cambridge, Oxford, Modena und Montpellier, als päpstliche Gründungen v.a. Rom, Pisa, Avignon, Perugia, als fürstliche Gründungen Neapel (1224), Toulouse (1229), in Spanien Palencia (1208/09), Salamanca (1254) und Alcala (1508). Die erste deutsche Universität wurde 1348 in Prag durch Karl IV. gegründet.

Vollständige Universitäten besaßen vier *Fakultäten*, Philosophie (Artisten), Jura, Theologie und Medizin. Nur das philosoph. (Grund-) Studium berechtigte zu den drei (höheren) Fakultäten. Nach dem Studium der Grammatik, Rhetorik, Dialektik und Mathematik konnte der ***Baccalaureus***, nach dem Studium der Logik, Physik, Metaphysik, Ethik, Politik, Astronomie und Geometrie der ***Magister*** erworben werden; der ***Grad des Doktors*** war den höheren Fakultäten vorbehalten.

In der teilweise autonomen Universität bekleidete der ***Rektor*** die höchste Würde, der ***Kanzler*** das bedeutendste Amt. ***Lehrer*** und ***Schüler*** waren Kleriker, Unterrichtssprache ***Latein***. Die Einheit der Universitäten zerbrach mit der des Glaubens in der Reformation.

Der Buchdruck

Von entscheidender Bedeutung für die aufstrebende Laienbildung und zum Hauptmittel der Bildung und geistigen Auseinandersetzung bis heute wurde der Buchdruck. Die Erfindung des ***Johannes Gensfleisch, gen. Gutenberg*** (1400–68), der um 1455 in Mainz eine 42-zeilige Bibel mit beweglichen Lettern druckte, löste die mittelalterliche Buchkunst mit ihren kalligraph. Handschriften (Codices) ab. Rasch verbreitete sich der Buchdruck über Europa; um 1500 gab es bereits über 50 Druckorte mit ca. 200 Druckereien.

Universitätsgründungen

- ● vor 1200
- ● 1201–1350
- ● 1301–1450
- ● 1451–1506
- 1409 Gründungsjahr
- (1481) Jahr der Schließung

Ausbreitung des Buchdrucks

- Gutenberg (Mainz) um 1455
- ← 1468 Ausbreitung des Buchdrucks
- ■ bis 1470
- ■ bis um 1480

Entstehung der hochdeutschen Schriftsprache

- mittel- und hochdeutsche Mundarten
- niederdeutsche Mundarten
- ⊙ fürstliche und städtische Kanzleien (Auswahl), die zur Sprachvereinheitlichung beitrugen
- romanische und slawische Sprachen
- Grenze des Hl. Römischen Reiches um 1450

Kaiser und Kurfürsten.
Der Luxemburgische Ks. Heinrich VII. inmitten von 6 Königswählern oder Kurfürsten. Kurfürst von Böhmen war der Ks. selbst.

Reichsreform, -kreise und -regiment

Die Notwendigkeit einer Reichsreform

Der Aufstieg der Landesherren sprengte das mittelalterliche Heilige Römische Reich in zahlreiche große, mittlere und kleinste, weitgehend souveräne Staaten. Vor allem die Friedenswahrung im Innern wurde zum Problem. Die unumgängliche ***Reichsreform*** stand vor zwei Alternativen: starke kaiserliche Zentralgewalt oder ständisch kontrolliertes lockeres Ksm. Wegen der frz. Kriegsgefahr musste Ks. Maximilian I. (1493–1519) 1495 ***ständische Reformen**** akzeptieren.

Ständische Reformen – Worms 1495
- Der ***Ewige Landfrieden*** verbot die Hauptquelle des Unfriedens, das *adlige Fehderecht*.
- Das von Kaiser und Ständen beschickte ***Reichskammergericht*** beendete das ksl. Gerichtsmonopol.
- Der ***Gemeine Pfennig***, eine allgemeine Reichssteuer, sollte die Reichsfinanzen stärken.
- Der ***Reichstag***, seit 1489 in *Kurfürsten, Fürsten* und *Reichsstädte* gegliedert, sollte jährlich tagen.

Reichsregiment und Reichskreise 1500/1512

Auf dem Reichstag zu Augsburg trotzten die Stände Kaiser Maximilian 1500 ein Reichsregiment in Nürnberg ab (1502 wieder aufgehoben). Zudem wurde das Reich in zuerst ***6***, 1512 dann – durch Einbezug der Kurfürstentümer und habsburgischen Erblande – in ***10 Reichskreise**** unterteilt.

Reichskreis (Rk) 1500/1512–1806

Burgundischer Rk.	
Fränkischer Rk.	***Zusätzlich seit 1512***
Niederrhein.-Westfäl. Rk.	Bayerischer Rk.
Niedersächsischer Rk.	Kurrheinischer Rk.
Oberrheinischer Rk.	Obersächsischer Rk.
Schwäbischer Rk.	Österreichischer Rk.

Ausnahmen: Die *habsburgischen Nebenländer* Böhmen, Mähren, Schlesien und einzelne kleinere Gebiete sowie die Besitzungen der *Reichsritterschaft* wurden nicht „eingekreist“.

Organisation der Reichskreise
An der Spitze der Kreise standen anfangs *gewählte Hauptmänner*. Seit 1555 befehligten gewählte *Kreisobersten* die Kreistruppen. Ein geistlicher und ein weltlicher Fürst luden als *kreisausschreibende Stände* zu den nicht periodischen *Kreistagen* ein. Deren in Anwesenheit eines ksl. Kommissars gefasste Beschlüsse waren rechtsgültig.

Aufgaben der Reichskreise 1500–1806

1500 ***Delegation*** je eines Beisitzers pro Kreis in das Reichsregiment.
1507 ***Wahl*** der Beisitzer zum Reichskammergericht.
1555 ***Exekutionsordnung***: Landfriedenswahrung und Vollstreckung der Urteile des Reichskammergerichts.
1559 Aufsicht über ***Münzprägung*** und ***Münzumlauf*** sowie über die ***Polizeiordnungen***.
1681 ***Kriegsordnung***: Aufstellung und Unterhalt des Reichsheeres, Repartierung der vom Reichstag beschlossenen Militärsteuern.

Das Weltreich Karls V. und seine Probleme

Die Macht Karls V. 1519

Als der Habsburger Karl (*1500, Kaiser 1519–56, †1558) 1519 zum *Römischen Kaiser* gewählt wurde, zählte er bereits zu den mächtigsten Fürsten Europas. Enkel Kaiser Maximilians sowie Ferdinands von Aragon (†1516) und Isabellas von Kastilien (†1504), hatte er 1506 die ***Freigrafschaft Burgund samt den Niederlanden*** geerbt. 1516 kam das ***Königreich Spanien*** mit den amerikanischen ***Kolonien*** hinzu, 1526 auch noch ***Böhmen*** und ***Ungarn***.

Da man bei seiner Kaiserkandidatur fürchtete, das Deutsche Reich könne zum Nebenland absinken, musste Karl V. 1519 dem ***II. Reichsregiment*** zustimmen*.

II. Reichsregiment 1521–30

1 Beauftragter des Kaisers (Vorsitz)	1
2 kaiserliche Räte	2
6 Kurfürsten (1 persönlich anwesend)	6
je 1 geistlicher und 1 weltlicher Fürst	2
je 1 Vertreter der österreich. und burgund. Länder, der Prälaten und der Reichsgrafen	4
2 Vertreter der Reichsstädte	2
je 1 Vertreter der 6 (ursprgl.) Reichskreise von 1500	6
Mitglieder insgesamt	***23***

Das Hl. Römische Reich dt. Nation um 1519

Mit der Wahl zum Kaiser übernahm Karl ein schweres Amt. Das seit 800 *„Römisches"*, seit Barbarossa *„Heiliges"* und seit ca. 1438 einschränkend *„deutscher Nation"* genannte *Reich* – hatte seine europäische Hegemonie und die Herrschaft über Italien verloren. Im 15./16. Jh. traten dazu innere Unruhen, wie die *Hussitenkriege* [→ 69] und die ***Bundschuhaufstände***, die *Sickingenfehde* 1523 und der *Bauernkrieg* 1525 [→ 79]. Gleichzeitig erschwerte die seit 1495 häufigere Beiziehung des ***Reichstags*** Karls Regierung. Als es 1517 zur ***Reformation*** kam, spaltete sich – seit dem *Wormser Reichstag* 1521 mit der Verurteilung Luthers und seiner Lehre – das Reich, in eine kath. und eine prot. Partei. Karls konfessionelle Unnachgiebigkeit bewirkte eine politische Polarisierung [→ 83].

Allgemeine Probleme

Die habsb. Übermacht in Europa addierte und intensivierte vorhandene europ. Konflikte. Im SO wurde Europa nach dem Fall Konstantinopels 1453 durch die osman. Türken bedroht, die 1526 Ungarn eroberten und 1529 vor Wien erschienen. Frankreich erhob die Sprengung der habsb. Umklammerung zum außenpolit. Hauptziel und stand ca. 250 Jahre lang auf Seiten der Gegner Habsburgs.

1 Hzm. Lauenburg
2 Gft. Ravensberg
3 Gft. Schaumburg
4 Gft. Lippe
5 Hzm. Kleve
6 Hzm. Jülich
7 Hzm. Berg
8 Gft. Mark
9 Hzm. Westfalen (zum Kfsm. Köln)
10 Gft. Nassau
11 Gft. Mansfeld
12 Fsm. Anhalt
13 Gft. Henneberg
14 Mgft. Baden
15 Mgft. Bayreuth
16 Mgft. Ansbach
17 Hzm. Bar (lothring.)
18 Gft. Hohenzollern
A. Aschaffenburg
B. Biberach
D. Donauwörth
E. Esslingen
G. Gmünd
H. Heilbronn
M. Memmingen
N. Nördlingen
Ra. Ravensburg
Re. Reutlingen
Ro. Rottweil
S. Sievershausen
Ü. Überlingen
W. Wolfenbüttel
0 50 100 150 200 km
Nordsee
KGR. ENGLAND
KGR. FRANKREICH
Niederlande
Hzm. Schleswig
Hzm. Holstein
Erzstift Bremen
Gft. Ostfriesland
Gft. Oldenburg
Gft. Hoya
Hzm. Braunschw.-Lüneburg
Friesland
Gft. Drenthe (1536 habsb.)
Groningen (1524 habsb.)
Overijssel (1528 habsb.)
Hzm. Geldern (1543 habsb.)
Gft. Holland
Gft. Seeland
Hzm. Brabant
Gft. Flandern
Gft. Artois
Gft. Hennegau
Hzm. Luxemburg
Kfsm. Köln
Kfsm. Trier
Kfsm. Mainz
Kfsm. Pfalz
Lgft. Hessen
Hzm. Lothringen
Hzm. Württemberg
Fgft. Burgund
Gft. Charolais
Eidgenossenschaft
Graubünden
Wallis
Veltlin
Gft. Tirol
Hzm. Savoyen
Hzm. Mailand
REP. VEN
1525 Müntzer
1520 Zwingli
1541 Calvin
1545–63 Konzil
Calais (bis 1559 engl.)
Crépy 1544
Verdun (1552 frz.)
Metz (1552 frz.)
Toul (1552 frz.)
Cambrai 1529
Worms 1521
Schmalkalden 1531
Augsburg 1530 1555
1534 Lauffen
1553 Sievershausen
1525 Frankenhausen
1531 Kappel
1515 Marignano
Mömpelgard (württ.)
Mülhsn. (eidg.)
Erfurt (zu Mainz)

Ostsee
Rügen
Stralsund
Kolberg
Rostock
Wolgast
Cammin
Hzm. Pommern
(1531 Teilung)
Bm. Cammin
Stettin
Lauenburg
Danzig
Bütow
Kgl. Preußen
Königsberg
Bm. Ermland
Elbing
Marienburg
Hzm. Preußen
(1525 weltl. Hzm. der Hohenzollern)
GFSM. LITAUEN
Memel
Kulm
Bromberg
Thorn
Wlozlawek
Masowien
Plozk
Ruppin
Brandenburg
Berlin
Küstrin
Lebus
Frankfurt
Oder
Warthe
Posen
Gnesen
Weichsel
Warschau
Bug
Personalunion
KGR. POLEN
Kalisch
Lublin
Tschenstochau
Beuthen
Krakau
1517 Luther
Wittenberg
Mgftn. Lausitz
Sagan
Glogau
Wohlau
Liegnitz
Öls
Breslau
Brieg
Oppeln
Hzm. Schlesien (1526 österr.)
Schweidnitz
Jauer
Glatz
Jägerndorf
Ratibor
Teschen
Neiße
Leipzig
1547
Mühlberg
Bautzen
Görlitz
Zittau
Hzm. Sachsen
Dresden
Zwickau
Joachimsthal
Kaaden
1534
Eger
Prag
Elbe
Kgr./Kfsm. Böhmen
(1526 österr.)
Moldau
Budweis
Iglau
Olmütz
Mgft. (1526 österr.) Mähren
Brünn
Tyrnau
Regensburg
Passau
1552
Linz
Ehzm. Österreich ob d. Enns unter d. Enns
Donau
Wien
1529
Pressburg
Eisenstadt
Leitha
Inn
Salzburg
Erzstift Salzburg
Hzm. Steiermark
Seckau
Graz
Gurk
Hzm. Kärnten
Lavant
Klagenfurt
Drau
Marburg
Warasdin
Save
Görz
Laibach
Hzm. Krain
Agram
Aquileja
Triest
Venedig
Adria
Österreich. - Ungarn (1526)
Plattensee
Türk. - Ungarn
Grenze des Heiligen Röm. Reiches (Reichsgebiete in Flächenfarben)
Habsburgische Lande
österreichische Linie
spanische Linie
Wettinische Lande (vor 1547)
ernestinische Linie
albertinische Linie
Veränderung 1547/54 siehe Seite 83
Hohenzollernsche Lande
brandenburgische Linie
fränkische und schwäbische Linie
Wittelsbachische Lande
bayerische Linie
pfälzische Linie
Welfische Lande
Erzstifte u.a. geistliche Gebiete
Reichsstädte und ihre Territorien
Ausgangszentren der Reformation

Bauernkrieg 1525.
Der bäuerliche Fahnenträger, dessen Fahne die Losung „Freiheit"' trägt, ist wie ein damaliger Landsknecht dargestellt. Die Aufständischen glaubten mit der Forderung nach Freiheit in Luthers Sinn zu handeln.

1524/25 erhoben sich ländl. und städt. Untertanen *(der gemeine Mann)* gegen ihre Obrigkeiten. Diese erste Massenerhebung der dt. Geschichte heißt seit langem meist ***„Bauernkrieg**"'* (Bk.), obwohl sie nicht nur ***Bauern*** im engeren Sinn, sondern auch klein- und unterbäuerl., städt. Mittel- und Unterschichten sowie Bergknappen umfasste.

Bauernkrieg. Alternative Bez., wie *Revolution von 1525, Aufstand des gemeinen Mannes*, und Zweifel an der Einheitlichkeit der vielen regionalen Einzelaktionen setzten sich gegen die traditionelle Bez. *„BK"* nicht durch. In den ***Zwölf Artikeln*** wurde z.B. gefordert, die Herrschaft nach dem göttlichen Recht (Hl. Schrift) neu zu ordnen.

Ursachen der Erhebung

Der Bk. entsprang vielmehr einer „Vielfalt und Komplexität der Ursachen", lokal oft unterschiedlicher Konfliktfeldern. Am Anfang standen *herrschaftl., soziale und wirtschaftl. Probleme im Gefolge von Pest und Agrarkrise*, auf welche die Herren mit widerrechtl. erhöhten Forderungen reagierten, z.B. indem sie die ***Leibeigenschaft*** neu belebten, um Macht- und Einkommensverluste auszugleichen oder/und um ihre Territorialherrschaft auf- und auszubauen, wie spätmittelalterl. Unruhen und ***Bundschuhaufstände**** belegen.

Bundschuh*-(BS) und andere Aufstände

1400–15 Appenzell
1443 Schliengen (BS)
1450 Langenau (BS) Berner Oberland
1458 Salem
1470 Obersteiermark
1476 Nicklashausen
1493 Schlettstadt (BS)
1513 Lehen (BS)
1514 Armer Konrad /Hzm. Württ.
1517 Oberrhein (BS)
1415 Kempten
1444 Südschwarzwald (BS)
1462 Salzburg
1469 Hegau (BS)
1489 Rorschacher Klosterbruch
1491/92 Kempten
1502 Untergrombach (BS), Kloster Ochsenhausen
1513–15 Schweizer BK
1515 Innerösterr. BK

*Feldzeichen der Aufständischen war der gebundene, bäuerliche Schuh oder Stiefel.

Die ***Reformation*** war nur Auslöser und Katalysator, die den bisher regionalen Unruhen eine einheitliche Begründung gab. Statt mit dem *Alten Recht* wurde 1525 mit dem *Göttlichen Recht* der Hl. Schrift argumentiert.

Die bewaffnete Auseinandersetzung

Ab Anfang April ging der ***Schwäbische Bund**** mit Gewalt gegen die Untertanen vor. Es kam zur heißen Phase des Bks., die etwa 6 Monate (Februar bis Juli 1525) dauerte. Wo immer sich die Aufständischen zur Schlacht stellten, verloren sie trotz ihrer Überzahl klar. Dies lag v.a. am Mangel an überregionaler Solidarität, gegenseitiger Hilfeleistung sowie militärischem Selbstbewusstsein.

Schwäbischer Bund 1488–1534. Der auf Drängen Ks. Friedrichs III. gegründete Bund aus geistl. und weltl. Fürsten, Reichsrittern u. -städten zur Wahrung des Landfriedens in Süddeutschland setzte 1525 ein Bundesheer unter Truchsess Georg von Waldburg in Marsch.

Einen Sonderfall bildete in Thüringen ***Thomas Müntzer***, dem es nicht um die Verbesserung der sozialen und ökonomischen Lage der Untertanen ging, sondern um die Errichtung einer Art irdischen Gottesstaats. Sein Aufstand wurde in der Schlacht bei Frankenhausen (15.5.1525) im Blute erstickt.

Folgen und Auswirkungen

Der Bk. scheiterte. Wo die Untertanen militär. unterlagen, zahlten sie einen hohen Preis: Schlachtentote – Exil, Hinrichtung und Verstümmelung von Rädelsführern – Geldstrafen und Schadensersatz – Entwaffnung.

Wo sie dagegen ***Schiedsverträge*** mit den Herren geschlossen hatten, wie z.B. den ***Weingartener Vertrag vom 17./22.4.1525***, blieb das Strafgericht aus. Im Besitz ihrer Waffen blieben die Untertanen gefährlich und stabilisierten oder verbesserten gar ihre Lage, zumal auch der Schwäbische Bund für eine Milderung eintrat. So lautet die vorläufige Bilanz: Im Verbreitungsgebiet des Bks. verschlechterte sich die Lage der Untertanen nicht weiter, wohl aber östlich der Elbe, wo die ***Gutsherrschaft*** entstand. Der Bk. war also zwar nicht erfolgreich, wohl aber auch nicht gänzlich umsonst gewesen.

Bedeutende Schlachten
Leipheim 4.4.1525
Wurzach 14.4.1525
Weinsberg 16.4.1525
Böblingen 12.5.1525
Frankenhausen 15.5.1525
Zabern 15./17.5.1525
Königshofen 2.6.1525
Giebelstadt 4.6.1525
Pfeddersheim 24.6.1525
Radstadt 3.7.1525
Leubas 13./14.7.1525
Grießen 4.11.1525
Verträge
Weingarten 18.4.1525
Wittenberg 7.5.1525
Füssen 30.5.1525
Offenburg 18.9.1525
Memmingen 19./20.1.1526
Braunschweig
Magdeburg
Minden
Münster
Wittenberg
Goslar
Halberstadt
Dortmund
Nordhausen
Halle
Torgau
Kassel
Frankenhausen
Mühlhausen
Leipzig
Merseburg
Hzm. Sachsen
Dresden
Freiberg
Köln
Lgft. Hessen
Thüringen
Erfurt
Weimar
Neustadt
Kfsm. Sachsen
Chemnitz
Hersfeld
Gießen
Zwickau
Annaberg
Limburg
Wetzlar
Fulda
Plauen
Joachimsthal
Friedberg
Boppard
Frankfurt
Schweinfurt
Eger
Prag
Oberwesel
Mainz
Würzburg
Bamberg
Bayreuth
Waldsassen
Trier
Pfeddersheim
Amorbach
Worms
Forchheim
Oberpfalz
Kgr./Kfsm. Böhmen
Kfsm. Pfalz
Speyer
Rothenburg
Franken
Nürnberg
Weißenburg
Bruchsal
Weinsberg
Ansbach
Hall
Heilbronn
Dinkelsbühl
Regensburg
Mgft. Baden
Hzm. Württemberg
Stuttgart
Gmünd
Nördlingen
Donauwörth
Hzm. Bayern
Zabern
Straßburg
Schlettstadt
Offenburg
Reutlingen
Ulm
Leipheim
Augsburg
Zwettl
Freistadt
Colmar
Ehzm. Österreich
Melk
Steyr
München
Freiburg
Biberach
Memmingen
Stühlingen
Weingarten
Kaufbeuren
Belfort
Mülhausen
Waldshut
Kempten
Isny
Basel
Konstanz
Lindau
Bodensee
Füssen
Salzburg
Admont
Erzstift Salzburg
Radstadt
Leoben
Hzm. Steiermark
Zürich
St. Gallen
Hall
Innsbruck
Landeck
Gastein
Schladming
Biel
Solothurn
Bludenz
Gft. Tirol
Windisch-Matrei
Obervellach
Friesach
Eidgenossenschaft
Bern
Chur
Lienz
Hzm. Kärnten
Brixen
Villach
Meran
Sitten
Bozen
Trient
Rhein
Weser
Elbe
Main
Donau
Isar
Inn
Lech
Neckar
Saale
Mulde
Eger
Enns
Mur
Drau
Etsch
Rhône
Aare
Salzach
Lahn
Mosel
0 50 150 150 km
Hauptsächliche Aufstandsgebiete
1524
bis zum 18. April 1525
18. bis 30. April 1525
nach dem 30. April 1525
städtischer Aufstand oder Teilnahme am bäuerlichen Aufstand
Beteiligung von Bergknappen
Stadtbelagerung durch Bauern
Weingartener Vertrag 18.4.1525
Füssen 30.5.1525 weitere wichtige Verträge (mit Datum)
bedeutende Schlacht
Zug Truchsess Georg von Waldburg (Schwäb. Bundesheer) (März bis Juli 1525)
Züge anderer Herren
Reichsstadt
Ba. Baltringen
Bö. Böblingen
E. Esslingen
Ga. Gaildorf
Gi. Giebelstadt
Gr. Grießen
H. Hohenstaufen
K. Königshofen
L. Leubas
M. Mergentheim
Ra. Radolfzell
Ro. Rottweil
Ü. Überlingen
We. Weißenau
Wu. Wurzach

Biblia: das ist:
Die gantze Heilige
Schrifft: Deudsch
D. Mart. Luth.
Begnadet mit Kur-
Gedruckt zu Wittem-
M.D.XLV.

Die Heilige Schrift in Deutsch. *Luthers Bibelübersetzung und ihre rasche Verbreitung durch den Buchdruck machten die Bibel über den Gelehrtenkreis hinaus lesbar und waren eine der Hauptvoraussetzungen für den Siegeszug der Reformation.*

Die Trennung der beiden Konfessionen 1530

Im Jahre 1529 gedachte Karl V. die Religionsfrage im Reich zu lösen. Der Reichstag zu Augsburg 1530 sollte die theologischen Fragen entscheiden. Alle Parteien sollten ihre *Glaubensartikel (Konfessionen)* vorlegen, die Unterschiede diskutieren und zur christlichen Einheit zurückkehren. Jedoch das lutherische sog. ***Augsburger Bekenntnis*** *(Confessio Augustana)* wurde durch die katholischen Theologen ganz zurückgewiesen, und auch Lutheraner und Zwinglianer blieben uneins. Karl V. wollte nun die Glaubensspaltung gewaltsam beenden, worauf die Protestanten 1531 in *Schmalkalden* ein Defensivbündnis *(Schmalkaldischer Bund)* schlossen. Jedoch immer wieder hielten den Kaiser ***äußere Gefahren**** von seinem Vorhaben ab.

Äußere Gefahren und Aufschub des Wormser Edikts

- ***1529*** Erste türkische Belagerung Wiens.
- ***1532*** Reichstag zu Nürnberg: Gefahr einer Türkeninvasion schiebt den Vollzug des Wormser Edikts auf.
- ***1535*** Karl V. erobert Tunis.
- ***1536–38*** und ***1542–44***: 3. und 4. (letzter) Krieg Karls V. gegen Franz I. von Frankreich.

Der Schmalkaldische Krieg 1546/47

Nach dem *Frieden von Crépy* 1544 wollte Karl V. den Religionsstreit endlich durch das ***Konzil von Trient**** beenden. Als die Protestanten jedoch die Teilnahme ablehnten, eröffnete er den ***Schmalkaldischen Krieg*** **(1546–47)**. In der *Schlacht bei Mühlberg/Elbe* wurde Kurfürst Johann Friedrich von Sachsen, bald danach auch Landgraf Philipp von Hessen, gefangen genommen. Die Protestanten waren besiegt, und die sächsische Kurwürde fiel an Herzog Moritz (albertinische Linie).

Das Konzil von Trient (Tridentinum) 1545–63. Es behandelte zuerst (1545–47) die ***strittigen Glaubensfragen***, die es ganz im katholischen Sinne entschied. In der 2. Sitzungsperiode (1551–52) beriet es die ***Sakramente***, in der 3. (1562–64) die ***Kirchenreform***.

Der anschließende ***Reichstag von Augsburg 1547*** überließ es dem Kaiser, bis zur Konzilsentscheidung eine ***Zwischenlösung (Interim)*** der Religionsfrage zu finden. Karl verlangte von den Protestanten entweder zum alten Glauben zurückzukehren oder – gegen Laienkelch und Priesterehe – eine Anzahl von katholischen Lehrsätzen zu akzeptieren.

Zum Augsburger Religionsfrieden 1555

Den vollkommenen Triumph Karls durchkreuzte *Kurfürst Moritz von Sachsen*. Er verbündete sich mit der deutschen Fürstenopposition und Frankreich. Karl musste im ***Passauer Vertrag*** **1552** Frankreich das Reichsvikariat über die Bistümer Metz, Toul und Verdun sowie den Protestanten Religionsfreiheit bis zum nächsten Reichstag einräumen. Nach einem erfolglosen Krieg gegen Frankreich (1552–56) musste er gar **1555** im ***Augsburger Religionsfrieden**** die Protestanten als reichsrechtlich gleichberechtigt anerkennen, bevor er 1556 resigniert abdankte.

Augsburger Religionsfrieden 1555.

- Die geistliche Jurisdiktion in protestantischen Gebieten geht an den Landesherrn über.
- Die Landstände in geistlichen Territorien (Adel, Ritter, Städte) haben freie Bekenntniswahl.
- Alle protestantischen Säkularisationen bis 1552 *(Passauer Vertrag)* werden legalisiert.
- In Reichsstädten kann kath.-prot. ***Parität*** herrschen.
- Der Landesherr bestimmt die Konfession der Untertanen *(cuius regio eius religio)*.

Die Reformation geht weiter

Dem Reichstagsbeschluss hatte Karl V. als persönliche Erklärung den so genannten ***Geistlichen Vorbehalt*** angefügt: Wechselten künftig geistliche Fürsten den Glauben, dann mussten sie auf Amt und Pfründe (Lehen) verzichten. Die Protestanten lehnten dies ab und säkularisierten in den nächsten Jahrzehnten in Norddeutschland zahlreiche Bistümer und Klöster, indem sie sie ungeweihten ***protestantische Administratoren*** übertrugen. Um 1580 erreichte die protestantische Ausbreitung ihren Höhepunkt im Reich, und die katholische Kirche ging nun zu aktiverer Gegenreformation über.

Ausgangszentren der Reformation

Von der Reformation erfasste Territorien u. Reichsstädte

- Lutheraner 1531/1580
- Anhänger Zwinglis und Calvins (ab 1549 „Reformierte") um 1531/1580
- Böhmische Brüder

1524 / 1528 obrigkeitliche Einführung der Reformation

- Grenze des Hl. Röm. Reiches
- weites Vordringen der Reformation
- von der Reformation teilweise erfasst
- Gebiete und Reichsstädte mit überwieg. oder ausschließl. kathol. Bekenntnis
- Reichsstädte mit gemischten Bekenntnissen

Hessen Mitglied des 1531 gegründeten protestantischen Schmalkaldischen Bundes (Stand 1536/47)

Bayern Mitglied des 1538 gegr. kathol. Nürnberger Bundes

1530 Zentrum/Aufstand der Wiedertäufer um 1530/35

1555 bedeutender Reichstag

Grenzen um 1531

Karl V. auf dem Reichstag zu Augsburg 1548.
Der Triumph Kaiser Karls V. 1548 währte nur kurz. Die Reformation überlebte, und der Kaiser dankte 1556 resigniert ab. Gemälde Tizians, 1548

Albertiner statt Ernestiner

Der ***Schmalkaldische Krieg*** 1546/47 hatte die quasi hegemoniale Stellung der Ernestiner beendet. In der von Ks. Karl V. diktierten ***Wittenberger Kapitulation*** vom 19.5.1547 verlor Johann Friedrich die Kurwürde mit dem Erzmarschallamt und den größten Teil der Kurlande. Hinzu kam, dass in der Folge mehrere Teilungen [→ 104] die ernestinische Macht weiter zersplitterten. Gewinner und neuer Kurfürst war der Albertiner ***Hz. Moritz von Sachsen*** (1521–53), der 1547 das Kfsm. in fünf Kreise unterteilte. Er betrieb eine geschickte Schaukelpolitik zwischen dem Kaiser und den prot. Fürsten. Das Augsburger Interim lehnte er ab; sein *Leipziger Interim* sicherte den Protestantismus im Land ab. Seit 1550 führte er eine Fürstenverschwörung gegen den Kaiser zum Erhalt der ***„Libertät“***. 1552 verbündete er sich im *Vertrag von Chambord* mit Frankreich und griff überraschend den Kaiser an. Der folgende *Passauer Vertrag* verkündete 1552 u.a. eine allgemeine Amnestie, verzichtete auf Erstattung von Kriegskosten und befreite die gefangenen protestantischen Fürsten. Er bereitete damit den Weg zum *Augsburger Religionsfrieden* von 1555.

Als im 16. Jh. einige thüringische Grafen- und Herrengeschlechter ausstarben, fielen ihre Lehen an die wettin. Linien. Aus dem Henneberger Erbe z.B. sicherten sich die Albertiner 1583 (endgültig 1660) große Bezirke im südl. Thüringen (Schleusingen, Suhl), während Hessen von Schmalkalden Besitz ergriff und auch die Ernestiner kleinere Teile gewannen (Meiningen, Maßfeld, Themar, Frauenbreitungen, Wasungen, Sand und Ilmenau).

Sonstige protestantische Landesherren

Andere Territorien bewahrten sich zwar grundherrliche Sonderrechte, wie die ***Grafschaften Hohnstein****, ***Mansfeld****, ***Schönburg**** und ***Stolberg****, blieben aber politisch bedeutungslos. Lediglich die ***Gft. Schwarzburg**** und die ***Hft. Reuß von Plauen**** konnten trotz territorialer Enge, lehensrechtlicher Abhängigkeiten und häufiger Erbteilungen eine gewisse polit. Selbstständigkeit gegenüber den Wettinern behaupten.

Gft. Hohnstein. Um 1547 war die Gft. Hohnstein in die *Ältere* und die *Jüngere Linie* geteilt. Die ältere Linie mit den Gftn. Klettenberg und Lohra sowie der Vogtei über Kloster Walkenried starb 1593, die jüngere Linie 1609 aus.

Gft. Mansfeld. Bereits im 15. Jh. hatten vielfache Teilungen das einst durch Kupfer- und Silberbergbau reiche Land geschwächt. Als dieses 1488 das ksl. Bergregal vom Kfsm. Sachsen zu Lehen nahm, verlor es die Reichsunmittelbarkeit. Gf. Albrecht III. (†1560) führte die Reformation ein. 1570 wurde die durch aufwändige Hofhaltung und Finanzspekulationen verschuldete Gft. unter kursächsische und Magdeburger Zwangsverwaltung gestellt.

Gft. Schönburg. Die Gft. war um 1300 – zum Schutz vor dem Haus Wettin – großteils ein Reichsafterlehen Böhmens. 1556 wurde sie reformiert und in die obere Linie ***Schönburg-Glauchau*** (bis 1620) mit den Ästen Waldenburg und Hartenstein sowie die untere Linie ***Schönburg-Penig*** geteilt.

Gft. Stolberg. Die Söhne Gf. Bothos III. (†1538) bildeten zwei Linien, eine im Harz und eine am Rhein. 1631 entstanden die endgültigen Hauptlinien ***Stolberg-Stolberg*** (mit der rheinischen Gft. Ortenberg) und ***Stolberg-Wernigerode*** (mit der rheinischen Gft. Geldern), die sich aber später weiter aufspalteten.

Gft. Schwarzburg. Seit dem 15. Jh. gliederte sich die Gft. in die Unterhft. um Sondershausen (albertin. Oberhoheit) und die reichsständische Oberhft. am Thüringer Wald (ernestin. Oberhoheit). 1535/45 wurde die Reformation eingeführt. 1571/84/99 entstanden nach kurzer Vereinigung unter Gf. Günther XI. (†1552) sowie dem Erwerb Leutenbergs (1564) die beiden Hauptlinien ***Schwarzburg-Arnstadt*** bzw. ***-Sondershausen*** und ***Schwarzburg-Rudolstadt*** (1571–94 Nebenlinie ***Schwarzburg-Frankenhausen***).

Hft. Reuß von Plauen. Nach dem Schmalkaldischen Krieg 1546/47 fielen die vogtländ. Besitzungen an die Burggft. Meißen. Nach Restitution der Hft. Greiz (1560) und Erwerb der Hft. Gera (1562) erfolgte 1564 die Teilung in die Linien *Ober-* und *Untergreiz* sowie *Gera*.

Ausnahmen bildeten das kath. ***Eichsfeld***, das ebenso zu Mainz gehörte, wie die Stadt Erfurt, dessen Entwicklung zur Reichsstadt das Ebm. letztlich verhinderte.

Thüringen nach dem Schmalkaldischen Krieg (1546/47)

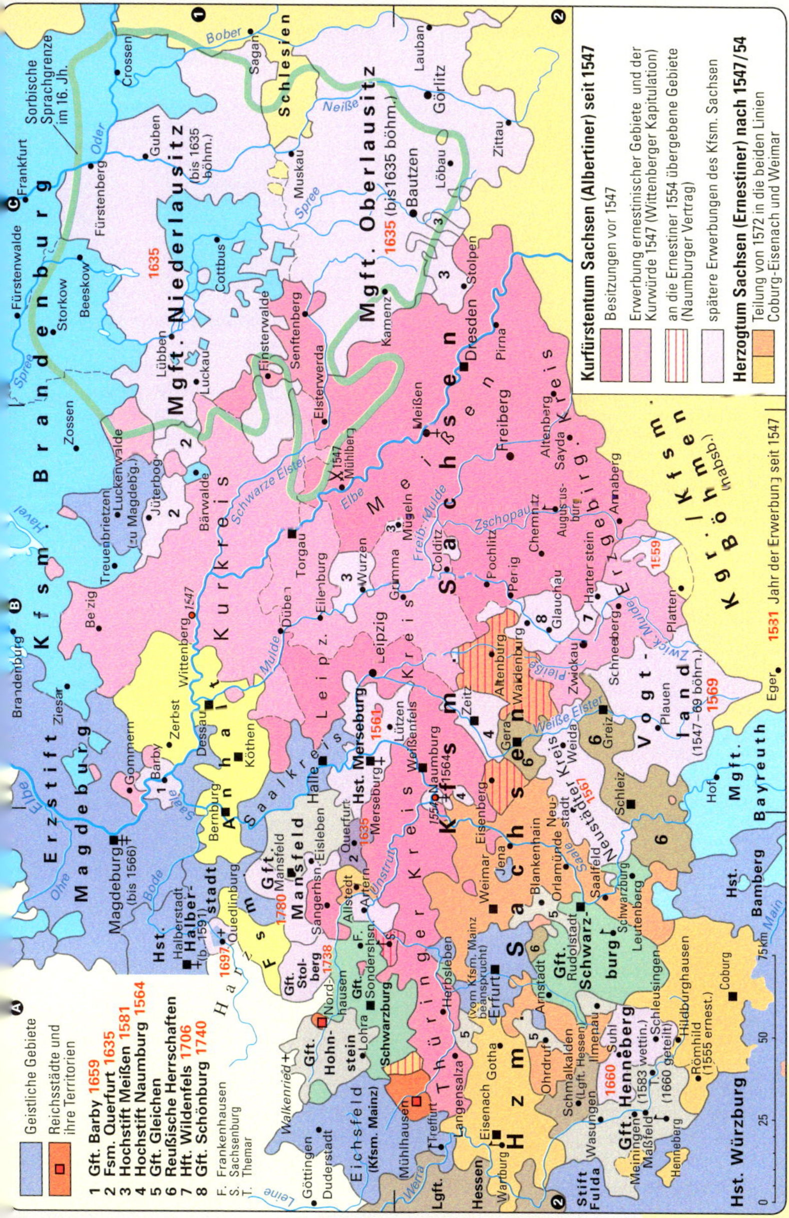

Ketzerverbrennung. *Seit dem Wormser Edikt (1521) drohte sowohl Luther und seinen Anhänger als auch Zwinglianern, Kalvinisten, Täufern u.a. das Schicksal des Jan Hus, der 1415 in Konstanz verbrannt worden war.*

Der ***Augsburger Religionsfriede*** von 1555 hatte einige Konfessionen ausgeschlossen, die ***Mährischen Brüder****, ***Zwinglianer**** und ***Täufer****.

Mährische, Böhmische Brüder. Eine Mitte des 15. Jh. von den gemäßigt hussitischen *Utraquisten (Kalixtinern)* abgespaltene christliche Gemeinschaft in Böhmen und Mähren, die das *Abendmahl in beiderlei Gestalt* feierten, die Verchristlichung des Lebens betonten und nach 1620 vertrieben wurden.

Zwingli, Zwinglianer, Zwinglianismus

1.1.1484 – 11.10.1531 Ulrich Zwingli.

1519 ff. *Leutpriester* in *Zürich, anfangs Lutheraner.*

1522 *Predigten gegen Fastengebot und Zölibat* eröffnen die Reformation Zürichs. Abschaffung von Messe, Heiligenkult u.a.

1528 *Ev. Liga* (Zürich, Bern, St. Gallen, Basel, Straßbg.).

1529 *I. Kappeler Krieg* gegen *Katholische Liga. Friede* von *Feldkirch.*

1529 *Marburger Religionsgespräch:* Zwinglis Plan, die Evangelischen unter Lgf. Philipp von Hessen gegen Karl V. zu einen, scheitert am Dissens mit Luther in der Abendmahlslehre *(Zwingli: Keine Realpräsenz Christi im Abendmahl!).*

1531 *II. Kappeler Krieg:* Niederlage und Tod Zwinglis.

Täufer, Wiedertäufer, Ana- oder Katabaptisten. Im Anschluss an die ersten Anhänger Zwinglis lehnten sie jede staatliche Einmischung in die Kirche *(„Freikirche")* und ebenso die *Kindertaufe* ab. Seit 1525 verfolgt, seit 1529 von der Todesstrafe bedroht, konnten sie 1534 in Münster für kurze Zeit ein *Täuferreich* errichten.

Zu ihnen traten gerade damals die ***Kalvinisten****, die sich 1549 im *Consensus Tigurinus* mit den Zwinglianern geeinigt hatten. *Kirchenordnung, Abendmahls-* und *Prädestinationslehre* schieden sie von den Lutheranern. Ihre Überzeugung, sich gegen eine unchristliche Obrigkeit wehren zu müssen *(Widerstandsrecht)*, machte sie zu einer politisch aktiven Kraft in Europa. Rasch breiteten sie sich aus in *Frankreich* (1562–98 Hugenottenkriege), *Schottland* und auch im Deutschen Reich (*Kurfürstentum Pfalz,* 1612 *Hohenzollern in Brandenburg*, in *Böhmen* und den *Niederlanden*).

Kalvinismus, Kalvinisten.

1509 – 64 Jean Calvin (Cauvin) aus Noyon/Picardie.

1531 – 33 Hinwendung zur evangelischen Lehre.

1536 *Institutio religionis christianae (Christl. Lehrbuch).*

1536 – 38 Tätigkeit zus. mit Wilhelm Farel in Genf.

1538 – 41 Exil in Straßburg.

1541 Rückruf und Reformation Genfs.

Kirchenverfassung: Gemeinde wird vom *Konsistorium*, erwählten *Geistlichen (Pastoren)* und *Ältesten (Presbytern)*, regiert, mehrere Gemeinden durch die *Synode*. Strenge *Kirchenzucht* mit *Sittengericht*.

Kath. Reform und Gegenreformation wirken

Die kath. Reform [→ 87], die Erfolge der Reformation und die ständige Missachtung des ***Geistlichen Vorbehalts*** [→ 80] durch die Protestanten sowie die eskalierenden gegenreformator. Aktivitäten Spaniens und des Papsttums rückten die geistl. Fsmer. in den Mittelpunkt der Auseinandersetzung.

1580 kam es zum so genannten ***Kölner Streit***. Kf. *Gebhard Truchsess von Waldburg* wollte Protestant werden, heiraten und den geistlichen Stand verlassen. Prot. Freunde und die prot. Domherren im Stift bewogen ihn, das Kfsm. – nach dem Beispiel der Hohenzollern in Magdeburg – als weltliches Fsm. beizubehalten. Der kath. Partei gelang es aber, diese Säkularisation zu verhindern.

Solche Streitigkeiten lähmten nach und nach alle Schlichtungsorgane des Reiches (RKG, Revisionsdeputation).

1606 kam es zum Streit um die überwiegend protestantische Reichsstadt ***Donauwörth***. Sie hatte katholische Prozessionen behindert, war dafür vom Ks. geächtet und vom Hz. von Bayern erobert und zur bayerischen Landstadt herabgedrückt worden. Aus Protest gegen den Rechtsbruch zogen die Protestanten aus dem nächsten Reichstag aus und sprengten ihn. Es bildeten sich nun konfessionelle Kampfbünde, die ***protestantische Union*** (1608) unter dem kalvinistischen Kf. von der Pfalz und die ***katholische Liga*** (1609) unter Hz. Maximilian von Bayern.

Da beide Parteien auswärtige Bündnispartner besaßen, bedurfte es nur noch eines geeigneten Anlasses, um einen großen europäischen Konflikt auszulösen.

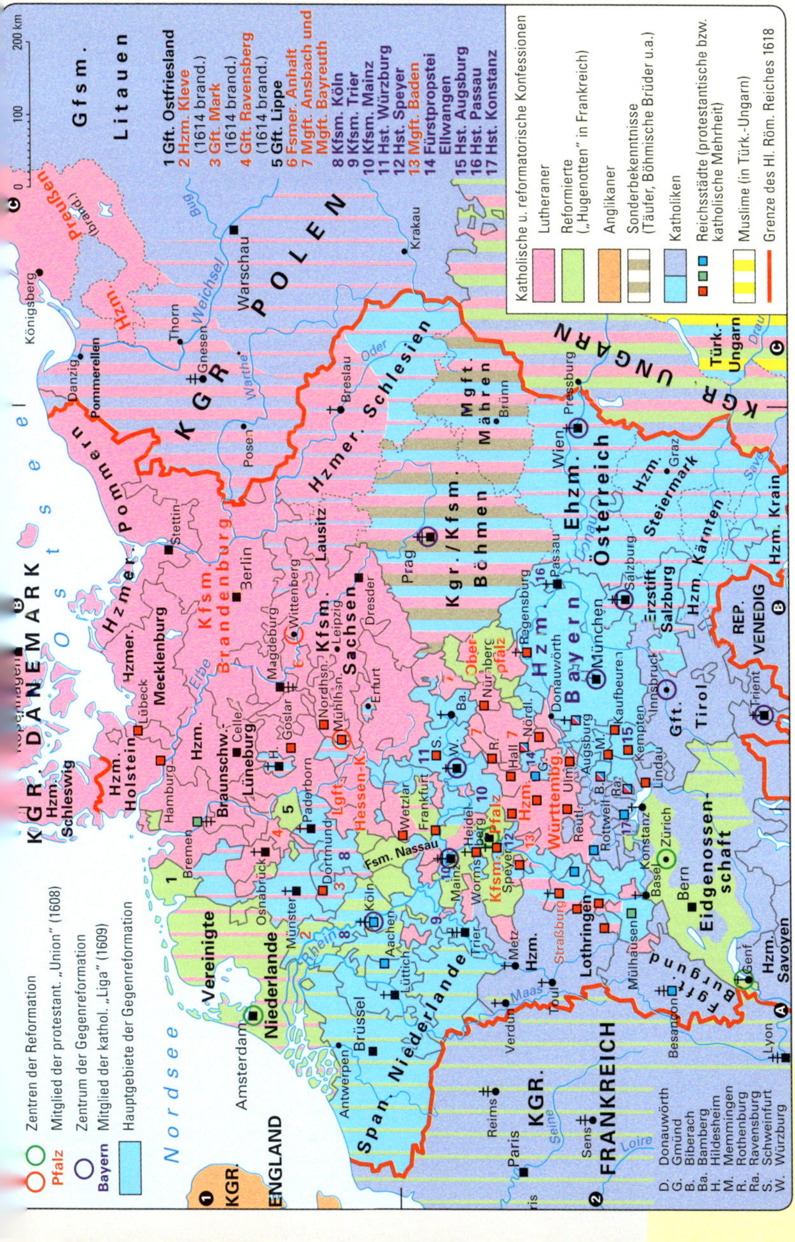
Zentren der Reformation
Pfalz Mitglied der protestant. „Union“ (1608)
Bayern Zentrum der Gegenreformation
Mitglied der kathol. „Liga“ (1609)
Hauptgebiete der Gegenreformation
Katholische u. reformatorische Konfessionen
Lutheraner
Reformierte („Hugenotten“ in Frankreich)
Anglikaner
Sonderbekenntnisse (Täufer, Böhmische Brüder u.a.)
Katholiken
Reichsstädte (protestantische bzw. katholische Mehrheit)
Muslime (in Türk.-Ungarn)
Grenze des Hl. Röm. Reiches 1618
0 100 200 km
1 Gft. Ostfriesland
2 Hzm. Kleve (1614 brand.)
3 Gft. Mark (1614 brand.)
4 Gft. Ravensberg (1614 brand.)
5 Gft. Lippe
6 Fsmer. Anhalt
7 Mgft. Ansbach und Mgft. Bayreuth
8 Kfsm. Köln
9 Kfsm. Trier
10 Kfsm. Mainz
11 Hst. Würzburg
12 Hst. Speyer
13 Mgft. Baden
14 Fürstpropstei Ellwangen
15 Hst. Augsburg
16 Hst. Passau
17 Hst. Konstanz
D. Donauwörth
G. Gmünd
B. Biberach
Ba. Bamberg
H. Hildesheim
M. Memmingen
R. Rothenburg
Ra. Ravensburg
S. Schweinfurt
W. Würzburg
KGR. ENGLAND
Nordsee
Ostsee
KGR. DÄNEMARK
Vereinigte Niederlande
Span. Niederlande
KGR. FRANKREICH
Hzm. Lothringen
Bgft. Burgund
Eidgenossenschaft
Hzm. Savoyen
Kfsm. Pfalz
Hzm. Württembg.
Hzm. Bayern
Ober-pfalz
Lgft. Hessen-K.
Fsm. Nassau
Kfsm. Sachsen
Kfsm. Brandenburg
Hzm. Mecklenburg
Hzm. Braunschw.-Lüneburg
Hzm. Holstein
Hzm. Schleswig
Hzmer. Pommern
Pommerellen
Hzm. Preußen (brand.)
Gfsm. Litauen
KGR. POLEN
Hzmer. Schlesien
Lausitz
Kgr./Kfsm. Böhmen
Mgft. Mähren
Ehzm. Österreich
Hzm. Steiermark
Hzm. Kärnten
Hzm. Krain
Erzstift Salzburg
Gft. Tirol
REP. VENEDIG
KGR. UNGARN
Türk.-Ungarn

Konzil von Trient. *Unter dem Kruzifix der Vertreter des Kaisers und ein Protokollant. In der Öffnung des Halbrunds der versammelten Konzilsväter sitzen die Gesandten des Papstes.*

Katholische Reform und Gegenreformation

Wann die (1776 erstmals sog.) ***Gegenreformation*** einsetzte, mit dem *Wormser Edikt 1521*, dem *Bauernkrieg 1525* oder dem *Augsburger Religionsfrieden 1555*, ist strittig. Jedenfalls hatten Papst, Kaiser, geistl. und weltl. Fürsten schon früh die (vor 1500 begonnene) *innere Erneuerung der kath. Kirche* ***(Kath. Reform)***, der Luther entstammte, mit dem aktiven Kampf gegen die prot. Reformation und um die *Rekatholisierung prot. Gebiete* ***(Gegenreformation)*** verbunden. Von zentraler Bedeutung für diese Gegenwehr waren der ***Jesuitenorden**** und das ***Tridentinum****.

Der Jesuitenorden 1540. Die 1540 von P. Paul III. offiziell bestätigte *Gesellschaft Jesu (Societas Jesu*, kurz: *SJ)* stellte sich ganz in den Dienst der Gegenreformation. Um 1600 war sie in allen kath. Staaten verbreitet: in Deutschland wirkte seit 1542 Petrus Faber. Die SJ widmete sich der *Glaubensverbreitung im Innern und Äußern (Ketzer- und Heidenmission)*, dem *Schulunterricht* der höheren Jugend, der *Gewissenslenkung* (Beichte) an den Höfen und der *Pflege der Wissenschaften*. Ihre Ordenshäuser (Gymnasien, Universitäten) errichteten sie mit Vorliebe in den Haupt- und Residenzstädten (z.B. in: 1551 Wien, 1556 Prag, Köln und Ingolstadt, 1559 München, 1561 Olmütz und Brünn, 1563 Dillingen, 1569 Augsburg).

Das Tridentinum 1545–1563. Der Ruf nach einem *Konzil* zur Kirchenreform war früh erklungen. Doch erst als die Glaubensspaltung bereits unwiderruflich schien, trat es in Trient zusammen, um mehrmals vertagt zu werden (*Sitzungsperioden*: 1545–47, 1551/52, 1562/63): Seine *ohne die Teilnahme der Protestanten* gefällten Entscheidungen im kath. Sinne zementierten die Glaubensspaltung: Kath. Dogma, Gültigkeit der Tradition neben der Bibel, Siebenzahl und Bedeutung der Sakramente, kath. Rechtfertigungslehre, Kirchenreform (Residenzpflicht, Priesterseminare, Verbot des Laienkelchs, regelmäßige Synoden und Visitationen, Heiligenverehrung und Reliquienkult, Ablass, Amtspflichten des Klerus).

Auf dem Weg zum Großen Krieg 1555–1618!

Der ***Augsburger Religionsfriede*** 1555 legalisierte die bisherige Reformation, konnte aber ihre Ausbreitung nicht stoppen. Der Kampf ging auf unterschiedl. Ebenen weiter. Die Verkündigung ***des Index librorum prohibitorum*** im Jahre 1559 durch P. Paul IV. (1555–59), des Verzeichnisses der vom Hl. Offizium verbotenen Bücher, und die Gründung der ***Dt. Glaubenskongregation*** durch P. Gregor XIII. im Jahre 1668 zählten ebenso dazu wie die ***Kumulation*** zahlreicher Bmer. (1566 Freising, 1573 Hildesheim, 1581 Lüttich, Administrator von Stablo, 1583 Köln, 1585 Münster) in der Hand Hz. Ernsts von Bayern (1554–1612). Ab 1580 widerstanden die kath. Reichsstände allen prot. Versuchen, den ***Geistlichen Vorbehalt**** zu umgehen. Der gegenreformator. Abwehrkampf verband sich mit Fragen der europ. Machtpolitik und mündete in den ***Dreißigjährigen Krieg*** 1618–48.

Geistlicher Vorbehalt. Erzbischöfe, Bischöfe und Äbte, welche zur Reformation übertraten, mussten auf ihr geistliches Amt verzichten. Dadurch sollte der Bestand der geistl. Fürstentümer konstant gehalten werden.

Ergebnisse der Gegenreformation (Ausblick)

Im ***Hl. Röm. Reich*** war die Bilanz gemischt. Der N einschließlich der nördl. Niederlande sowie Mitteldeutschlands blieben prot., und zwischen 1555 und 1618 wurden noch zahlreiche Bmer. und Klöster säkularisiert. Das *Restitutionsedikt* von 1629, Höhepunkt der Gegenreformation, scheiterte endgültig im *Prager Frieden* 1635. Außerdem erlangte der ***Kalvinismus*** 1648 reichsrechtliche Anerkennung.

Feste kath. Bastionen blieben oder wurden durch die Gegenreformation: die habsb. Gebiete im NW (südl. Niederlande, Lothringen), im SW (Freigft. Burgund, Elsass), im O (Böhmen, Mähren, Schlesien) und S (Erbländer, österr. Ungarn) sowie Süddeutschland (Bayern, zahlreiche geistliche Staaten).

In ***Spanien*** und ***Italien*** vermochten Kirche und Staat mit Hilfe der *Inquisition* (erneuert 1478 bzw. eingerichtet in Rom 1542) alle reformator. Regungen im Keim zu ersticken.

In ***Frankreich*** vermochten die *Hugenottenkriege* zwischen 1562 und 1598 nicht den Kalvinismus gänzlich zu vernichten, jedoch – im *Edikt von Nantes* 1598 – in Ausbreitung und Wirksamkeit einzuschränken. In ***England*** und in den skandinavischen Königreichen ***Dänemark***, ***Norwegen*** und ***Schweden*** blieb die Gegenreformation völlig erfolglos.

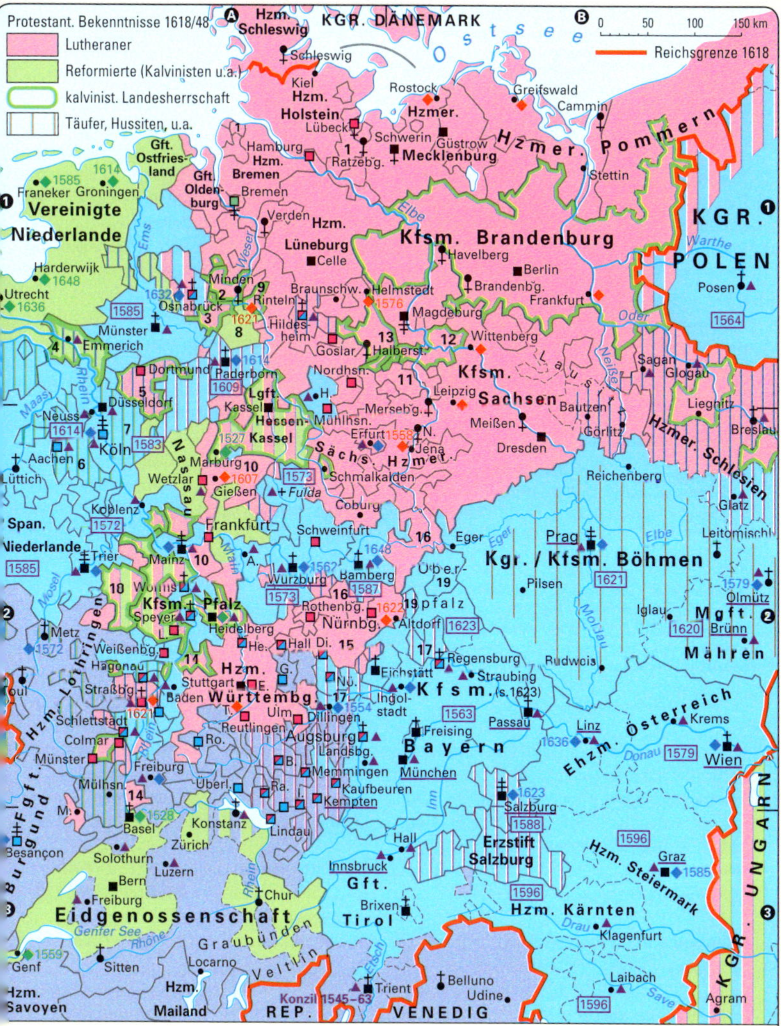

Gegenreformation der Katholischen Kirche

- von der Reformation unberührte Gebiete
- rekatholisierte Gebiete
- katholische Teilerfolge
- Gebiete mit begrenzter Verbreitung protestant. Konfessionen
- 1620 Jahr der Rekatholisierung
- Jesuitenkolleg (Auswahl)
- kathol. bzw. protest. Universitäten (Neugründungen mit Jahreszahl)
- Prag frühbarocke Kirchenbauten
- Reichsstädte, kathol. bzw. protest.
- Stadt mit gemischten Bekenntnissen
- gemischt-konfessionelle Gebiete

A.	Aschaffenburg
B.	Biberach
Di.	Dinkelsbühl
E.	Esslingen
G.	Gmünd
H.	Heiligenstadt
He.	Heilbronn
I.	Isny
L.	Landau
M.	Mömpelgard
N.	Naumburg
Nö.	Nördlingen
Ra.	Ravensburg
Ro.	Rottweil
T.	Tübingen

Erläuterung der Ziffern vgl. Karte 94/95.

Die Flagge des niederländischen Freiheitskampfes. *Die niederländische Flagge, die älteste republikan. Trikolore der Welt, entstand um 1572; die oberste Farbe war ursprünglich zu Ehren des „Statthalters“, des Prinzen von Oranien-Nassau, orange.*

Die „Niederlande“ um 1550

Der lockere Bund von 17 Territorialstaaten bildete mit einigen weiteren den ***Burgund. Reichskreis*** (1548–1648) [→ 75]. Die meisten hatten zw. 1364 und 1477 zum ***Großhzm. Burgund**** gehört und waren nach dessen Zerfall 1477 erblich an Habsburg gelangt. Weitere Herrschaften hatte Ks. Karl V. (1519–56) erworben. Außer Westflandern, Bourgogne und Artois gehörten sie zum Hl. Röm. Reich. Seit 1200 hatten sie in Sprache und Kultur einen eigenständigen Charakter entwickelt.

Das Großherzogtum Burgund 1364–1477.
Niederländ. burgund. Territorien: Mgft. Antwerpen, Gft. Artois m. Arras, Gft. Flandern, Hft. Mecheln, (Erwerbsjahr: alle 1384), Gft. Namur (1428), Hzm. Brabant, Hzm. Limburg (beide 1430), Gft. Hennegau, Gft. Holland, Gft. Seeland (alle 1433), Gft. Luxemburg (1462) sowie die Städte Doornik (Tournai) und Rijssel (Lille).
Sonst. burgund. Territorien: Die Fgft. Burgund (Franche-Comté, 1381) war 1477 ebenfalls an Habsburg, das Hzm. Bourgogne als frz. Lehen an Frankreich gefallen.
Spätere ndl. Gewinne Habsburgs 1524–43: Friesland (1524), Utrecht (1528) und Overijssel samt Gft. Drenthe, Stadt Groningen (1538) und Geldern (1543).

Wirtschaftl. Bedeutung und Leistungskraft beruhten auf der blühenden *Textilindustrie*, gewinnträchtigem *Handel* und reichen Städten mit wohlhabenden Bürgern. Die Staaten besaßen *selbstbewusste Ständeversammlungen* und waren untereinander durch *Personalunion* ihrer Landesherren verbunden.

Aufstand und Unabhängigkeitsstreben

Von Karl V. gingen die Niederlande an Philipp II. (1556–1606), Kg. von Spanien und der amer. Kolonien. Dieser regierte sie entgegen den im *Großen Privileg* (1477) bestätigten Gewohnheiten und Rechte wie Spanien: absolutistisch und zentralistisch. Das Vorgehen der Inquisition und der span. Besatzung gegen die Protestanten empörte das Volk. Die Reform der niederländischen Kirche (13 statt 4 Diözesen) verletzte ständ. und wirtschaftl. Interessen des Adels. Ab 1564 gab es Unruhen: Die vom Hochadel angeführten *Generalstaaten* (Stände) forderten die Wiederherstellung ihrer Rechte und Truppenabzug.

In Flandern und Brabant protestierten Adel und kalvinistische Prediger gegen die Inquisition. Der Pöbel plünderte Kirchen und zerstörte Heiligenbilder („Bildersturm“). Kg. Philipp errichtete eine Militärherrschaft, die die „Ketzer“ verfolgte und die Bevölkerung terrorisierte. Oppositionelle Adlige wurden verhaftet und hingerichtet; ihr Führer, Prinz Wilhelm von Oranien-Nassau, floh. Der Terror verschweißte die Opposition aus Feudaladel, Stadtpatriziat und Kalvinisten. Seit 1568 leistete sie – v.a. von der See und den unzugänglichen Küsten des N aus – bewaffneten Widerstand.

1572 übernahmen die Generalstaaten die Führung und übertrugen Prinz Wilhelm als ***Statthalter*** den Oberbefehl. Als sie die Trennung von Spanien ins Auge fassten, kam es zur Spaltung: Die (kath.) Südprovinzen unterwarfen sich 1579 in der *Union von Arras* wieder Spanien. Die sieben überwiegend kalvinistischen Nordprovinzen bildeten als *Union von Utrecht* die ***Generalstaaten***, zu denen 1629–37 eroberte Teile Brabants, Flanderns und Limburgs als untergeordnete ***Generalitätslande*** traten, und erklärten 1581 ihre ***Unabhängigkeit von Spanien***. Nach blutigen Kriegen (1568–1609, 1621–48), behaupteten sich – auch dank der habsb. Niederlage im Dreißigjährigen Krieg – die Aufständischen.

Die Souveränität der Niederlande 1648

Im ***Sonderfrieden von Münster*** wurden die nördlichen Niederlande aus dem Reich entlassen und als ***Generalstaaten**** souverän.

Generalstaaten. Die Ständeabgeordneten aller Provinzen, geführt von Holland, das alle 5 Jahre den ***Ratspensionär*** (eine Art Außenminister und Bundeskanzler) ernannte. Land- und Seekriegswesen leitete der fürstl. ***(Erb-)Statthalter*** aus dem Hause Oranien-Nassau.

Ergebnis des Aufstands der Niederlande

Spaltung in die souveräne prot.-kalvinist. *Handelsrepublik Holland* und die kath. *Spanischen Niederlande* (1714 österr.). Aufstieg Hollands und Niedergang Spaniens.

Der Freiheitskampf der Niederlande (1568–1648)

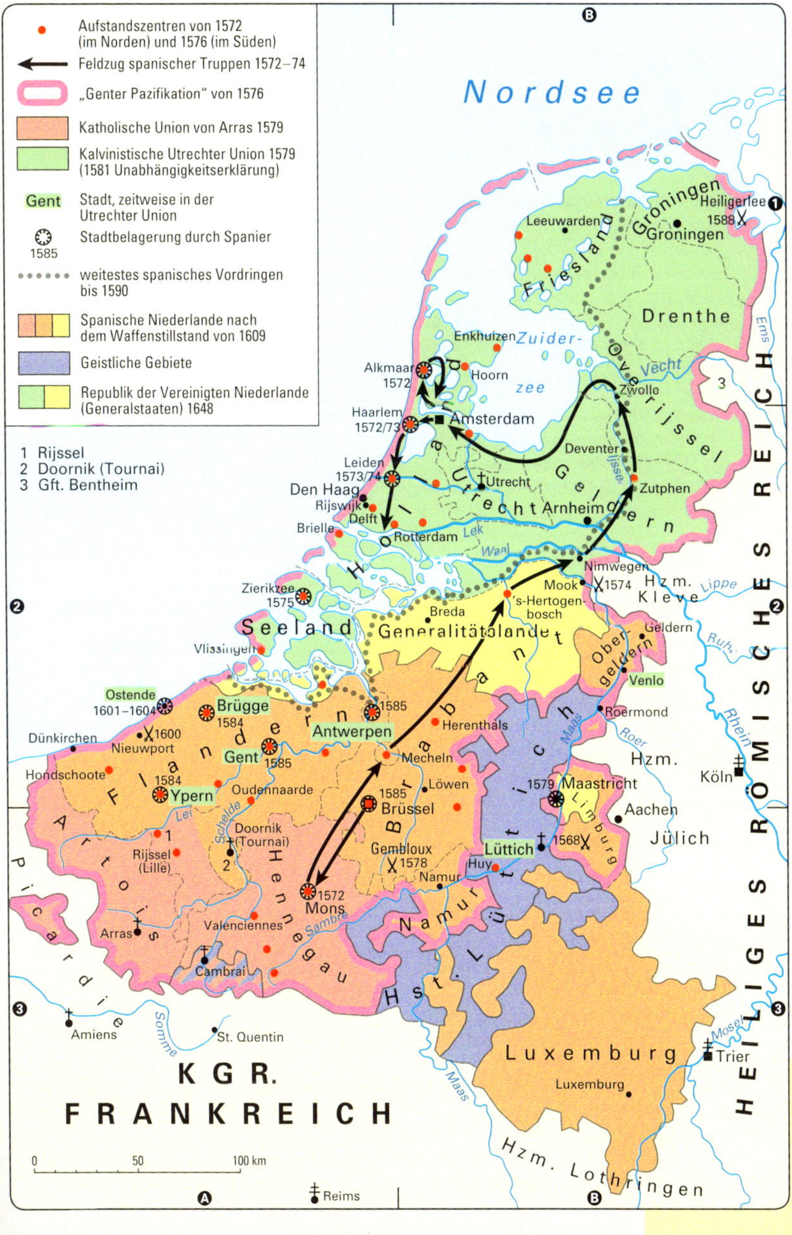

Soldat verfolgt alte Frau. *Gewalt gegen alte und wehrlose Menschen war ein betrübliches Kennzeichen auch der letzten Phase des 30-jährigen Kriegs, als keine Partei mehr das militär. Übergewicht errang.*

Charakter des Dreißigjährigen Kriegs

Der sog. ***„Dreißigjährige Krieg"*** (1618–48) war die „dt." Phase eines polit. und konfessionellen europ. Ringens, das um 1600 begann und 1648 mit den Friedensverträgen von ***Münster*** und Osnabrück [→ 92] sowie 1659 dem span.-frz. ***Pyrenäenfrieden*** endete.

Die Ursachen

Fast überall in Europa gab es hegemoniale Auseinandersetzungen. In Mittel- und Westeuropa rivalisierte das habsb. Spanien mit dem seit 1519 von Habsburg umklammerten bourbon. Frankreich. Im Ostseeraum stritten sich Dänemark, Schweden, Polen und zeitweise auch das Heilige Römische Reich um das *dominium maris Baltici*, sowohl um Gebietsansprüche als auch um die finanzielle Abschöpfung des reichen Seehandelsverkehrs. Auf dem Balkan drangen die Türken wieder gegen Mitteleuropa vor; dabei gefährdeten sie die Länder Habsburgs.

Hinzu traten in vielen Staaten ***politische Auseinandersetzungen*** zwischen den fürstlischen Landesherren und ihren Landständen: Im Heiligen Röm. Reich z. B. vollzog sich eine letzte Machtprobe zwischen den *absolutist.-zentralist. Bestrebungen* des habsb. Kaisertums und den *partikularist. Interessen* der geistlichen und weltlichen Einzelstaaten (Reichsstände). In vielen Reichsterritorien, z. B. im Kgr. Böhmen, bedrohte der fürstl. Absolutismus die privilegierte Sonderstellung der Landstände. Alle polit. Konflikte überlagerten und vernetzten sich gegenseitig.

Verschärfend trat der ***konfessionelle Zwiespalt*** hinzu: Alle polit. Hauptfragen waren vielfältig und europaweit mit den divergierenden *reformator.* und *kath.-gegenreformator.* Interessen verwoben, teils konvergent, teils aber auch widersprüchlich. Diese vielfach verwickelte Interessenlage bestimmte den Charakter des „Dreißigjährigen Kriegs": Er begann als innerhabsburgischer ständisch-konfessioneller Konflikt in Böhmen, der von Beginn an dt. und ausländ. Fürsten einbezog, und weitete sich dann rasch zu einem europ. Krieg aus, in dem es von Anfang an um ***Konfession und Politik*** ging.

Der ***Kriegsverlauf****, der nicht nur den Dreißigjährigen Krieg berücksichtigt, zeigt die Internationalität des Konflikts.

Kriegsverlauf ca. 1600–1659

1608 Gründung eines prot. Kampfbundes (Union).
1609 Gründung eines kath. Gegenbundes (Liga).
1609 *Majestätsbrief*: Böhmische Religionsfreiheit.
1609–14 Jülich-Klevescher Erbfolgestreit.
1618–23 Böhmisch-pfälzischer Krieg
1618 Aufstand der böhmischen Stände wegen Verletzung des Majestätsbriefs.
1619 Absetzung Ferdinands. Der kalvin.-pfälz. Kf. Friedrich V. wird zum böhmischen König gewählt.
1620 Sieg der Liga unter Tilly am *Weißen Berg* (Prag).
1620 Der Krieg greift auf das Reich über.
1621 Habsburgisches Strafgericht in Prag und katholische Restauration Böhmens.
1623 Hz. Maximilian erhält als Liga-Kriegskosten die Oberpfalz und die pfälzische Kurfürstenwürde.
1625–29 Dänisch-niedersächsischer Krieg
1625 Der dänische Kg. Christian IV. tritt an die Spitze der deutschen Protestanten.
1625 Böhm. Adliger Wallenstein stellt ksl. Heer auf.
1626 Tillys Sieg über Dänemark *(Lutter a. B.)*.
1627 Tilly und Wallenstein siegen in Norddeutschland.
1629 *Friede zu Lübeck* mit Dänemark.
1629 Kaiserliches *Restitutionsedikt*: Rückgabe aller seit 1552 reformierten geistlichen Güter.
1630 Regensburg: Ks. muss Wallenstein abberufen.
1630–35 Schwedischer Krieg
1630 Kriegseintritt König Gustav Adolfs von Schweden mit französischen Subsidien.
1631 Tilly erobert und zerstört das prot. *Magdeburg*.
1632 Niederlage und Tod Tillys bei *Rain am Lech*. Erneute Berufung Wallensteins zum ksl. General.
1632 *Schlacht bei Lützen*. Tod Kg. Gustav Adolfs.
1634 Ermordung Wallensteins wegen angebl. Hochverrats. Schwed. Niederlage bei *Nördlingen*.
1635 ***Friede von Prag*** zwischen Kaiser, Sachsen und protestantischen Fürsten *(Heilbronner Bund)*.
1635–48 Schwedisch-französischer Krieg
1635 Kriegseintritt Frankreichs an Schwedens Seite.
1635–48 Kriegsverlauf wegen allgemeiner Erschöpfung wechselhaft und unentschieden.
1644 Beginn der Friedensverhandlungen.
1648 Friede v. Münster u. Osnabrück (Westfäl. Friede)
1648–59 Fortdauer des span.-frz. Kriegs.
1648–53 Frondeaufstand gegen frz. König Ludwig XIV. mit spanischer Unterstützung.
1659 Pyrenäenfrieden zwischen Frankreich und Spanien: Frankreich wird europ. Hegemonialmacht.

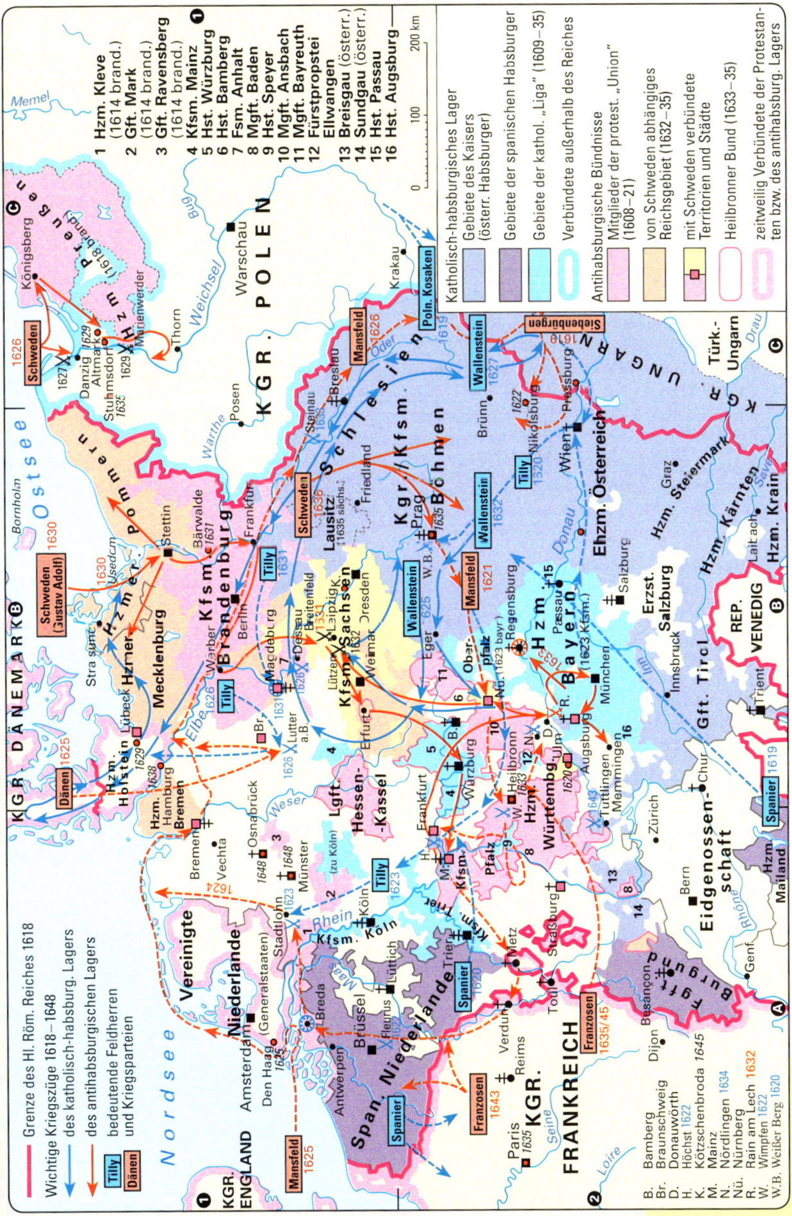

1 Hzm. Kleve (1614 brand.)
2 Gft. Mark (1614 brand.)
3 Gft. Ravensberg (1614 brand.)
4 Kfsm. Mainz
5 Hst. Würzburg
6 Hst. Bamberg
7 Fsm. Anhalt
8 Mgft. Baden
9 Hst. Speyer
10 Mgft. Ansbach
11 Mgft. Bayreuth
12 Fürstpropstei Ellwangen
13 Breisgau (österr.)
14 Sundgau (österr.)
15 Hst. Passau
16 Hst. Augsburg
Katholisch-habsburgisches Lager
Gebiete des Kaisers (österr. Habsburger)
Gebiete der spanischen Habsburger
Gebiete der kathol. „Liga" (1609–35)
Verbündete außerhalb des Reiches
Antihabsburgische Bündnisse
Mitglieder der protest. „Union" (1608–21)
von Schweden abhängiges Reichsgebiet (1632–35)
mit Schweden verbündete Territorien und Städte
Heilbronner Bund (1633–35)
zeitweilig Verbündete der Protestanten bzw. des antihabsburg. Lagers
Grenze des Hl. Röm. Reiches 1618
Wichtige Kriegszüge 1618–1648
des katholisch-habsburg. Lagers
des antihabsburgischen Lagers
bedeutende Feldherren und Kriegsparteien
B. Bamberg
Br. Braunschweig
D. Donauwörth
H. Höchst 1622
K. Kötzschenbroda 1645
M. Mainz
N. Nördlingen 1634
Nü. Nürnberg
R. Rain am Lech 1632
W. Wimpfen 1622
W.B. Weißer Berg 1620

Endlich Frieden 1648.
Der Friedensreiter oder Postreiter ist ein Symbol für die Schnelligkeit, mit der sich die Nachricht vom ersehnten Frieden nach dem Dreißigjährigen Krieg ausbreitete.

Ein mühsamer Weg zum Frieden
Mehrmals im Verlauf des Dreißigjährigen Kriegs verhinderten die Spannungen zwischen den Machtblöcken Österreich-Spanien und Frankreich-Generalstaaten-Schweden [→ 89] das Zustandekommen eines dauerhaften Friedens. Auch der ***Prager Sonderfriede**** von 1635 zwischen Kaiser Ferdinand II. (1619–37) und dem sächsischen Kurfürsten Johann Georg I. (1611–56) scheiterte, weil Frankreich, um eine eventuelle Stärkung des Kaisers und Habsburgs zu verhindern, jetzt offen neben Schweden in den Krieg eintrat, der mit neuer Brutalität und wachsender zerstörerischer Macht fortgesetzt wurde.

Prager Sonderfriede vom 30.5.1635. Nach der schwedischen Niederlage bei Nördlingen 1634 schlossen der Kaiser Ferdinand II. und der Kurfürst Johann Georg I. von Sachsen einen Separatfrieden, weil mit den auswärtigen Mächten kein allgemeiner Friede zu erreichen war. Wichtige Artikel: Ein ***Reichskriegsheer*** unter dem Befehl des Kaisers bis zur Durchführung des Friedens. Gegenseitiger ***Verzicht auf Kriegskosten***. Allgemeine ***Amnestie. Auflösung aller Sonderbünde*** *(Heilbronner Bund, Liga)* u.v.a. Dem Frieden schlossen sich fast alle übrigen Reichsstände an.

Freilich schwand rasch die Hoffnung aller Hauptparteien auf einen entscheidenden Sieg, und schon bald wuchs die Friedensbereitschaft. 1638 vereinbarten Frankreich und Schweden *(Hamburger Vertrag)* nun gemeinsam Frieden schließen zu wollen. 1641 einigten sich die Kriegsparteien auf zwei ***westfälische Bischofsstädte***, das ***kath. Münster*** (Kaiser, Frankreich, Schweden, Spanien, Papst u.a.) und das ***prot. Osnabrück*** (Kaiser und die kath./prot. Reichsstände), als Verhandlungsorte. Ab 1645 wurde verhandelt, obwohl gleichzeitig die Kriegshandlungen bis ins Jahr 1648 hinein weiter gingen. Eines der ersten Ergebnisse war am ***30.1.1648*** die ***Souveränität der Republik der Vereinigten Niederlande (Generalstaaten)***. Nach langen Verhandlungen wurde am ***24.10.1648*** in beiden Verhandlungsorten gleichzeitig der ***Westfälische Frieden (Pactum pacis Westphalicae)*** unterzeichnet und später von den einzelnen Monarchen ratifiziert. Obwohl von Papst Innozenz X. (*Bulle Zelo domus Dei* vom 20.11.1648) verworfen, wurde er am 8.2.1649 zum ***ewigen Reichsgrundgesetz*** erklärt. Letzte strittige Punkte wurden im so genannten ***Jüngsten Reichsabschied*** vom ***7.5.1654*** geklärt. Seine Ausführung fand im gleichen Jahr mit der schwedischen Räumung Vechtas ihren Abschluss.

Inhalt und Bedeutung des Friedens 1648

Hauptsächliche Gebietsveränderungen*
Frankreich war territorial gesehen der Haupt-gewinner des Kriegs, das Haus Habsburg-Wien sowie das Heilige Römische Reich bzw. das Kaisertum der klare Verlierer. **Schweden** behielt seine Eroberungen und wurde deutscher Reichsstand; dazu erhielt es 5 Mio. Gulden zur Entlassung seiner Heere. Frankreich und Schweden konnten sich als Garantiemächte des *Europäischen Friedens* künftig in die Reichspolitik einmischen.

Die **Republik der Vereinigten Niederlande (auch: *Generalstaaten* oder *Holland*)** und die **Schweizer Eidgenossenschaft** (auch: ***Schweiz***) schieden als souveräne Staaten aus dem Reich aus.

Hauptsächliche Gebietsveränderungen 1648
Frankreich
Bmer. Metz, Toul und Verdun,
Gft. Pinerolo,
Lgft. Ober- und Niederelsass, Sundgau,
Elsässische Dekapolis,
Stadt Breisach,
Festung Philippsburg.
Schweden
Hzm. Vorpommern,
Fsm. Rügen,
Stettin, Garz, Damm, Gollnow, Wollin,
Hft. Wismar mit Poel und Neukloster,
Hzm. Bremen (ehem. Ebm.),
Hzm. Verden (ehem. Bm.).
Brandenburg
Fsm. (ehem. Bm.) Halberstadt,
Hzm. (ehem. Ebm.) Magdeburg,
Gft. Hohnstein,
Fsm. (ehem. Bm.) Minden,
Hzm.(ehem. Bm.) Cammin. u.a.

Für die **Reichsstände** galten die Grenzen von 1618. Ausnahmen bildeten ***Bayern***, das für 13 Mio. Gulden kaiserliche Schulden die pfälzische *Oberpfalz* und die *Grafschaft Cham* sowie die *pfälzische Kurwürde* erhielt, ***Brandenburg***, das für den Verlust Pommerns entschädigt wurde, ***Hessen-Kassel***, das die säkularisierte *Abtei Hersfeld* erhielt, und die ***Pfalz***, die auf die *Rheinpfalz* beschränkt eine ***8. Kurwürde*** bekam.

Deutscher Konfessionsfriede

Die katholische Kirche und der Kaiser mussten Abstand nehmen von ihrer rigiden Politik der Gegenreformation. Das ***Restitutionsedikt*** Kaiser Ferdinands II. von **1629** wurde aufgehoben; alle vorgenommenen Restitutionen wurden wieder rückgängig gemacht. Der ***Augsburger Religionsfriede*** von **1555** wurde nun auch auf die Kalvinisten ausgedehnt; andere Konfessionen wie Mennoniten oder Täufer blieben jedoch definitiv ausgeschlossen. Da jedoch einerseits der ***Geistliche Vorbehalt*** weiter in Kraft blieb und anderseits hinsichtlich Konfessions- und Besitzstand als ***Normaljahr*** der **Stand vom 1.1.1624** festgesetzt wurde, war faktisch einer weiteren Ausbreitung sowohl des Protestantismus als auch des Kalvinismus ein Riegel vorgeschoben. Damit war auch das **landesherrliche Reformationsrecht**, das ***cuius regio eius religio*** von 1555 de facto außer Kraft gesetzt: Ein Fürst konnte zwar seinen eigenen Glauben nach Belieben wechseln, seine Untertanen aber durfte er nicht mehr zwingen, ihm darin nachzufolgen und die Konfession, die sie 1624 hatten, aufzugeben.

Eine besondere Lösung wurde für die Reichsstädte Augsburg, Biberach, Dinkelsbühl und Ravensburg getroffen. Ihnen wurde ***Konfessionelle Parität*** verordnet, d.h. der Stadtrat und alle städtischen Ausschüsse und Ämter mussten paritätisch mit Katholiken und Protestanten besetzt werden.

Reichsverfassungsfriede

Die **Kompetenzen des Kaisers** schrumpften auf ein Minimum: Alle Bündnisse, Gesetze, Kriege und Friedensschlüsse bedurften der Zustimmung der **Reichsstände (Reichstag)**. In **Konfessionsfragen** waren Mehrheitsbeschlüsse verboten, vielmehr beriet da der Reichstag in einem *Evangelischen* und einem *Katholischen Corpus (so genannte Itio in partes)*, und ein gültiges Reichsgesetz bedurfte der friedlichen Übereinstimmung beider.

Reichsbehörden, wie *Reichskammergericht* und *Reichsdeputationen* (Reichstagsausschüsse), wurden konfessionell streng paritätisch besetzt. Die Zusammensetzung des Kurfürstenkollegiums (5 Katholiken; 3 Protestanten/Kalvinisten) garantierte jedoch weiterhin die ***Wahl eines katholischen Kaisers***.

Alle Reichsstände erhielten das **ius foederis** (***Bündnisrecht)*** – auch mit ausländischen Staaten – vorausgesetzt – was für ein Gummiparagraph! – die Bündnisse richteten sich nicht *gegen Kaiser und Reich*.

Der Pyrenäenfriede 1659

Auch beim Friedensschluss offenbarte sich, dass der so genannte Dreißigjährige Krieg nicht bloß ein deutscher Konflikt gewesen war. Frankreich und Spanien konnten ihre Streitfragen über Grenzen in den Niederlanden und den Pyrenäen nicht ausräumen. Daher ging der 1635 von Frankreich an Spanien erklärte Krieg mit blutigen Schlachten weiter. Er endete im Jahre **1659** mit großen französischen Territorialgewinnen im so genannten ***Pyrenäenfrieden****, geschlossen auf einer Insel des Grenzflusses Bidassoa in den Pyrenäen. Dieser Friede besiegelte das Ende der spanischen Vormachtstellung in Europa und beseitigte die habsburgische Bedrohung Frankreichs endgültig auch von Spanien her.

Pyrenäenfriede 1659. Frankreich gewann Teile Flanderns, die Gft. Hennegau, Städte im Hzm. Luxemburg, das Artois sowie Besitz in Lothringen. Die französische Nordostgrenze rückte folglich weiter vor. Hinzu traten im Südwesten – ebenfalls auf Kosten Spaniens – die Gftn. Roussillon, Conflans und Cerdagne. Die gleichfalls vereinbarte Heirat zwischen Ludwig XIV. und Maria Theresia, der Tochter Kg. Philipps IV. 1660 begründete französische Erbansprüche, die später im Spanischen Erbfolgekrieg (1701–14) geltend gemacht wurden.

1 Hzm. Lauenburg
2 Fsm. Minden (1648 brand.)
3 Gft. Ravensberg (1614 brand.)
4 Hzm. Kleve (1614 brand.)
5 Gft. Mark (1614 brand.)
6 Hzm. Jülich (1614/66 Pfalz-Neubg.)
7 Hzm. Berg (1614/66 Pfalz-Neubg.)
8 Gft. Lippe
9 Gft. Schaumburg-Lippe (1647 zu Hessen-Kassel)
10 Lgft. Hessen-Darmstadt
11 Gft. Mansfeld
12 Fsm. Anhalt
13 Fsm. Halberstadt (1648 brand.)
14 Mgft. Baden
15 Mgft. Ansbach
16 Mgft. Bayreuth
17 Fsm. Pfalz-Neuburg
18 Fsm. Pfalz-Zweibrücken
19 Fsm. Pfalz-Sulzbach
20 Fsm. Hohenzollern
B. Biberach
Br. Breisach
D. Donauwörth
Di. Dinkelsbühl
El. Ellwangen
Es. Esslingen
G. Gmünd
H. Hersfeld
He. Heilbronn
Hi. Hildesheim
I. Isny
L. Landau
Mö. Mömpelgard (württ.)
N. Nördlingen
Ph. Philippsburg
Ra. Ravensburg
Re. Reutlingen
Ro. Rottweil
Ü. Überlingen
W. Wolfenbüttel
0 50 100 150 200 km
KGR. ENGLAND
Nordsee
KGR. DÄN
Hzm. Schleswig
Gottorf
Helgoland
Kiel
Hzm. Holstein
Glückstadt
Lübeck
Wismar
Schwerin
Mecklenburg-Schwerin
Hamburg
Hzm. Bremen
Bremen
Gft. Ostfriesland
Gft. Oldenburg
Elbe
Lüneburg
Verden (Hzm.)
Hzm. Lüneburg
Celle
Stendal
REP. DER VEREINIGTEN NIEDERLANDE (1648 v. Reich unabh.)
Amsterdam
Den Haag
Rotterdam
Breda
Generalitätslande (1648 ndl.)
Meppen
Vechta
Weser
Osnabrück
1648
Münster
Ems
Hannover
Braunschw.
Hzm. Calenberg
Hzm. Wolfenbüttel
Hi.
W.
Magdeburg
Goslar
Halberstadt
Canterbury
Dover
Calais
Brügge
Antwerpen
Gent
Boulogne
Span. Niederlande
Brüssel
Lille
Schelde
Arras
Cambrai
Amiens
Maas
Aachen
Lüttich
Namur
Kfsm. Köln
Rhein
Dortmund
Essen
Düsseldorf
Köln
Bonn
Hzm. Westfalen (Kfsm. Köln)
Paderborn
Nordhausen
Halle
Lgft. Hessen-Kassel
Kassel
Mühlhausen
Gotha
Weimar
Erfurt
Saale
Sächs. Hzm.
Fsm. Nassau
Wetzlar
H.
Fulda
Schmalkalden
Coburg
Frankfurt
Main
Schweinfurt
Bayreuth
Kfsm. Trier
Trier
Luxemburg
Mosel
Mainz
Kfsm. Mainz
Darmstadt
Würzburg
Bamberg
Worms
Kfsm. Pfalz
Speyer
Neckar
Ph.
Rothenburg
Nürnberg
Ansbach
Rouen
Reims
Marne
Verdun
Metz
Hzm. Lothringen
Weißenburg
He.
Hall
Paris
Seine
KGR. FRANKREICH
Nancy
Toul
Hagenau
Straßburg
Offenburg
Hzm. Württemberg
Stuttgart
Es.
G.
El.
N.
D.
Eichstätt
Troyes
Sens
Orléans
Loire
Ob.-Ehnhm.
Schlettstadt
Colmar
Münster
Re.
Ulm
Lech
Freising
Ro.
Augsburg
Donau
München
Isar
Br.
Breisgau
B.
Memmingen
Kaufbeuren
Mülhsn. (eidg.)
Sundgau
Mö.
Basel
Ra.
I.
Kempten
Konstanz
Bodensee
Wangen
Lindau
Fgft. Burgund
Dijon
Besançon
Dôle
Saône
Zürich
St. Gallen
Bern
Gft. Charolais (bis 1684 span.)
EIDGENOSSENSCHAFT (1648 v. Reich unabh.)
Chur
Graubünden
Veltlin
Innsbruck
Gft. Tirol
Brixen
Etsch
Trient
Genfer See
Rhône
Genf
Sitten
Bellinzona
Lyon
Vienne
Annecy
Hzm. Savoyen
Fsm. Piemont
Turin
Como
Hzm. Mailand (span.)
Mailand
Bergamo
REP. VEN
Verona
Padua
Mantua
Po

Der Westfälische Friede (1648)

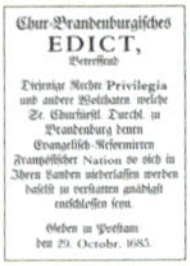
Chur-Brandenburgisches
EDICT,
Betreffend
Diejenige Rechte Privilegia und andere Wolthaten welche Se. Churfürstl. Durchl. zu Brandenburg denen Evangelisch-Reformirten Frantzösischer Nation so sich in Ihren Landen niederlassen werden daselbst zu verstatten gnädigst entschlossen seyn.
Geben zu Potsdam den 29. Octobr. 1685.

Toleranz aus Notwendigkeit. *Der 30j. Krieg hatte die brandenburg.-preuß. Länder stark entvölkert. Aus Staatsräson lud der Große Kurfürst die aus Frankreich vertriebenen Hugenotten in mehreren Potsdamer Edikten (abgebildet 29.10.1685) zur Ansiedlung in allen seinen Staaten ein.*

Wenn es gemeinhin durchaus zutreffend ist, dass nach dem Dreißigj. Krieg (1618–48) der konfessionelle Charakter von Gesellschaft, Kultur, Politik und Staat nachließ, so ist es auch richtig, dass – Ausnahmen bestätigen die Regel – im Denken einzelner Menschen und der breiten Massen die Konfession noch lange einen hohen Stellenwert besaß. Das zeigte sich daran, dass – vom o.g. Krieg abgesehen – niemals vorher so viele Menschen in Europa ihres Glaubens wegen fliehen mussten, wie gerade im 17./18. Jh.: Böhm. Brüder, Hutterer (Täufer), Kalvinisten, Mennoniten. Text und Karte heben exemplarisch auf Hugenotten und Salzburger Exulanten ab.

Die Ausweisung der Hugenotten 1685

Es ist nicht völlig geklärt, warum Ludwig XIV. am 18.10.1685 durch das ***Edikt von Fontainebleau*** das *Toleranzedikt von Nantes* aus dem Jahre 1598 aufhob und den Hugenotten die Ausübung ihres Kultes verbot. Stand dahinter moderne Staatsräson (Einheit des Reiches) oder mehr mittelalterliches Herrschaftsbewusstsein (Gottesgnadentum) – oder eine Mischung aus beidem?

Jedenfalls musste auswandern oder flüchten, wer nicht konvertierte. Von ca. 1 Mio. Hugenotten wanderten ca. 200 000 aus: staatswirtschaftl. wertvolle Untertanen, Arbeiter, Handwerker, Kaufleute, Intellektuelle, Seeleute, Soldaten, kaum Bauern. Kein Wunder, dass dt. Landesherren sie gerne aufnahmen und förderten. Berühmt ist das zweisprachige (dt./frz.) ***Potsdamer Edikt****, das Kf. Friedrich Wilhelm (1640–88), der *Große Kurfürst*, 1685 für alle seine Staaten erlassen hatte und das die Einwanderung im Interesse seiner ***Retablierungspolitik*** regelte und in dessen Genuss ca. 20 000 Einwanderer kamen.

Potsdamer Edikt, 8.11.1685. Den frz. Flüchtlingen wurde die freie Wahl unter versch. Ansiedlungsorten, ein best. Landbesitz, eine Reihe von Steuererleichterungen, freie Religionsausübung (eigene Gemeinden), eigene Rechtsprechung sowie die Gleichstellung des immigrierenden Adels mit dem einheimischen in Aussicht gestellt.

Aufnahmeländer waren auch Ansbach und Bayreuth, Braunschweig-Lüneburg, Hessen-Darmstadt, -Kassel und -Homburg, Lippe-Detmold und Schaumburg-Lippe, aber auch Holland, die Schweiz, England und Russland.

Die Salzburger Exulanten 1731/32

Unter Eb. Matthias Lang (1519–40) hatte die Reformation im Erzstift Salzburg Eingang gefunden und konnte trotz aktiver Gegenreformation, wie z.B. der sog. ***Defferegger Vertreibung****, nie völlig beseitigt werden.

Die Defferegger Vertreibung 1684. Am 1.8.1684 ordnete der Salzburger Eb. Max Gandolf, Gf. von Kuenberg (1668–87), nach vergebl. Rekatholisierungsversuchen, die Vertreibung der im Defereggertal (Osttirol) lebenden Protestanten an. Die Zahl der Flüchtlinge, die später ihre zwangsweise zurückgelassenen Kinder und ihr Vermögen nachholen durften, wird auf ca. 800 geschätzt.

Eb. Leopold Anton Eleutherius Freiherr von Firmian (1727–44) hielt dies für untragbar. Am 31.10. unterzeichnete und am 30.11.1731 publizierte er ein ***Emigrationsedikt****, das alle Protestanten aus Salzburg auswies.

Emigrationsedikt 1731. *Unangesessene* (Vermögenslose) hatten binnen 8 Tagen, *Angesessene* (Haus- und Hofbesitzer) je nach Vermögen binnen einer Frist von bis zu drei Monaten das Land zu verlassen. Die Ausweisung betraf v.a. die Pfleggerichte Radstatt, Abtenau, Wagrein, Werfen, Bischofshofen, Goldegg, Lichtenberg, Taxenbach, Großarl, St. Johann und Gastein.

Es betraf ca. 20 000 Personen: Zwischen dem 23.11.1731 und dem 29.3.1732 wanderten 4 184 Arme in sieben Zügen aus; bis zum 6.8.1732 folgten die Vermögenderen in 16 Zügen. Ziele der *Salzburger Auswanderer (Exulanten)* waren anfangs die schwäbischen Reichsstädte Augsburg, Kaufbeuren, Kempten, Memmingen und Ulm. Weitaus die meisten Exulanten, nämlich ca. 17 000, zogen weiter nach (Ost-)Preußen, nachdem Kg. Friedrich Wilhelm I. von Preußen (1713–40) am 2.2.1732 ein spezielles *Ansiedlungspatent* für sie erlassen hatte. Andere fanden auch in Holland, Hannover und Georgia (Amerika) eine neue Heimat.

Glaubensflüchtlinge in Deutschland (16.–18. Jh.)

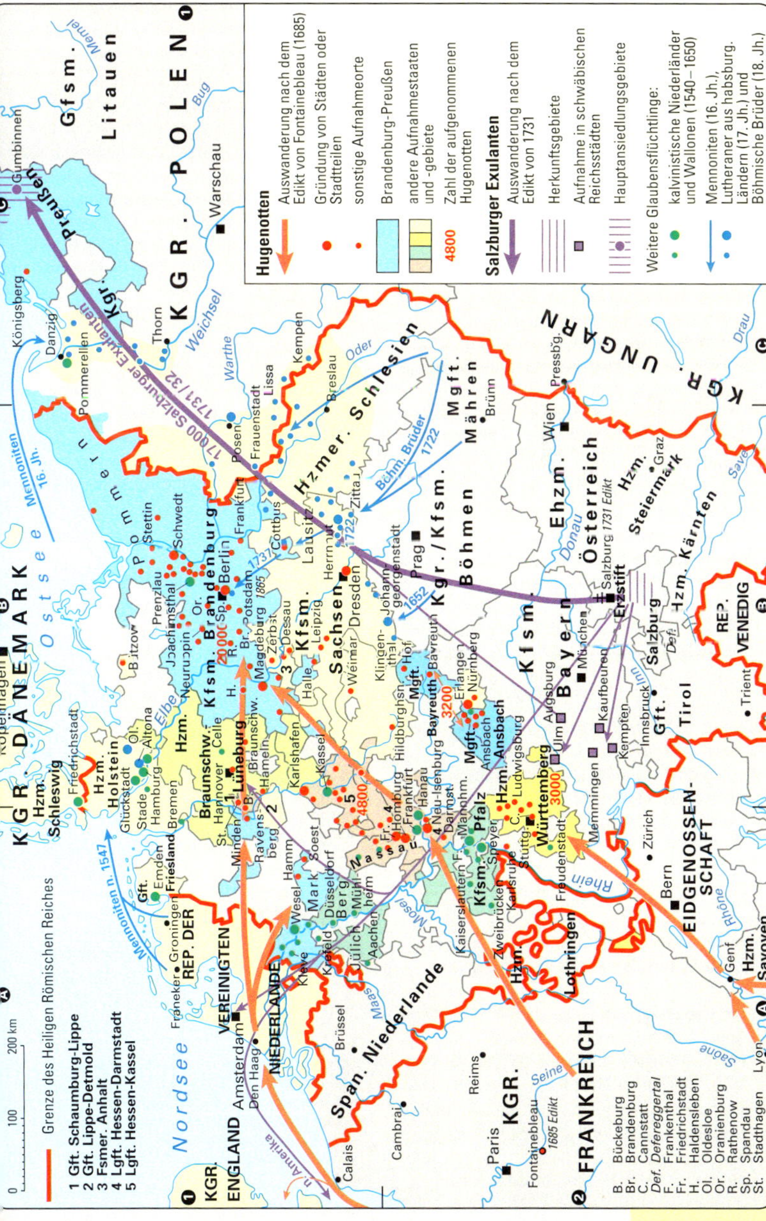

Ein Sonnenkönig mit Schatten.
Ludwig XIV. wählte sich das Symbol der Sonne, des Mittelpunkts des Planetensystems, um anzudeuten, welche politische Stellung er in Europa einzunehmen gedachte.

Nach dem Ende der staufischen Ära verlor das Reich allmählich seine europäische Hegemonialstellung; der Druck Frankreichs wuchs. Die Erosion der Grenzen begann in dem 1032 zum dt. Imperium gelangten Königreich Burgund, wo früh Reichslehen an französische Vasallen fielen, v.a. die ***Dauphiné*** (Haus Valois), die 1349 rechtlich französisch wurde, aber auch die ***Provence*** (Haus Anjou).

Im Norden errichteten die *Großen Valois-Herzöge* zwischen 1363 und 1477 ein mächtiges und kulturell weit ausstrahlendes ***Zwischenreich*** aus französischen und deutschen Lehen [→ 65]. Nach dem Tod Karls des Kühnen (1467–77) konnte das Haus Habsburg die Territorien großteils an sich ziehen und die Reichsgrenze halten.

Die Rheingrenze kommt ins frz. Blickfeld
Im ***Westfälischen Frieden*** gelang Frankreich 1648 [→ 93] ein Einbruch; es erhielt:
- die Bistümer *Metz, Toul* und *Verdun*, die es schon seit 1552 *(Vertrag von Chambord)* als Reichsvikariate besessen hatte.
- die *Landgftn. Ober- und Niederelsass.*
- den (bislang habsb.) *Sundgau.*
- die *Stadt Breisach* als Brückenkopf und das Besatzungsrecht für *Philippsburg.*
- den *elsäss. Zehnstädtebund (Dekapolis).*
- In der Zeit des *Dreißigj. Krieges* adoptierte der Erste Minister Ludwigs XIII. (1610–43), Kardinal ***Richelieu*** (1624–42), die Idee der ***natürlichen Grenzen Frankreichs***.

Die Regierungszeit Ludwigs XIV. (1643–1714)
Sein Amtsnachfolger, Kardinal Mazarin (1643–61) und Kg. Ludwig XIV. seit 1661 verloren diese Idee nicht mehr aus den Augen. Sie diente ihnen freilich nicht als öffentliches Schlagwort, sondern war eher eine Chiffre, die unterschiedliche, aber untereinander vernetzte frz. Interessen subsummierte:

Militärisch ging es um die bessere Absicherung Frankreichs durch den Rhein, der z.B. zw. Straßburg und Basel brückenlos war und dessen (noch nicht reguliertes) Flussbett ein schweres Verkehrshindernis bildete. Hinzu kam, dass eine wichtige europ. Militärstraße, über welche Spanien seine Truppen in den Span. Niederlanden mit Geld und Nachschub versorgte, über Oberitalien und die Alpen entlang des Rheins durch das Elsass führte.

Territorialpolitisch erstrebte Ludwig Annexionen (u.a. Spanische Niederlande, Holland, die Pfalz und Elsass).

Wirtschaftspolitisch bedeutete „Rheingrenze" auch den Kampf Frankreichs gegen *Holland. (Republik der Vereinigten Niederlande).* Die größte Handels- und Schiffsmacht Europas hinderte laut Colbert Frankreich an einer erfolgreichen Wirtschaftspolitik im Sinne des ***Merkantilismus*** (→ 110).

Machtpolitisch bedeutete die Rheingrenze eine starke Schwächung des Heiligen Röm. Reiches, dessen Kaisertum ja auch Ludwig XIV. erstrebte, und der spanischen Hegemonie, die noch bis 1659 dauerte.

Die zahlreichen ***Kriege Kg. Ludwigs XIV.**** spiegeln die unterschiedlichen macht- und wirtschaftspolit. Ziele seiner Politik wider.

Kriege König Ludwigs XIV.
Außenpolit. löste Frankreich im *Pyrenäenfrieden 1659* das habsburgische Spanien als europäische Hegemonialmacht ab und untermauerte diese Stellung in mehreren Koalitionskriegen.
1667–68 „Devolutionskrieg": Mit Erbansprüchen auf Flandern und Brabant griff Ludwig XIV. nach dem Tod Kg. Philipps IV. von Spanien die spanische Niederlande an. Im *Frieden von Aachen* gewann er Lille.
1672–78 Niederländischer Krieg. Ludwig XIV. besetzte Holland, das sich nur durch die Öffnung der Dämme rettete. Im *Frieden von Nimwegen* erwarb Ludwig die *Fgft. Burgund* (Franche Comté) und Teile Westflanderns.
1681 Straßburg wurde im Handstreich besetzt.
1688–97 Pfälzischer Krieg. Mit dubiosen Erbansprüchen suchte Ludwig XIV. die Pfalz zu annektieren, traf aber auf eine mächtige Koalition um England. Bei *La Hogue* wurde 1692 die frz. Flotte geschlagen; auch zu Land unterlag Frankreich. Im *Frieden von Rijswijk* erlitt es 1697 erstmals Verluste.

Frankreich auf dem Weg zum Rhein (17.–18. Jh.)

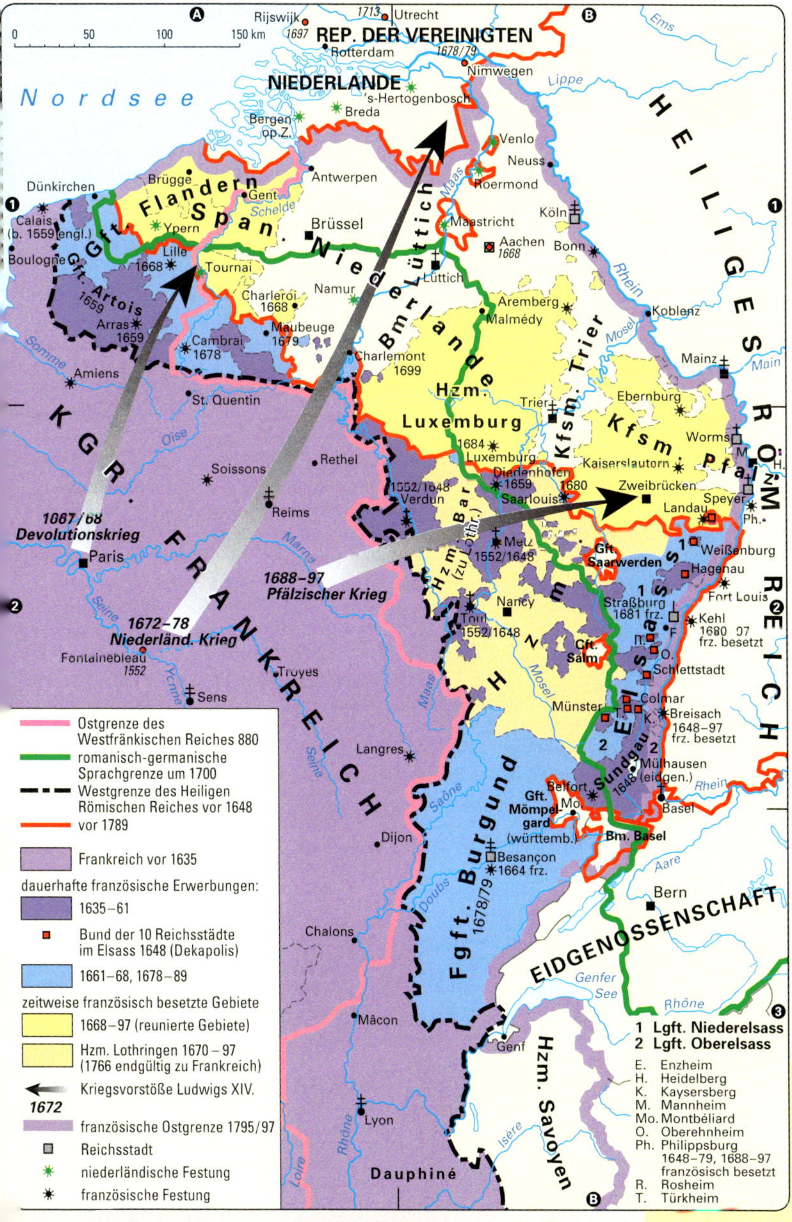

A.E.I.O.U. – Die Territorialentwicklung des Hauses

Für Österreich und für Habsburg. *Der Bindenschild (weißer Balken in Rot) taucht erstmals 1230 auf einem babenbergischen Siegel auf. Er wurde zum habsburgischen Hauswappen und zum österreichischen Staatswappen bis heute.*

Das Haus Österreich bis 1556

Der Aufstieg des Hauses Habsburg im 14.–16. Jh. knüpfte sich in erster Linie an die Landesherrschaft und den Namen des 1282 eroberten *Herzogtums Österreich*. Seit Anfang des 14. Jh. bezeichnete die ***„Herrschaft zu Österreich“*** sowohl die habsburgische Familie als auch die Gesamtheit ihrer Länder und Herrschaften. Im Spätmittelalter wurde dieser Name durch die Bezeichnung ***„Haus Österreich/Casa d'Austria“*** abgelöst. Sie umfasste seit der ***Teilung 1556*** in eine *deutsche Dynastie* unter Ferdinand I. (1556–64) und eine *spanische* unter Philipp II. (1556–1604) und deren Erben auch das ***Gesamthaus***.

Unter ***Ks. Karl V. (*1500, 1519–56, †1558)*** erklomm das Haus Österreich die Weltmachtstellung. Karl hatte 1506 von seinem Vater Ehz. Philipp dem Schönen (†1506) die burgundischen Länder und 1516, beim Tod Kg. Ferdinands II., die Spanien mit den Kolonien der Neuen Welt sowie 1519 von seinem Großvater Ks. Maximilian I. (†1519) den (seit 1308 erstmals wieder vereinten) dt. Gesamtbesitz des Hauses Österreich und einen gewissen Anspruch auf das Römische Kaisertum geerbt (tatsächliche Wahl 1519).

Durch die *Reichsreform* Maximilians I. wurden die habsburgischen Erbländer 1512 zum ***Österreichischen Reichskreis*** zusammengefasst. **1526**, nach dem Tod des letzten böhmischen Jagiellonen-Kg. Ludwigs II. in der *Schlacht bei Mohács* kamen im Erbweg die Königreiche Böhmen und Ungarn hinzu.

Auf Kaiser Karl passte die Devise Ks. Friedrichs III. (1440–93) besonders gut: ***A.E.I.O.U.*** (ursprüngliche Bedeutung unsicher; Deutung später: *Austriae est imperare orbi universo – Alles Erdreich ist Österreich untertan*).

Die Monarchia Austriaca

Die verschiedenen habsburgischen Länder besaßen jeweils eigene Ständevertretungen, die auf ihre besonderen Gesetze und Gewohnheiten eifersüchtig achteten. Erst Anfang des 17. Jh., nach der Unterwerfung der Stände, konnte eine stärkere zentralistische Verwaltung eingeführt werden. Unter Ks. Leopold I. (1658–1705) kam dafür die Bezeichnung ***Monarchia Austriaca*** auf.

Der Tod Kaiser Karls VI. (1711–40) bewirkte eine längere Krise mit Gebietsverlusten. Karl wollte – unter Umgehung des Erbrechts der Linie seines Bruders Kaiser Josephs I. (1707–11) – die Nachfolge den eigenen Nachkommen sichern. Er hatte bereits **1713** (Gesetz 1724) die so genannte ***Pragmatische Sanktion*** zustandegebracht, welche die Nachfolge seiner eigenen Töchter, die *Unteilbarkeit* der habsburgischen Lande und die *Primogenitur* festschrieb.

Als dementsprechend Karls Tochter Maria Theresia 1740 Erbin wurde, erhoben Bayern und Sachsen Einspruch gegen die Pragmatische Sanktion und eröffneten zusammen mit Frankreich die ***Österreichischen Erbfolgekriege*** **(1740–48)**, die Preußen nutzte, um sich in drei *Schlesischen Kriegen* (1740–42, 1744–45, 1756–63) der Provinz Schlesien mit der Gft. Glatz zu bemächtigen. Der Erbfolgekrieg endete **1748** im ***Aachener Frieden***, dessen Ergebnisse der folgende Siebenjährige Krieg (1756–63) wieder revidierte.

Erfolge gegen die Türken

Im 17./18. Jh. wurden v.a. im SO bedeutende Gebiete erobert. Nach der Abwehr der türkischen ***Belagerung Wiens 1683*** erhielt Österreich im ***Frieden von Karlowitz 1699*** *Siebenbürgen* und behielt die *Batschka*; später ermöglichten große Siege durch Prinz Eugen von Savoyens bei ***Peterwardein 1716*** und ***Belgrad 1717*** den ***Frieden von Passarowitz 1718****. Die Grenze gegen die Türken wurde mit privilegierten Wehrbauern besiedelt (Militärgrenze).

Frieden von Passarowitz 1718. Österreich gewann die fünf westlichen (in der Karte: Kleine Walachei) Distrikte der Walachei, das Banat, Teile Serbiens mit Belgrad bis zur Morava und zur Drina, die Save, Jassenowitz, Dubicze, Alt und Neu Novi. Die Türken verpflichteten sich zur Toleranz gegenüber den ihnen unterstellten Christen.

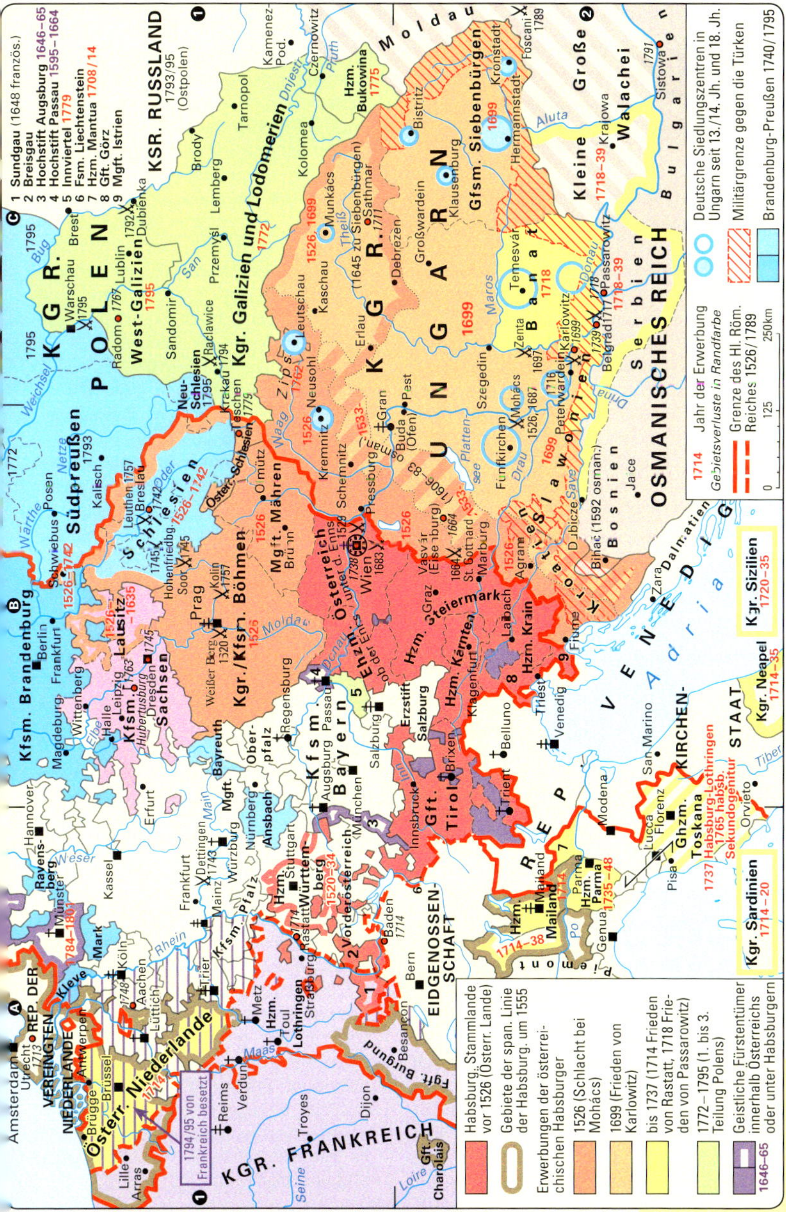

1 Sundgau (1648 französ.)
2 Breisgau
3 Hochstift Augsburg 1646–65
4 Hochstift Passau 1595–1664
5 Innviertel 1779
6 Fsm. Liechtenstein
7 Hzm. Mantua 1708/14
8 Gft. Görz
9 Mgft. Istrien
Habsburg. Stammlande vor 1526 (Österr. Lande)
Gebiete der span. Linie der Habsburg. um 1555
Erwerbungen der österreichischen Habsburger
1526 (Schlacht bei Mohács)
1699 (Frieden von Karlowitz)
bis 1737 (1714 Frieden von Rastatt, 1718 Frieden von Passarowitz)
1772–1795 (1. bis 3. Teilung Polens)
Geistliche Fürstentümer innerhalb Österreichs oder unter Habsburgern
1646–65
1714 Jahr der Erwerbung
Gebietsverluste in Randfarbe
Grenze des Hl. Röm. Reiches 1526/1789
Deutsche Siedlungszentren in Ungarn seit 13./14. Jh. und 18. Jh.
Militärgrenze gegen die Türken
Brandenburg-Preußen 1740/1795
0 125 250km
KGR. FRANKREICH
Österr. Niederlande
REP. DER VEREINIGTEN NIEDERLANDE
1794/95 von Frankreich besetzt
EIDGENOSSENSCHAFT
Kfsm. Bayern
Kgr./Kfsm. Böhmen
Mgft. Mähren
Österreich unter d. Enns
Hzm. Steiermark
Hzm. Kärnten
Hzm. Krain
Gft. Tirol
Kfsm. Sachsen
Kfsm. Brandenburg
Südpreußen
Schlesien 1526–1742
K G R. P O L E N
West-Galizien 1795
Kgr. Galizien und Lodomerien 1772
KSR. RUSSLAND
Hzm. Bukowina 1775
Moldau
K G R. U N G A R N
Gfsm. Siebenbürgen 1699
Banat 1718
Kleine Walachei 1718–39
Große Walachei
Slawonien
Kroatien
Bosnien
Serbien 1718–39
OSMANISCHES REICH
Bulgarien
REP. VENEDIG
Adria
KIRCHENSTAAT
Ghzm. Toskana
1737 Habsburg-Lothringen 1765 habsb. Sekundogenitur
Hzm. Mailand 1714
Hzm. Parma 1735–48
Kgr. Sardinien 1714–20
Kgr. Neapel 1714–35
Kgr. Sizilien 1720–35

Der preußische Adler. *Spätestens 1763, mit der Behauptung im Siebenjährigen Krieg, hatte sich der auffliegende preuß. Adler (Schwarz in Silber, mit Schwert und Blitzbündel) in Europa Achtung verschafft. Preußen galt als europ. Großmacht.*

Am ***8.7.1411*** übertrug Ks. Sigmund (1410–37) die mit dem Tode des luxemburgischen Mgfn. Jobst ans Reich gefallene Mgft./Kfsm. Brandenburg dem ***Burggfn. Friedrich VI. von Nürnberg*** (1413–71). Energisch betrieb dieser die Befriedung des Landes gegen Adel, Nachbarn und Städte. Am ***30.4.1415*** empfing er Mgft., Kurwürde und Reichserbkämmeramt erblich zugesprochen; am ***18.8.1417*** wurde er auf dem Konzil von Konstanz feierlich belehnt. Damit begann der Aufstieg des ***Hauses Hohenzollern****, der die ursprünglich kleinen Fürsten zu ***Kurfürsten, Preußischen Königen*** (1701) und schließlich zu ***Deutschen Kaisern*** (1871–1918) „beförderte".

Haus Hohenzollern. Das nach der Burg Zollern am Rand der Schwäbischen Alb benannte Geschlecht erhielt 1191 die ***Bgft. Nürnberg*** und bildete ***1214*** eine ***fränkische*** (1363 *Reichsfürsten*) und eine ***schwäbische Linie.***

Im 15. Jh. war letztere auf ein kleines Gebiet um die Stammburg geschrumpft. Einen Aufschwung brachten Neuerwerbungen: *Hft. Haigerloch* (1497 Tausch gegen Hft. Rhäzüns/Gb.), österr. *Gftn. Sigmaringen und Veringen* (Erbschaft 1535) und *Hft. Wehrstein* (1552). 1576 teilte sich die schwäbische Linie in H.-Haigerloch, H.-Hechingen und H.-Sigmaringen [→ 131]. Als die Linie Haigerloch 1634 ausstarb, fiel ihr Besitz an Sigmaringen, das zusammen mit Hechingen 1623 zu *gefürsteten Grafschaften* erhoben worden war.

Friedrich erwarb Wernigerode (1449), die Neumark (1455) und Teile der Niederlausitz (1467). Sein Sohn ***Albrecht III. Achilles*** (1414–86) trennte in der ***Dispositio Achillea*** 1475 die Mark von den fränkischen Besitzungen ab.

1529 sicherte ***Joachim II.*** (1507–71) im *Vertrag von Grimnitz* die hohenzoller. Erbfolge in *Pommern*, gewann 1536 Einfluss auf *Magdeburg* und *Halberstadt* und erreichte 1569 die poln. Mitbelehnung mit *Preußen*. Mit der Reformation wurden die Bmer. Brandenburg, Havelberg und Lebus säkularisiert. 1571 vereinigte ***Johann Georg I.*** (1539–1603) wieder die ganze Mark, außer der Neumark, in seiner Hand. Nachdem die einzelnen Territorien bisher gemeinsam mit den jeweiligen Ständen regiert worden waren, gründete ***Joachim Friedrich*** (1603–08) 1604 einen ***Geheimen Rat*** als gesamtstaatliche Behörde.

Johann Sigismund (1608–20) erwarb durch Heirat die Anwartschaft auf Jülich-Kleve-Berg, die er ***1614*** im ***Vertrag von Xanten*** – wenn auch nur teilweise – antrat. In Preußen regierte er ab 1605 für den kranken Herzog, dem er 1618 nachfolgte.

Georg Wilhelm (1620–40) trieb im Dreißigjährigen Krieg eine Schaukelpolitik, die sein Land zum Hauptkriegsschauplatz machte. ***Friedrich Wilhelm*** (1640–88), der *Große Kurfürst*, erwarb im *Westfälischen Frieden 1648 Hinterpommern, Halberstadt, Minden und Cammin* sowie Anwartschaften auf *Magdeburg* und *Mansfeld*. Ihm gelang es, die Stände ab 1653 auszuschalten, ein stehendes Heer aufzubauen und absolutist. zu regieren; im *Frieden von Oliva 1660* wurde die poln. Oberhoheit über Preußen abgeschüttelt, in der *Schlacht bei Fehrbellin* 1675 die schwed. Bedrohung abgewehrt. ***Friedrich III.*** (I.) (1688–1713) eröffnete die „preuß." Geschichte, als er mit ksl. Zustimmung (*Vertrag zu Wien* 16.11.1700) am ***18.1.1701*** in Königsberg zum ***Kg. in Preußen*** (ab 1772 Kg. ***von*** Preußen) gekrönt wurde.

Kg. Friedrich Wilhelm I. (1713–40) erwarb 1713 *Obergeldern* und 1720 Teile von *Schwed. Vorpommern*. Seine Energie galt v.a. dem Ausbau der Armee sowie Verwaltungsreformen. Die 1713 errichteten Zentralbehörden, *Generalfinanzdirektorium* und *Generalkriegskommissariat* vereinigte er 1723 zum ***General-Ober-Finanz-, Kriegs- und Domänendirektorium*** des gesamten Königreichs.

Friedrich II. der Große (1740–86) eroberte in verlustreichen Kriegen (1740–42, 1744/45, 1756–63) die zum Teil protest. *Provinz Schlesien* [→ 114–117], gewann Teile Polens (*1. Polnische Teilung* 1772) und begründete Preußens Geltung als europ. Großmacht. Große Gebietsgewinne wurden im O durch die Teilnahme an der 2. und 3. *Poln. Teilung* (1793 und 1795) [→ 120/121] erzielt.

Die Territorialentwicklung Preußens (1415–1795)

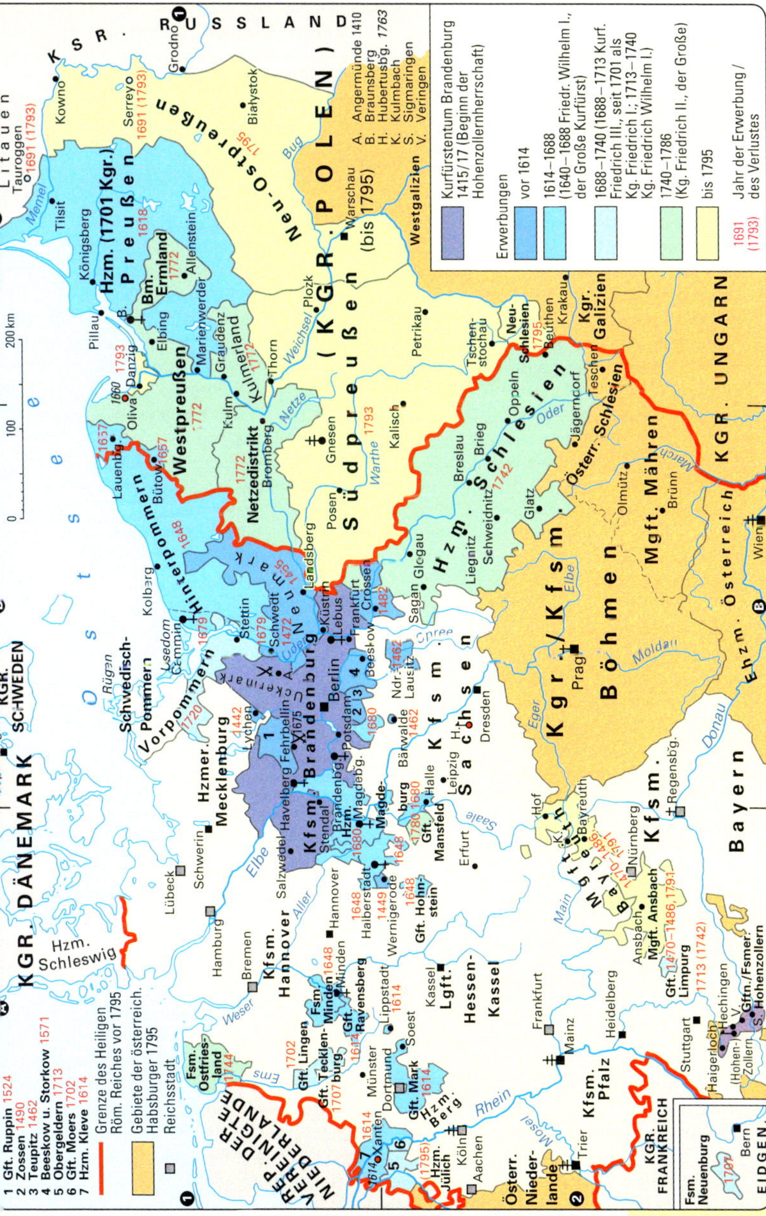

Kurfürst Friedrichs von Sachsen. *Sein Vollwappen zeigt die Wappen seiner Länder: Herzogtum Sachsen (o.l.), Landgrafschaft Thüringen (o.r.), Pfgft. Thüringen (u.l.), Markgrafschaft Meißen (u.r.) und – im Herzschild – der Kur (Marschallamt).*

Der vereinte Besitz des ***Hauses Wettin*** in Meißen und Thüringen bildete 1482 unter den Söhnen Kf. Friedrichs II. des Sanftmütigen (†1464), Albrecht (†1500) und Ernst (†1486), das ***mächtigste Territorium im Reich***. Bereits ***1485*** wurde er aber, entgegen dem väterl. Willen, in der ***Leipziger Teilung*** unter die beiden Brüder aufgeteilt. Die Grenze zw. den Hälften ***Meißen*** und ***Thüringen*** verlief nicht entlang trad. Linien. Der Meißener Teil reichte vielmehr bis nach Langensalza ins nördl. Thüringen, was unterstrich, dass die Staatseinheit zw. den ***Albertinern*** und ***Ernestinern*** *ideell fortbestand*. Tatsächlich aber blieb die dynast. Teilung dauerhaft; beide Linien führten bis zum Ende der dt. Fürstenherrlichkeit 1918 ein Eigenleben.

Der Aufstieg der Albertiner

Ein tiefer Einschnitt in der Hausgeschichte war der ***Schmalkaldische Krieg 1546/47***. Nach Niederlage und Gefangenschaft des ernestin. Kf. ***Johann Friedrich von Sachsen*** (1532–54) in der ***Schlacht bei Mühlberg*** erhielt sein albertinischer Vetter Hz. ***Moritz*** (1541–53) in der ***Wittenberger Kapitulation*** vom ***19.5.1547***, den sächsischen Kurfürstenrang, das Erzmarschallamt und den größten Teil der Kurlande. Der politische Schwerpunkt verlagerte sich damit auf die albertinische Linie, die *Kurfürsten* – und ab 1806 *Könige – von Sachsen*. Zwar gab Kf. August (1553–86) im *Naumburger Vertrag* 1554 die Ämter Altenburg, Sachsenburg, Herbsleben und Eisenberg den Ernestinern wieder zurück, gewann aber mit teilweise dubiosen Methoden Teile des Vogtlandes (1559), der Gft. Henneberg (1583) und der Gft. Mansfeld (1570/73) sowie die Administratur der Bmer. Merseburg (1561), Naumburg (1564) und Meißen (1587). Dank der 1499 von Albrecht I. in der sog. *Väterlichen Ordnung* verankerten ***Primogenitur*** blieb das albertinische Haus weitgehend ungeteilt. Lediglich Kf. *Johann Georg II.* (1656–80) gestand im *Dresdener Hauptvergleich* von 1657 seinen jüngeren Brüder *mediate* Nebenlinien zu, die *Administratur* Merseburg (1657–1731), die Hft. Weißenfels (1657–1746) und Zeitz (1653–1716).

Die Zersplitterung der Ernestiner

Die Ernestiner behielten im Wensentlichen das Gebiet um die Städte Eisenach, Weimar, Jena und Gotha, das sie 1555 noch um das mansfeldische Römhild vergrößerten. Da es ihnen erst spät gelang, die *Primogenitur* festzulegen, ist ihre Hausgeschichte ein monotoner Wechsel schier unzähliger Teilungen, Erbanfälle und Wiedervereinigungen. Er begann 1572 mit der Teilung in die Linien *Coburg-Eisenach und Weimar*. 1596 folgte die Teilung der ersteren in *Coburg* und *Eisenach*, 1603 die der letzteren in *Weimar* und *Altenburg*. Durch Erbanfälle reduzierten sich die Linien zwischen 1644 und 1672 auf *Weimar, Gotha* und *Altenburg*. Doch 1672 zerfiel die Linie Weimar erneut in *Weimar, Eisenach* und *Jena*, und 1680 erlag auch das damals bedeutendste Haus, das ***Herzogtum Gotha****, dem Teilungsbazillus, als die sieben Söhne Hz. Ernsts 1675 – echt absolutistisch – 7 Teillinien gründeten.

Hzm Gotha. Sein bedeutendster Landesfürst, ***Hz. Ernst der Fromme*** (1640–75), war bemüht, sein Land aus politischen Konflikten herauszuhalten. Er sah als protestantisch-absolutistischer Fürst seine Pflicht darin, die Not des Landes zu verringern, indem er umfassende Reformen in Erziehung, Behördenorganisation, Verwaltung, Rechts- und Polizeiwesen sowie Wirtschaft durchführte. Für Veit Ludwig von Seckendorff wurde Gotha so zum Vorbild für seinen *Teutschen Fürstenstaat* von 1656, ein Handbuch der Staatsverwaltung. Nur eines hatte Ernst nicht genügend abgesichert, die Staatseinheit; die geplante *Gesamtherrschaft* seiner Söhne scheiterte.

Das ernestin. Gebiet war also 1680 in zehn Kleinstaaten zersplittert, deren barocke Residenzen und repräsentative Hofhaltung die Staatsfinanzen der kleinen Wirtschaftsgebilde zerfraß und deren Geschichten und genealog. Zusammenhänge jedem Hauslehrer, der sie seinen adligen Zöglingen beizubringen hatte, ein Gräuel waren.

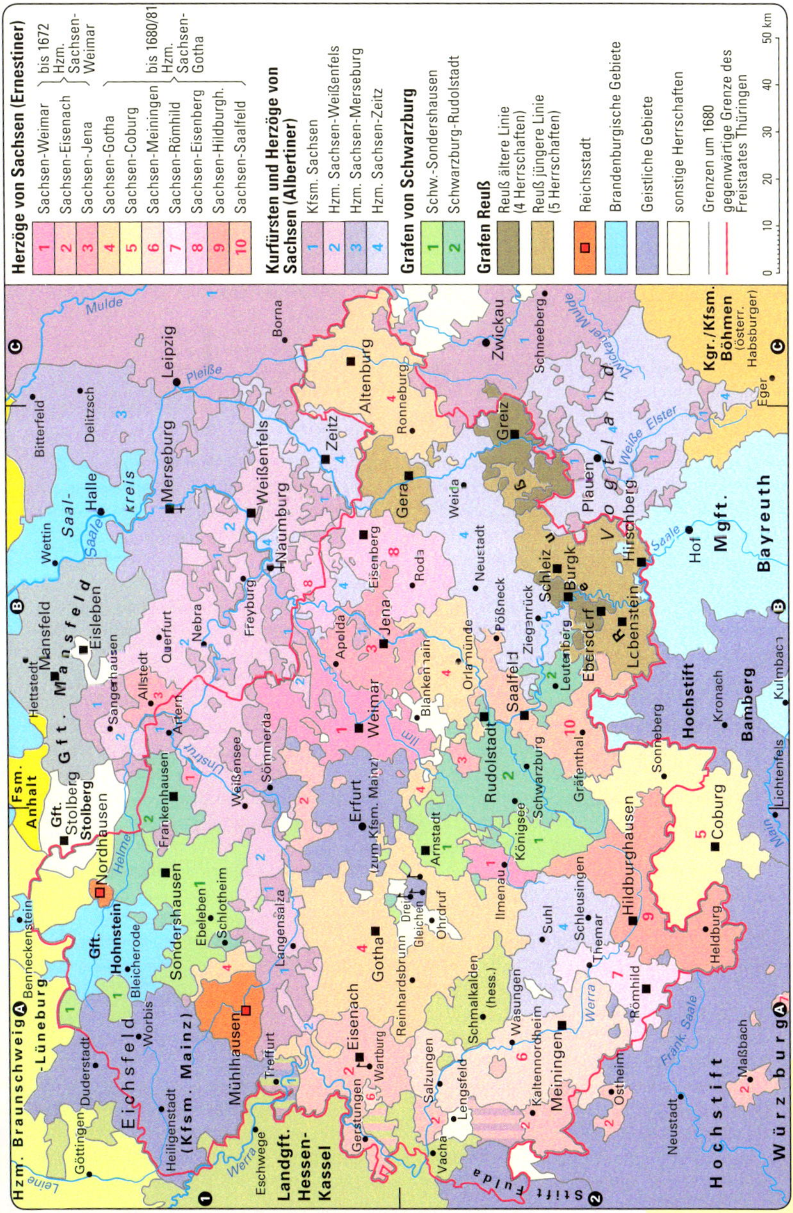
Herzöge von Sachsen (Ernestiner)
1 Sachsen-Weimar
2 Sachsen-Eisenach
3 Sachsen-Jena
bis 1672 Hzm. Sachsen-Weimar
4 Sachsen-Gotha
5 Sachsen-Coburg
6 Sachsen-Meiningen
7 Sachsen-Römhild
8 Sachsen-Eisenberg
9 Sachsen-Hildburgh.
10 Sachsen-Saalfeld
bis 1680/81 Hzm. Sachsen-Gotha
Kurfürsten und Herzöge von Sachsen (Albertiner)
1 Kfsm. Sachsen
2 Hzm. Sachsen-Weißenfels
3 Hzm. Sachsen-Merseburg
4 Hzm. Sachsen-Zeitz
Grafen von Schwarzburg
1 Schw.-Sondershausen
2 Schwarzburg-Rudolstadt
Grafen Reuß
Reuß ältere Linie (4 Herrschaften)
Reuß jüngere Linie (5 Herrschaften)
Reichsstadt
Brandenburgische Gebiete
Geistliche Gebiete
sonstige Herrschaften
Grenzen um 1680
gegenwärtige Grenze des Freistaates Thüringen
0 10 20 30 40 50 km
Hzm. Braunschweig-Lüneburg
Fsm. Anhalt
Gft. Stolberg
Gft. Mansfeld
Gft. Hohnstein
Eichsfeld (Kfsm. Mainz)
Landgft. Hessen-Kassel
Stift Fulda
Hochstift Würzburg
Hochstift Bamberg
Mgft. Bayreuth
Kgr./Kfsm. Böhmen (österr. Habsburger)
Saalkreis
Vogtland
Erfurt (zum Kfsm. Mainz)
Leipzig
Halle
Merseburg
Weißenfels
Naumburg
Zeitz
Altenburg
Gera
Greiz
Zwickau
Plauen
Hof
Weimar
Jena
Gotha
Eisenach
Erfurt
Mühlhausen
Nordhausen
Sondershausen
Rudolstadt
Saalfeld
Arnstadt
Meiningen
Hildburghausen
Coburg
Schleiz
Lobenstein
Eisleben
Mansfeld
Saale
Werra
Unstrut
Ilm
Weiße Elster
Mulde
Pleiße
Main

Wittelsbacher und geistlicher Fürst. *Der vom Fürstenhut gekrönte Wappenmantel, hinterlegt von Schwert und Krummstab, vereint die geistl. Staaten des Kf. (beginnend oben, im Uhrzeigersinn): Köln, Paderborn, Osnabrück, Deutschorden, Münster, Hildesheim. Im Zentrum das bayer.-wittelsbach. Wappen quadriert von den silberblauen Wecken und den pfälzischen Löwen.*

Das Konzil von Trient (1545–63) hatte den Geistlichen, Bischöfen, Pfarrern u.a. die ***Residenzpflicht*** auferlegt, die Pflicht, sich am Ort ihres geistl. Amtes auch aufzuhalten, und dies durch das Verbot der ***Pfründenkumulation***, der Häufung kirchl. Ämter, unterstrichen. Aber im Interesse gegenreformator. Politik erteilten die Päpste im 16.–18. Jh. häufig Dispense. Ein drast. Beispiel war der Wittelsbacher Hz. ***Ernst von Bayern*** (1554–1612), der – obwohl nie zum Bischof geweiht – zw. 1565 und 1585 fünf Fürstbistümer und eine Abtei innegehabt und überall – z.B. durch Begünstigung der Jesuiten und die Umsetzung der Trienter Beschlüsse – im Sinne der Gegenreformation gewirkt hatte. Ihm folgte u.a. der Wittelsbacher Kf. ***Ferdinand von Köln*** (†1650) mit fünf Hochstiften, einer Abtei und einer Fürstpropstei. Generell waren im 16.–18. Jh. auf die ca. 20 Fürstbistümer relativ wenige Hochadelsgeschlechter „abonniert". Eine derart dynast. Reichskirchenpolitik schuf polit. Machtkonzentrationen, sicherte den konfessionellen Besitzstand und verringerte das Säkularisationsrisiko. Sie beinhaltete aber als Mittel der Versorgung nicht immer zu Geistlichen „berufener" Fürstensöhne auch Gefahren, erschwerte kirchl. Reformen.

Geistlicher Fürst und Wittelsbacher

Clemens August Hz. von Bayern (1700–61) war der vierte Sohn Kurfürst Maximilians II. Emanuel von Bayern (1662–1726) und der Theresia Kunigunde Sobieska, Tochter Kg. Johanns II. Sobieski von Polen (1674–96).

Gegen seinen Willen zur geistlichen Laufbahn bestimmt, studierte er 1717–19 in Rom. Er sollte sowohl dem gegenreformatorischen Engagement als auch den polit. Interessen seines Hauses dienen. Tatsächlich gelang es ihm mit habsb. Unterstützung binnen weniger Jahre, am Niederrhein eine ***Wittelsbacher Sekundogenitur**** aus 5 Fürstbmern. und dem Hochmeistertum des Deutschen Orden aufzubauen. Sein überwiegend polit. Charakter erhellt auch daraus, dass sich Clemens August erst 1725 die Priester- und 1727 die Bischofsweihe erteilen ließ.

Wittelsbacher Sekundogenitur Kf. Clemens Augusts

1716	Fürstbischof von Regensburg.
1719	Im Tausch gegen Regensburg Fürstbischof von Münster und Paderborn.
1722	Koadjutor des Onkels, Erzbischof und Kurfürst Joseph Clemens von Köln.
1723	Erzbischof und Kurfürst von Köln.
1724	Fürstbischof von Hildesheim.
1728	Fürstbischof von Osnabrück.
1732	Hochmeister des Deutschen Ordens mit Sitz in Mergentheim.

„Monsieur des cinq Églises" *(Herr der fünf Bistümer)*, wie der Kf. auch hieß, war eine labile Persönlichkeit und den (kirchlich-)polit. Aufgaben, welche die zahlreichen Würden stellten, nicht gewachsen. Seiner Politik mangelte eine klare Linie. Er stand zuerst auf der habsb. Seite, wechselte dann ins bayer.-frz. Lager über, um sich nach der *Konvention von Westminster* 1756 der antipreuß. Front Frankreich-Habsburg anzuschließen.

Die Einkünfte seiner Ämter und die Subsidien seiner Bundesgenossen erlaubten ihm, einen glänzenden barocken Hof nach frz. Beispiel zu unterhalten. Noch heute zeugen seine Schlossbauten, v.a. das Residenzschloss in Bonn, *Clemensruhe* (Poppelsdorf), *Augustusburg* (Brühl) und *Clemenswerth* (Sögel), von Kunstmäzenatentum und Bauleidenschaft.

Seine Jagdleidenschaft und das verhältnismäßig freizügige Hofleben bildeten einen merkwürdigen Kontrast zu seiner echt gegenreformatorischen Frömmigkeit und kirchlichen Gesinnung. Die Sorge um Reformen, z.B. eine bessere religiöse Bildung von Klerus und Volk, überließ er freilich i.W. seinen Generalvikaren.

Sein Tod beendete 1761 die seit 1583 ununterbrochene Serie von (fünf) Wittelsbacher Kfn. in Köln, und den wittelsbach. Territorialkomplex am Niederrhein, darunter zeitweise auch Lüttich (1581–1723).

Kurfürst Clemens Augusts von Köln (1723–1761)

Grenze des Heiligen Röm. Reiches (Grenzen um 1750)

Weltlicher Herrschaftsbereich des Kurfürsten Clemens August von Köln

- Kurfürstentum Köln
- Hochstifte Münster, Osnabrück, Paderborn und Hildesheim
- ✠ Hochmeister des Deutschen Ordens mit Sitz in Mergentheim 1732
- 1723 Jahr des Herrschaftsantritts des Kurfürsten Clemens August

- sonstige geistliche Gebiete
- pfälzisch-neuburgische Gebiete (Haus Wittelsbach)
- brandenburgisch-preußische Gebiete
- habsburgische Gebiete
- Kurfürstentum Hannover
- Reichsstädte und ihre Territorien
- kleinere Herrschaften

0 25 50 75 km

108 Berlin und Wien – Zwei bedeutende deutsche Residenz-

Der Berliner Bär. *Er war über Jahrhunderte nur ein Berliner Symbol neben anderen. Erst in der Zeit des Kalten Krieges nach 1945 wurde er zu einem populären Freiheitssymbol schlechthin.*

Das Wiener Kreuz. *Ein trad. Wappen neben dem einköpfigen Reichsadler ist das silberne Balkenkreuz in Rot; nach 1461 wurde es auch dem ksl. Doppeladler, heute wird es gelegentlich einem einköpfigen Adler auf die Brust gelegt*

Die Residenzstadt der Hohenzollern: Berlin

Die im 12. Jh. auf zwei Höhenplatten (Barnim und Teltow) im Spreetal entstandenen Fischerdörfer Berlin und Cölln erhielten um 1244 bzw. 1237 Stadtrecht und wurden 1307 von den Askaniern zusammengelegt. Als Mitglied der Hanse konnte sich Berlin Autonomierechte erwerben, die es aber zwischen 1442 und 1448 an die neuen hohenzollerischen Landesherren verlor. Kurfürst Friedrich II. (1440–72) errichtete am heutigen Schlossplatz eine Burg, die seit 1486 anstelle Spandaus zur ***Residenz der Mark*** wurde.

Kf. ***Friedrich Wilhelm I.*** (1640–88) befestigte Berlin. Die im Dreißigjährigen Krieg geschrumpfte Bevölkerung ergänzte er durch die Aufnahme frz. Hugenotten (*Potsdamer Edikts* 1685). Neue Städte – Friedrichswerder (1662), Dorotheenstadt (1674), Friedrichsstadt (1688) – wurden 1709 mit den alten vereinigt. Öffentliche Bauten, wie die Akademien der Künste (1696) und der Wissenschaft (1700), die Oper (1742), die Charité (1785) sowie die Universität (1810) machten Berlin zu einer der geistig führenden Städte.

Entwicklung der Bevölkerungszahl Berlins.

1600	9 000	1815	193 000
1618	12 000	1852	511 000
1648	6 000	1871	913 984
1680	10 000	1890	1 960 147
1709	57 000	1913	4 026 000
1749	113 000	1939	4 321 521
1804	182 200	1945	2 807 405
1809	160 000	1956	3 344 200

Die Residenzstadt der Habsburger: Wien

Die bedeutendste Stadt im SO Mitteleuropas verdankt ihre Entwicklung ihrer günstigen Lage an der Verbindungsstelle der Sudeten-, Ostalpen- und Karpatenländer, am Schnittpunkt von Verkehrslinien, welche von Westeuropa aus donauabwärts nach Südosteuropa und von der Ostsee aus durch die Mähr. Pforte über die Ostalpen zur Adria führen. Alle diese Länder wurden durch die habsburgische Dynastie vereinigt, Wien somit zum Mittelpunkt eines dynastischen Großreiches.

Das Urwien entstand auf einer erhöhten eiszeitlichen Schotterfläche, der „Stadtterrasse", über dem Schwemmland der Donau, westlich der Einmündung der Wien. Um den ummauerten ma. *Stadtkern (I. Bezirk)* erwuchsen Vorstädte. Im Jahre 1704 wurden sie durch den sog. *Linienwall* als äußeren Befestigungsring umgürtet und 1863 zu den Bezirken II–IX zusammengefasst.

Die Industrialisierung des 19. Jh. ließ auf der im S gelegenen Hügelplatte (Wienerberg u. a.) das Fabrikviertel (X. Bezirk) entstehen und machte die Dörfer im SO und in den Ausläufern des Wienerwaldes zu Vorstädten, die 1891 als XI.–XIX. Bezirk einbezogen wurden. Seit 1954 hat Wien 23 Bezirke.

Die menschlichen Spuren Wiens reichen weit zurück. Nach der Keltensiedlung ***Vêdunja*** *(= Waldbach)* beim Aspangbahnhof wurde das um 70 n. Chr. gegründete röm. Lager ***Vindobona (Wien)*** genannt, die Keimzelle der im 11. Jh. erstmals erwähnten ma. Stadt. Das hochma. Wien erwuchs aus der Vereinigung der karoling. Burg mit der Kaufmannssiedlung; 1221 verlieh ihm Mgf. Leopold VI. das erste erhaltene (!) *Stadtrecht*.

Bereits unter den Babenbergern war Wien ***Residenzstadt*** gewesen; danach galt es zwischen 1278 und 1396 als ***Reichsstadt***. Die Habsburger erhoben Wien faktisch zum ***Sitz des Kaisertums*** und zur ***Hauptstadt*** ihres europaweiten Territorialbesitzes: 1469 Bistum, 1565 Universität, 1722/23 Erzbistum, Vorstädte, Befestigungen u. v. a.

Nach 1683 wurde die vom Stephansdom überragte gotische Stadt durch den Barock mit seinen Großbauten überformt: Hofburg, Hofbibliothek, Böhm. Hofkanzlei, Karlskirche, Schönbrunn u. v. a. Der am Hof versammelte europ. Adel hinterließ prächtige Palais, z. B. die des Prinzen Eugen (Belvedere und Winterpalais), der Kinskys, Trautsons, Dauns u. v. a. 1804 wurde Wien (ca. 230 000 Einw.) durch die Schaffung des ***Kaisertums Österreich*** zur *ksl.-österr. Haupt- und Residenzstadt*.

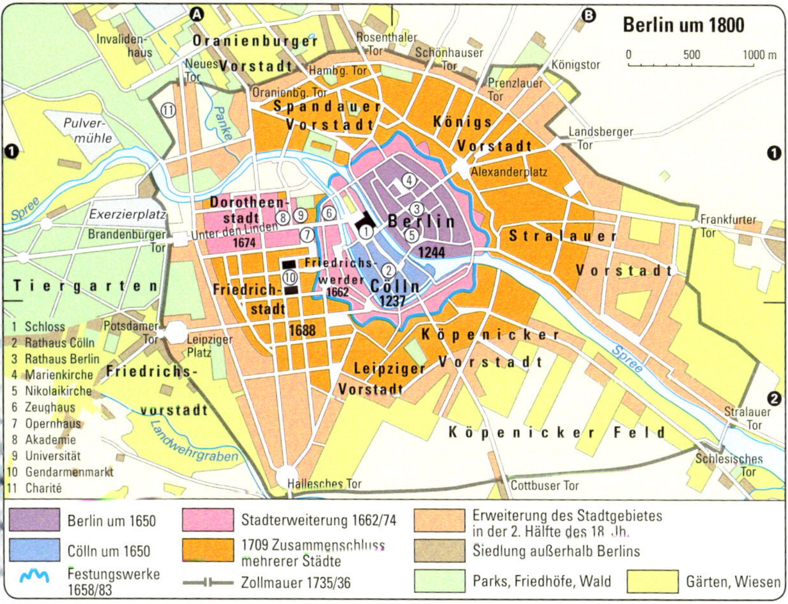
Berlin um 1800
0 500 1000 m
Oranienburger Vorstadt
Invalidenhaus
Neues Tor
Hambg. Tor
Rosenthaler Tor
Schönhauser Tor
Königstor
Prenzlauer Tor
Oranienbg. Tor
Spandauer Vorstadt
Königs Vorstadt
Landsberger Tor
Pulvermühle
Panke
Alexanderplatz
Spree
Exerzierplatz
Dorotheenstadt
Unter den Linden
1674
Berlin
1244
Stralauer Vorstadt
Frankfurter Tor
Brandenburger Tor
Friedrichswerder
1662
Cölln
1237
Tiergarten
Friedrichstadt
1688
Potsdamer Tor
Leipziger Platz
Köpenicker Vorstadt
Leipziger Vorstadt
Friedrichs-vorstadt
Landwehrgraben
Köpenicker Feld
Stralauer Tor
Schlesisches Tor
Hallesches Tor
Cottbuser Tor
1 Schloss
2 Rathaus Cölln
3 Rathaus Berlin
4 Marienkirche
5 Nikolaikirche
6 Zeughaus
7 Opernhaus
8 Akademie
9 Universität
10 Gendarmenmarkt
11 Charité
Berlin um 1650
Cölln um 1650
Festungswerke 1658/83
Stadterweiterung 1662/74
1709 Zusammenschluss mehrerer Städte
Zollmauer 1735/36
Erweiterung des Stadtgebietes in der 2. Hälfte des 18. Jh.
Siedlung außerhalb Berlins
Parks, Friedhöfe, Wald
Gärten, Wiesen

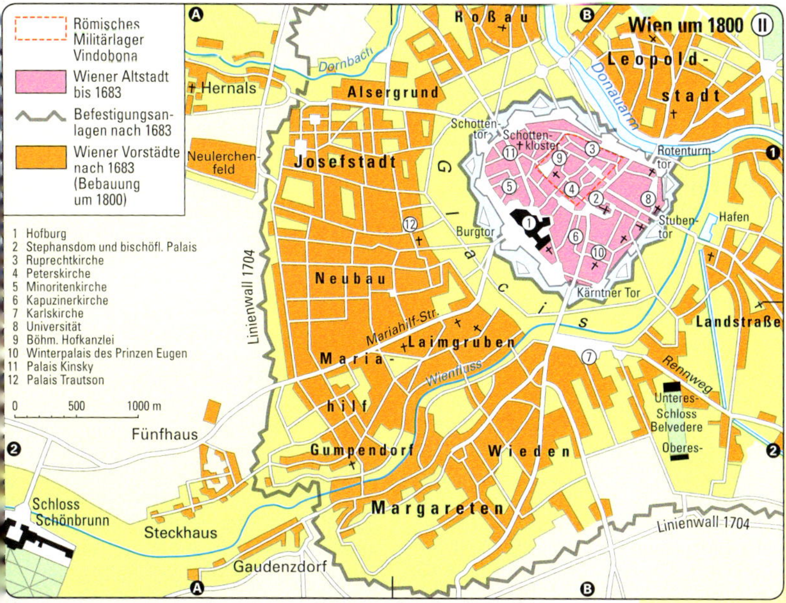
Wien um 1800
Römisches Militärlager Vindobona
Wiener Altstadt bis 1683
Befestigungsanlagen nach 1683
Wiener Vorstädte nach 1683 (Bebauung um 1800)
Roßau
Hernals
Dornbach
Alsergrund
Leopoldstadt
Donauarm
Schottentor
Schottenkloster
Rotenturmtor
Neulerchenfeld
Josefstadt
Glacis
Burgtor
Stubentor
Hafen
Kärntner Tor
Linienwall 1704
Neubau
Mariahilf-Str.
Laimgruben
Mariahilf
Wienfluss
Landstraße
Rennweg
Unteres Schloss Belvedere
Oberes
Fünfhaus
Gumpendorf
Wieden
Margareten
Schloss Schönbrunn
Steckhaus
Gaudenzdorf
1 Hofburg
2 Stephansdom und bischöfl. Palais
3 Ruprechtkirche
4 Peterskirche
5 Minoritenkirche
6 Kapuzinerkirche
7 Karlskirche
8 Universität
9 Böhm. Hofkanzlei
10 Winterpalais des Prinzen Eugen
11 Palais Kinsky
12 Palais Trautson
0 500 1000 m

EDICT,
Dienst-Mägde
gantz gemeinen Weibes-Leute,
Christen als Juden,
Seidene Röcke, Camisöler und Lätze

Jedem die geziemende Kleidung!
Im absolutistischen Zeitalter kümmerte sich der Staat aus wirtschaftlichen und moralichen Gründen um alle Lebensbereiche seiner Untertanen. Preußisches Edikt vom 6.11.1731.

Im Zeitalter des Absolutismus entstand der moderne Staat. „Legitimiert" durch Staatstheoretiker wie Bodin, Hobbes, Bossuet, Pufendorf u.a. suchten die europäischen Fürsten sich von der Mitsprache ihrer ***Land- oder Reichsstände**** in wesentlichen Fragen (Steuern, Landesgesetze u.a.) zu lösen und eine ***absolute/absolutistische*** Regierungsweise einzuführen.

Land- oder Reichsstände. In *Ständestaaten* die politisch, gesellschaftlich und wirtschaftlich wichtigsten Untertanengruppen, die der Landesherr zu wichtigen Entscheidungen (Neue Steuern, Gesetze) auf ***Land- oder Reichstagen*** versammeln und befragen musste: meist *hohe Geistliche* (Klerus, Prälaten), *Adlige* (Ritter) und *Städte*, nur selten auch *Bauern*.

Schon im Spätmittelalter zeichnete sich ein Wandel in Wirtschaft und Gesellschaft ab. Handwerklich-technischer Fortschritt, moderne Denkweisen und Geschäftstechniken im Waren- und Geldhandel und neue Formen wirtschaftlicher Aktivität gingen Hand in Hand mit einer Krise der Aristokratie und dem Aufstieg des Bürgertums.

Der Merkantilismus

Im 18. Jh. wurden die europäischen Staaten auf dem wirtschaftlichen Sektor von der Idee des ***Merkantilismus*** (auch: *Kameralismus, Colbertismus*) ergriffen. Sein staatspolit. Ziel war die Erhöhung des Steueraufkommens zum Zwecke der Machtsteigerung.

Die Grundsätze der von Jean Baptiste Colbert, dem Wirtschaftsminister Ludwigs XIV., nicht erfundenen, aber propagierten und in Teilen auch erfolgreich durchgeführten staatlichen Wirtschaftspolitik waren:

- Steigerung des Exports von Fertigwaren und gleichzeitig Erschwerung des Imports durch *Einfuhrverbote* oder *Schutzzölle*.
- Förderung des Binnenhandels und -verkehrs durch Straßen- und Kanalbau, Abbau von Binnenzöllen, Förderung der Handelsschifffahrt und Bau einer Kriegsflotte.
- Ausfuhrverbot für eigene Rohstoffe.
- Gewinnung neuer Rohstoffquellen sowie neuer Absatzgebiete durch Erwerb von Kolonien.
- die Erzeugung attraktiver Exportartikel (überwiegend Luxuswaren), besaß oberste Priorität. Der Errichtung neuer Produktionsstätten, sog. ***Manufakturen****, galten daher staatl. Steuernachlässe, Monopole und Subventionen. Um zur Begründung neuer Industriezweige (Porzellan-, Glas- und Spiegelherstellung u.a.) an die meist als Staatsgeheimnisse streng gehüteten Techniken und Verfahren zu gelangen, scheute die Politik weder Abwerbung oder gewaltsame Entführung von Facharbeitern noch Industriespionage.

Manufakturen. Im 18. Jh. zentralisierte gewerbl. Produktionsstätten auf der Grundlage natürlicher Energiearten und noch nicht mechanisierter handwerklicher Arbeit. Dabei fanden angelernte Arbeitskräfte Verwendung, auch Kinder und Frauen. Da die Produkte dementsprechend oft minderwertig waren, waren viele Manufakturen kurzlebig. Errichtet wurden sie i.d.R. von privaten Unternehmern mit landesherrlicher Erlaubnis oder Förderung, nur ausnahmsweise (wie z.B. Porzellanherstellung) von den Landesherren selbst.

Das größte Manufakturunternehmen des 18. Jh. war die *Linzer Wollzeugmanufaktur*, die 1786 über 1000 Webmeister, 4000 Gesellen, Jungen und Gehilfen, dazu ca. 30000 Spinner, Wollverarbeiter und Kämmer sowie 100 Färber und Appreteure beschäftigte.

Da Wirtschaftspolitiker wie Colbert mit Hypothesen arbeiteten, die sich später als eindeutig falsch erwiesen, wie z.B. mit der Annahme eines in Europa konstanten Handels- und Edelmetall- bzw. Geldvolumens, glich die merkantilistische Wirtschaftspolitik einem Wirtschaftskrieg. Sie konnte nur von einem Hegemonialstaat betrieben werden.

Merkantilismus im Hl. Römischen Reich

Wirtschaftspolitik war überwiegend Sache der Länder, die eine merkantilist. Politik nur nach Maßgabe ihrer polit. Stärke betreiben konnten. Das Heilige Römische Reich blieb daher binnenhandelorientiert, und alle Versuche von in sog. ***Handelsgesellschaften*** organisierten Kaufleuten in den Überseehandel einzusteigen, waren kurzlebig.

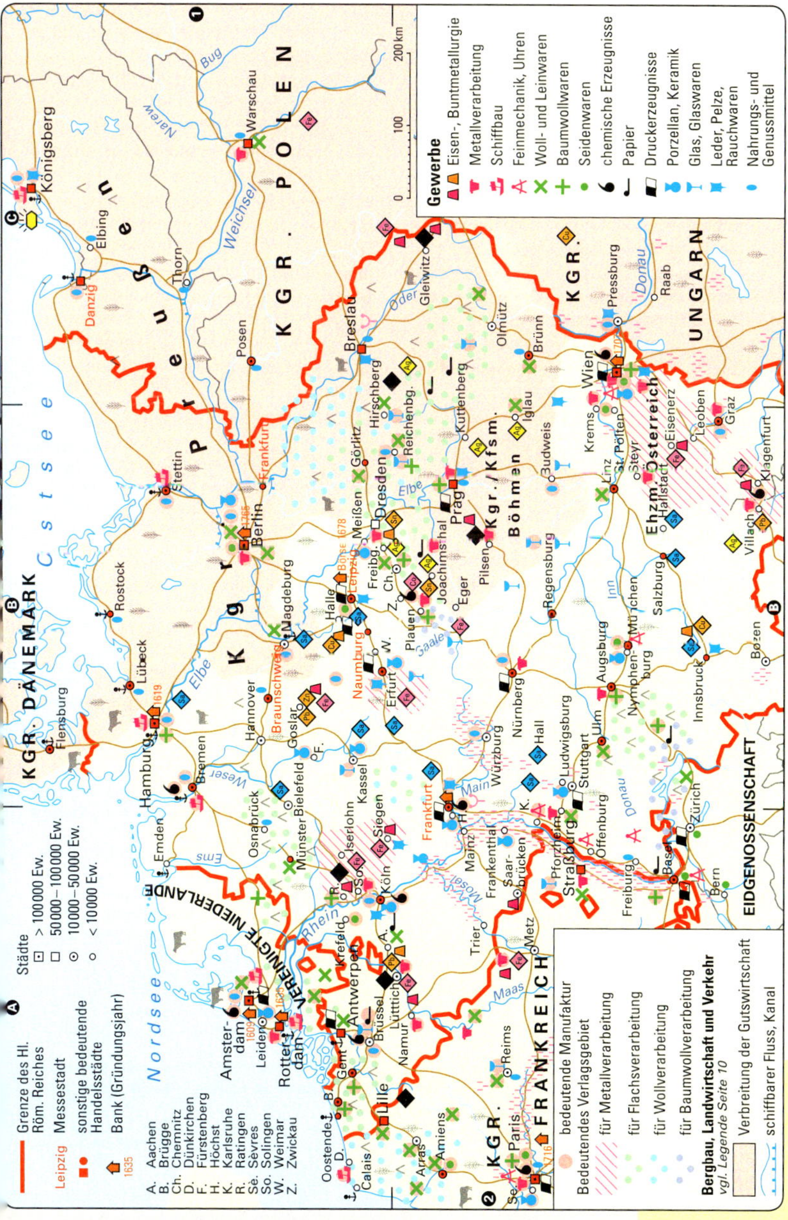
Grenze des Hl. Röm. Reiches
Leipzig Messestadt
sonstige bedeutende Handelsstädte
Bank (Gründungsjahr)
Städte
> 100000 Ew.
50000–100000 Ew.
10000–50000 Ew.
< 10000 Ew.
A. Aachen
B. Brügge
Ch. Chemnitz
D. Dünkirchen
F. Fürstenberg
H. Höchst
K. Karlsruhe
R. Ratingen
Sè. Sèvres
So. Solingen
W. Weimar
Z. Zwickau
Gewerbe
Eisen-, Buntmetallurgie
Metallverarbeitung
Schiffbau
Feinmechanik, Uhren
Woll- und Leinwaren
Baumwollwaren
Seidenwaren
chemische Erzeugnisse
Papier
Druckerzeugnisse
Porzellan, Keramik
Glas, Glaswaren
Leder, Pelze, Rauchwaren
Nahrungs- und Genussmittel
bedeutende Manufaktur
Bedeutendes Verlagsgebiet
für Metallverarbeitung
für Flachsverarbeitung
für Wollverarbeitung
für Baumwollverarbeitung
Bergbau, Landwirtschaft und Verkehr
vgl. Legende Seite 10
Verbreitung der Gutswirtschaft
schiffbarer Fluss, Kanal
0 100 200 km
Nordsee
Ostsee
KGR. DÄNEMARK
VEREINIGTE NIEDERLANDE
Kgr. Preußen
KGR. POLEN
Kgr./Kfsm. Böhmen
Ehzm. Österreich
KGR. UNGARN
KGR. FRANKREICH
EIDGENOSSENSCHAFT
Königsberg
Danzig
Warschau
Berlin
Leipzig
Dresden
Prag
Wien
Breslau
Hamburg
Amsterdam
Frankfurt
Paris

Lehrbüchlein
für
die R. St. Neresheimischen
Landschulen.

Drittes Büchlein.
für die
dritte Klasse der Kinder.
1789.

Lehrbüchlein für Landschulen 1789. *Das wissbegierige 18. Jh. erstrebte auch für die sozial unteren Schichten Schulbildung zum Nutzen der ganzen Gesellschaft. In zahlreichen Klöstern wurden damals die ersten Elementarschulen errichtet.*

Die Karte thematisiert – sowohl exemplarisch als auch im Sinne von pars pro toto – die Entstehung/Veränderung repräsentiver fürstlicher und kirchlicher Großbauten in der vorherrschenden Stilrichtung des Barock/Rokoko sowie die Entstehung neuer und den Wandel alter Wissenschaftszentren (Universitäten, Akademien). Kulturelle Impulse, künstlerische und wiss., gingen damals i.W. aus von: weltl. und geistl. Fürstenstaaten, Katholizismus, Protestantismus und Kalvinismus.

Das Zeitalter des Barock

Weltliche Fürstenresidenzen

Der nach 1648 aufstrebende absolutist. Fürstenstaat suchte einen Ausdruck im ***Neu- und Umbau der Residenzen***. Deren Glanz und Größe sollten tatsächl. oder vorgespiegelte Machtansprüche abbilden. Oft waren sie dem Vorbild Versailles verpflichtet. Die häufige Lage abseits der trad. Hauptstädte entsprang dem Bedürfnis nach Gestaltungsraum, entsprach oft auch einem konfessionspolit. Gegensatz zw. Fürst und Untertanen und zielte auf Distanz (Herrscherkult). Dazu dienten begleitende Kleinbauten, *Jagd-, Lust- oder Sommerschlösser*, mit sinnträchtigen frz. Namen (*Sanssouci, Solitude, Monrepos, Eremitage, Favorite* u.a.), *Opern-, Konzert- und Theaterbauten*, welche dem Amüsement der adligen Hofgesellschaft dienten, sowie großartige *Verwaltungs- und Wirtschaftsgebäude*.

Die geistlichen Fürsten

Diesem Trend entzogen sich auch die geistl. Fürsten, v.a. die ***Fürstbischöfe***, nicht ganz, wie u.a. Bamberg, Bruchsal (Bm. Speyer), Meersburg (Bm. Konstanz), Münster/W. und Würzburg, belegen. Wobei roman. und got. Bischofsdome i.d.R. nicht abgebrochen, sondern modernisiert (barockisiert) wurden.

Eine besondere Gruppe waren die ***Reichsprälaten***, 38 rhein. und schwäb. Äbte, Pröpste und Äbtissinnen. Neben dem Triumph, Reformation und Kriegswirren überwunden und eine Reform durchgeführt zu haben, waren Erhalt oder Erwerb der Unabhängigkeit (Reichsstandschaft) eine wes. Kraftquelle der Bautätigkeit. Nach dem Trienter Konzil (1545–63) verzögerte der 30-jährige Krieg (1618–48) die Welle der baulichen Erneuerung. Nur selten wurden *Idealpläne* verwirklicht. Zu den bedeutenderen Anlagen zählen u.a. Fulda, Kempten, Ottobeuren, Salem und Weingarten. Die im Trienter Geist geförderte Wallfahrt ließ prächtige Wallfahrtskirchen entstehen. Ausdruck absolutist.-fürstl. und gegenreformator. Ideen war der ***Barock****.

Barock. Allgemeine Merkmale dieses europ. Kunststils von 1600 bis ca. 1750/1780 (Spätphase: *Rokoko*) sind schwellende Bewegung (Kraft!), die Aufhebung der Grenzen zw. Architektur, Bildhauerei und Malerei (Ziel: Gesamtkunstwerk) und Rückgriffe auf die röm. Kunst.

Seit ca. 1770 verbreitete sich von Frankreich her der schlichtere *(Neo-)* ***Klassizismus***.

Das Zeitalter der Aufklärung

Ausdruck des allgemein wachsenden Bildungshungers und der Wissensgier waren die neuen ***Akademien**** und ***Universitäten****.

Akademien. Nach dem Vorbild von Platons *Athener Philosophenschule* entstanden seit der Renaissance *Akademien* als Gelehrtengesellschaften oder Hochschulen, so ca. 1444 in Florenz die *Academia Platonica*. Sie waren in erster Linie Sprach- (v.a. ***Académie francaise***, 1635) und naturwiss. Gesellschaften. In Deutschland entstand 1700 in Berlin die *Preuß. Akademie der Wissenschaften*.

Universitäten. Die im 16./17. Jh. neu gegr. konfessionellen Universitäten griffen fast überall den Humanismus auf, behielten aber das Korporationsprinzip mit der theolog. Spitze bei. Auf ev. Seite waren sie oft Landesuniversitäten, für den Beamtenbedarf; auf kath. Seite entstanden viele ***kleinere, oft unvollst. Universitäten***, meist unter ***jesuit. Leitung***. Zudem ordnete das Trienter Konzil die Ausbildung kath. Theologen an den neuen ***Priesterseminaren*** an. In der Säkularisation 1802/03 gingen die meisten der kath. Universitäten unter.

Im 18. Jh. standen im Mittelpunkt von Gründungen und Reformen die ***Erfahrungswissenschaften*** (naturwissenschaftliche Fächer, klassische Philologie, Historie und positives Recht), Ansätze rein weltlicher Spezialwissenschaften, die Abschaffung der lateinischen Unterrichtssprache und die Intensivierung der Lehre durch die Gründung von Seminaren.

■ ⵜ ⵜ	weltliche und geistliche Residenzen
● •	Städte mit bedeutenden Barockbauten
ⵏ +	bedeutende barocke Einzelbauten (Schlösser, Klöster/Kirchen)
▭	große Dichte barocker Kloster- und Kirchenbauten

Bibliotheken: in allen bedeutenden Klöstern und Universitäten

○	bedeutende frühklassizistische Bauten (seit ca. 1770, z.B. Buchau, Aulendorf, und Wurzach in Oberschwaben)

Universitäten und Akademien (Neugründungen/Schließungen mit Jahreszahl)

◆ (blau)	katholische Universität

Jesuitenkollegien: siehe Karte 87

◆ (rot)	lutherische Universität
◆ (grün)	reformierte Universität
▭	Wissenschaftl. Akademie
—	Grenze des Heiligen Römischen Reiches 1789

A.	*Amorbach*
D.	*Die Wies*
E.	*Ebrach*
F.	*Frauenalb*
Fr.	Freising
M.	Meersburg
N.	Nymphenburg
O.	*Ottobeuren*
R.	Rastatt
S.	Solitude
Sch.	*Schussenried*
St.	Stuttgart
V.	*Vierzehnheiligen*
W.	*Wiblingen*
Z.	*Zwiefalten*

***Der schlesische Adler.** Das Wappen der im 18. Jh. heiß umkämpften Schlesiens stammt wohl noch aus der Zeit der poln. Piasten. Der heraldisch rechtsgewendete schwarze Adler auf goldenem Grund trägt auf dem Kopf eine goldene Herzogskrone und auf der Brust einen silbernen Halbmond der in Kleeblättern ausläuft und mit einem Kreuzchen besetzt ist.*

Bündnissysteme in Europa bis 1756

Der Abschluss des ***Österreichischen Erbfolgekriegs*** (1741–48), der ***Friede von Aachen* 1748***, hatte viele politische Probleme Europas offen gelassen.

Friede von Aachen 1748. Er beendete den Krieg zwischen Österreich, seinen Verbündeten Großbritannien, den Generalstaaten und Sardinien einerseits und Frankreich mit seinen Verbündeten Spanien, Modena und Genua andererseits. Gegen Anerkennung der Pragmatischen Sanktion verzichtete Maria Theresia zugunsten Spaniens auf Parma, Piacenza und Guastalla. Zahlreiche andere Fragen blieben aber ungelöst.

Zwar hatte Maria Theresia (1740–80) nun endgültig als Erbin des habsb.-österr. Erblande Anerkennung gefunden und ihr Mann war als Franz I. (1745–65) Kaiser des Heiligen Römischen Reiches geworden, jedoch war durch den Verlust Schlesiens und Preußens Aufstieg zur Großmacht ein rasch wachsender ***preuß.-österr. Dualismus*** entstanden. Weltweit strebte das *Wettrennen zwischen England und Frankreich* um die See- und Kolonialherrschaft einem kriegerischen Konflikt entgegen.

Auf diesem Hintergrund vollzog sich innerhalb des europäischen Mächtegefüges eine grundlegende Umorientierung. England, in erster Linie an einer Schwächung Frankreichs interessiert, rückte von der trad. Verbindung mit Österreich ab. Dieses wiederum sah nicht mehr – wie seit dem 15. Jh. – in Frankreich seinen Hauptrivalen, sondern in Preußen; und auch Frankreich zeigte sich seinerseits nicht abgeneigt, über eine Annäherung an Österreich nachzudenken, zumal ihm Preußen in der Vergangenheit öfter Anlass zu Zweifeln an der Bündnistreue gegeben hatte. Preußen war seinerseits verärgert über die häufig unentschlossene Haltung Frankreichs. Russland war enttäuscht über Preußens Eintreten für die Unabhängigkeit Schwedens nach dem schwed.-russ. Krieg (1741–43) im *Frieden zu Åbo* und hatte schon 1746 ein defensives gegen Preußen gerichtetes Bündnis mit Österreich geschlossen.

Westminster-Konventionen 1756 und 1758

Bereits 1754 war in den nordamerikanischen Kolonien ein englisch-französischer Krieg nur mit Mühe verhindert worden. Es war abzusehen, dass sich ein solcher Kolonialkrieg auch auf Europa ausweiten würde. König Georg II. von England (1727–60) sorgte sich für diesen Fall um die Sicherheit seines deutschen Stammlands Hannover. So kam das Bündniskarrussell ins Rotieren und bewirkte das sog. ***renversement des alliances***, den *Umsturz der Bündnisse*: Auf der Suche nach kontinentalen Bündnispartnern stieß Georg 1756 bei König Friedrich II. von Preußen (1740–88) auf offene Ohren. Preußen hoffte, durch ein englisch-preußisches Bündnis den Frieden an seiner (russ.) Ostgrenze zu stabilisieren, da England und Russland erst 1755 ein Subsidienabkommen geschlossen hatten. So kam es zu den ***Konventionen von Westminster****.

Konventionen von Westminster 1756 und 1758. England stellte Preußen in einem 1. Abkommen 20000 Pfund Subsidien in Aussicht. 1758 wurde die Allianz durch eine 2. Konvention verstärkt: Preußen verpflichtete sich, seine Truppen im W, wo Frankreich seit 1757 Hannover besetzt hielt, zu verstärken. England lehnte zwar mit Rücksicht auf Russland ab, eine englische Flotte in die Ostsee zu entsenden, erhöhte dafür aber seine Subsidien auf 670000 Pfund.

Postwendend verständigte sich das überraschte und enttäuschte Frankreich – für Preußen ebenfalls völlig unerwartet – im ***Vertrag von Versailles**** mit Österreich, dem am 11.1.1757 auch die Zarin Elisabeth (1741–62) unter Verzicht auf die vereinbarten englischen Subsidien beitrat. Der Vertrag wurde durch eine *österreichisch-französische Offensivallianz* ergänzt, der sich das ganze Reich bis auf Braunschweig, Sachsen-Gotha, Hannover und Hessen anschloss.

Vertrag von Versailles 1.5.1756. Gegenseitiger Beistand bei Angriffen auf dem Festland mit je 24000 Mann. Österreichische Rückgewinnung Schlesiens gegen Abtretung der Österreichischen Niederlande an Frankreich. Zerschlagung und restlose Aufteilung Preußens. Zahlung französischer Subsidien an Österreich von jährlich 12 Mio. Livres.

Der Siebenjährige Krieg 1756–63

Kg. Friedrich II. von Preußen wartete die für das Frühjahr 1757 vorgesehene Offensive der Alliierten nicht ab, sondern eroberte im August 1756 durch einen Präventivschlag das Kurfürstentum Sachsen und eröffnete damit das Kriegsgeschehen.

Die Übermacht der Gegner Preußens war nicht nur im Blick auf die Heeresstärken, sondern auch hinsichtlich der zur Verfügung stehenden Staatsfinanzen erdrückend. Erschwerend kam hinzu, dass sich auch noch das Königreich Schweden mit 20000 Mann der antipreußischen Allianz anschloss, andererseits aber die hannoveran.-engl. Hilfe für Preußen auf sich warten ließ.

Der ***Kriegsverlauf**** war wechselhaft und unterlag tiefgreifenden Veränderungen. Preußische Siege, unentschiedene Treffen und alliierte Siege wechselten in oft dichter Reihenfolge. Mehr als einmal stand das kleine, hoffnungslos unterlegene Preußen knapp vor dem Staatsbankrott und Zusammenbruch, aber immer wieder konnte es die letzten Kräfte mobilisieren oder kamen ihm überraschende Erfolge, politische Umschwünge oder die Uneinigkeit der Alliierten zu Hilfe.

Kriegsverlauf

1756	Preuß. Sieg bei Pirna
1756, 9.9.	Preuß. Einnahme Dresdens
1757, 6.5.	Preuß. Sieg bei Prag
1757, 18.6.	Preuß. Niederlage bei Kolin
1757, 26.7.	Engl. Niederlage bei Hastenbeck
1757, 14.8.	Österr. Sieg bei Landeshut
1757, 30.8.	Unentschieden bei Großjägerndorf (Kr. Insterburg)
1757, 7.9.	Preuß. Niederlage bei Moys (b. Görlitz)
1757, Okt.	Plünderung Berlins
1757, 5.11.	Preuß. Sieg bei Rossbach
1757, 12.11.	Österr. Sieg bei Breslau
1757, 5.12.	Preuß. Sieg bei Leuthen
1758, 25.8.	Unentschieden bei Zorndorf
1758, 14.10.	Österr. Sieg bei Hochkirch
1759, 13.4.	Frz. Sieg bei Bergen-Enkheim
1759, 23.6.	Preuß. Sieg bei Krefeld
1759, 23.7.	Russ. Sieg bei Kay
1759, 31.7.	Frz. Niederlage bei Minden
1759, 12.8.	Österr.-russ. Sieg bei Kunersdorf
1759, 21.11.	Preuß. Kapitulation bei Maxen
1760, 31.7.	Preuß. Sieg bei Warburg
1760, 15.8.	Preuß. Sieg bei Liegnitz
1760, 3.11.	Preuß. Sieg bei Torgau
1761, 15.2.	Preuß. Sieg bei Langensalza
1761, 15./16.7.	Preuß. Sieg von Vellinghausen
1762, 5.1.	Tod der Zarin Elisabeth
1762, 24.6.	Alliierter Sieg bei Wilhelmsthal (bei Kassel)
1762, 21.7.	Preuß. Sieg bei Burkersdorf
1762, 29.10.	Preuß. Sieg bei Freiberg
1762, Dez.	Beginn der Friedensverhandlungen

Die Friedensschlüsse von 1763

Den Umschwung brachte ein erneuter tiefgreifender Wandel der politischen Großlage: Als am 5.1.1762 die preußenfeindliche Zarin Elisabeth starb, folgten ihr preußenfreundliche Herrscher, zuerst Zar Peter III. (1762), dann seine Witwe, Zarin Katharina II. die Große (1762–96). Beide sympathisierten mit Preußen, beendeten den Krieg und verzichteten auf alle russischen Eroberungen. Auch Schweden verließ die antipreußische Koalition.

Da auch Preußen und Österreich ermattet und friedensbereit waren, kam es 1762 auch zwischen ihnen zum Waffenstillstand und 1763 zum ***Frieden zu Hubertusburg****.

Frieden zu Hubertusburg, 15.02.1763. Österreich verzichtet endgültig auf Schlesien und die Grafschaft Glatz. Die Vertragspartner verbürgten sich gegenseitig ihre Territorien. Der Kurfürst von Sachsen und König von Polen erhält freien Durchzug durch Schlesien nach Polen. Preußen hat sich mit diesem Frieden endgültig als Großmacht erwiesen.

Hinzu trat der Ausgang des englisch-französischen Kolonialkriegs in Übersee. Nach anfänglichen französischen Erfolgen gelang es England, Frankreich aus seinen nordamerikanischen, indischen und afrikanischen Kolonien zu vertreiben und sich **1763** im ***Frieden von Paris**** als dominierende See- und Kolonialmacht zu etablieren.

Frieden von Paris, 10.02.1763. Frieden zwischen Großbritannien (GB), Portugal, Spanien und Frankreich. Frankreich tritt an Großbritannien ab die Kolonien in Nordamerika (*Neuschottland, Kanada, Louisiana* östlich des Mississippi), Indien und Afrika (*Senegambien*).

Spanien erhält *Louisiana* westlich des Mississippi als Kompensation für *Florida*.

Umschwung der europäischen Bündnisse und kolonialer

SCHWEDEN
Bornholm
Rügen
Greifswald
Pommern
Kolberg
1760
1761
Stettin
Hinterpommern
Danzig
Marienburg
Elbing
Ermland
Marienwerder
Graudenz
(1772 preuß.)
Königsberg
1757
Großjägersdorf
Russen
Tilsit
Memel
Kowno
KSR. RUSSLAND
KGR. PREUSSEN
Serrey (preuß.)
Gfsm. Litauen
Grodno
Njemen
Białystok
Bromberg
Thorn
Netze
Weichsel
Bug
Brandenburg
Zorndorf 1758
Berlin 1757
Küstrin
Frankfurt
Kunersdorf 1759
1759 Kay
Russen
Warthe
Posen
Gnesen
Praga
Warschau
KGR. POLEN
(1697–1763 Personalunion mit Kfsm. Sachsen)
Pripet
Maciejowice
Radom
Lublin
Kalisch
Cottbus
Kfsm.
Spree
Neiße
Glogau
Oder
Schlesien (bis 1742 österr.)
Liegnitz 1760
1757
Breslau 1757
Dresden
1758
Görlitz
Hochkirch
Pillnitz
Pirna 1756
Maxen 1759
Zittau
Bu.
Schweidnitz 1757
1762
Brieg
Oppeln
Burkersdorf
Glatz
Kosel
Beuthen
Lobositz 1756
Kielce
Sandomir
Tschenstochau
San
Krakau
Tarnow
Lemberg
Galizien (1772 österr.)
Dnjestr
Neumarkt
Prag 1757
1757 Kolin
Elbe
Kfsm. Böhmen
Österr. Schlesien
Teschen
Domstadtl 1758
Olmütz
Pilsen
Moldau
Iglau
Mgft. Mähren
Brünn
Österreicher
Österreicher
Budweis
Trentschin
Kremnitz
Schemnitz
Tyrnau
Nitra
Neuhäusel
Passau
Linz
Ehzm. Österreich
ob d. Enns
unter d. Enns
Donau
Schönbrunn
Wien
Pressburg
Leitha
Gran
Buda (Ofen)
Pest
Ödenburg
Raab
Güns
Stuhlweißenburg
Plattensee
Hzm. Steiermark
Graz
Hzm. Kärnten
Drau
Klagenfurt
Marburg
Warasdin
Fünfkirchen
Save
Laibach
Agram
Görz
Aquileja
Hzm. Krain
Triest
KGR. UNGARN
Donau
Grenze des Heiligen Röm. Reiches 1763
Brandenburg-Preußen
Hann. mit Preußen verbündete Staaten
Gebiete der österreich. Habsburger
Sachs. Hauptverbündete der Habsburger (außerdem nahezu alle Reichsstände)
Schlesien (von Österreich beansprucht, 1742 im ersten Schlesischen Krieg von Preußen erobert)
Einfall Preußens in Sachsen und Böhmen 1756/57
militärische Aktionen der antipreußischen Koalition
preußische Erfolge/Erfolge der antipreußischen Koalition
Erste Teilung Polens 1772: preuß. und österr. Erwerbungen
Gebiete der pfälzischen und bayerischen Wittelsbacher
Erzstifte und andere geistliche Gebiete
Reichsstädte und ihre Territorien

Der polnische Kronenadler. *Herzog Przemysl II. von Großpolen setzte den gekrönten Adler in sein Siegel, nachdem er 1295 vom Papst die Königskrone erhalten hatte. Der Adler wurde zum nationalen Symbol.*

Um das Jahr 1795 begannen sich – v.a. im O und im W – die Grenzen Mittel- und Mittelosteuropas drastisch zu verändern. Im O vollzog sich der Untergang des Kgr. Polen(-Litauen), der einstigen osteuropäischen Großmacht, die zw. 1772 und 1795 völlig von der Landkarte Europas verschwand und von den Staaten Russland, Preußen und Österreich absorbiert wurde. Im W erschütterte die aus den Stürmen der Revolution gestärkt hervorgegangene Republik Frankreich mächtig die Fundamente des ca. 1000-jährigen Heiligen Römischen Reiches deutscher Nation, um es 1806 vollends zu Fall zu bringen.

Das Ende der osteuropäischen Großmacht Polen 1772–95

Es waren innere und äußere Ursachen, welche zum Verschwinden der ehem. osteurop. Hegemonialmacht geführt hatten. Nachdem das Erbreich 1569 zum ***Wahlreich**** geworden und die lit. Dynastie der Jagiellonen (1386–1572) ausgestorben war, wurde *Polen* in wachsendem Maße zum Spielball europ. Mächte. Das lag einmal am ***Liberum Veto****.

Liberum Veto. Seit 1652 genügte in dem uneinigen stãnd. ***Reichstag (Sejm)***, der sich aus dem sehr zahlr. *Niederadel (Szlachta)*, dem mächtigen ***Hochadel (Magnaten)*** und der Hohen Geistlichkeit (Bischöfe) zusammensetzte, eine einzige Gegenstimme ***(Veto)***, um jeden Beschluss zu blockieren. Zwischen 1740 und 1760 konnte daher kein einziger poln. Reichstag erfolgreich, d.h. mit Beschlüssen, beendet werden. Immer fand sich zumindest ein Reichstagsmitglied, das sich gewinnen oder bestechen ließ, einen (z.B. Reform-)Antrag zu torpedieren.

Hinzu trat die ***poln. Königswahl****, die mit ihren ca. 60 000 Wählern in hohem Maße Einflüssen ausländ. Interessen offenstand.

Im 17. Jh. dominierte der Einfluss Russlands, der neuen Großmacht im Osten. Zar Peter der Große (1689–1725) und seine Nachfolger hatten zw. 1697 und 1764 – gegen frz. Einflussversuche (Wahl Stanislaus Lesczinskis) die Personalunion Polens mit dem Kfsm. Sachsen unterstützt. Nach Kg. Augusts III. Tod brachte die russ. Zarin Katharina II. (1762–96) ihren ehem. Günstling Stanislaus Poniatowski als *Kg. Stanislaus II.* August auf den Thron.

Polnische Königswahl 1572–1795

Seit 1572	Wahlreich
1674–96	König Johann Sobieski
1697–1704	König August II. der Starke
1704–09	König Stanislaus Lesczinski
1709–33	König August II. der Starke
1733–35	König Stanislaus Lesczinski
1735–64	König August III.
1764–95	König Stanislaus II. August

Schon früh waren Pläne geschmiedet worden, Polen ganz zu zerschlagen und unter den Nachbarn aufzuteilen; geeignete Anlässe und Komplizen für diese Liquidation, die ***Polnischen Teilungen***, fanden sich in der 2. Hälfte des 18. Jh.

Die Polnischen Teilungen 1772–95 – Gebietsgewinne

Jahr	***Österreich***	***Preußen***	***Russland***
1772	ca. 70 000 km^2	ca. 35 000 km^2	ca. 110 000 km^2
1793	nicht beteiligt	ca. 55 000 km^2	ca. 236 000 km^2
1795	ca. 115 000 km^2	ca. 145 000 km^2	ca. 465 000 km^2

Um sich der preuß. Neutralität im russ.-türk. Krieg (1768–74) zu versichern, verständigte sich die Zarin ***1772*** mit Kg. Friedrich II. von Preußen im ***Petersburger Vertrag***. Die ***1. Poln. Teilung***, der sich dann auch Österreich unter Maria Theresia anschloss, beraubte das poln. Kgr. ca. 17% seines Gebiets, beließ es aber immer noch als respektable Macht.

Als Kg. Stanislaus II. an der Spitze der poln. Patrioten am 3.5.1791 überraschend eine neue Verfassung einführte, kam es zur Intervention Russlands, das ein Wiedererstarken Polens fürchtete, auf Seiten der gegen die neue Verfassung kämpfenden ***Konföderation**** *von Targowitz*. Preußen und Russland einigten sich am ***23.1.1793*** im ***Petersburger Vertrag***, angeblich um revolutionäre Umtriebe zu verhindern, auf eine weitere „Teilung" Polens, die ***2. Poln. Teilung***, der Österreich jedoch demonstrativ fernblieb. Preußen erwarb die neue *Provinz Südpreußen*.

Konföderationen. Verfassungsmäßiges Recht des poln. Adels, sich durch *Bünde* gegen Verfassungs-/Rechtsbrüche der Krone zur Wehr zu setzen; diese war oft von blanker Adelsrebellion schwer zu unterscheiden.

Als ein nationalpolnischer Aufstand unter ***Tadeusz Kosciusko*** 1793/94 die früheren „Teilungen" revidieren wollte, vereinbarten Russland und Österreich in ***Petersburg*** am ***3.1.1795*** die ***3. Poln. Teilung***, die vollständige Zerschlagung Polens. Um nicht leer auszugehen bzw. für einen evtl. Krieg gerüstet zu sein, verließ Preußen ***1795*** im Sonderfrieden von Basel die antifrz. Koalition, schloss sich dem russ.-österr. Vorhaben am ***24.10.*** an und erhielt Teile Masowiens mit Warschau, das Gebiet zw. Weichsel, Bug und Njemen *(Neu-Ostpreußen)* sowie ein Stück des Bezirks Krakau *(Neu-Schlesien)* mit etwa 1 Mio. Einw.

Am Ende besaßen Russland etwa 2/3, Österreich und Preußen je etwa 1/6 des einstigen poln. Reichsgebiets von ca. 1231000 km².

Der Selbstständigkeits- und Unabhängigkeitswillen der Polen war auf Dauer nicht zu unterdrücken und führte im 19. Jh. zur sog. ***Poln. Frage*** in der europ. und dt. Politik, die erst ***1918*** durch die Wiedererrichtung einer (freilich verkleinerten) Republik Polen [→ 177, 180/181] einigermaßen gelöst wurde.

Eine natürliche franz. Ostgrenze 1795–1801!
Nachdem die Revolutionäre in Frankreich mit der Bedrohung, Gefangennahme (und späteren Hinrichtung) des Königs dem Prinzip der durch Gott und die Tradition legitimierten Monarchie den Kampf angesagt hatten, erfolgte eine wachsende Solidarisierung der europ. Monarchen gegen die Revolution. In diesem Sinne wirkte auch die Emigration zahlr. frz. Adeliger und mehrerer Mitglieder der kgl. Familie sowie die wachsende Radikalisierung im Innern Frankreichs selbst. Zunehmend wurde die Revolution von den Nachbarstaaten als Bedrohung ihrer inneren Verhältnisse empfunden. Die v.a. von Österreich und Preußen ausgehende Antipropaganda und Aufrüstung beantworteten die Revolutionäre am 20.4.1792 mit der Kriegserklärung. Der antifrz. Koalition schlossen sich nach der Hinrichtung des Königs (21.1.1793) England, Spanien, Sardinien, Holland, das Hl. Röm. Reich, Neapel und Portugal an.

Als Begründung für den Abwehrkrieg diente der Revolutionsregierung die Idee, den revolutionären Strukturwandel im Innern durch einen Krieg gegen äußere Feinde zu festigen. Außerdem wurde mit der Forderung nach *natürlichen Grenzen Frankreichs* an die Tradition der kgl. Außenpolitik angeknüpft. Und schließlich fehlte der Gedanke nicht, eine *Friedensmission Frankreichs* gegenüber anderen Völkern, also die Pflicht zur Verbreitung der Hauptideale Freiheit und Gleichheit, auf die Fahnen zu schreiben. Am 11.7. wurde das *Vaterland in Gefahr* erklärt. Am 25.7. erklärte der Oberbefehlshabers der Verbündeten, der Hz. von Braunschweig, als Zweck des Feldzugs die Wiederherstellung der kgl. (d.h. absolutist.) Autorität.

Bald nach Ausbruch des *Ersten Koalitionskrieges* (1792–97), v.a. nach der *Kanonade von Valmy* (20.9.1792), gingen die frz. Revolutionsarmeen zur Offensive über. Sie vertrieben die Truppen der Koalition von frz. Boden und rückten bis an den Rhein vor. Im Jahre 1795 wurde Holland, die *Republik der Vereinigten Niederlande*, besetzt und in die ***Batavische Republik*** umgewandelt. Die frz. Politik entwickelte den Plan, die linksrheinischen Gebiete des Heiligen Römischen Reiches zu annektieren und den ***Rhein als natürliche Grenze Frankreichs*** zu fordern, eine Idee, die schon Richelieu im 17. Jh. propagiert hatte [→ 98/99].

1795 im frz.-preuß. *Sonderfrieden zu Basel* und 1797 *im frz.-österr. Frieden von Campo Formio* vereinbarte Frankreich – wenn auch noch geheim – mit den beiden größten deutschen Staaten die Abtretung ihrer linksrhein. Reichgebiete. Preußen trat *Kleve* und Österreich v.a. die *Österreich. Niederlande* ab; beide sollten durch die ***Säkularisation rechtsrheinischen Kirchenguts*** entschädigt werden. Der zu diesem Zweck einberufene *Rastatter Reichsfriedenskongress* 1797–99 scheiterte am Ausbruch des *Zweiten Koalitionskriegs* (1799–1801/02), der *1801* mit dem *Frieden von Lunéville* endete, in welchem Kaiser und Reich alle linksrhein. Reichsgebiete nun offiziell an die Republik Frankreich abtraten. Eine zu diesem Zwecke eingesetzte *Reichsdeputation* sollte 1802/03 den Entschädigungsplan beraten.

120 Das Reich und seine Nachbarn im Osten und Westen –

SCHWEDEN
Bornholm
Rügen
Schwed.-
Greifswald
Kolberg
Hinterpommern
Stettin
Schwedt
Havel
Berlin
Küstrin
Frankfurt
Oder
Netze
Lauenburg
Danzig (Freie Stadt, 1793 preuß.)
Bütow
Marienburg
Westpreußen
Marienwerder
seit 1772
Graudenz
Bromberg
Netzedistrikt
Thorn
Königsberg
Tilsit
Memel
Elbing
Ermland
Ostpreußen
K G R. P R E U S S E N
Kowno
Gfsm. Litauen
(1795 russ.)
Serrey
(1691–1793 preuß.)
Grodno
Njemen
Neuostpreußen
(1795 preuß.)
Białystok
Schwarzrussland
(1795 russ.)
Brest-Litowsk
Polesien
Pripet
Masowien
Neu-Ostpreußen
Weichsel
Modlin
Praga
Warschau
1795
Bug
K G R. P O L E N
Maciejowice
Radom
Lublin
Westgalizien
(1795 österr.)
Zamość
1792
Dubienka
Warthe
Posen
Gnesen
Schwiebus
K G R.
Südpreußen
(1793 preuß.)
Kalisch
Tschenstochau
Kielce
Sandomir
Neuschlesien
(1795 preuß.)
Raclawice
1794
Krakau
Tarnow
Przemysl
Lemberg
San
Dnjestr
Kgr. Galizien und Lodomerien
seit 1772
Neumarkt
Zips
Cottbus
Neiße
Spree
Sagan
Glogau
Torgau
Bautzen
Görlitz
Sachsen
Dresden
Königstein
Zittau
Schlesien
Breslau
Brieg
Schweidnitz
Oppeln
Kosel
Glatz
Beuthen
Österr. Schlesien
Teschen
Prag
Elbe
Kfsm. Böhmen
Pilsen
Olmütz
Moldau
Iglau
Brünn
Mgft. Mähren
Budweis
Kremnitz
Trentschin
Schemnitz
Tyrnau
Nitra
Linz
Donau
Wien
Pressburg
Neuhäusel
Ehzm. Österreich
ob d. Enns
unter d. Enns
Leitha
Gran
Buda (Ofen)
Pest
Ödenburg
Raab
Güns
Stuhlweißenburg
Hzm. Steiermark
Graz
Plattensee
Hzm. Kärnten
Drau
Klagenfurt
Marburg
Warasdin
Fünfkirchen
Save
Laibach
Görz
Hzm. Krain
Agram
Triest
KGR. UNGARN
0 50 100 150 200 km
Grenze des Heiligen Röm. Reiches 1789
Territorien 1789/91:
Brandenburg-Preußen
Gebiete der österr. Habsburger
Gebiete der Wittelsbacher (Bayern)
Erzstifte u.a. geistliche Gebiete
Reichsstädte und ihre Territorien
2. und 3. Teilung Polens:
Erwerbungen Preußens (1793, 1795)
Erwerbungen Russlands (1795)
Erwerbungen Österreichs (1795)
1793/95 von Frankreich besetzte Gebiete
Französ.-preuß. Demarkationslinie nach dem Frieden von Basel (1795)

Sattes Mönchtum. *Ein beleibter Augustinerchorherr schläft tief im Angesicht seines kritisch von der Wand blickenden Ordensgründers, des hl. Augustinus. Satir.-krit. Darstellung, Ende 18. Jh.*

Kritik an geistlichen Staaten

Spätestens seit der Reformation wurde die Existenzberechtigung der Fürstbistümer und -abteien, aber auch die der Klöster allgemein, stark bezweifelt. Zur evang.-theolog. trat im 17./18. Jh. die rational aufklärerische Kritik. Sie forderte u.a. Säkularisationen und den Verzicht der Kirche auf staatliche Gewalt. In den Köpfen der Fürsten, wie z.B. Kg. Friedrichs II. von Preußen (1740–88), nahmen immer öfter Säkularisationsprojekte Gestalt an. ***Erste Säkularisationen**** gingen aber – ausgerechnet! – von Papst und Kaiser aus.

Erste Säkularisationen. 1773 hob ***P. Clemens XIV.*** den ***Jesuitenorden*** auf. Das betraf 2300 Priester, 3000 Laienbrüder, 117 Kollegien, 32 Seminare, 58 Missionsstationen in prot. Gebieten. 1781 hob ***Ks. Joseph II.*** im Rahmen der ***Josephinischen Reformen*** ca. 700 rein *kontemplative*, also nicht mit prakt. Tätigkeiten, wie z.B. Krankenpflege, Seelsorge, Schule, befasste Klöster auf, allerdings nur in habsb. Ländern, und wies ihren Besitz einem zweckgebundenen ***Religionsfonds*** zu. Den Höhepunkt bildete die ***Franz. Revolution***, welche ***1789*** alle Klöster und Orden aufhob und allen Kirchenbesitz *nationalisierte*.

Säkularisationen waren nicht bloß Gedankenspiele aufgeklärter Fürsten und Politiker, wie sie in Denk- und Streitschriften greifbar sind, sondern auch im Denken einfacher bürgerl. Kreise weit verbreitet. Romane und Bilder, welche das Klosterleben abschätzig beurteilten, erfreuten sich auch unter Katholiken großer Popularität.

Entschädigung durch Mediatisierung und Säkularisation 1802/03

Darum brach kein Sturm der Empörung los, als die Abtretung des linksrhein. Reichsgebiets an Frankreich und die Säkularisation rechtsrhein. Kirchenguts zur Entschädigung der Fürsten bekannt wurden. Nicht einmal die Betroffenen selbst, die Fürstbischöfe, Domherren, Pröpste, Äbte und Äbtissinnen, Mönche und Nonnen, schritten zu entschiedenem Widerspruch oder zu geschlossener Gegenwehr. Durch öffentliche Diskussionen, politische Machenschaften und Pläne vorgewarnt, erwarteten sie fatalistisch ihre Inbesitznahme durch die neuen Herren und das Urteil in Gestalt des ***Reichsdeputationshauptschlusses**** vom 25.2.1803.

Reichsdeputationshauptschluss (RDH) 1803. Das letzte Reichsgesetz des Alten Reiches basierte auf einem der ***Reichsdeputation*** (Ausschuss des Reichstags) vorgelegten frz.-russ. *Entschädigungsplan*, der die Hauptentscheidungen vorgab und nur geringfügig abgeändert wurde. Er führte in 89 Paragraphen auf, wer welche rechtsrhein. Kirchengüter für linksrhein. Verluste erhalten sollte. Aufgelöst durften nicht nur die reichsständ. Klöster (Staaten) werden, sondern lt. § 35 RDH auch alle landständ. Klöster in alten und neuen Gebieten. Nebenbei wurden auch 45 der 51 ***Reichsstädte*** mediatisiert.

Die deutsche Staatenwelt 1803

Der RDH bewirkte eine gewaltige Konzentration und Vereinfachung der polit. Karte des Reiches: 67 geistliche Staaten (23 Fürstbistümer, 44 Reichsabteien) sowie 44 Reichsstädte verschwanden bzw. wurden anderen Staaten eingegliedert. Ca. 100 000 km^2 mit ca. 3,5 Mio. Einw. wechselten ihre Obrigkeit. Nur drei geistliche Staaten überlebten: der *Deutsche Orden*, weil der österreichische Ehz. Karl Hochmeister war, der *Johanniter- oder Malteserorden*, weil seit 1799 der Zar Paul I. Großmeister war, und das für den Kurerzkanzler *Karl Theodor von Dalberg* (1744–1817) neu gegründete *Kfsm. Aschaffenburg-Regensburg*.

Kaum ein Staat erhielt weniger als seine linksrhein. Verluste, die meisten mehr, einige wurden dank ihrer frz. Beziehungen weit über Gebühr entschädigt: Baden (Territorium vervierfacht), Württemberg (Territorium verdoppelt), Bayern, aber auch Hessen-Darmstadt und Preußen. Trotzdem blieben einige Regionen durch staatl. Kleinräumigkeit gekennzeichnet: kleine Fürstentümer, Kleinstaaten der Reichsgrafen und Reichsritterschaft sowie 6 Reichsstädte. In Oberschwaben südl. der Donau waren v.a. die am Niederrhein durch die frz. Annexion entwurzelten Reichsgrafen mit ehem. Reichsstiften entschädigt worden. Aus geistl. waren weltl. Kleinstaaten geworden, die 1806 durch die Rheinbundstaaten mediatisiert wurden.

E. Ellwangen
G. Gmünd
H. Hildesheim
M. Mergentheim (Dt. Orden)
N. Nördlingen
Re. Reutlingen
Ro. Rottweil
St. Stockach
W. Weingarten (zu 9)
KGR. DÄNEMARK
Ostsee
Nordsee
Rügen
Schwed.-Pommern
Hzm. Holstein
Hzm. Mecklenburg-Schwerin
Kfsm. Hannover (Personalunion mit GB)
Kfsm. Brandenburg
Süd-Preußen
Pommern
Schlesien
BATAVISCHE REP. 1795
Hzm. Oldenburg
Fsm. Ostfriesland
Hzm. Berg
Kfsm. Hessen-Kassel
Hzmer. Nassau
Fsm. Fulda
Thüringische Fsmer.
Kfsm. Sachsen
Kgr./Kfsm. Böhmen
Mgft. Mähren
FRANZÖS. REPUBLIK
Kfsm. Baden
Kfsm. Württemberg
Kfsm. Bayern
Erzhzm. Österreich
ob d. Enns
unter d. Enns
Kfsm. Salzburg
Hzm. Breisgau
Hzm. Kärnten
Gft. Tirol
Venetien (1797 österr.)
HELVETISCHE REP. 1798
Fsm. Liechtenstein
Fsm. Neuenburg (preuß.)
REP. WALLIS 1802
Piemont (1802 frz.)
CISALPIN. REP. 1797
ITALIEN. REP. 1802
1 Hzm. Mecklenburg-Strelitz
2 Hzm. Aremberg
3 Fsm. Salm
4 Fsm. Lippe-Detmold
5 Fsm. Waldeck
6 Fsmer. Anhalt
7 Lgft. Hessen-Darmstadt
8 Fsm. Isenburg
9 Fsm. Oranien-Nassau
10 Fsm. Leiningen
11 Fsm. Hohenlohe
12 Fsmer. Hohenzollern
13 Fsm. Fürstenberg
14 Hftn. der Reichsgrafen
0 50 100 150 200 km
Grenze des Hl. Röm. Reiches seit 1797/1801
Vorstoß der frz. Armee 1799/1801
Gebiete der Habsburger 1803 (seit 1804 Kaisertum Österreich)
habsburgische Sekundogenitur
Königreich Preußen 1803
Gebiet des Kurerzkanzlers (Kfsm. Aschaffenbg.-Regensbg.)
Reichsstädte und ihre Territorien
Ordensgebiete
Kfsm. Hannover (1803 französ. Besetzung)

Das Kaisertum Österreich 1804. *Der von der österr. Kaiserkrone gezierte goldene Schild zeigt den gekrönten doppelköpfigen (ehem.) schwarzen Reichsadler, mit Szepter und Schwert sowie Reichsapfel in seinen Fängen, belegt mit den Wappenschilden der habsb. Länder und dem habsb.-österr. Herzschild.*

1803 – Reichskirche und -städte am Ende

Der *Reichsdeputationshauptschluss* (RDH) vom 25.2.1803 traf das Alte Reich schwer. Die Reichskirche – Hochstifte und Klöster – waren wichtige Stützen des Kaisertums gewesen. Ebenso waren auch die 51 Freien und Reichsstädte, die bis auf 6 (Hamburg, Bremen, Lübeck, Frankfurt, Nürnberg und Augsburg) zu *Munizipal-* d.h. *Landstädten* herabgedrückt (mediatisiert) worden waren, eine Stütze des Reiches. Nur ein Veto Napoleons hatte den *Deutschen Orden*, die *Johanniter (Malteser), kleinen Fürsten, Reichsgrafen* und *-ritter* verschont.

Napoleon erstrebte – wie sein Weg zur politischen Macht (1799 *Erster Konsul*, 1802 *Konsul auf Lebenszeit*) verdeutlicht – ein ***französisches Kaiserreich***: Bereits der RDH sprach unter französischem Druck 1803 nicht mehr vom ***Heiligen Römischen***, sondern nur mehr vom ***Deutschen Reich***. Napoleon nahm an allen traditionell *supranationalen Bezeichnungen* des Alten Reichs *(Heilig, Römisch)* Anstoß, die einen Vorrang gegenüber seinem 1804 gegründeten *Kaiserreich der Franzosen* suggerieren konnten.

Kaiser Franz II. (als römischer Kaiser 1792 – 1806) proklamierte daher 1804 prophylaktisch ein ***Kaiserreich Österreich****, das alle Erbländer des Hauses Habsburg umfasste.

Kaiserreich Österreich. Die habsburgischen Länder waren ursprünglich nur durch *Personalunion* an das Haus gebunden. Der habsburgisch römische Kaiser war kraft Erbrechts zugleich Ehz. von Österreich, Kg. von Böhmen, Hz. von Steiermark, Gf. zu Tirol etc. gewesen. Seit 1804 bildeten alle habsburgischen Länder gemeinsam – ausgenommen ab 1867 das Königreich Ungarn – das erbliche *Kaiserreich* oder *-tum Österreich*. Durch den sog. österr.-ungar. ***Ausgleich 1867*** wurde das Kaiserreich Österreich zur ***k.u.k.*** *(ksl. und kgl.)* ***Doppelmonarchie Österreich-Ungarn***, eine Bevorzugung Ungarns, die, v.a. in Böhmen, große Unzufriedenheit erregte.

Rheinbund und Ende des Reiches 1806

Nach seinem Sieg über die III. Koalition in der *Schlacht bei Austerlitz* am 2.12.1805 dehnte Napoleon seine Hegemonie auch auf das sog. *Dritte Deutschland* aus, mit dessen südliche Staaten bereits seit 1805 Militärallianzen und dynastische Verbindungen bestanden.

Als ein antihabsb. europ. Bündnis scheiterte, gründete Napoleon am 12.7.1806 in Paris den ***Rheinbund****.

Rheinbund (confédération du Rhin) 1806. Defensiv- u. Offensivbündnis von 16 dt. Staaten mit Frankreich unter dem Protektorat Napoleons. Seine Mitglieder forderten weitgehende Souveränität und kündigten am 1.8.1806 ihren Austritt aus dem Dt. Reich an – wegen dessen angeblicher Unfähigkeit, den inneren und äußeren Frieden Deutschlands zu garantieren. Der bisherige Kurerzkanzler *Karl Theodor von Dalberg* wurde ***Fürstprimas***.

Der Kf. von Baden, der Hz. von Berg und der Lgf. von Hessen-Darmstadt wurden zu ***Großherzögen***, der Chef des Hauses Nassau zum ***Herzog, der Gf. von der Leyen*** zum Prinzen. Der ***Bundestag*** mit *Königs- und Fürstenkolleg* tagte in Frankfurt unter Vorsitz des Fürstprimas.

Die Verfassung trat aber nur soweit in Kraft, als sie die militär. Pflichten regelten: Frankreich stellte 200 000 Mann, Bayern 30 000, Württemberg 12 000, Baden 8 000, Berg 5 000, Hessen-Darmstadt 4 000, Nassau und die übrigen Fürsten 4 000, insgesamt also 263 000 Mann.

Der Lohn der Mitglieder waren Rangerhöhungen, die ***Mediatisierung*** der Reichsritter, zweier Reichsstädte und der kleineren Fürsten. Auf ein Ultimatum Napoleons hin legte Ks. Franz II. am 6.8.1806 die römisch-dt. Kaiserkrone nieder und erklärte das Kaiserreich nach fast 1 000-jähriger Dauer für beendet.

Der Rheinbund 1806 – 1813

Nach der preußischen Niederlage 1806 traten die übrigen deutschen Staaten – bis auf Preußen, Österreich, Dän. Holstein und Schwed. Pommern – dem Rheinbund bei. Dieser zählte auf seinem Höhepunkt 1808 39 Staaten mit 325 800 km² und 14,61 Mio. Einw. Das deutsche Truppenkontingent stieg von 63 000 (1806) auf 119 250 Mann. Es marschierte gegen Österreich (1808), Russland (1812) und die preuß.-russ. Koalition (1813). Nach der Niederlage Napoleons *bei Leipzig* am 16. – 19.10.1813 brach der Rheinbund auseinander. Seine Mitglieder suchten Existenz und Besitzstand durch rechtzeitigen Übertritt zur antinapoleonischen Koalition zu sichern.

B. Biberach
G. Gmünd
H. Hildesheim
M. Mergentheim (Dt. Orden)
Re. Reutlingen
Ü. Überlingen
W. Weingarten (zu 9)
A
B
0 50 100 150 200 km
KGR. DÄNEMARK
Rügen
Ostsee
Nordsee
Schleswig
Helgoland (1807 brit.)
Kiel
Holstein
Lübeck
Stralsund
Schwed.-Pommern
Rostock
Greifswald
Wismar
HZM. MECKLENBURG-SCHWERIN
Schwerin
Kolberg
Pommern
Jever (russ.)
Ostfriesland
Stade
Hamburg
Neustrelitz
Stettin
Netzedistrikt
Groningen
KGR. HOLLAND 1806
HZM. OLDENBURG
Bremen
Lüneburg
Verden
Elbe
Havel
KGR. PREUSSEN
Hannover (1805/06 preuß.) (1806 frz. besetzt)
Brandenburg
Weser
Oder
Netze
Warthe
Stendal
Berlin
Potsdam 1805
Küstrin
Süd-preußen
Posen
Osnabrück
Hannover
Minden
Braunschw.
H.
HZM. BRAUNSCHWEIG
Magdeburg
Frankfurt
Ems
zu Berg
Goslar
Münster
Wesel
Dortmund
Paderborn
Dessau
Wittenberg
Cottbus
Glogau
Essen
Mark
Göttingen
Nordhausen
Halle
Leipzig
Torgau
Spree
Neiße
Schlesien
Düsseldorf
Kassel
Mühlhausen
KFSM. SACHSEN (seit 1807 Kgr.)
Görlitz
Breslau
Köln
Aachen
GHZM. BERG 1806
KFSM. HESSEN
Gotha
Weimar
Erfurt
Saale
Dresden
Schweidnitz
Bonn
THÜRINGISCHE FSMER.
Zittau
HZM. NASSAU
Wetzlar
GHZM. HESSEN 1806
Fulda
Zwickau
Glatz
Rhein
Koblenz
Coburg
KSR. FRANKREICH 1804
Frankfurt
Schweinfurt
Main
Eger
Prag
Mosel
Mainz
Aschaffenburg
Bayreuth
Elbe
Darmstadt
Trier
Worms
Würzburg
Bamberg
Böhmen
Pilsen
Nürnberg
KSR.
Mannheim
Speyer
Amberg
Iglau
Mähren
Saarlouis
Landau
Hall
Rothenburg
Ansbach (1806 bayr.)
KGR.
Brünn 1805
Weißenburg
Heilbronn
Karlsruhe
Moldau
Austerlitz
Rastatt
Ellwangen
Eichstätt
Regensburg
KGR. WÜRTTEMBERG 1805
Kehl (frz.)
Stuttgart
Nördlingen
ÖSTERREICH
Straßburg
GHZM. BADEN 1806
Donau
Lech
BAYERN 1805
Passau
Nieder-
Ulm
Re. 1805
Freising
Isar
Ober-
Linz
Donau
Schönbrunn
Preßburg 1805
Augsburg
Braunau
Wien 1805
Colmar
Rottweil
Inn
Lambach
Österreich
Memmingen
München
Mülhausen
Kaufbeuren
Kempten
Salzburg
Ödenburg
Basel
Konstanz
Bodensee
Wangen
Lindau
Zürich
St. Gallen
Innsbruck
Salzburg (1805 österr.)
FSM. NEUCHÂTEL 1805
Luzern
FSM. LIECHTENSTEIN
Bern
HELVETISCHE REP.
Chur
Brixen
Kärnten
Drau
Tirol (1805 bayr.)
Genfer See
Rhône
Sitten
REP. WALLIS
Bellinzona
Etsch
Venetien (1805 an Italien)
Görz
Trient
KGR. ITALIEN 1805
Triest
1 HZM. MECKLENBURG-STRELITZ
2 HZM. AREMBERG
3 FSM. SALM
4 FSM. LIPPE-DETMOLD
5 FSM. WALDECK
6 FSMER. ANHALT
7 FSM. ISENBURG
8 FSM. ASCHAFFENBURG
9 FSM. ORANIEN-NASSAU
10 KFSM. WÜRZBURG 1805
11 FSM. VON DER LEYEN (Geroldseck)
12 FSMER. HOHENZOLLERN
Ksr. Frankreich (seit 1804)
frz. Feldzug 1805 (Hauptarmee) gegen die 3. Koalition
Kaiserreich Österreich 1806
Grenze des Rheinbundes
– bei seiner Gründung (Juli 1806)
– Erweiterung 1807
Hamburg Freie Hansestadt
Königreich Preußen im Juli 1806 (1805/06 Erwerbung Hannovers)
F Gebiete des Fürstprimas
Gebiet des Deutschen Ordens

126 Deutschland um 1812 – Napoleonische Kriege 1806–1812

Im Namen Napoleons.
Das Monogramm des Korsen auf den Rohren seiner Artillerie. Die Kriege wurden nicht allein um der Ehre Frankreichs willen geführt, sondern auch für die Hegemonie Napoleons in Europa.

Das Ende des Heiligen Röm. Reiches 1806

Napoleons Kaiserkrönung hatte es 1804 angedeutet, die ***Rheinbundgründung*** und die erzwungene ***Niederlegung der deutschen Kaiserkrone*** [→ 124] machten es vollends offenkundig: Napoleon erstrebte die Hegemonialherrschaft über Europa. Diesem Vorhaben widersetzten sich in Europa, außer Preußen und Österreich, v.a. England und Russland.

Die preußische Katastrophe 1806/07

Das durch den Rheinbund isolierte Preußen machte im Sommer 1806 überstürzt mobil (9.8.) und forderte Napoleon zum Rückzug aus Deutschland auf (26.9.). Der darauf folgende ***4. Koalitionskrieg**** endete am **9.7.1807** im ***Frieden von Tilsit***, der Preußen große Gebietsabtretungen aufzwang, nämlich alle links(west-)elbischen Gebiete sowie alle Erwerbungen aus der Zweiten und Dritten Polnischen Teilung (1793 und 1975).

4. Koalitionskrieg 1806/07. Nur Sachsen, Braunschweig und Sachsen-Weimar traten auf Preußens Seite. Napoleon konnte die Vereinigung der preußischen Hauptarmee unterbinden; er siegte nach Gefechten bei *Schleiz* (9.10.) und *Saalfeld* (10.10.1806) in der ***Doppelschlacht von Jena und Auerstedt*** am 14.10.1806 und besetzte am 27.10. die preußische Hauptstadt Berlin.

Wenn Preußen auch die Hälfte seines bisherigen Staatsgebiets verloren hatte, so fand es doch trotz der bitteren Niederlagen in den folgenden Jahren die Kraft zu grundlegenden inneren ***Reformen****.

Reformen in Preußen 1807–14. Sie begannen mit der so genannten **Bauernbefreiung 1807–10**, also der Aufhebung der Erbuntertänigkeit der Bauern (9.10.1807) und der Abschaffung der Leibeigenschaft (28.10.1807). Bis 1810 folgte die Grundentlastung (Allodifikation) des Bauernlandes. Die fälligen Ablösungsgelder (Entschädigung) an die Herren konnten auch durch Landabtretungen der Bauern abgegolten werden, was zur Verringerung der Zahl der Bauern oder zur Verschlechterung ihrer wirtschaftlich-sozialen Situation führte.

Es folgte die **Städteordnung vom 19.11.1808**, welche den Städten kommunale Selbstverwaltung mit *Magistrat* und *Stadtverordnetenversammlung* unter staatlicher Aufsicht sowie den Städtebewohnern ein einheitliches Bürgerrecht verlieh.

1813, endgültig aber am 3.9.1814, folgte die Einführung der **Allgemeinen Wehrpflicht**. Alle Staatsbürger waren nun nach Vollendung des 20. Lebensjahrs zum Wehrdienst verpflichtet. Exemtionen (Freistellungen) oder Stellvertretungen waren fortan nicht mehr möglich.

Der Zusammenbruch Österreichs 1809

Österreich hatte sich nach 1805 u.a. durch eine umfassende Heeresreform regeneriert. Am ***10.4.1809*** marschierte es in Bayern und der Oberpfalz ein. Doch Napoleon war rasch aus Spanien zur Stelle: Siege bei *Regensburg*, *Besetzung Wiens* (13.5.), *Niederlage bei Aspern* (21./22.5.) aber *Sieg bei Wagram* (5./6.7.) über Erzherzog Karl. Der ***Friede von Schönbrunn**** (14.10.) reduzierte Österreich auf den Status einer zweitrangigen europäischen Macht.

Friede von Schönbrunn. Abtretung von insgesamt ca. 2000 km² mit 3,5 Mio. Einw.: An Bayern: Berchtesgaden, Salzburg, Inn- und Hausruckviertel; an Italien: u.a. Görz, Monfalcon, Triest, Krain; an Sachsen: böhmische Enklaven; an Russland: Teile Ostgaliziens; an Ghzm. Warschau Krakau und der Zamoscer Kreis.

Es billigte die *Auflösung des Deutschen Ordens*, trat der ***Kontinentalsperre*** bei, zahlte hohe *Kriegsentschädigungen*, beschränkte sein Heer und distanzierte sich vom *Tiroler Volksaufstand* unter Andreas Hofer gegen Bayern. Dieser brach dann aber erst nach mehreren ***Schlachten am Bergisel*** Ende November sowie mit der Gefangennahme und Erschießung Hofers in Manua zusammen.

Die Kontinentalsperre 1806–13

Napoleons hartnäckigster Gegner war Großbritannien (England). Als Insellage sowie Kolonial- und Seemacht alle französischen Angriffe scheitern ließen (Niederlagen bei *Abukir* 1798 und *Trafalgar* 1805), versuchte Napoleon Großbritannien durch eine ***Kontinentalsperre****, der sich anfangs auch Russland anschloss, in die Knie zu zwingen.

Kontinentalsperre. Am 21.11.1806 verhängte Napoleon ein totales *Handelsembargo* über die britischen Inseln. Allen europäischen Häfen war der Import von Waren aus und der Export von Waren nach England untersagt. Gegen den sofort einsetzenden Schmuggel, z.B. mit engl. Kolonialwaren, mussten die jeweiligen Landesbehörden mit harter Bestrafung und öffentlicher Verbrennung der beschlagnahmten Konterbande reagieren.

Die Katastrophe – Russlandfeldzug 1812

Nach der frz.-russ. Annäherung im *Frieden von Tilsit* 1807 und auf dem ***Erfurter Fürstentag**** von 1808 kühlte sich das gegenseitige Verhältnis bald wieder ab, v.a. nachdem Napoleon Holland und weite Teile Norddeutschlands, darunter das mit Russland dynastisch liierte Fürstentum Oldenburg annektiert und Frankreich eingegliedert hatte.

Erfurter Fürstentag 27.9.–14.10.1808. Von Napoleon in der (seit Tilsit 1807) frz. Stadt Erfurt arrangierter Fürstenkongress mit Frankreich und Russland sowie den Rheinbundstaaten. Er zeigte Napoleon als den wirklichen Herrscher Europas im Kreise des Zaren und von 34 Fürsten. Am 12.10. schlossen Napoleon und Zar Alexander einen Allianzvertrag, der Österreich einschüchtern und zur Abrüstung bewegen und Frankreich auf diese Weise Rückenfreiheit gegenüber den spanischen Aufständen verschafften sollte.

Als Zar Alexander I. dann am 31.12.1810 die Kontinentalsperre in Russland praktisch aufhob, plante Napoleon einen ***Russlandfeldzug****.

Russlandfeldzug. Am 24.6.1812 überschritt Napoleon mit 610 000 Mann (davon Rheinbundtruppen: 119 250) bei Kowno den Grenzfluss Njemen und zog gegen das mit 370 000 Mann zahlenmäßig unterlegene Zarenreich. Nach großartigen Siegen bei Smolensk (17.8.) und Borodino (7.9.) zog er am 14.9. mit seiner Hauptarmee in Moskau ein. Als der Zar trotzdem kein Friedens- oder Verhandlungsangebot machte und ein Brand die Stadt Moskau, also das Winterquartier mit allen Vorräten, vernichtete (15.9.), musste Napoleon am 18.10. den Rückzug befehlen. Ein früher harter Wintereinbruch, zermürbende Hungersnöte und ständige Kosaken- und Partisanenattacken machten den Rückmarsch zur vollständigen Katastrophe und vernichteten die *Grande Armée* und mit ihr auch die deutschen Rheinbundtruppen; nur das preußische Hilfskorps, das bei der französischen Nordarmee stand, erlitt geringe Verluste.

Befreiungskriege 1813–15

Die schwere russische Niederlage Napoleons ermutigte viele Staaten Europas zum Bruch ihrer Bündnisse mit Frankreich und zum Anschluss an die sog. ***Befreiungs- oder Freiheitskriege****.

Befreiungs- oder Freiheitskriege. Traditionelle Bezeichnung für den Freiheitskampf der deutschen Staaten, insbesondere Preußens und Österreichs sowie ihrer Verbündeten, vor allem Russlands, Schwedens und Großbritanniens, gegen die Napoleonische Herrschaft, an dem auch zahlreiche deutsche Freiwilligenverbände teilnahmen. Er endete mit dem Zusammenbruch der französischen Hegemonialherrschaft über Deutschland und Europa, begründete aber auch ein verändertes Selbstbewusstsein der Deutschen, die nun stärker nach Freiheit und Gleichheit verlangten und daher auf das Restaurationsprogramm des Wiener Kongresses 1814/15 mit Unzufriedenheit („Vormärz") reagierten.

Besonders groß war die Unzufriedenheit in Preußen, das sich im Pariser Traktat vom 24.2. zur Vorbereitung des Russlandfeldzugs mit Frankreich verbündet hatte und dessen König Friedrich Wilhelm III. (1770–1840) den Bruch scheute. Das Signal gab die ***Konvention von Tauroggen****, die den preußischen König am **28.2.1813** im ***Vertrag von Kalisch*** zum antinapoleonischen Bündnis mit Russland veranlasste.

Konvention von Tauroggen. Das eigenmächtige preuß.-russ. Abkommen des preußischen Generals Yorck mit dem russ. General Diebitsch vom ***30.12.1812*** bewog Preußen zum Abfall vom Bündnis mit Napoleon, dem der anfangs unentschlossene König Friedrich Wilhelm III. am 12.3.1813 durch den Aufruf „An mein Volk" nachträglich zustimmte.

Nach wechselhaften Schlachten im Frühjahr 1813 schlossen sich Österreich, Großbritannien, Schweden und Bayern der russisch-preußischen Koalition an, die zuletzt in der dreitägigen sog. ***Völkerschlacht bei Leipzig*** (16.–19.10.1813) einen klaren Sieg errang. Nun fiel auch der Rheinbund von Napoleon ab; die französische Herrschaft in Deutschland brach zusammen. Die Alliierten marschierten in Frankreich ein und zwangen Napoleon nach zahlreichen wechselhaften Schlachten im ***I. Friede von Paris*** (30.5.1814), zu Thronverzicht und Exil. Napoleons Rückkehr von Elba am 1.3.1815 und sein Versuch einer Restauration seiner Herrschaft scheiterten nach wechselnden Siegen bei *Ligny* und *Quatrebras* (16.6.1815) in der ***Schlacht bei Waterloo*** am **18.6.1815**. Im ***II. Frieden von Paris***, am **20.11.1815**, wurde Frankreich – dank des diplomatischen Geschicks des französischen Außenministers Talleyrand – nur auf die Grenzen von 1790 zurückgeführt.

128 Deutschland um 1812 – Napoleonische Kriege 1806–1812

Frankreich 1806/Annexionen bis 1810
Napoleons Feldzug gegen Preußen und Russland 1806/07
Preußen nach dem Frieden von Tilsit (1807)
Stettin preuß. Festung mit französ. Besatzung
Napoleons Feldzug gegen Österreich 1809
Österreich nach dem Frieden von Schönbrunn (1809)
Rheinbund (von Napoleon abhängige deutsche Staaten) 1810/12
von Napoleon oder seinen Verwandten regierte Staaten
Ghzm. Warschau 1807/09 (unter dem König von Sachsen)
Zug unter Führung Schills 1809
Befreiungskriege 1813/14
verbündete Truppen (Preußen, Russen, Österreicher, Schweden u. Engländer)
Waffenstillstandslinie und neutrales Gebiet (4.6.–17.8.1813)
Rückzug der französ. Armee nach der Völkerschlacht bei Leipzig (16.–18.10.1813)
französ. Nordgrenze nach dem 1. Pariser Frieden (1814)
Feldzüge 1815 nach Rückkehr Napoleons von Elba
KGR. SCHWEDEN
Bornholm
Rügen
Schwed.-Pommern (1811 frz. besetzt)
Greifswald
Kolberg 1806/07
Danzig
REP. DANZIG 1807
Westpreußen
Pommern
Stettin
Prenzlau 1806
KGR. PREUSSEN
Brandenburg
Berlin
Bernadotte 1813
Großbeeren
Küstrin
Frankfurt
Oder
Havel
Netze
Warthe
Posen 1806
Gnesen
Bromberg
Thorn
Graudenz
Soldau
Königsberg 1807
Tauroggen 1812
Tilsit 1807
Memel
Friedland 1807
Pr.-Eylau 1807
Bartenstein
Allenstein 1807
Goldap
Ostpreußen
Kowno 1812
Wilna
Litauen
Mariampol
Augustowo
Grodno
Njemen
nach Moskau
Białystok
1807 russ.
Drogitschin
Bug
Brest-Litowsk
Pripet
KSR. RUSSLAND
Pultusk 1806
Modlin
Warschau
Praga
Raszyn 1809
Weichsel
GHZM. WARSCHAU (1807 unter dem Kg. von Sachsen)
Kalisch 1813
Radom
Lublin
Westgalizien (1809 zu Warschau)
Sandomir 1809
Zamość 1809
San
Galizien
Tarnow
Lemberg 1809
Krakau
Tschenstochau
Cottbus
Glogau
Schlesien
Breslau 1813
Brieg
Oppeln
Beuthen
Kosel
Glatz
Poischwitz
Schweidnitz
Reichenbach 1813
Blücher
Katzbach
Bautzen 1813
Dresden 1813
Nollendorf 1813
Kulm
Teplitz 1813
Schwarzenberg
Spree
Neiße
Elbe
Prag 1813
Böhmen
Pilsen
Österr.-Schlesien
Teschen
Olmütz
Mähren
Iglau
Brünn
Austerlitz
Budweis
Moldau
Znaim 1809
Trentschin
Kremnitz
Schemnitz
KSR.
Hollabrunn
Dürnstein
Wagram 1809
Tyrnau
Nitra
Passau
Linz
Ried 1813
Wien 1814/15
Schönbrunn 1809
Aspern 1809
Pressburg 1805
Neuhäusel
Leitha
Donau
Gran
Raab
Ödenburg
Buda (Ofen)
Pest
ÖSTERREICH
Steiermark
Güns
Stuhlweißenburg
Graz
Plattensee
KGR. UNGARN
Kärnten
Klagenfurt
Drau
Marburg
Warasdin
Fünfkirchen
Illyrische Provinzen (1809 zu Frankr.)
Save
Laibach
Agram
Görz
Triest

Rangerhöhungen – Neue Kronen. *Das für repräsentative neue Herrschaftszeichen erforderliche Zubehör an Gold, Silber, Perlen und Edelsteinen stammte auch bei der bad. Großherzogskrone von 1806 aus klösterl. Säkularisationsgut.*

Die territoriale Situation vor 1802

Die territoriale Situation Südwestdeutschlands um 1800, also vor Säkularisation und Mediatisierung 1803–06, war gekennzeichnet durch eine unüberschaubare Fülle von kleinen und kleinsten Staatengebilden in extremer Streulage, durch den berühmt-berüchtigten von Napoleon beseitigten Flickenteppich. Das Herzogtum Württemberg wirkt zwar als regional zentrale und stärkste Macht, wurde aber tatsächlich in Schach gehalten durch die verstreuten Landesteile Vorderösterreichs mit der Regierung in Freiburg, der seit 1771 vereinigten Markgrafschaft Baden (braun) mit der Residenzstadt Karlsruhe und des seit 1777 vereinigten und von München aus regierten Kfsm. Pfalz-Bayern.

Die weiteren Adelsgebiete fallen wegen ihrer unterschiedlichen Flächenfärbungen nicht so kompakt ins Gesicht: Zu erwähnen sind das Fsm. Fürstenberg, die Fürstentümer Hohenzollern, Hohenlohe, Ansbach-Bayreuth und Waldburg. Kleinere Adelsherrschaften, insbesondere auch die nicht im Reichstag vertretenen Herrschaften der Reichsritterschaft, sind kaum zu unterscheiden.

Weitere dominante Gebiete waren trotz ihrer weiten Streulage die bevölkerungsreichen und wirtschaftsstarken Reichsstädte (rot) mit ihren Landgebieten. Noch mehr aber die geschlossenen Flächen der geistlichen Staaten, die im Norden mehr durch die Hochstiftsgebiete der Bistümer Mainz, Speyer, Straßburg und Würzburg, im Süden nahezu ausschließlich durch die Reichsstifte gebildet wurden.

Die territoriale Situation 1810

Diese Staatenlandschaft hatte bis 1810 ihr Gesicht komplett gewandelt. An die Stelle der Staatenvielfalt waren nach Napoleons Willen drei bzw. vier mittlere und große Flächenstaaten getreten, das Großherzogtum Baden, das Königreich Württemberg, die hohenzollerischen Fürstentümer und das Kgr. Bayern. Die geistlichen Staaten (Hochstifte, Klosterstaaten, Ritterorden) waren infolge der Säkularisationen ganz verschwunden, zuletzt 1809 der Deutsche Orden. Die kleinen Fürstenstaaten und die Kleinstaaten der Reichsritterschaft waren infolge der Rheinbundgründung 1806 und der damit Hand in Hand gegangenen ***Mediatisierung*** in die größeren Staaten integriert worden.

Letzte territoriale Veränderungen erfolgten in den ***Pariser Verträgen**** von 1810, in denen die Rheinbundstaaten auf Druck Napoleons die letzten Streitigkeiten untereinander aus der Welt zu schaffen gezwungen waren. Die allerletzte Grenzveränderung im deutschen Südwesten war 1819 die Eingliederung des 1815 von Österreich mediatisierten Fürstentums Geroldseck der Familie von der Leyen in das Großherzogtum Baden.

Pariser Verträge 1810.

14.1.1810 Frz.-westphäl. Vertrag: Vereinigung Hannovers mit dem 1807 gegründeten Kgr. Westphalen unter Napoleons Bruder Jérôme.

16.2.1810 Napoleon erhob die Besitzungen des Fürstprimas von Dalberg, vermehrt um die Fsmer. Fulda und Hanau zum Ghzm. Frankfurt.

28.2.1810 Frz.-bayer. Vertrag: Regensburg u. Mgft. Bayreuth fielen an Bayern, das dafür Südtirol an das Kgr. Italien abtreten musste.

18.5.1810 Bayer.-württ. Vertrag: Grenzbereinigungen.

8.9.1810 Bad.-hess. Vertrag: Baden trat die Ämter Amorbach, Miltenberg und Heubach an Hessen ab.

2.10.1810 Vertrag zwischen Baden und Württemberg: Baden erhielt u.a. die Landgrafschaft Nellenburg um Stockach.

Größe, aber auch wirtschaftliche und militärische Stärke der neuen Staaten im deutschen Südwesten sollen von Napoleon – untereinander und gegenüber Frankreich – genau abgestimmt worden sein. Baden sollte klein bleiben, um niemals ein ernsthafter Grenznachbar Frankreichs zu sein. Württemberg, flächenmäßig etwa doppelt so groß wie Baden, sollte Bayern im Osten in Schach halten. Dieses wiederum, doppelt so groß wie Württemberg, sollte ein gewichtiger Faktor gegenüber dem habsburgischen Kaiserreich von 1804 im Osten sein.

1 Kurfürstentum Mainz
2 Hochstift Würzburg
3 Hochstift Speyer
4 Hochstift Straßburg
5 Hochstift Konstanz
6 Abtei St. Blasien
7 Grafschaft Hohenberg
8 Lgft. Nellenburg
Deutscher Orden
Johanniterorden
Lgft. Hessen-Darmstadt
GHZM. HESSEN
Gft. Erbach
Worms
Erbach
Amorbach
Wertheim
Würzburg
Ochsenfurt
Windsheim
Weikersheim
Mergentheim
Rothenburg
Schillingsfürst
Mannheim
Heidelberg
Kfsm. Pfalz
Speyer
Schöntal
Philippsburg
Wimpfen
Fsmer./Gftn. Hohenlohe
Öhringen
Waldenbg.
Schwäb. Hall
Mgft. Ansbach (preuß.)
Bruchsal
Kraichgau
Heilbronn
Löwenstein
Karlsruhe
Durlach
Dinkelsbühl
FRANKREICH
REP. 1804 KSR. 1814 KGR.
Mgft. Baden
BADEN
Hohenasperg
Enz
Neckar
Ludwigsburg
Gft. Limpurg
Fürstpropstei Ellwangen
Ellwangen
Gft. Oettingen
Rastatt
Solitude
Stuttgart
Schwäb. Gmünd
Aalen
Bopfingen
Nördlingen
Esslingen
Baden
Weil d. St.
Neresheim
Heidenheim
Rhein
Hzm. Württemberg
KGR. WÜRTTEMBERG
Straßburg
Kehl
Giengen
Wiesensteig
Tübingen
Urach
Offenburg
Freudenstadt
Rottenburg
Reutlingen
Gengenbach
Elchingen
Donau
Haigerloch
Hechingen
Söflingen
Ulm
Zell
HOHENZOLLERN
FSMER.
Hohenzollern
Mgft. Burgau
Wettenhausen
Roggenburg
Ursberg
Ebingen
Zwiefalten
Marchtal
Rottweil
Mgft. Hochberg
Biberach
Iller
Ochsenhausen
Sigmaringen
Breisach
Buchau
Rot
Freiburg
Tuttlingen
Schussenried
Memmingen
Gftn. Waldburg (1803–06 Fsmer.)
Wurzach
Donaueschingen
Fsm. Fürstenberg
Ottobeuren
Zeil
Breisgau
Pfullendorf
Heitersheim
Lgft. Breisgau
Wolfegg
Leutkirch
Altdorf
Weingarten
Fürstabtei Kempten
St. Blasien
Hegau
Überlingen
Ravensburg
Salem
Lgft. Sausenberg
Singen
Birnau
Weißenau
Kempten
Wutach
Meersburg
Schaffhausen
Wangen
Isny
Lörrach
Klettgau
Konstanz
Buchhorn
Bodensee
Gft. Bregenz
Gft. Rothenfels
Lindau
Basel
1802 helvet.
HELVETISCHE REP. SCHWEIZ
BAYERN
KGR. BAYERN
Territorien vor 1803:
Herzogtum Württemberg
Markgrafschaft Baden
Fürstentümer Hohenzollern
Fürstentum Fürstenberg
Fürstentümer Hohenlohe
Kurfürstentum Bayern
österreichische Gebiete
Geistliche Gebiete
Reichsstädte und ihre Territorien
sonstige Herrschaften
Territoriale Veränderungen bis 1810 (bestätigt auf dem Wiener Kongress 1815):
Grenzen von Baden und Württemberg
Fürstentümer Hohenzollern -Hechingen u.-Sigmaringen
Karlsruhe Hauptstadt 1810/15
1 Fsm. Geroldseck (1819 zu Baden)
0 25 50 km

Bayerisches Königswappen 1806. *Zwei rotbezungte und rotbewehrte schreitende Löwen halten den mit der Königskrone gezierten quadrierten Schild, belegt mit dem goldenen pfälz. Löwen, den fränk. Spitzen, dem blauen altbayer. Panther und den stauf. (schwäb.) Leoparden sowie den wittelsbach. Wecken im Herzschild.*

Das Pfälzer Erbe 1778

Nach dem kläglichen Scheitern des Wittelsbacher Kaisertums Karls VII. (*1697, Ks. 1742–45) schien ein weiterer polit. Aufstieg dieses Hauses blockiert. Zum Glücksfall Bayerns wurde 1778 das Erlöschen der Münchener Linie. ***Kf. Karl Theodor*** (*1724, 1778–99) vereinigte nun die Kurpfalz(-Neuburg) wieder mit Bayern. Nach seinem Tode fiel Pfalz-Bayern an ***Kf. Maximilian IV. Joseph von Zweibrücken-Birkenfeld*** (*1756, 1795–1825).

Gewinne durch den RDH 1803

Als die ***Koalitionskriege*** (1792–97, 1799–1801) scheiterten, kam es zur Abtretung des linken Rheinufers an Frankreich. Die betroffenen Reichsstände – auch Bayern, das wie andere rechtzeitig auf Napoleons Seite getreten war – wurden im ***Reichsdeputationshauptschluss*** (RDH) vom **25.2.1803** [→ 123] durch ***Säkularisation und Mediatisierung**** reich belohnt.

Säkularisation und Mediatisierung – Bayer. Gewinne
Bistümer/Hochstifte: Augsburg, Bamberg, Eichstätt, Freising, Passau, Würzburg.
Abteien/Propsteien (13): Ebrach, Elchingen, Irrsee, Kaisheim, Kempten, Ottobeuren, Roggenburg, St. Ulrich, Söflingen, Ursberg, Waldsassen, Wengen u. Wettenhausen.
Reichsstädte und -dörfer (Rd) (17): Bopfingen, Buchhorn, Dinkelsbühl, Gochsheim (Rd), Kaufbeuren. Kempten, Leutkirch, Nördlingen, Memmingen, Ravensburg, Rothenburg, Sennfeld (Rd), Schweinfurt, Ulm, Wangen, Weißenburg, Windsheim und die Freien der Leutkircher Heide. (RDH § 2)

Für die linksrhein. Verluste – Rheinpfalz, Hzmer. Zweibrücken-Simmern und Jülich, insgesamt 14 343 km² mit 730 000 Einw. – erwarb Bayern 16 312 km² mit 880 000 Einw. Hinzu trat § 35 RDH, der die Säkularisation der bisher landständischen bayerischen Klöster erlaubte, die den Landesherren im bayer. Landtag seit jeher polit. widerstrebt hatten.

Bayern als Parteigänger Napoleons

Im ***Pressburger Frieden 1805*** erhielt es Tirol mit Brixen und Trient, Vorarlberg, die Mgft. Burgau, restliche Teile Eichstätts und Passaus sowie schwäb. Gebiete mit Augsburg. Dafür trat es Würzburg ab, das Ehz. Ferdinand von Toscana als Ghzm. (bis 1814) erhielt.

Am ***1.1.1806*** wurden die alt- und neubayer. Landesteile zum ***Königreich*** zusammengefasst, das am 12.7.1806 dem ***Rheinbund*** beitrat [→ 124]. Weitere Gnadenerweise Napoleons blieben nicht aus: Nürnberg und Ansbach im Tausch gegen Berg sowie ehem. souveräne Fürstentümer, Reichsgrafschaften und Reichsritter in Franken und Schwaben.

Korrekturen erfolgten nach dem frz.-österr. Krieg und dem Tiroler Aufstand. Im ***Vertrag von Schönbrunn*** vom ***14.10. 1809*** trat Bayern Südtirol an Italien, Ulm an Württemberg und Teile Mainfrankens an das Ghzm. Würzburg ab und erhielt dagegen Bayreuth, Regensburg, Hzm. Salzburg, Berchtesgaden, das Inn- und einen Teil des Hausruckviertels.

Bayern auf Seiten der Napoleongegner

Am 8.10.1813 kündigte Bayern den Rheinbund, verbündete sich im *Vertrag von Ried* mit Österreich und erklärte am 10.10. Frankreich den Krieg. Nach der ***Völkerschlacht bei Leipzig 1813*** gab es Tirol, Vorarlberg, das Inn- und Hausruckviertel sowie den größten Teil Salzburgs gegen Würzburg, Aschaffenburg und (den späteren Regierungsbezirk) Pfalz an Österreich zurück, endgültig im *Münchener Vertrag* vom 14.04.1816. Zur selben Zeit wurde Bayern durch die ***Reformen des Grafen Montgelas**** zum modernen Staat.

Reformen Maximilian Josephs Graf Montgelas (*1759, 1796–1817, †1838). Grundforderungen des bayer. Finanz-, Innen-, Kultus- und Außenministers M. zielten auf Gleichheit vor dem Gesetz, in der Besteuerung, Religionsausübung (Toleranz) und Ämterzugang. Seine egalitäre (Aufhebung der Leibeigenschaft und adligen Privilegien) und zentralistische (Aufhebung der Stände sowie adligen und kirchl. Privilegien, Kreiseinteilung) Politik machte ihn unbeliebt, förderte aber die Verschmelzung Alt- und Neubayerns. Außenpolit. vertrat er bis 1813 die Anlehnung an Frankreich, erreichte aber im *Vertrag zu Ried* den Ausgleich mit Österreich. Auf dem Wiener Kongress war er für größtmögliche Souveränität Bayerns im *Deutschen Bund*. 1817 wurde er gestürzt.

Bayerns (1789–1816)

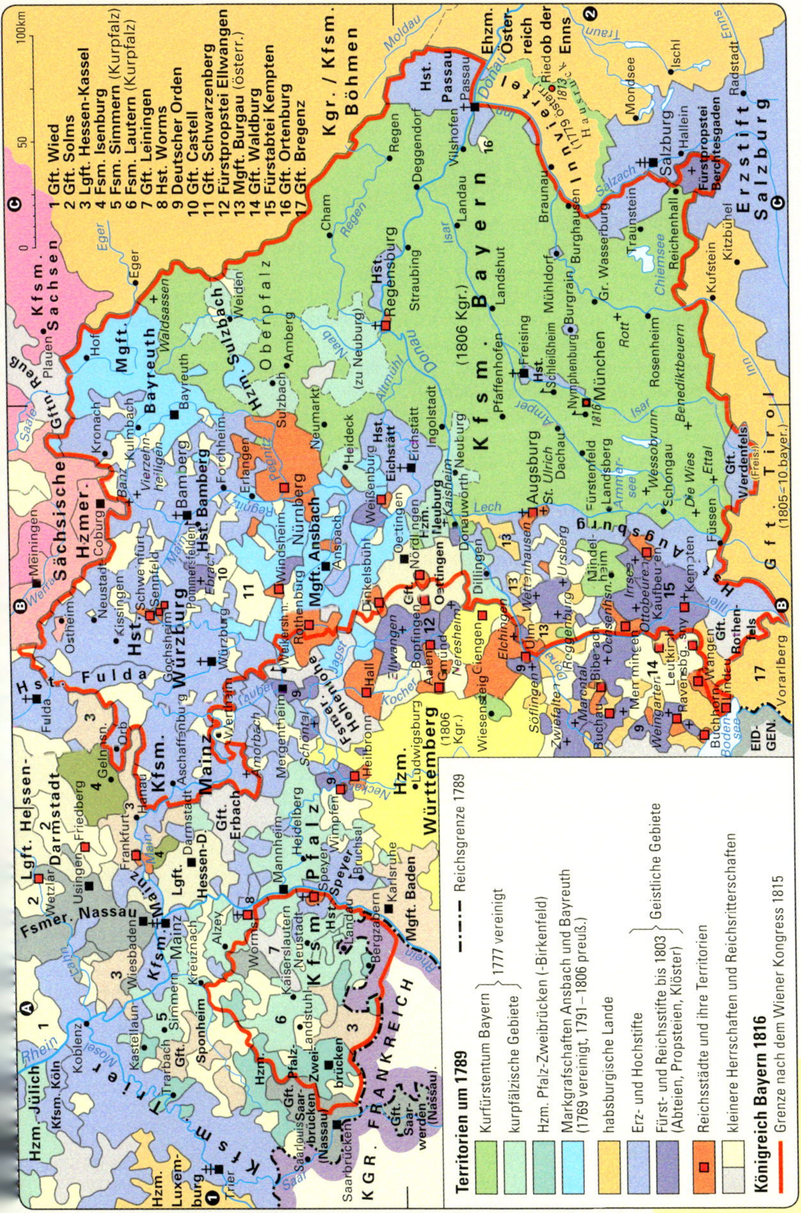

Königreich Hannover. *Auch nach 1837 führten die Hannoveraner das quadrierte großbritann. Wappen: Leoparden (England), Löwe (Schottland) und Harfe (Irland). Darüber das kurfürstl.-hannov. Wappen (seit 1692): Leoparden (Braunschweig), Löwe (Lüneburg) und Ross (Niedersachsen) und im Herz die Kaiserkrone.*

Das Kfsm. Hannover 1692/1705 – 1866

Die Geschichte der welfische Familie und ihrer Länder ist bis um 1700 wegen der zahlreichen Teilungen, Unterteilungen und Wiedervereinigungen nahezu unübersichtlich.

Eine neue Phase begann mit ***Hz. Ernst August von Calenberg*** (1679 – 98). Durch Erbvertrag mit dem Bruder ***Hz. Georg Wilhelm*** (1648/65 – 1705) sicherte er sich die Anwartschaft auf das Hzm. Lüneburg und dessen 1692 erlangte (1708 bestätigte) ***9. Kurwürde mit dem Erzbanneramt*** (später nach der Residenzstadt auch ***Kfsm. Hannover*** genannt). Sein vom Kaiser bestätigtes ***Hausgesetz von 1683*** setzte (1679 – 98) für Calenberg und das 1705 damit vereinigte Hzm. Lüneburg ***Unteilbarkeit*** und ***Erstgeburtsrecht (Primogenitur)*** fest. Durch seine Heirat mit einer Enkelin Kg. Jakobs I. von England erwarb er einen Anspruch auf die Thronfolge in Großbritanniens, die 1714 eintrat und bis 1837 England in ***Personalunion*** mit Hannover verband.

Die Wiedervereinigung Lüneburgs mit Calenberg wurde durch weitere Erwerbungen abgerundet: 1689 Herzogtum Sachsen-Lauenburg, 1700 Herrschaft Wildeshausen, 1719 Kauf der (schwed.) Herzogtümer Verden und Bremen, 1731 Hadeln, 1741 Amt Blumenthal und das Gericht Neuenkirchen sowie 1752 Reichsgrafschaft Bentheim.

Die Französische Revolution verschärfte den Gegensatz zw. Großbritannien und Frankreich; von der kontinentalen Hegemonie Napoleons wurde besonders Hannover unter Kg. und Kf. ***Georg III.*** (*1738, 1760 – 1820) schwer in Mitleidenschaft gezogen.

Zwar gewann Hannover im *RDH 1803* das Bm. Osnabrück, war jedoch zwischen 1803 und 1813 von den Franzosen besetzt und im *Frieden von Tilsit* 7.– 9.7.1807 staatlich zerschlagen. Der S kam zum *Kgr. Westphalen*, der N kam unter frz. Militärverwaltung und zählte zw. 1810 und 1813 zum Ksr. Frankreich.

Nach der Befreiung Ende 1813 wurde das Kurfürstentum Hannover am 12.10.1814 auf dem Wiener Kongress wiederhergestellt und zum ***Königreich*** erhoben. Das diplomatische Geschick seines Staatsministers Ernst F.H. Graf zu Münster (†1839) verschaffte ihm beträchtliche territoriale Gewinne: Bistum Hildesheim, Reichsstadt Goslar, Untereichsfeld, Nieder-Lingen, Gft. Bentheim, Meppen, Emsland und (im Tausch gegen Lauenburg) das preußische Ostfriesland. Hannover war damit zum führenden norddt. Staat geworden, bis es 1866 von Preußen annektiert wurde.

Herzogtum Braunschweig-Wolfenbüttel

Dem Fürstentum Wolfenbüttel waren bei der Teilung 1635 ca. 2/7 des Welfenbesitzes zugefallen. Dieser bestand aus drei getrennten Landesteilen mit den Kreisen Braunschweig, Wolfenbüttel und Helmstedt sowie Gandersheim und Holzminden und dem Harzkreis Blankenburg. Die Hauptstadt war seit 1671 Braunschweig. Das Fürstentum wurde nicht mehr wesentlich erweitert. Die *Nebenlinie* Bevern (seit 1667) erbte 1735 die Hauptlinie.

Die napoleon. Ära brachte auch für Braunschweig drastische Veränderungen. Herzog Karl Ferdinand (1780 – 1806) musste als Oberbefehlshaber der preuß.-sächs. Truppen nach der preuß. Niederlage 1806 fliehen. Sein Land wurde 1807 *(Frieden von Tilsit)* dem ***Königreich Westphalen**** einverleibt und 1813 wieder restituiert. 1884 erlosch das Haus.

Kgr. Westphalen 1807 – 1813. Aufgrund des ***Friedens von Tilsit*** 1807 wurde am 18.8.1807 für Napoleons Bruder Jérôme Bonaparte *(Kg. Lustig)* durch die völlige oder teilw. Zerschlagung der Welfenstaaten, Kurhessens und Preußens das ***Kgr. Westphalen*** gebildet. Es umfasste: das ***südliche Kfsm. Hannover*** (Göttingen, Grubenhagen, Osnabrück u. Clausthal) sowie das ***Hzm. Wolfenbüttel***, Kurhessen (ohne Hanau, Schmalkalden und die Gft. Katzenellenbogen), Teile des Kgr. Sachsen (Gft. Mansfeld, Ämter Barby, Gommern, Querfurt, Treffurt), Fsm. Corvey, Gft. Rietberg, preuß. Gebiete (Altmark, Eichsfeld, Goslar, Halberstadt, Hildesheim, Hohnstein, Magdeburg, Minden, Mühlhausen, Münster, Nordhausen, Paderborn, Quedlinburg, Ravensberg und Stolberg-Wernigerode).

Das napoleon. Satellitenreich mit seinen 40 000 km² und etwa 2 Mio. Einw. trat dem Rheinbund bei. 1809 scheiterten Aufstände; nach 1813 wurde es aufgelöst.

Territorien 1789

- Kfsm. Hannover (seit 1714 in Personialunion mit Großbrit.)
- Hzm. Braunschweig (-Wolfenbüttel)
- Kondominion Hannovers und Braunschweigs
- Hzm. Oldenburg (bis 1774 Gft.)
- preußische Gebiete
- Lgft. Hessen-Kassel
- geistliche Gebiete
- Reichsstädte u. ihre Territorien
- kleinere Herrschaften

Territoriale Veränderungen 1803/15

- Teilungsgrenze zwischen dem Ksr. Frankreich und dem Kgr. Westphalen (1810–13)
- Grenzen der Staaten nach dem Wiener Kongress 1815
- Gebietserwerbungen des Kgr. Hannover 1815

1 **Herrschaft Jever** (zu Anhalt-Zerbst, 1793–1807/18 russ.)
2 **Herrschaft Knyphausen**
3 **Gft. Tecklenburg**
4 **Gft. Steinfurt**
5 **Herrschaft Rheda**
6 **Gft. Rietberg**
7 **Gft. Schaumburg-Lippe**
8 **Gft. Pyrmont** (zu Waldeck)
9 **Abtei Corvey** (1792–1803 Hst.)
10 **Fsm. Blankenburg**
11 **Abtei Quedlinburg**

* seit 1648 welfische Alternation

B. Benneckenstein *W. Walkenried*
C. Clausthal Z. Zellerfeld
G. Gandersheim

136 Der Deutsche Bund nach dem Wiener Kongress (1815) –

Das *„**Palais Thurn und Taxis**" in Frankfurt am Main war Sitz des Bundestages.*

An Stelle des 1806 untergegangenen *Heiligen Römischen Reiches deutscher Nation* wurde durch den ***Wiener Kongress*** (1815) der ***Deutsche Bund*** als Kernstück der polit. Neuordnung Mitteleuropas aus der Taufe gehoben. Die Gestaltung der polit. und geograph. Mitte Europas war zentral für die Schaffung eines ***europäischen Gleichgewichts*** (Balance) und die Erhaltung des ***status quo*** (lat. *gegenwärtiger Zustand*, hier bezogen auf die staatliche Ordnung), die eine erneute Hegemonie *(Vorherrschaft)* einer Großmacht auf dem europ. Kontinent verhindern sollte. Als loser *Staatenbund* war er ein reines Defensivbündnis, das dt. und außerdt. Mächte (England, Dänemark, Niederlande) mit einband. Darüber hinaus entwickelte sich der Deutsche Bund zum wichtigsten Träger der ***Restauration***, zum Bollwerk gegen die nat. und liberale Bewegung, deren Hoffnungen auf Regelungen nach dem Prinzip der nat. Selbstbestimmung enttäuscht wurden.

Territoriale Regelungen

Trotz der Betonung der ***Restauration*** der politischen Ordnung der Zeit vor der französischen Revolution durch die Rückkehr der gewaltsam vertriebenen Dynastien wurde nicht versucht, die territorialen Verhältnisse vor der großen napoleonischen *„Flurbereinigung"* wiederherzustellen. ***Baden*** und ***Württemberg*** behielten ihre Zugewinne aus der Rheinbundzeit. ***Bayern*** erhielt das Großherzogtum Würzburg, das Fsm. Aschaffenburg und die linksrheinische Pfalz. Es musste Tirol mit Vorarlberg, Salzburg, das Inn- und Hausruckviertel an *Österreich* zurückgeben.

Barrierestaat gegen Frankreich bildete neben den ***Vereinigten Niederlanden*** (ergänzt um das ehem. österr. Belgien) v. a. ***Preußen****, das mit der Rheinprovinz und Westfalen weit nach W vorrückte und damit aus zwei geopolit. unverbundenen Teilen bestand.

Der preußische Adler mit zwei getrennten Flügeln. Der preußische Landblock im W war ohne Verbindung zu den Stammlanden östlich der Elbe. Das Interesse des Königreiches an der Vereinigung seiner beiden Gebietsteile begründete auch seine besondere Rolle als Motor der wirtschaftlichen und polit. Einigung Deutschlands.

Preußen erhielt Vorpommern (Insel Rügen) von Dänemark und nach der Lösung der ***polnisch-sächsischen Frage**** Nordsachsen. Während das preuß. Staatsgebiet nach W verlagert wurde, wuchs ***Österreich*** im O und S aus Deutschland heraus. Österreich erhielt, die Illyr. Provinzen (das westl. Kärnten, Krain, Triest, Istrien, Dalmatien) und gewann den größten Teil Oberitaliens (Lombardei, Venetien). Es gab seine Besitzungen am Rhein endgültig auf. ***Polen*** blieb ohne eigene Staatlichkeit (vierte poln. Teilung) bis auf die Republik Krakau (1846 Österreich angeschlossen).

Die poln.-sächs. Frage. Gegensätzliche Forderungen Russlands und Preußens in Polen führten den Kongress an den Rand eines europ. Krieges (3.1.1815 österr.-brit.-frz. Geheimbündnis). Zur Beilegung des Konflikts erfolgte die Teilung Sachsens (die nördl. Hälfte mit 60% der Bevölkerung an Preußen) – Russland erhielt das Hzm. Warschau als „Königreich-Polen" (Kongress-Polen).

Die ewigwährende Neutralität der Schweiz. Am 20.11.1815 unterzeichneten die fünf Großmächte eine Deklaration, in der sie die immerwährende Neutralität der Schweiz anerkannten und die Unverletzlichkeit ihres Territoriums in den neuen Grenzen garantierten.

Die Mitglieder des Deutschen Bundes

Ihm gehörten 35 souveräne Fürstentümer und vier freie Städte an. Auch auswärtige Mächte waren Teil des Deutschen Bundes: ***Großbritannien*** durch die Personalunion mit dem neuen Kgr. Hannover (beträchtlich vergrößert gegenüber dem alten Kurfürstentum; 1837 endete die 123 Jahre währende Personalunion mit England). Auch nichtdt. Gebiete der ***Niederlande*** und ***Dänemarks*** wurden dem Deutschen Bund zugeschlagen, so dass deren Herrscher ein Mitspracherecht erhielten. Preußen und Österreich gehörten dem Dt. Bund nur mit den Gebieten an, die 1806 Teil des Hl. Röm. Reiches gewesen waren.

„Mitgliederschwund" im Deutschen Bund. 1849 gingen die beiden Fsmer. Hohenzollern-Hechingen und Hohenzollern-Sigmaringen per Staatsvertrag in Preußen auf; 1863 erfolgte die Vereinigung der gesamten anhalt. Länder (A.-Bernburg, A.-Köthen) mit Anhalt-Dessau.

Neuordnung der thüringischen Staaten (1826)

Die Verfassung des Deutschen Bundes
Durch die ***Bundesakte*** vom 8.6.1815 wurde der Deutsche Bund gegründet (endgültige Gestalt durch die ***Wiener Schlussakte*** vom 15.5.1820). Als zentrales Organ fungierte ein Gesandtenkongress in Frankfurt unter dem Vorsitz des österreichischen Präsidialgesandten. Enthielt der Artikel 19 der Bundesakte noch ein vages Verfassungsversprechen für die Einzelstaaten, legte sich der Deutsche Bund immer mehr auf seine Rolle als Garant der Monarchien fest. Der Gegensatz zwischen den Großmächten Österreich und Preußen (preußisch-österreichischer Dualismus) wurde immer mehr im Deutschen Bund ausgetragen.

Die *Bundeskriegsverfassung* war defensiv ausgerichtet. Das Bundesheer war ein Kontingentheer. Die *Bundesfestungen* dienten dem Schutz der deutschen Westgrenze. Zunächst wurden Mainz, Luxemburg und Landau zu Bundesfestungen bestimmt. Nach der „Rheinkrise" (1840) traten die Neubauten in Ulm und Rastatt hinzu. Gegen abtrünnige Gliedstaaten war das Instrument der *Bundesexekution* vorgesehen, das auch gegen Volksbewegungen zur Wiederherstellung der „rechtmäßigen Ordnung" eingesetzt werden konnte.

Die thüringische Kleinstaatenwelt. Neben den zwei Großmächten und sieben Königreichen existierten 30 Klein- und Kleinststaaten im Deutschen Bund. Besonders kleinkammerig blieb die Region Thüringen, wo nach der umfassenden territorialen Neuordnung 1826 neben umfangreichen preußischen Besitzungen (Ex- und Enklaven) *zwölf Kleinstaaten* bestehen blieben: Die ***Ernestiner*** (Großherzogtum Sachsen-Weimar-Eisenach, die Herzogtümer Sachsen-Altenburg, Sachsen-Meiningen, Sachsen-Coburg-Gotha) sowie die Häuser ***Schwarzburg*** (Rudolstadt, Sondershausen) und ***Reuß*** (ältere Linie, jüngere Linie zu Gera, Ebersdorf, Schleiz und Lobenstein). 1833 entstand auf preußischem Drängen der *„Thüringische Zoll- und Handelsverein"*, der dem *Deutschen Zollverein* beitrat. 1918 existierten noch acht thüringische Volksstaaten, die 1920 zum *Land Thüringen* zusammengeschlossen wurden (Coburg kam per Volksentscheid zu Bayern).

A
B
1
1 Hzm. Lauenburg (dän.)
2 GHZM. MECKLENGURG-STRELITZ
3 FSM. SCHAUMBURG-LIPPE
4 FSM. LIPPE
5 FSM. WALDECK
6 LGFT. HESSEN-HOMBURG
7 Fsm. Lichtenberg (zu Sachsen-Coburg, 1834 preuß.)
8 FSMER. HOHENZOLLERN- HECHINGEN und -SIGMARINGEN (1849 preuß.)
9 FSM. LIECHTENSTEIN
10 Fsm. Neuenburg (bis 1848/57 preuß.)
11 REP. KRAKAU (1846 an Österr.)
2
Nordsee
Helgoland (brit.)
Jütland
Kolding
Odense
Fünen
Seel
KGR. DÄNEM
Hzm. Schleswig
Sylt
Sonderburg
Flensburg
Kiel
Hzm. Holstein
Lübeck
Cuxhaven
Stade
Schwerin
MEC
SCHWERIN
Hamburg
Wilhelmshaven (1854 preuß.)
Emden
Bremerhaven (seit 1827)
KGR. HANNOVER (bis 1837 Personalunion mit Großbrit.)
Elbe
Lüneburg
Wittenberge
Oldenburg
GHZM. OLDENBURG
Bremen
Groningen
KGR. NIEDERLANDE
Zuiderzee
Amsterdam
Den Haag
Utrecht
Arnheim
Ems
Weser
Celle
Hannover
Prov
P
Magdebur
Osnabrück
Minden
Braunschweig
HZM. BRAUNSCHWEIG
Münster
Westfalen
Wesel
'S-Hertogenbosch
Maas
Rhein
Essen
Ruhr
Elberfeld
Düsseldorf
Göttingen
HZMER. AN
Bernb
Sach
Hall
Kassel
KFSM. HESSEN
Werra
Fulda
Saale
KGR. GROSSBRITANNIEN
Dover
Dünkirchen
Calais
Brügge
Antwerpen
Schelde
KGR. BELGIEN 1831
Brüssel
Waterloo 1815
Limburg (1839 belg.)
Aachen
Köln
Rheinprovinz (seit 1824)
G
R
K
Boulogne
Lille
Lüttich
Eisenach
Wartburg
Gotha
Erfurt
Weima
Jena
Thüringische Staaten
Arras
Valenciennes
Namur
Gießen
HZM. NASSAU
HESSEN
Fulda
Coburg
Hof
Somme
Cambrai
Amiens
1839 an Belg.
GHZM. LUXEMBURG
Koblenz
Wiesbaden
Mainz
Frankfurt
Darmstadt
GHZM.
Main
KGR.
Soissons
Sedan
Trier
Luxemburg
Mosel
Würzburg
Bamberg
Reims
Diedenhofen
Saarlouis
Saar
Saarbrücken
Pfalz
Hambach
Germersheim
Landau
Mannheim
Fürth
Nürnberg
Seine
Paris
Versailles
Marne
Verdun
Châlons
Metz
Vitry
KGR.
Regensburg
FRANKREICH (1848–1852 Republik, 1852–1870 Kaiserreich)
Maas
Pfalzburg
Hagenau
Karlsruhe
Rastatt
BADEN
Neckar
KGR. WÜRTTEMBERG
Hohen-Asperg
Stuttgart
Hechingen
Ulm
Donau
Ingolstadt
BAY
Augsburg
Toul
Nancy
Straßburg
Épinal
Mosel
Colmar
Neu-Breisach
Freiburg
Mülhausen
Belfort
GHZM.
Sigmaringen
BERG
Lech
Isar
München
Kempten
Konstanz
Dijon
Doubs
Besançon
Basel
Bodensee
Zürich
Luzern
Vorarlberg
Innsbruck
Tirol
Franzensfes
10
Bern
Freiburg
Rhein
Chur
SCHWEIZ
Inn
Genf
Genfer See
Rhône
Wallis
Savoyen
Adda
Comer-see
Lago Maggiore
Etsch
Trient
KGR. SARDINIEN
Lombardo-
Vene
Grenze des Deutschen Bundes 1815 und spätere Veränderungen
Sitz des Deutschen Bundestages
Sitz der Zentraluntersuchungskommission
Bundesfestung
Bremen Freie Stadt
Kaiserreich Österreich
Königreich Preußen
Kgr. der Vereinigten Niederlande 1815–1831
Schweizer Sonderbund 1845–1847

Kopenhagen
Malmö
KGR. SCHWEDEN
Bornholm
Ostsee
Rügen
Stralsund
Rostock
Greifswald
Kolberg
Köslin
Swinemünde
Pommern
Stettin
Neustrelitz
Havel
Danzig
Elbing
Königsberg
Pregel
Tilsit
Memel
West-
Ost-
Preußen
(1824 vereinigt)
Allenstein
Weichsel
Graudenz
Thorn
Schneidemühl
Bromberg
PREUSSEN
Netze
Warthe
Posen
Spandau
Berlin
Küstrin
Oder
Potsdam
Frankfurt
Brandenburg
Cottbus
Torgau
Spree
Glogau
Neiße
Bober
Leipzig
Elbe
SACHSEN
KGR. SACHSEN
Dresden
Görlitz
Zittau
Königstein
Chemnitz
Schlesien
Liegnitz
Breslau
Schweidnitz
Oppeln
Silberberg
Glatz
Neisse
Kosel
Troppau
Kattowitz
11
Krakau
Aussig
Teplitz
Reichenberg
Königgrätz
Eger
1819
Karlsbad
Prag
Kgr. Böhmen
Moldau
Pilsen
Hzm. Schlesien
Teschen
1818 Dt. Bund
1850
Olmütz
March
Iglau
Mgft. Mähren
Spielberg
Brünn
Budweis
KSR. ÖSTERREICH
Passau
Inn
Hzm. Nieder-
Ober-
Österreich
Donau
Linz
Wien
Pressburg
Leitha
Eisenstadt
Ödenburg
Salzburg
Ischl
Hzm. Salzburg
Gastein
Enns
Mur
Steiermark
Hzm.
Graz
Hzm. Kärnten
Drau
Klagenfurt
Kgr. Illyrien
(bis 1849)
Laibach
Hzm. Krain
Isonso
Save
Agram
Warasdin
Fünfkirchen
Raab
Stuhlweißenburg
Plattensee
UNGARN
KGR.
Komorn
Waitzen
Ofen
Pest
Waag
Neusohl
Gran
Zips
Kaschau
Tokaj
Debrecen
Großwardein
Szegedin
Theiß
Arad
Maros
Világos
Ternesvár
Kgr. Galizien
Tarnow
Przemysl
San
(Kongress-) Polen
Kgr.
Nowogeorgijewsk
Praga
Warschau
Bug
Weichsel
Prosna
Kalisch
Lodsch
Piliza
Petrikau
Radom
Lublin
Kielce
Tschenstochau
KSR. RUSSLAND
Bialystok
0 50 100 150 200 km

*Die schwarz-rot-goldene **Fahne des Hambacher Festes** mit der Inschrift „Deutschlands Wiedergeburt". Die Farben des Lützowschen Freikorps aus den Befreiungskriegen gegen Napoleon wurden hier erstmals als Trikolore gehisst.*

Der Dt. Bund konnte trotz seiner restaurativen Tendenz unter dem Einfluss Österreichs und Preußens seine Mitgliedsstaaten nicht zu einem konservativen Gleichschritt veranlassen. Die in der napoleonischen Zeit extrem vergrößerten Mittelstaaten (v.a. Baden, Württemberg, Bayern) wurden früh *Verfassungsstaaten*, auch um ihre sozial, rechtlich und konfessionell heterogenen Gebiete zu integrieren. Viele Mittelstaaten waren polit. moderner als die Großmacht Preußen, die durch wirtschaftliche Modernisierung gekennzeichnet war, aber bis 1849 ohne Verfassung blieb. Dies begünstigte die ***liberale und nat. Bewegung****. Weitere Verfassungen folgten nach der Julirevolution 1830.

Liberalismus und Nationalismus bildeten die leitenden Ideen der politischen Opposition, die sich von der Schaffung eines ***Nationalstaates*** demokratischere Verhältnisse versprach, gegen die restaurative Politik des Dt. Bundes. Liberale traten für die Schaffung eines Nationalstaates mit einer ***Verfassung*** mit Gewaltenteilung (konstitutionelle Monarchie) ein, der Menschen- und Bürgerrechte, rechtsstaatlichen Prinzipien und die Rechtsgleichheit aller Bürger garantieren und so der *„kleinstaatlichen Fürstenwillkür"* ein Ende setzen sollte.

Seit der napoleon. Zeit gab es eine Bewegung für einen Nationalstaat in Deutschland, die ihren Ausdruck in ***polit. Festen und v.a. Vereinen**** fand. Eine bes. Rolle spielten die ***Burschenschaften*** (*Erste dt. Burschenschaft* in Jena 1815), die sich mit der Gründung der *Allg. Dt. Burschenschaft* (18.10.1818) überregional organisierten. Seit 1819 wurden die Burschenschaften verfolgt und unterdrückt.

Vereine als nationale Organisationen. *Sänger- und Turnvereine* bildeten nach dem Verbot der Burschenschaften den Kern der Nationalbewegung. An „dt. Sängerfesten" (Würzburg 1845, Köln 1846, Lübeck 1847) nahmen Tausende teil. 1848 existierten mehr als 1100 *Gesangvereine* mit über 100 000 Mitgliedern. Die ***Turnbewegung***, die die Idee der Körper- und Gemeinschaftserziehung mit polit. Zielen verband, wurde bereits in den napoleon. Kriegen durch Friedrich Ludwig Jahn gegründet. In den *Karlsbader Beschlüssen* (1819) verboten, lebten die Turnvereine Anfang der 1840er Jahre wieder auf, wovon zahlreiche Turnerfeste (Mainz 1842, Reutlingen 1845, Heilbronn 1846, Frankfurt/M., Heidelberg 1847) zeugen. 1848 existierten 250 Turnvereine mit 90 000 Mitgliedern.

Massenarmut und Hungerkrisen

Die Massenarmut (Pauperismus) verschärfte sich im frühen 19. Jh., verursacht durch ein hohes Bevölkerungswachstum, die Krise des Handwerks und des Heimgewerbes und die Proletarisierung der städt. Unterschichten, die nicht mehr in einen bürgerl. Haushalt eingebunden waren (in Berlin oder Wien mehr als 4/5 der Bevölkerung). Die 40er Jahre des 19. Jh. waren durch Missernten, Hungersnöte und soz. Krisen gekennzeichnet und führten zu Aufständen und Krawallen. Bes. gravierend wirkte sich die Kartoffelfäule (1845/46) aus, da die Kartoffel das Hauptnahrungsmittel der armen Leute darstellte.

Nationalbewegung und Restauration im Vormärz

1814 (18.10.) Feiern zum ersten Jahrestag der Völkerschlacht bei Leipzig in ganz Deutschland.

1817 (18.–19.10.) ***Wartburgfest*** der Burschenschaften zum Gedenken an die Völkerschlacht b. Leipzig u. die Reformation auf der Wartburg bei Eisenach.

1818 Verfassungen in Bayern (26.5) und Baden (22.8.).

1819 Der ***Mord am Dichter August Kotzebue*** durch den Jenaer Burschenschaftler Karl Ludwig Sand wird zum Anlass für die ***Karlsbader Beschlüsse (20.9.)***: Verbot der Burschenschaften, Aufhebung der Presse-, Lehr- und Meinungsfreiheit, Beginn heftiger „Demagogenverfolgungen" in Preußen.

1819 Verfassungen: Württemb. (25.9.), Hannover (7.12.).

1830 ***Französische Julirevolution*** mit Auswirkungen in Deutschland. Vier weitere Staaten werden Verfassungsstaaten: Braunschweig, Kurfürstentum Hessen (1831), Sachsen (1831), Hannover (1833).

1832 (7.–30.5.) ***Hambacher Fest***: größte polit. Massenveranstaltung in Deutschland vor 1848. Forderung nach Volkssouveränität und einem dt. Nationalstaat. Erneute *Verschärfung der Zensur* durch den Dt. Bund: Verbot aller polit. Vereine (5.7.1832), Sechs Artikel (28.7.): Blockade der weiteren Parlamentarisierung in den Einzelstaaten.

1833 ***Frankfurter Hauptwachensturm***: Anschlag auf den Bundestag beginnend mit den Wachen.

1837 Sieben Professoren der Landesuniversität Göttingen (sog. ***„Göttinger Sieben"***) protestieren gegen die Aufhebung der Verfassung des Königreiches Hannover und werden ihrer Ämter enthoben.

1840 ***Rheinkrise*** mit Frankreich weckt nat. Emotionen.

1844 ***Schles. Weberaufstand*** in den Dörfern Langenbielau und Peterswaldau; Unruhen in Oberschlesien, die mit Militäreinsatz unterdrückt werden.

Verfassungszustände im Deutschen Bund vor 1848

- konstitutionelle Monarchien mit früher Verfassung (vor 1830)
- Freie Städte und Staaten mit republikanischer Verfassung
- konstitutionelle Monarchien, Verfassung zwischen 1830 und 1847
- absolute Monarchien mit landständischer Verfassung
- absolute Monarchien ohne Verfassung
- 1816 Jahr der Einführung einer Verfassung
- Konferenz der Heiligen Allianz
- Zentraluntersuchungskommission 1819

Ereignisse des Vormärz

- Jena Zentrum der Burschenschaftsbewegung (1815 – 19)
- Wartburgfest 18./19.10.1817
- bürgerliche Opposition u. Reformbewegung
- Unruhen und Aufstände (1830 – 47)
- Hambacher Fest (Mai 1832)
- 1847 größere „Hungerkrawalle", Tumulte, polit. Proteste und Streiks (1830 – 47)

Die Fahne des „Frauen- und Jungfrauenvereins Concordia". *Die Revolution 1848/49 markiert auch den Beginn der politisierten dt. Frauenbewegung.*

Auslöser der Revolution war die *frz. Februarrevolution in Paris* mit dem Sturz des Bürgerkönigs Louis Philippe. Die ***Märzrevolution*** mit Volksversammlungen und Petitionen begann im S *(Mannheim am 27.2.1848)* und breitete sich über ganz Deutschland aus. *Bauernunruhen* im Odenwald und anderen Gebieten trugen erheblich zu ihrem raschen Erfolg bei. Die Märzerrungenschaften (Einsetzen von Reformministerien, Pressefreiheit usw.) wurden fast widerstandslos bewilligt. Nur in Berlin und Wien nahmen die Auseinandersetzungen mit Barrikadenkämpfen einen gewaltsamen Charakter an, bevor sich auch dort rev. Forderungen durchsetzten. Allerdings blieb die Revolution „vor den Thronen stehen", da die Machtbefugnisse der Monarchien (Militär, Verwaltung) nirgends eingeschränkt wurden. Das schnelle Einlenken erwies sich oftmals als takt. Manöver.

Frankfurter Nationalversammlung

Über die Ziele und den Charakter eines gesamtdt. Parlaments kam es bereits im Vorfeld zu scharfen Auseinandersetzungen zw. ***Liberalen*** und ***Demokraten**** (*Vorparlament in Frankfurt* 31.3.–3.4.). Die durch allg. Wahlen in den Einzelstaaten ermittelten Vertreter der Nationalversammlung, die v.a. aus dem Bildungsbürgertum stammten, traten ab dem 18.5. zusammen, um eine Verfassung auszuarbeiten und so den Weg hin zu einem geeinten Deutschland zu öffnen. Zunächst kam es zur Bildung einer *provisor. Reichsregierung* (24./29.6.) mit einem „gewählten Monarchen", dem Reichsverweser Erzherzog Johann, an der Spitze. Dies war Ausdruck der konstitutionell gemäßigten Ausrichtung der Mehrheit des Parlaments.

Liberale und Demokraten. In der Revolution führte die Spaltung der Revolutionäre in ***Liberale*** und ***Demokraten*** zu scharfen auch militärischen Auseinandersetzungen zwischen beiden Richtungen. Vertraten gemäßigte Liberale wie Heinrich von Gagern eine Veränderung durch Reformen und eine konstitutionelle Monarchie, drängten radikale Demokraten wie Friedrich Hecker auf den Einsatz revolutionärer Mittel mit dem Ziel, eine Republik mit einem Präsidenten an der Spitze zu errichten. Die Verfassung (die nie in Kraft trat) enthielt die sog. kleindeutsche Lösung (Ausschluss Österreichs). Die Erbmonarchie der preußischen Hohenzollern bei einem durch allgemeines gleiches Männerwahlrecht gewählten Parlament stellte einen Kompromiss zwischen den Lagern dar. Der Grundrechtekatalog wurde vorbildlich für spätere dt. Verfassungen (Weimar, Bundesrepublik).

Septemberkrise und Gegenrevolution

Die nachträgliche Annahme des ***Waffenstillstandes von Malmö*** [→ 146] führte zu einem Vertrauensverlust des Parlaments und zu einer erneuten Welle rev. Erhebungen im September 1848 (Frankfurt und Baden) mit einer weiteren Polarisierung der rev. Kräfte. Im Herbst 1848 gingen die beiden Großmächte Österreich und Preußen offen zur ***Gegenrevolution*** über. Der Grundrechtekatalog und die Verfassung der Frankfurter Nationalversammlung hatten unter diesen Voraussetzungen keine Chancen auf Durchsetzung. Der preuß. König lehnte die vom Paulskirchenparlament angetragene Kaiserwürde rundweg ab (3.4.1849). Die letzten Versuche zur Durchsetzung der Verfassung in der ***„Reichsverfassungskampagne"*** endeten mit der blutigen Niederschlagung der Rev. [→ 145] und der Auflösung des inzwischen nach Stuttgart geflohenen *Rumpfparlaments*.

Die Revolutionen im Vielvölkerstaat Österreich. Im Vielvölkerstaat vermischten sich *Nationalitätenkampf, Bürgerkrieg* und schließlich *Gegenrevolution*. Es gelang im Laufe des Jahres 1848 die unterschiedl. Nationalitäten gegeneinander auszuspielen und für die Gegenrevolution zu instrumentalisieren. Zugeständnisse an die ***ungar. Nationalbewegung*** (eigene Regierung) führten zur Vorherrschaft der Magyaren, die den Widerstand anderer Nationalitäten hervorrief. So ging das kroat. *Nationalkomitee* im Sept. gegen die ungar. Rev. vor. Die ***tschech. Revolutionäre*** forderten die Bildung eines Bundesstaates Österreich mit strikter Gleichberechtigung seiner slaw. Nationalitäten (Ablehnung der Beteiligung an einem Dt. Reich). Bereits im Juni erfolgte die *Niederschlagung des Prager Aufstands*. Die österr. Gebiete in ***Oberitalien*** schlossen sich dem Kgr. Sardinien-Piemont an. Durch den *Sieg bei Custozza* (25.7.) gewannen auch dort die Österreicher erneut die Oberhand (Wiedereinzug in Mailand am 5.8.1848). Die Niederschlagung des ***dritten Wiener Aufstands*** im Oktober mit Hilfe tschech. und kroat. Truppen stellte endgültig den Wendepunkt der österr. Rev. und den Übergang zur Restauration dar.

Zentren der „Märzrevolution" (Febr./März bis Juni 1848)

Bauernaufstände und -unruhen (März 1848)

nationale Befreiungskämpfe 1848/49

Zentren der „Septemberkrise" und Revolutionswende (Sept. bis Nov. 1848)

Zentren der „Reichsverfassungskampagne" und Scheitern der Revolution (April bis Juli 1849)

Gegenrevolution, Niederschlagung von Aufständen

militär. Eingreifen dt. Bundestruppen in den Schleswig-Holstein-Konflikt 1848/49

Frankfurter Nationalversammlung (18.5.1848–31.5.1849)

„Rumpfparlament" in Stuttgart (31.5.–18.6.1849)

preuß. Nationalversammlung in Berlin (22.5.–27.11.1848)

in Brandenburg (27.11.–5.12.1848)

1 **Hzm. Lauenburg** (dän.)
2 **Fsmer. Hohenzollern** (1849 preuß.)
A. Altenburg
B. Barmen-Elberfeld
Br. Braunschweig
D. Donaueschingen
H. Heidelberg
I. Iserlohn
M. Mannheim
Mü. Mülheim
R. Rendsburg
S. Sigmaringen

Leichenstein der badischen Republik 1849. *Ein privates Denkmal. Ein Grabkreuz mit der Inschrift „L.St. (Leichenstein) der B. Republik". Nach der Niederschlagung versuchten die Sieger lange Zeit das Andenken an die Revolution zu unterdrücken, die deutsche Erinnerungskultur blieb monarchisch geprägt.*

Das Ghzm. Baden wird zum Ausgangspunkt der Revolution in Deutschland (Mannheimer Versammlung am 27.2.1848) und zum letzten Schauplatz ihres Scheiterns (Kapitulation der Festung Rastatt am 23.7.1849).

Die aktive Rolle Badens in der dt. Revolution 1848/49
Bereits seit 1818 Verfassungsstaat waren, im Ghzm. Baden liberale politische Einflüsse aus Frankreich und der Schweiz wirksam. Allerdings waren auch Integrationsprobleme des in der napoleonischen Zeit entstandenen Kunststaates Baden, politische Misswirtschaft und Unzufriedenheit auf dem Land mit den ungünstigen Ablösungsgesetzen ursächlich für die besonders aktive Rolle der Bevölkerung Badens in der Revolution.

Erster und zweiter republikan. Aufstand

Unzufrieden mit dem gemäßigten Kurs der Frankfurter Nationalversammlung (Zuspitzung der Konflikte zwischen Liberalen und Demokraten → 143), wurde Baden im April 1848 Zentrum eines Aufstands unter Führung des Radikaldemokraten Friedrich Hecker. Der von Konstanz begonnene Freischarenzug (sog. *Hecker-Zug*) wurde in der *Schlacht bei Kandern* niedergeschlagen genauso wie die anderen revolutionären Kolonnen (z.B. die Deutsche Legion aus Paris unter der Führung des Dichters Georg Herwegh in der *Schlacht bei Dossenbach*). Der zweite ebenfalls niedergeschlagene republikanische Aufstand in Baden fand im Rahmen der Septemberunruhen unter Führung *Gustav Struves* in Lörrach (21.–2.9.1848) statt.

Badische Revolution und Reichsverfassungskampagne* (Mai – Juli 1849)

Reichsverfassungskampagne. Nachdem der preußische König Friedrich Wilhelm IV. die Annahme der ihm von der Frankfurter Nationalversammlung angetragenen Kaiserkrone verweigerte (formell am 28.4.1849), bildete sich im April 1849 unter Führung der *Zentralmärzvereine* (Dachverband demokratischer Vereine) eine Bewegung, die auf die Durchsetzung der von der Frankfurter Nationalversammlung beschlossenen Reichsverfassung zielte. Sie konzentrierte sich v.a. auf die Staaten, die die Annahme der Reichsverfassung verweigerten (v.a. in den Königreichen Sachsen, Württemberg, Hannover, Preußen, mit Zentrum Schlesien und Rheinland-Westfalen, Bayern mit Zentren München, Franken, bayerisches Schwaben, linksrheinische Pfalz, Hannover).

Im Mai brachen Aufstände in ***Sachsen***, in der ***bayer. Pfalz*** und in ***Baden*** aus, die v.a. durch den Einsatz preuß. Truppen niedergeworfen wurden. Ein besonders entwickeltes demokrat. Volksvereinswesen war mit ursächlich für das Überlaufen der badischen Truppen zur Revolution und die kurze Existenz einer badischen Republik. Ursache des Scheiterns waren der Mangel an Unterstützung durch das mittlere und gehobene Bürgertum, das eine Republik mehr fürchtete als die restaurativen Mächte, der Mangel an Unterstützung durch die Mehrzahl der Abgeordneten der Frankfurter Nationalversammlung und das Ausbleiben der für den Erfolg der Märzrevolution 1848 wichtigen Bauernunruhen.

Das Ende der Revolution in Baden und der Pfalz 1849

2.5. Beginn des Aufstandes in der bayerischen Pfalz. Der Landesverteidigungsausschuss vereidigt Beamte auf die Reichsverfassung und leitet die Volksbewaffnung ein. Es folgt die Bildung einer provisorischen Regierung (17.5.), Separationsbeschluss der Pfalz von Bayern.

6.5. Generalversammlung des *Zentralmärzvereins* in Frankfurt. Beratung über die Strategie der Reichsverfassungskampagne.

12.5. *Soldatenrevolte des bad. Militärs* in der Festung Rastatt. Der Flucht des Großherzogs folgt eine provisor. Regierung (Exekutivkommission am 14.5.) unter dem Abgeordneten C. Brentano. Baden wird zum ersten republikan. regierten dt. Staat.

30.5. Der Versuch in Hessen-Darmstadt Richtung Frankfurt einzumarschieren endet als Debakel für die Revolutionäre (Schlacht bei Heppenheim).

14.6. Einmarsch preußischer Truppen ohne Ersuchen der Münchner Regierung führt zur Flucht der provisorischen Regierung in der Pfalz.

18.6. Auseinandertreiben des Rumpfparlaments in Stuttgart durch württemberg. Militär; Rückzug der bad. Revolutionsarmeen an die Murg-Linie.

21.6. Entscheidende *Schlacht bei Waghäusel*.

23.7. Kapitulation der rd. 6000 in der Festung eingeschlossenen Revolutionskämpfer; Preuß. Standgerichte, Kriegsgerichte und ordentl. Gerichte betrieben die brutale Liquidation der Rev.; ca. 1000 Verurteilungen und 51 vollstreckte Todesstrafen.

PREUSSEN
GHZM. HESSEN
BAYERN
HESSEN-HOMBURG
(zu Oldenburg)
Pfalz (bayer.)
BADEN
FRANKREICH
Elsass
WÜRTTEMBERG
FSMER. HOHENZOLLERN (1849 preuß.)
SCHWEIZ
ÖSTERR.
Mosel
Rhein
Main
Saar
Neckar
Murg
Ill
Donau
Bodensee
Mainz
Bingen
Oppenheim
Kreuznach
Darmstadt
Aschaffenburg
Würzburg
Trier
Birkenfeld
Meisenheim
Alzey
K.
Baumholder
Wolfstein
Worms
Grünstadt
Bensheim
Heppenheim
Erbach
Tauberbischofsheim
Weinheim
Kusel
Fr.
Lu.
D.
Mannheim
La.
Eberbach
Mergentheim
Landstuhl
Kaiserslautern
Neunkirchen
Homburg
Neustadt
Heidelberg
N.
Hirschhorn
Mosbach
Saarlouis
Zweibrücken
Speyer
E.
W.
Saarbrücken
Annweiler
Ph.
Landau
Germersheim
Sinsheim
Wimpfen
Pirmasens
Bruchsal
Heilbronn
Eppingen
Hall
Kandel
Weißenburg
Karlsruhe
Bretten
Durlach
Ludwigsburg
Rastatt
Pforzheim
Hagenau
Kuppenheim
Stuttgart
Gmünd
Oos
Baden
Gernsbach
Calw
Esslingen
Zabern
Göppingen
Straßburg
Kehl
Geislingen
Tübingen
Offenburg
Reutlingen
28.5.1849 (Generalversammlung der Volksvereine)
Hechingen
Schlettstadt
Triberg
Rottweil
Colmar
Biberach
Münster
Neu-Breisach
Freiburg
Villingen
Donaueschingen
Tuttlingen
Sigmaringen
Staufen
Neustadt
Todtnau
Stockach
Weingarten
Mülhausen
Müllheim
Hecker 4.1848
Überlingen
Ravensburg
Struve 1848
Stühlingen
Schaffhausen
Dt. Legion (G. Herwegh) 4.1848
Kandern
R.
Meersburg
Waldshut
Lörrach
Rheinau
Friedrichshafen
Dossenbach
Basel
Eglisau
Lindau
BAYERN
Winterthur
D. Dürkheim
E. Edenkoben
Fr. Frankenthal
K. Kirchheimbolanden
La. Ladenburg
Lu. Ludwigshafen
N. Neckargemünd
Ph. Philippsburg
R. Radolfzell
W. Waghäusel 21.6.1849
Ghzm. Baden und die Rheinpfalz 1848/49
Bundesfestung
Eisenbahn
Zug Heckers und Gefechte April 1848
Struve-Revolution und Zug seiner Anhänger Sept. 1848
Kämpfe während der Reichsverfassungskampagne (Mai bis Juli 1849)
Bereitstellungsräume der preuß. u.a. Bundestruppen und militär. Aktionen im Juni 1849
bewaffnete Aufständische in der Rheinpfalz
Stellungen und Rückzugsoperationen der bad.-pfälz. Revolutionsarmee Mitte Juni 1849
Verteidigungsstellungen an der Murg Ende Juni 1849
Bundesfestung Rastatt (11.5. bis 23.7.1849 von rev. Truppen gehalten)
Rückzugsbewegungen der Revolutionsarmee Juni 1849
0 25 50 75 100 km

Schützenscheibe mit dem Motiv „Mutter Dänemark" (1844).
Die Inschrift besagt: „Dänemark! Dir folge Glück und Ehre!"

Die Schaffung eines Nationalstaates als Einheit von Territorium und dt. Nation stieß in Gebieten mit ***gemischten Volksgruppen*** oder aufgrund bestimmter staatsrechtlicher Gegebenheiten an Grenzen. Bes. Probleme bereiteten deshalb der *Vielvölkerstaat Österreich* und die Gegensätze der Nationalitäten in *Schleswig-Holstein*. Bei der *Polenfrage* stellte sich die Frage nach dem Umgang mit den Ansprüchen anderer ***Nationalitäten****.

Gleichberechtigte Nationen oder nat. Existenzkampf?
Es lassen sich zwei Varianten des nationalen Denkens ausmachen: Eine ***demokratische Richtung***, die ein Selbstbestimmungsrecht aller Völker proklamierte und eine ***nationalantagonistische Richtung***, die von einer kämpferischen Selbstbehauptung der Völker gegeneinander ausging. Die Debatten in der Paulskirche zeigten bereits Züge eines aggressiven Nationalismus: Während die Abgeordneten die nationale Selbstbestimmung für alle Deutschen forderten, sprachen sie in ihrer Mehrheit den Polen (Posenfrage) oder Welschtirolern (Italienern) entsprechende Rechte ab.

Großdeutsche oder kleindeutsche Lösung?

Bevorzugtes Ziel der Frankfurter Nationalversammlung war die ***großdt. Lösung*** (Einbezug Österreichs in den zu gründenden Nationalsstaat). Dies erwies sich als kompliziert, da eine Aufnahme der Gesamtmonarchie mit allen Teilen nicht erwünscht war: 1. Das Gebiet des Deutschen Reiches sollte dem des Deutschen Bundes entsprechen. 2. Die Teile Österreichs, wie Galizien, Ungarn, Kroatien, die nicht zum Deutschen Bund gehörten, sollten abgegrenzt werden und nur durch ein gemeinsames Staatsoberhaupt, also in Personalunion verbunden sein.

Dies hätte de facto die Aufgabe der staatsrechtlichen Einheit der Habsburger Monarchie bedeutet. Das Beharren auf der staatl. Einheit Österreichs (Mitteilung des österr. Ministerpräsidenten Schwarzenberg vom 27.11.1848) gab der Idee einer ***kleindt. Lösung*** unter Führung Preußens und dem Ausscheiden Österreichs aus dem dt. Staatsverband Auftrieb. Entsprechend verabschiedete die Paulskirche eine Verfassung, die ein erbl. preuß. Kaisertum vorsah (27.3.1849).

Schleswig-Holstein-Frage

Die komplizierten rechtl. Verhältnisse in den seit 1773 unter dän. Herrschaft stehenden ***Hzmern. Schleswig und Holstein*** machten sie im 19. Jh. zu einem Zankapfel zwischen dän. und dt. nationalen Ansprüchen. Schleswig war im Gegensatz zu Holstein nicht Mitglied des Dt. Bundes. Dem Versuch Dänemarks, Schleswig endgültig einzuverleiben (offener Brief des dän. Königs 1846), stand das Prinzip der Unteilbarkeit der beiden Hzmer. entgegen (*Ripener Privileg* von 1460). Die eiderdän. Partei (vertrat die Eingliederung von ganz Schleswig bis zur Grenze an der Eider) und die dt. Partei (eine „prov. Regierung" erklärte am 23.3. den Anschluss an den Dt. Bund) standen sich unversöhnlich gegenüber. In der Revolution eskalierte der Konflikt erstmalig zum dt.-dän. Krieg, der v.a. durch diplomat. Druck Russlands und Großbritanniens beendet wurde. Für die Frankfurter Nationalversammlung geriet diese Auseinandersetzung zu einem Debakel und Ansehensverlust, da der ***Waffenstillstand von Malmö*** (26.8.1848) ohne ihre Zustimmung zw. Dänemark und Preußen geschlossen wurde. Die ***dän. Blockade*** dt. Seestädte löste eine Bewegung zur Schaffung einer dt. Kriegsflotte aus (Bewilligung von 6 Mio. Talern durch die NV am 14.6.1848), die Grundstock der Flotte des Dt. Kaiserreiches wurde.

Polenfrage

Es gab vor und in der Revolution 1848/49 dt. Sympathiebekundungen v.a. der Linken mit dem Ziel der poln. Nationalbewegung, das zw. den Mächten Preußen, Russland und Österreich geteilte Polen wieder zur Eigenstaatlichkeit zurückzuführen. Die Stimmung wandelte sich in der Frankfurter Nationalversammlung, die sich in ihrer Mehrheit nicht entschließen konnte, den poln. Wunsch nach einem eigenen Staat zu unterstützen.

Grenze des Deutschen Bundes 1847
Erweiterung 1848–1851 (Großdeutsche Lösung)
Grenze des Deutschen Reiches 1871 (Kleindeutsche Lösung)
Grenzen um 1848/49
B. BELGIEN
N. NIEDERLANDE
A
B
1
2
3
Göteborg
SCHWEDEN
SCHWEDEN
DÄNEN
DÄNEMARK
Kopenhagen
Malmö
Schleswig
F.
Flensburg
Bornholm
DÄNEN
Ostsee
Rügen
Nordsee
Holstein
NIEDER-LÄNDER
FRIESEN
N.
Amsterdam
Rotterdam
FLAMEN
B.
Brüssel
WALLONEN
LUX.
FRANZOSEN
FRANKREICH
Hamburg
Bremen
HANNOVER
Hannover
Elbe
PREUSSEN
Berlin
DEUTSCHE
Oder
Köln
Kassel
Leipzig
S.
Breslau
Frankfurt
Worms
Speyer
Metz
Straßburg
BADEN
WÜRTT.
Stuttgart
Nürnberg
BAYERN
München
Donau
DEUTSCHE
TSCHECHEN
Prag
Böhmen
ÖSTERREICH
Brünn
Wien
REICH
Graz
Klagenfurt
SCHWEIZ
Bern
Genf
R.
Tirol
Bozen
R.
SLOWENEN
Laibach
Triest
Agram
Venetien
Venedig
Lombardei
Mailand
SARDINIEN
Turin
Po
Genua
Nizza
PROVENZALEN
ITALIENER
Bologna
Florenz
TOSKANA
KIRCHEN-STAAT
Rom
KORSEN
Korsika
Adria
LIVEN
Riga
LETTEN
Memel
LITAUER
Kowno
Memel
Königsberg
Danzig
K.
DEUTSCHE
MASUREN
Grodno
POLEN
Bialystok
Bromberg
Posen
RUSSISCHES REICH
Weichsel
Warschau
POLEN
Kalisch
Lodsch
Polen
Bug
Kielce
Krakau
Przemyśl
Lemberg
Galizien
POLEN
UKRAINER (RUTHENEN)
SLOWAKEN
Munkács
Pressburg
Miskolc
Theiß
Ödenburg
Buda
Pest
UNGARN
MAGYAREN (UNGARN)
Klausenburg
DEUTSCHE
Drau
Temesvár
RUMÄNEN
Wala-chei
KROATEN
Save
OSMANISCHES REICH
Belgrad
SERBEN
Serbien
BOSNIAKEN
Sarajewo
Zara
KROATEN
SERBEN
BULGAREN
Sofia
Ragusa
ALBANER
Skopje
MAKEDONIER
0 100 200 300 km
Deutsch und weitere germanische Sprachen
Romanische Sprachen
Slawische Sprachen
Baltische Sprachen
Albanisch
Türkisch
Finnougrische Sprachen
Jüdische Bevölkerung
Stadt mit hohem jüdischen Anteil
Hauptverbreitungsgebiete des Jiddischen
F. FRIESEN
K. KASCHUBEN
R. RÄTOROMANEN
S. SORBEN

Synagoge in der Glockengasse in Köln. *1861 erbaut; in der „Reichspogromnacht" 1938 zerstört. Prächtige Synagogenbauten waren Ausdruck der Integration und des gestiegenen Selbstbewusstseins der Juden in Deutschland.*

Die in der französischen Revolution vollzogene rechtliche Emanzipation der Juden wurde auch auf die linksrhein. Gebiete, die napoleonischen Satellitenstaaten in West- und Norddeutschland und Frankfurt übertragen. In den *preuß. Reformen* wurden mit dem *Edikt von 1812* gegen den heftigen Widerstand des landbesitzenden Adels die 29000 „Schutzjuden" zu „Einländern und preußischen Staatsbürgern" erklärt. Der Zugang zu Staatsämtern blieb ihnen weiterhin verwehrt.

Jahrhunderte jüdischer Diskriminierung
Seit dem Mittelalter lebten Juden unter *Fremdenrecht*, eingeschränkt in ihrer Berufswahl wie im Aufenthalt. Ihre Wirtschaftstätigkeit war durch rechtliche Beschränkungen eingeengt. Sie waren vom Grunderwerb und von Gilden und Innnungen ausgeschlossen, die monopolartige Rechte in den Städten besaßen. Sie unterstanden besonderen Gerichten.

Gleichstellung im Kaiserreich

Der *Wiener Kongress* brachte keine Vereinheitlichung des Judenrechts. Die Einzelstaaten widerriefen teilweise die Liberalisierungen der napoleonischen Zeit. Typisch war die langsame Emanzipation, wobei die Politik in den Staaten des Deutschen Bundes differierte. Die Emanzipation war in ***Preußen*** insgesamt weitreichender als in den süddt. Staaten, galt aber vor 1848 nicht in den 1815 neu- oder wiedererworbenen Gebieten, z.B. Posen. Teilweise bestanden weiterhin erhebl. Einschränkungen. *Bayern* etwa besaß einen „Matrikelzwang": Juden, die sich niederlassen oder ein Gewerbe betreiben wollten, mussten gemäß Nummernvergabe warten, bis durch Tod oder Fortzug eine „Judenstelle" frei wurde. Die *Frankfurter Nationalversammlung* beschloss, die uneingeschränkte bürgerl. und staatsbürgerl. Gleichberechtigung der Juden in ihren Verfassungsentwurf aufzunehmen. Seit den sechziger Jahren erfolgte die Aufhebung der Rechtsbeschränkungen (z.B. Bayern 1861 Abschaffung der Judenmatrikel; Baden 1862). Der *Norddeutsche Bund* erließ ein *Gleichstellungsgesetz* (1869), das auch für das Dt. Kaiserreich (1871) galt.

Verbürgerlichung und Assimilation

Im Dt. Bund (einschließlich preuß. Provinz Posen) lebten 1825 etwa 373000, 1850 545000 Juden. Große jüdische Gemeinden gab es in Frankfurt/M., Hamburg, Berlin, Breslau und Posen. Anfang des 19. Jh. gab es noch drei regional und soz. unterscheidbare Gruppen von Juden: 1. Hausier-, Geld- und Viehhandel im SW und S; 2. Im O ländliches und städt. Klein- und Hausgewerbe und 3. Ein Stadtjudentum von Händlern und Geldleuten, wobei reiche Bankiers wie die Rothschilds eine Minderheit darstellten. Nach der Jahrhundertmitte gab es einen Trend zu ***Verbürgerlichung und starkem soz. Aufstieg*** in die oberen Mittelschichten begleitet von Verstädterung (v.a. Großstädte). Der Sektor des Handels und des Geldgeschäfts dominierte, da Beamtenkarrieren genauso wie viele Bildungsberufe noch lange Diskriminierungen unterlagen (Konfektions-, Textil-, Nahrungs- und Druckindustrie). Gleichzeitig strebten viele Juden nach ***Assimilation*** als Befreiung aus dem soz.-kult. Ghetto durch Säkularisierung der Lebensformen, Trennung von Weltl. und Geistl. und der Modernisierung der jüd. Religion („Reformjudentum").

Judenfeindschaft und Frühantisemitismus

Begleitet war der Prozess der Emanzipation von Erscheinungsformen des Frühantisemitismus. Vertreter einer Ideologie vom „dt. Volkstum" (z.B. Arndt) bestritten die Möglichkeit einer jüd.-dt. Doppelidentität. Konservative Vertreter betrachteten eine christl. Staatslehre als unvereinbar mit dem Judentum. Im Kaiserreich fand ein rass. motivierter Antisemitismus immer größere Verbreitung.

Antijüdische Ausschreitungen
1819 kam es zu Ausschreitungen gegen Juden in Würzburg („Hep-Hep, Jud-verreck'!") mit der Plünderung jüdischer Geschäfte, Straßenkrawallen in Frankfurt und Aufläufen in Hamburg (dort auch 1830). Die Revolution 1848 begann mit wirtschaftlich motivierten Judenkrawallen.

Konzentration der jüdischen Bevölkerung in deutschen Großstädten

	1837	1866
Berlin	5 645	36 000
Wien	2 873	40 230*
Köln	615	3 172
Frankfurt	3 300	7 600
Hamburg	13 000	13 790**

* 1869 **1871

Jüdisches Bevölkerungswachstum 1817–1910

Anzahl der Juden/Prozentanteil an der Gesamtbev. *in Preußen/in and. dt. Staaten (ohne Österr.)*

	in Preußen	in and. dt. Staaten	gesamt
1816/17	123 000	133 200	257 000 (1,09 %)
1848	218 750 (1,3 %)	175 250	394 000 (1,16 %)
1871	326 400 (1,3 %)	185 800	512 200 (1,2 %)
1890	372 800 (1,2 %)	195 100	567 000 (1,1 %)
1910	416 500 (1,0 %)	198 500	615 000 (0,9 %)

Mähmaschine nach McCormick *(1834 erfunden, seit 1851 sehr verbreitet). Verbesserte Anbau- und Zuchtmethoden brachten eine Steigerung der Produktivität in der Landwirtschaft mit sich. Dabei spielte auch die Mechanisierung eine gr. Rolle.*

Einer *Rationalisierung* und *Modernisierung* der Landwirtschaft genauso wie der Eingliederung des Bauern in eine Gesellschaft rechtsgleicher Bürger standen die seit dem Mittelalter bestehenden feudalen ***herrschaftlichen und genossenschaftlichen Bindungen**** entgegen. Insofern ist die sog. ***Bauernbefreiung*** ein Kernstück der Modernisierung mit einer staatsbürgerlichen und einer wirtschaftlichen Dimension (Landwirtschaft als rentables Gewerbe zum Profiterwerb). Sie war unabdingbare Voraussetzung der Industrialisierung, da nur so die notwendige Erhöhung der Produktivität (1800–1850 um ca. 2/3) und die Freisetzung von Arbeitskräften für den sekundären und tertiären Sektor (Produktion und Dienstleistungen) geschehen konnten. Die Befreiung aus herrschaftlich feudalen Bindungen bedeutete gleichzeitig einen Abbau von Standesprivilegien und zog sich deshalb über einen langen Zeitraum (bis 1848) hin, da sie in vielen Staaten auf den zähen Widerstand des Adels (wie etwa der sog. Standesherren) stieß.

Herrschaftliche und genossenschaftliche Bindungen des Bauern. Seit dem MA existierten unverändert ***herrschaftl. Bindungen***, die in einer Vielzahl von Leistungen gegenüber dem Feudalherren bestanden (Zehnten, Fronen usw.). Im *Süden* waren Sachleistungen meist reinen Zahlungen gewichen (*„Rentengrundherrschaft"*), während im Osten Preußens noch die *„Gutsherrschaft"* [→ 110] mit *ungemessenen Fronen* vorherrschte. ***Dorfgenossenschaftl. Bindungen*** bestanden v.a. durch die *Allmende* (gemeinschaftl. genutzte Weideflächen) und den *Flurzwang*, der durch die Dreifelderwirtschaft (Wechsel von Sommer-, Winterfrucht und Brache) eine völlige Gleichförmigkeit des Anbaus und der Arbeitsabläufe zur Folge hatte. So konnten erst durch eine Güterarrondierung (Zusammenlegen der Feldstücke eines Hofes) neue Früchte (z.B. Zuckerrüben) angebaut werden.

Unterschiedl. Wege der Bauernbefreiung

Die *linksrheinischen Gebiete* übernahmen die französische Revolutionsgesetzgebung (Edikt von 1798), d.h. sie hoben alle Feudalabgaben ohne Entschädigung auf. Ansonsten mussten Feudalrechte von den Bauern gegen Entschädigung abgelöst werden, wobei dies durch Landabtretung (v.a. in Preußen) oder Geldentschädigung geschah. Die teilweise verschleppten Reformansätze kamen überall mit der Revolution 1848/49 zu einem raschen Abschluss, die finanzielle Abwicklung zog sich aber oft noch Jahrzehnte hin. Die Höhe der Abfindungen unterschieden sich zw. den Staaten. Entscheidend war auch, ob sie in Jahren guter oder schlechter Konjunktur gezahlt werden mussten.

Das Beispiel Preußen

Von besonderer Bedeutung für die dt. Geschichte waren die ***Reformen in Preußen***, da sie durch die Freisetzung von Arbeitskräften wirtschaftliche Modernisierung ermöglichten, gleichzeitig aber die konservativen preuß. Gutsbesitzer stärkten, die im Kaiserreich und der Weimarer Republik erheblichen Einfluss auf die deutsche Politik ausübten. Das *Oktoberedikt 1807* beseitigte die ständischen Besitzschranken, die Schollenpflichtigkeit, den Gesindezwangsdienst und als Zugeständnis an die Gutsbesitzer das gesetzliche Verbot des Bauernlegens. Im *Regulierungsedikt* (1811) erhielten die erblichen und nichterblichen Lassbauern (Haus, Hof und Inventar im Besitz des Gutsherren) gegen die Abtretung eines Drittels bzw. der Hälfte ihres Pachtlandes das Eigentum an ihren Höfen sowie das Ende der Dienste und Abgaben. Gewinner der preuß. Landreform waren in *Ostelbien* die ***Gutsbesitzer***, die neben den Landabfindungen auch den Löwenanteil und die besseren Böden bei der Aufteilung der *Gemeinheitsteilungen* beanspruchen konnten, während die Bauern auf die schlechteren Böden gedrängt wurden. 1859 nach abgeschlossener Landreform gab es 10 000 Bauernstellen weniger als 1816. In den fünf östlichen Provinzen Preußens hielten sich noch lange bestimmte *adlige Herrschaftsrechte* wie die teilweise Steuerfreiheit des gutsherrlichen Grundbesitzes, Patronat, Ortspolizei und die Patrimonialgerichtsbarkeit.

Die Befreiung der Bauern von der Leibeigenschaft

- Gebiet der Freibauern
- Bauernbefreiung vor 1789 (in Österreich durch die Josephinischen Reformen 1781)
- Befreiung durch die Französische Revolution 1789/95 (Edikt von 1798)
- teilweise Befreiung unter napoleonischer Herrschaft (1806–12/13), z.T. 1815 Rücknahme
- Befreiung der spannfähigen Bauern in Preußen (Edikte 1807 und 1811)
- völlige Befreiung nach der Revolution 1830
- völlige Befreiung durch die Revolution 1848
- völlige Befreiung um 1850 und später
- Bauernbefreiung 1850–1864
- 1807 Jahr der Bauernbefreiung
- Grenze des Deutschen Bundes 1815
- •B. Lage von Boitzenburg

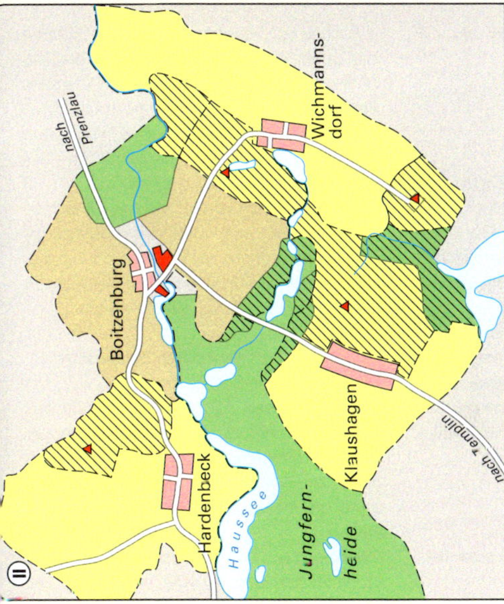

Der preußische Weg der Agrarentwicklung
(am Beispiel des Gutes Boitzenburg/Uckermark)

- Wald im Besitz des Gutsherren (vor 1810)
- vom Gutsherren in Ackerfläche umgewandelter Wald in der Zeit nach der „Bauernbefreiung" (um 1870)
- Äcker im Besitz des Gutsherren vor der Ablösung (um 1810)
- Äcker im Besitz des Gutsherren nach der Ablösung (Stand 1870)
- Bauernland vor der Ablösung (1810)
- Bauernland nach der Ablösung (Stand 1870)
- Schloss und Gutshof
- Vorwerk (nach 1810)
- Dorf, das zum Gut gehörte
- Gemarkungs- und Forstgrenze

0 1 2 3 km

Lokomotive „Der Adler", *für die erste deutsche Dampfeisenbahn Nürnberg–Fürth gebaut (1835).*

Neben dem *Abbau von Hemmnissen*, die freies Wirtschaften behinderten (Bauernbefreiung, Gewerbefreiheit, generelle Freizügigkeit) stellten im staatlich partikularisierten Deutschland vor allem Eisenbahnbau und der Abbau von Handelsbeschränkungen (wirtschaftspolit. Einheit) die wichtigsten Voraussetzungen für die Entstehung eines Binnenmarktes dar. F. List (1789–1846) nannte den Eisenbahnbau und die Gründung des deutschen Zollvereins „siamesische Zwillinge" der deutschen Industrialisierung.

Eisenbahnbau

Die Eisenbahn wurde in Deutschland und auf dem Kontinent zum ***Führungssektor der Industrialisierung****.

Die Bedeutung der Eisenbahn. Der Eisenbahnbau wurde auf dem europäischen Kontinent zum wichtigsten Motor der Industrialisierung (Führungssektor) mit Wirkung auf andere Bereiche. Zum einem bewirkte er eine erhebliche volkswirtschaftl. Ersparnis bei den Transportkosten (Deutschland ca. 20,3 Mrd. Mark 1844–78). Die Transportgeschwindigkeit beschleunigte sich erheblich; Lebensmittel konnten erstmals in beträchtl. Ausmaß interregional gehandelt werden; die Steigerung der Mobilität der Arbeiterschaft ermöglichte die Konzentration industrieller Fertigungsstätten. Zum anderen brachte der Eisenbahnbau neben der Nachfrage nach Geldkapital (Gründung von Aktienbanken) eine erhebliche Steigerung der Produktion anderer Industriesektoren v.a. bei Steinkohle und Roheisen, die ihrerseits wieder den Eisenbahnbau intensivierten. Die gesellschaftl. Wirkung der Eisenbahn als demokrat. Beförderungsmittel war erheblich. Alle Menschen reisten nun mit der gleichen Geschwindigkeit; ein führender dt. Industrieller nannte sie daher den „Leichenwagen des Feudalismus".

Der ***Ausbau des deutschen Eisenbahnnetzes*** erfolgte in vier Stufen: 1. *Verbindung dicht beieinander liegende Orte* (1835–45 = 2130 km): 1835 Erste dt. Eisenbahn von Nürnberg nach Fürth (6 km); 1837–39 Bau der ersten größeren Eisenbahnlinie von Leipzig nach Dresden (115 km); 1843 erster grenzüberschreitender Anschluss nach Antwerpen an das belg. Netz (Umgehung der hohen niederl. Rheinzölle). 2. *Periode des Skelettbaues*: Bau durchgehender Linien, Verbindung der wichtigsten Städte des Landes (bis 1860 = 11600 km) 3. *System der Vollbahnen*: Ausbau des großmaschigen Netzes (bis 1880 = 33800 km) 4. *Verästelungen des Systems*: steigende Bedeutung des Kleinbahnbaus (bis 1880 = 67000 km).

Im Kaiserreich erhielt sich ein *Mischsystem von Staats- und Privatbahnen*. Allerdings setzte eine Tendenz zur Verstaatlichung aller Bahnen bis zur ***Gründung der Reichsbahn*** (1920) nach dem Ersten Weltkrieg ein.

Entstehung des deutschen Zollvereins

Da der Deutsche Bund beim Abbau von Handelshemmnissen inaktiv blieb, entwickelten sich Zollvereinigungen auf Basis bilateraler Verträge. Ein besonderes Interesse an Handelszusammenschlüssen besaß ***Preußen***, um seine geopolitisch getrennten Ost- und West-teile enger zu verbinden. Der Dominanz Preußens konnten sich auch die süddt. und mitteldt. Staaten, die sich bemühten, Gegenzollverbände zu gründen, auf Dauer nicht entziehen. Ein gemeinsamer Deutscher Zollverein war aufgrund der erhöhten Zolleinnahmen bei geringerem Verwaltungsaufwand attraktiv. Dem 1834 gegründeten ***Dt. Zollverein*** traten bis 1870 alle Staaten außer Österreich und den Hansestädten Hamburg und Bremen (Zollanschluss 1888) bei. Er nahm die kleindt. Reichsgründung vorweg.

Daten zur Entstehung des Deutschen Zollvereins

1818 Beseitigung der Binnenzölle in Preußen (60 Zollgebiete), Beteiligung mitteldeutscher Enklavenstaaten, z.B. Schwarzburg-Sondershausen (1819).

1819 Gründung des „Deutschen Handels- und Gewerbs-Vereins" während der Ostermesse in Frankfurt/M. zur Förderung der Aufhebung der wirtschaftspolitischen Schranken in Deutschland.

1828 Drei konkurrierende Zollzusammenschlüsse: 1. ***Süddt. Zollverein*** (Bayern, Württemberg) (18.1.) 2. ***Mitteldt. Handelsverein*** durch 17 Staaten (u.a. Sachsen, Kurhessen, thüring. Kleinstaaten) (24.9.) 3. ***Zollvertrag zw. Preußen u. Hessen-Darmstadt*** (Kern des späteren Zollvereins) (14.2.).

1829 Der *preuß.-süddt. Vertrag* u. *Anschluss Kurhessens* (1831) sprengten den mitteldt. Handelsverein und bereiteten den Weg zum ***Dt. Zollverein*** (1834).

1844 Importzoll für Roheisen als „Erziehungszoll" zum Schutz der deutschen Eisenindustrie.

1867 Beitritt Mecklenburgs und der Hzmer. Schleswig und Holstein.

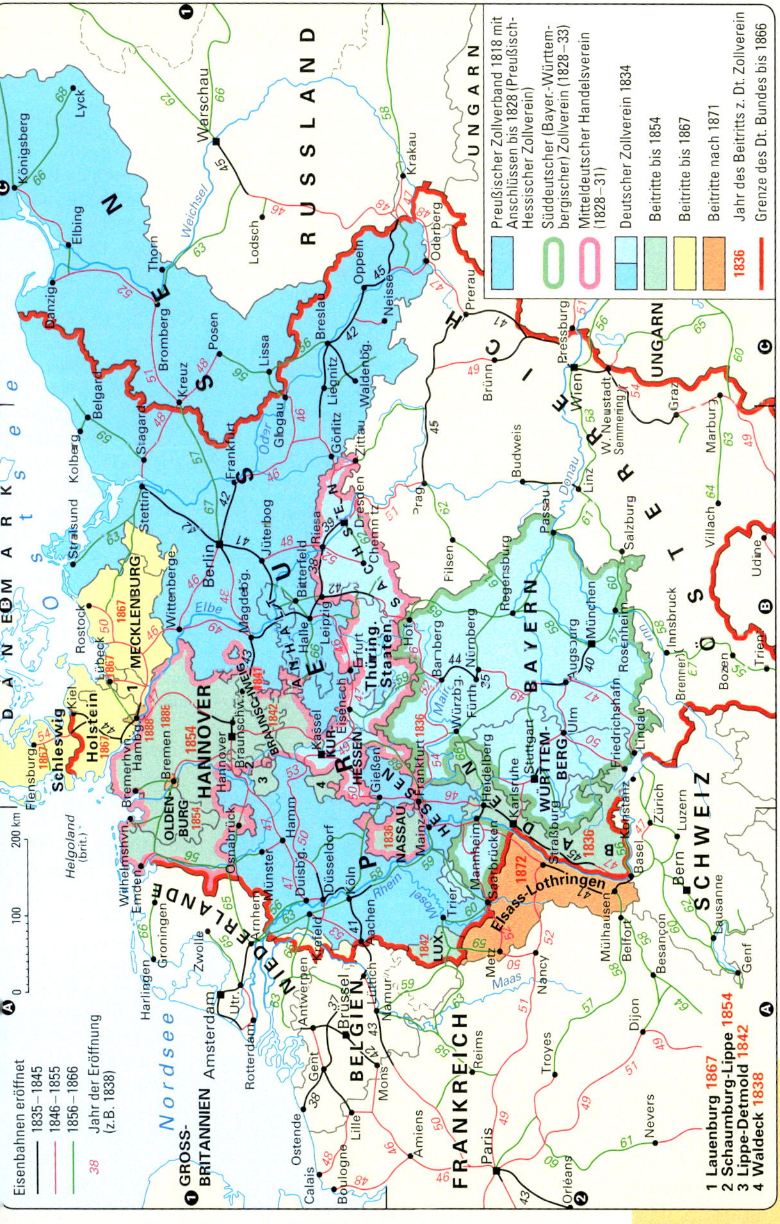
Preußischer Zollverband 1818 mit Anschlüssen bis 1828 (Preußisch-Hessischer Zollverein)
Süddeutscher (Bayer.-Württembergischer) Zollverein (1828–33)
Mitteldeutscher Handelsverein (1828–31)
Deutscher Zollverein 1834
Beitritte bis 1854
Beitritte bis 1867
Beitritte nach 1871
1836 Jahr des Beitritts z. Dt. Zollverein
Grenze des Dt. Bundes bis 1866
Eisenbahnen eröffnet
1835–1845
1846–1855
1856–1866
38 Jahr der Eröffnung (z.B. 1838)
1 Lauenburg 1867
2 Schaumburg-Lippe 1854
3 Lippe-Detmold 1842
4 Waldeck 1838
DÄNEMARK
Ostsee
Nordsee
GROSS-BRITANNIEN
NIEDERLANDE
BELGIEN
LUX.
FRANKREICH
SCHWEIZ
ÖSTERREICH
UNGARN
RUSSLAND
PREUSSEN
HANNOVER
MECKLENBURG
BAYERN
WÜRTTEMBERG
SACHSEN
Elsass-Lothringen

Telefon der Firma „Siemens & Halske". Seit 1877 revolutionierte auch in Deutschland das Telefon die Kommunikationstechnik.

Im Jahre 1840 lag die industrielle Entwicklung in Deutschland gegenüber der brit. um mehr als 50 Jahre zurück (Stand der dt. Roheisenproduktion entsprach der brit. von 1780). Bis zum Ersten Weltkrieg stieg Deutschland zum führenden Industriestaat in Europa auf. Bedingung des Aufstiegs war zunächst der rasche *Technologietransfer* brit. Entwicklungen (Textilmaschinen, Dampfmaschine usw.) durch gezielte Industriespionage, Anwerbung brit. und belg. Fachkräfte und die Umsetzung in eine eigene Produktion durch qualifizierte Handwerker. Mussten die ersten Lokomotiven für den Eisenbahnbau aus Großbritannien importiert werden, stammten bereits 1850 2/3 aller Lokomotiven auf dt. Bahnen von inländ. Unternehmen (größtes dt. Unternehmen, die Borsig-Werke in Berlin, bauten 1858 die tausendste Lokomotive).

Aufstieg neuer Industrieregionen

Die *Textilindustrie* übernahm früh durch Einfuhr und Nachbau die in England entwickelten Spinnmaschinen (Sachsen, Berlin und Augsburg). ***Sachsen*** entwickelte sich so auch zum Zentrum des dt. Maschinenbaus. Rheinische Industrielle gingen bereits zum Aufbau von Textilfabriken über. Der ***Eisenbahnbau*** als Schrittmacherindustrie machte v.a. die *Schwerindustrie* und den *Maschinenbau* zu Wachstumsbranchen. Die stark gestiegene Nachfrage nach Eisen bedingte die Verlagerung der Eisenproduktion von den entfernten Produktionsstätten (Eifel, Siegerland) hin zu den *Kohlerevieren* (Verwendung von Koks statt Holzkohle). Dies wurde durch den Einsatz stationärer Dampfmaschinen (statt Wasserkraft) möglich. Vor allem das *Ruhrgebiet*, *Oberschlesien* und das *Saarland* stiegen zu neuen Industrieregionen auf. Das industrielle Gewicht verlagerte sich von S und Mitteldeutschland nach N auf die Achse Ruhrgebiet–Berlin. Preußen stieg zum Industriegiganten Deutschlands und Europas (90% der Eisenerzeugung im Dt. Bund) auf.

Aufstieg zum führenden Industriestaat

Schwerindustrie und Maschinenbau als Industrien der ersten Industrialisierungsphase beruhten auf erfolgreich importierter und imitierter Technik. Die tragenden Säulen der industriellen Entwicklung im Kaiserreich, ***Chemie*** und ***Elektrotechnik***, waren Ergebnis autonomer Entwicklung. Deutschland wurde zum industriellen Schrittmacher und führenden Exporteur fortschrittlicher Technologie. Forschungsintensive Industrien besaßen in der Wissenschaftslandschaft Deutschlands einen Standortvorteil [→ 169], die Firmen richteten eigene industrielle Forschungs- und Entwicklungsabteilungen ein. Die Übernahme von amer. Techniken der Fabrikmassenfertigung (nach dem amer. Bürgerkrieg) erlaubte die Massenproduktion eiserner oder stählerner Produkte (Waffen, Fahrräder, Nähmaschinen, schließlich auch Schreibmaschinen usw.). Es entstanden ***neue Industrieregionen*** um fast alle Hauptstädte und Verkehrszentren herum (Berlin, Hamburg, Bremen, Rhein-Main- und Rhein-Neckar-Region oder schließlich Großraum Stuttgart mit hohem Anteil an Klein- und Mittelbetrieben). Nur der agrarische O blieb industriefern, und Oberschlesien verlor an Gewicht.

Die ***elektrotechnische Industrie*** begann ihren Aufstieg mit der Entwicklung des Telegraphen. Zur Massenproduktion ging sie mit der *elektr. Beleuchtung* (seit 1905 Osramlampe auch für Privathaushalte nutzbar) und der Entwicklung *elektr. Antriebe* (1866 Entwicklung des Dynamos) über. Zum ersten Großverbraucher in den Städten entwickelte sich die elektr. Straßenbahn (1913 schon 5 000 km Schienennetz). Die ***Chemieindustrie*** begann mit der Produktion von Kunstdünger. Zum dynam. Wachstumszweig wurde sie durch die *Farbstoffsynthese* oder *Teerfarbenchemie* [→ 168/169]. Ein Standortnachteil Deutschlands gegenüber den Kolonialmächten England und Frankreich konnte so ausgeglichen werden. Quasi durch Zufall entwickelten sich

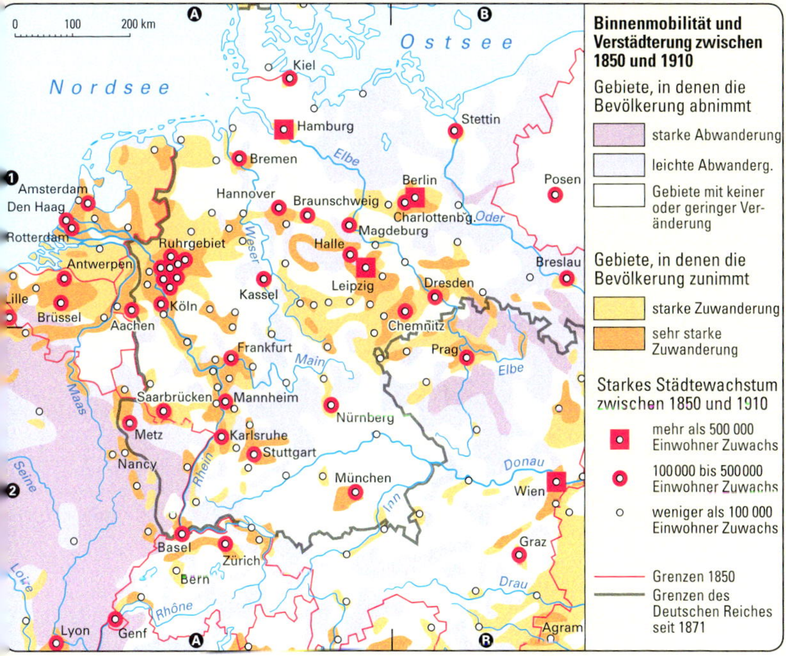

die *Pharmaka* zu einer wichtigen Sparte der chemischen Produktion, da sie ebenfalls auf Kohlenwasserstoffverbindungen beruhten. Im Anschluss an den Gründerkrach (Wirtschaftskrise nach 1873) setzte eine Tendenz zu ***Kartellbildungen**** und Syndikaten sowie zur Firmenkonzentration ein.

Kartellbildungen. Durch Absprachen bei Preisen und Produktionsmengen kontrollierten die „Rheinisch-Westfälischen Kohlesyndikate" (1893) teilweise fast 100% der Produktion. 1904 „Dreibund" (BASF, Agfa, Bayer) und Dreiverband (Hoechst, Casella, Kalle); 1925 Gründung der IG-Farben.

Weitere Industriezweige im Kaiserreich. Entwicklung von ***Verbrennungsmotoren*** (1880/87 Anfänge der Automobilindustrie); wichtiger zunächst ***Dieselmotoren (1897)*** als stationäre Motoren vor allem auch als Schiffsmotoren. ***Nähmaschinen*** (ca. 1/3 der Weltproduktion); feinmechan. und opt. Industrie (Zeisswerke in Jena).

Binnenmobilität – Verstädterung

Die Industrialisierung Deutschlands war begleitet von einem stürmischen Urbanisierungsprozess. Manche Industrieregionen wie die Städte des Ruhrgebietes verzeichneten bereits bis zur Reichsgründung ein exorbitantes Wachstum (z. B. Essen von 9 000 auf 52 000 Einw.). Mit der ***Binnenmobilität**** im Kaiserreich wurde jeder fünfte Deutsche Großstädter (während vor 1871 noch 2/3 auf dem Land wohnten). Die Zahl der Großstädte (über 100 000 Einw.) stieg von 8 auf 48.

Binnenmobilität im Kaiserreich. Mit dem *„Freizügigkeits- und Unterstützungswohnsitzgesetz"* (1871) war Niederlassung überall im Kaiserreich möglich (Wegfall aller Hemmnisse). Die Binnenmobilität kam einer Völkerwanderung gleich. Schätzungen gehen davon aus, dass etwa die Hälfte der Bevölkerung 1907 nicht mehr am Geburtsort lebte. Es gab eine starke Ost-West-wanderung, eine Land-Stadtwanderung, und ein sehr verbreitetes „Flottieren" (zirkulierende Arbeitswanderung). Große Bedeutung hatte das Eisenbahnnetz, das ein polyzentrisches Stadtsystem in Deutschland und die Entstehung von Ballungsgebieten (städtischen Großräumen) ermöglichte [→ 152/153].

156 Industrialisierung Mitteleuropas 1830/50 und 1910 –

Gründung bedeutender Industrieunternehmen 1800–1870

1802 Stahlwerk Fischer, Schaffhausen

1802 Erste Rübenzuckerfabrik (Achard), Kunern/Schles.

1810 Maschinenfabrik Henschel, Kassel

1810 Gutehoffnunghütte, Oberhausen

1811 Gussstahlfabrik Krupp, Essen

1819 Dt. Maschinenfabrik (DEMAG), Duisburg

1832 Maschinenfabrik Hartmann, Chemnitz

1835 Hannov. Maschinenbau A.G.

1837 Lokomotivfabrik Borsig, Berlin

1838 Farbenfabrik Günter Wagner, Hannover

1838 Maschinenfabrik Buckau, Magdeburg

1839 Zuckerwarenfabrik Stollwerk, Köln

1839 Maschinenfabrik Maffei, München

1840 Maschinenfabrik Augsburg (später MAN)

1841 Maschinenfabrik Klett & Co. (später MAN), Nürnberg

1846 Zeiß Optische Werke, Jena

1847 Elektrofirma Siemens und Halske, Berlin

1847 Reederei HAPAG, Hamburg

1854 Optische Werkstätten Steinheil, München

1855 Eisengießerei Gruson, Magdeburg

1857 Reederei Norddeutscher Lloyd, Bremen

1859 Maschinen- und Waffenfabrik Skoda-Werke, Pilsen

1862 Nähmaschinenwerke Opel, Rüsselsheim

1863 Farbwerke Höchst, Frankfurt/M.

1863 Farbwerke Bayer, Leverkusen

1863 Landmaschinenfabrik Sack, Leipzig

1864 Gasmotorenwerk Deutz, Köln

1865 Badische Anilin- und Soda-Fabrik, Ludwigshafen

1867 Landmaschinenfabrik Lanz, Mannheim

Deutsche Flagge von 1871. 1867 vom späteren Reichskanzler Bismarck entworfene Flagge als Alternative zu Schwarz-Rot-Gold (1848), die als demokrat. Farben galten.

Das 1870/71 unter preuß. Führung entstandene kleindt. Reich zementierte die dominante Stellung Preußens in der dt. und europ. Politik. Seit der gescheiterten Revolution 1848/49 und der Restauration des Deutschen Bundes dominierten diesen drei wesentliche Einheiten: die Großmächte Österreich und Preußen und die *Mittelstaaten* wie Bayern oder Württemberg, die sich bemühten, eine dritte Kraft zu bilden (sog. *Triaspolitik*). Der *preuß.-österr. Gegensatz* verschärfte sich seit den fünfziger Jahren. Bereits 1850 führte der Versuch Preußens, die kleindt. Einigung durch die ***Erfurter Union*** herbeizuführen an den Rand eines österr.-preuß. Krieges. ***Otto von Bismarck***, seit 1862 Ministerpräsident in Preußen, trieb mit takt. Geschick und unter Nutzung militär. Mittel die Einigung Deutschlands unter Ausschluss Österreichs voran.

Der österr.-preuß.-dänische Krieg 1864

Bereits 1848 hatten konkurrierende Ansprüche zu kriegerischen Auseinandersetzungen um die Herzogtümer geführt (→ 147, beigelegt im *Londoner Protokoll 1851*). Eine neue dänische Verfassung, die einer endgültigen Annexion der Herzogtümer in den dänischen Staatsverband gleichkam, ließ den Konflikt erneut aufflammen. Am 1.2.1864 erfolgte die Bundesexekution durch Preußen und Österreich. Im Gegensatz zu 1848 konnte die Elbblockade der dänischen Marine durch die österreichische Flotte gesprengt werden. Mitte März erfolgte die preuß. Beschießung und *Erstürmung der Düppeler Schanzen* mittels *Parallelen* und die anschließende Besetzung Jütlands bis zum Limfjord. Nach dem Sieg über Dänemark und der Abtretung der Herzogtümer Schleswig, Holstein und Lauenburg (*Friede von Wien*, 30.10.1864) wurde ein Kondominium Österreichs und Preußens über die Herzogtümer vereinbart (*Vertrag von Gastein*, 14.8.1865), das allerdings Konflikte zwischen beiden Staaten in sich barg.

1866–70

1866 ***Deutscher Krieg.*** Auslöser sind Spannungen in der Schleswig-Holstein-Frage und der Antrag Preußens auf eine Reform des Deutschen Bundes unter Ausschluss Österreichs. Preußen und seine norddeutschen Verbündeten kämpfen gegen Österreich und die meisten Mittelstaaten.

3.7. ***Schlacht bei Königgrätz***. Preußen siegt aufgrund moderner Militärtechnik und Logistik wie Eisenbahnnetz und Telegraphen. Entscheidender Wendepunkt der deutschen Entwicklung.

23.8. ***Frieden von Prag***. Österreich wird territorial geschont und stimmt sowohl den ***preuß. Annexionen*** in Norddeutschland (Hannover, Kurhessen, Nassau und Frankfurt/M.) als auch der ***Auflösung des Dt. Bundes*** und der Neugestaltung Deutschlands ohne Österreich (kleindt. Lösung) zu.

Norddeutscher Bund. Die Gründung fasst die dt. Staaten nördlich des Mains unter preußischer Führung zusammen. Durch den *Zollbundesrat* und das *Zollparlament* wird der Deutsche Zollverein 1867 zu einem politischen Zusammenschluss zwischen Norddt. Bund und den süddt. Staaten.

1870/71 ***Deutsch-Französischer Krieg.*** Die Ausdehnung der preuß. Einflusssphäre südl. des Mains und die Entstehung einer Großmacht im O Frankreichs führt zum deutsch-französischen Gegensatz.

Juli 70 Auseinandersetzung um die Kandidatur des Erbprinzen Leopold von Hohenzollern-Sigmaringen für den spanischen Thron kulminiert in einer diplomatischen Krise über die so genannte

13.7. ***„Emser Depesche“*** und mündet in die

19.7. ***Kriegserklärung Frankreichs an Preußen*** als Beginn des ***Deutsch-Französischen Kriegs***, der zum Debakel für das französische Kaiserreich wird.

1./2.9. ***Entscheidungsschlacht von Sedan***. Gefangennahme des französischen Kaisers, Sturz des Kaisertums; Frankreich wird Republik (4.9.).

18.1.71 Die ***Ausrufung König Wilhelm I. von Preußen*** zum „Dt. Kaiser“ im Spiegelsaal des Schlosses von Versailles weckt in Frankreich Revanchegefühle für die Zukunft genauso wie die harten

26.2. Friedensbedingungen im ***Vorfrieden von Versailles***: Annektion von Elsass-Lothringen und hohe Kriegsentschädigungsforderungen.

Die Verfassung des Kaiserreiches

Das neue Reich bestand aus 22 Flächen- und drei Stadtstaaten. Das auch mit militärischen Argumenten annektierte „Reichsland“ *Elsass-Lothringen* wurde nicht gleichberechtigter Bundesstaat, sondern einem vom Kaiser ernannten, in Straßburg residierenden Statthalter unterstellt (Reichsgesetz vom 8.7.1879).

Die Verfassung bildete einen ***konstitutionell-monarch. Bundesstaat*** und stellte einen Kompromiss zw. ***unitarischen*** (zentralstaatl.)

und ***föderalen*** Elementen dar. Die Verfassung des Kaiserreiches entsprach der dominanten Stellung Preußens im Reich an Bevölkerung (62%), Fläche (65%), Wirtschaftskraft, militär. Stärke und polit. Gewicht als Großmacht. Der ***preuß. König*** war zugleich ***Dt. Kaiser*** (Vorsitz des Bundes), ernannte den *Reichskanzler* (gleichzeitig preuß. Ministerpräsident) und damit die Regierung und berief *Reichstag* und *Bundesrat* (Vertreter der Staaten) ein. Er hatte die *Kommandogewalt* über das Militär inne. Im Laufe der Zeit entstand ein Dualismus zw. Preußen und dem Reich, da die fortschrittl. Entwicklung des Reiches (Reichstag: allg. Männerwahlrecht) durch Preußen als Bastion der Konservativen (preußischer Landtag: Dreiklassenwahlrecht) gebremst wurde. Als föderales Zugeständnis verblieben bei allen ***Vereinheitlichungen**** im Reich gewisse Hoheitsrechte, sog. ***Reservatrechte*** bei bestimmten Einzelstaaten. Finanziell blieb das Reich auf die *Matrikularbeiträge* der *Bundesstaaten* angewiesen, die alle direkten Steuern einnahmen.

Vereinheitlichungen im Deutschen Reich

1871 Strafgesetzbuch; Einführung von Mark und Pfennig als Reichswährung. Freizügigkeits- und Unterstützungswohnsitzgesetz (Armenfürsorge nicht nach Herkunft, sondern Wohnsitz).

1875 Gründung der Reichsbank als zentrale Notenbank.

1900 Bürgerl. Gesetzbuch (Rechtsvereinheitlichung).

Minderheiten im Deutschen Kaiserreich

Nichtdeutsche Minderheiten machten mit ca. 4 Mio. Menschen rund 10% der Reichsbevölkerung aus. Die meisten Polen (1871 ca. 2,4 Mio.) lebten in den preuß. Ostprovinzen, 140 000 Dänen und Friesen im 1866 annektierten Nordschleswig und 1,5 Mio. Elsässer u. Lothringer im „Reichsland Elsass-Lothringen“.

Österr.-preuß. Krieg gegen Dänemark 1864
militärische Aktionen
Deutscher Krieg 1866
preuß. Verbündete gegen Österreich und die übrigen deutschen Staaten
militärische Aktionen
Deutsch-Französischer Krieg 1870/71
militärische Aktionen bis zum Fall von Sedan (2.9.1870)
militärische Aktionen nach der Schlacht von Sedan
belagerte Städte
Nordsee
KGR. GROSS-BRITANNIEN
KGR. NIEDERLANDE
KGR. BELGIEN
GHZM. LUXEMBURG
KSR. FRANKREICH
(4.9.1870 Rep.)
KGR. DÄNEMARK
SCHWEIZ
Jütland
Fünen
Alsen
Düppel 18.4.1864
Schleswig (bis 1864 dän.)
Holstein
Helgoland (bis 1890 brit.)
Prov. Hannover
Westfalen
Rheinprovinz
Hessen-Nassau
Ghzm. Oldenburg
Hzm. Braunschweig
Thüringische Staaten
Ghzm. Hessen
Pfalz (bayr.)
Ghzm. Baden
Kgr. Württem-Berg
Kgr. Bayern
Elsass
29.6.1866 Langensalza
4.7.1866 Dermbach
10.5.71 Frankfurt
Kissingen 10.7.1866
Tauberbischofsheim 24.7.1866
1./2.9.1870 Sedan
30.8.1870 Beaumont
18.8.1870 G.
Spichern 6.8.1870
3.–5.1871 Kommune
Paris 19.9.1870–28.1.1871
Versailles 26.2.1871
18.1.1871 dt. Kaiserproklamation
Orléans 11.10.1870 3./4.12.1870
Besançon 22.10.1870 26.11.1870
Belfort 3.11.1870–16.2.1871
Péronne 10.1.1871
26.11.1870
4.9.–15.10.70 Soissons
K. Kaiser-Wilhelm-Kanal 1895
G. Gravelotte
W. Wörth
We. Weißenburg
1 Hzm. Lauenburg (1865 preuß.)
2 Ghzm. Mecklengurg-Strelitz
3 Fsm. Schaumburg-Lippe
4 Fsm. Lippe
5 Fsm. Waldeck
6 Fsm. Hohenzollern (preuß.)
7 FSM. LIECHTENSTEIN
0 50 100 150 200 km

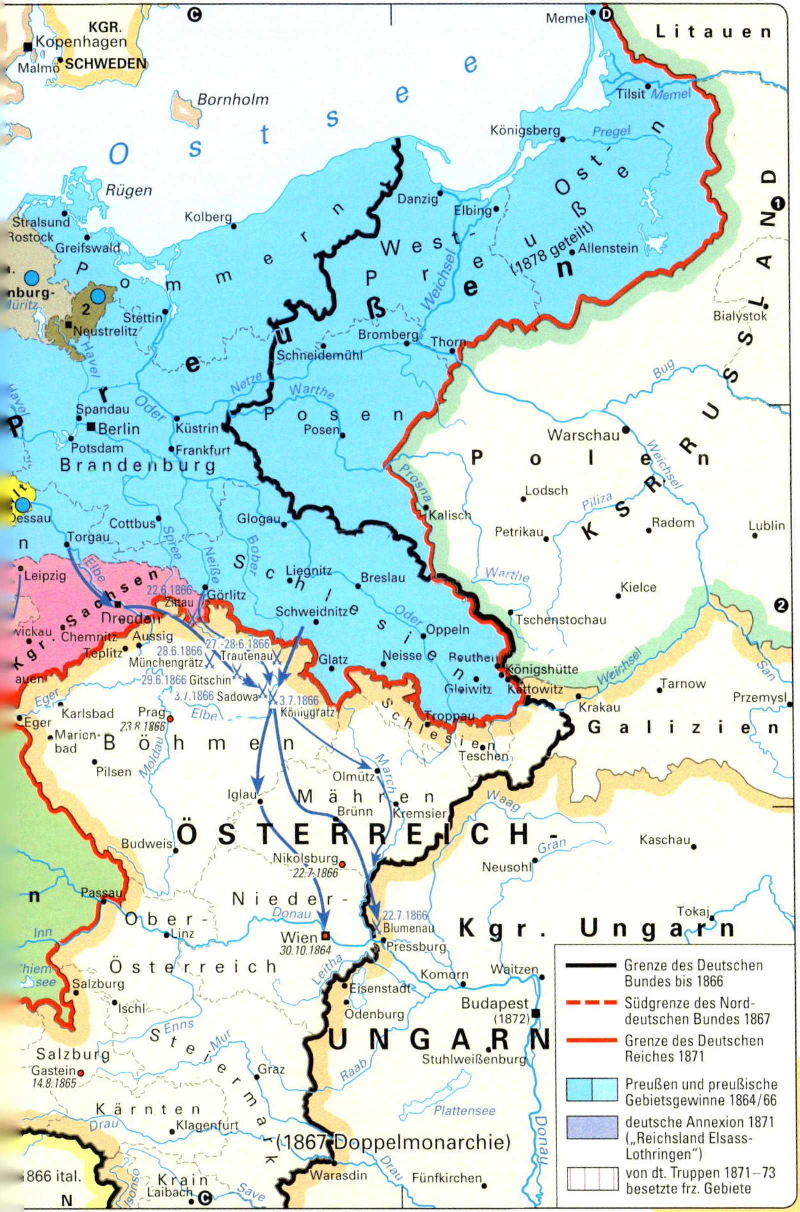
Grenze des Deutschen Bundes bis 1866
Südgrenze des Norddeutschen Bundes 1867
Grenze des Deutschen Reiches 1871
Preußen und preußische Gebietsgewinne 1864/66
deutsche Annexion 1871 („Reichsland Elsass-Lothringen“)
von dt. Truppen 1871–73 besetzte frz. Gebiete
Ostsee
KGR. SCHWEDEN
Kopenhagen
Malmö
Bornholm
Rügen
Memel
Litauen
Tilsit
Königsberg
Pregel
Ostpreußen
Westpreußen (1878 geteilt)
Danzig
Elbing
Allenstein
Kolberg
Stralsund
Rostock
Greifswald
Pommern
Stettin
Neustrelitz
Weichsel
Bromberg
Thorn
Schneidemühl
Bialystok
RUSSLAND
Netze
Warthe
Posen
Spandau
Berlin
Potsdam
Küstrin
Frankfurt
Oder
Havel
Brandenburg
Preußen
Warschau
Bug
Polen
Lodsch
Pilica
Prosna
Kalisch
Petrikau
Radom
Lublin
Dessau
Cottbus
Glogau
Torgau
Spree
Neiße
Bober
Leipzig
Elbe
Kgr. Sachsen
Dresden
Chemnitz
Zwickau
22.6.1866 Zittau
Görlitz
Liegnitz
Breslau
Schlesien
Schweidnitz
Oppeln
Kielce
Tschenstochau
Aussig
Teplitz
27.–28.6.1866 Trautenau
28.6.1866 Münchengrätz
29.6.1866 Gitschin
3.7.1866 Sadowa
3.7.1866 Königgrätz
Glatz
Neisse
Beuthen
Königshütte
Gleiwitz
Kattowitz
Tarnow
Krakau
Przemysl
San
Galizien
Eger
Karlsbad
Prag 23.8.1866
Marienbad
Böhmen
Moldau
Pilsen
Troppau
Teschen
Olmütz
March
Iglau
Mähren
Brünn
Kremsier
Waag
ÖSTERREICH-
Budweis
Nikolsburg 22.7.1866
Kaschau
Neusohl
Gran
Passau
Nieder-
Ober-
Linz
Donau
Wien 30.10.1864
22.7.1866 Blumenau
Pressburg
Tokaj
Kgr. Ungarn
Inn
Salzburg
Österreich
Leitha
Eisenstadt
Ödenburg
Komorn
Waitzen
Budapest (1872)
Ischl
Enns
Steiermark
Mur
UNGARN
Stuhlweißenburg
Gastein 14.8.1865
Graz
Raab
Kärnten
Klagenfurt
Drau
Plattensee
(1867 Doppelmonarchie)
Krain
Laibach
Isonzo
Save
Warasdin
Fünfkirchen
1866 ital.

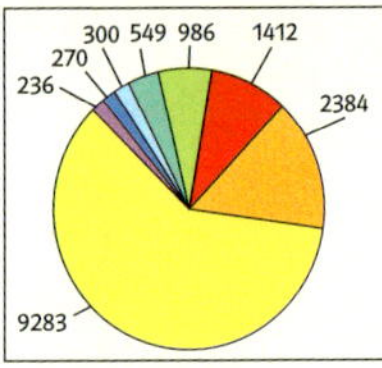

Obwohl die meisten kolonialen Erwerbungen z.Z. des Reichskanzlers Bismarck (1884/85) erfolgten, wurde der ***Aufstieg zur Weltmacht**** im Wettlauf mit den anderen imperialist. Mächten in der Zeit Wilhelm II. zu einem zentralen polit. Ziel des Kaiserreiches. Der Kontinent Afrika und die Inseln im Pazifik waren verbliebene Gebiete, die im imperialist. Wettlauf der 80er und 90er Jahre aufgeteilt wurden. Außerdem versuchte das Dt. Reich bei der Konkurrenz um Pachthäfen und Einflusszonen in China mitzuhalten. Deutschland erwies sich im Wettlauf mit den klass. Kolonialmächten Großbritannien und Frankreich nicht als ebenbürtig, da es keine überseeischen Gebiete besaß, von denen aus ein Ausbau durch „Machterweiterung" hätte stattfinden können. Als Ergebnis des Ersten Weltkriegs gingen alle dt. Kolonien als Protektorate in den Besitz der Siegermächte über.

„Griff nach der Weltmacht". Reichskanzler Bernhard von Bülow (1900–07) propagierte die ***Weltpolitik***, eine imperialist. Politik, die dem Dt. Reich einen gebührenden Rang gegenüber den anderen Weltmächten verschaffen sollte („Wir wollen auch einen Platz an der Sonne"). Mittel waren Aufrüstung (Flottenbau) und Kolonialpolitik. Innenpolit. gedacht auch als „Sammlung" der durch Modernisierung in sich widersprüchl. Gesellschaft. Verbunden mit der Weltpolitik war auch der Anspruch auf Beteiligung an der Regelung von kolonialen Fragen, die das Dt. Reich nicht unmittelbar tangierten.

Erste koloniale Erwerbungen 1884/85

Der Erwerb der meisten Kolonien erfolgte 1884/85 als dt. „Schutzherrschaften" über bereits von privaten Charter-Gesellschaften ***erworbene Gebiete****.

Stufen kolonialer Besitzergreifung. Sie erfolgte i.d.R. in zwei Schritten: 1. *Schutzverträge* mit Einheimischen durch private Firmen (z.B. Adolf Lüderitz in SW-Afrika, David Hansemann in Neuguinea, Carl Peters in Ostafrika), denen die Flaggenhissung durch einen Reichsbeauftragten folgte. 2. *Territoriale Abgrenzung* von den Ansprüchen anderer Mächte (seit 1885 an Flüssen, Breiten- oder Längengraden orientierte Grenzen) – in Konflikten mit ausländ. Mächten. Seit Ende der 80er Jahre erfolgte der Aufbau einer staatl. Kolonialverwaltung mit der Entsendung von Gouverneuren und Beamten.

Konflikte mit Großbritannien und dem brit. Subimperialismus (Australien, Kap-Kolonie) fanden etwa in der Auseinandersetzung um die gemeinsame Verwaltung von *Neuguinea* ihren Ausdruck. 1890 gelang eine letzte Abgrenzung der Interessenssphären mit Großbritannien im ***Helgoland-Sansibar-Vertrag****.

Helgoland-Sansibar-Vertrag. Das Dt. Reich erkannte Großbritanniens Protektorat über die Inseln Sansibar und Pemba formell an und erhielt die Insel Helgoland und in SW-Afrika einen schmalen Zugang zum zentralafrikanischen Sambesi-Becken *(Caprivi-Zipfel)*.

Erwerbungen 1884/85 In Afrika: Dt.-SW-Afrika (heute: Namibia); Kamerun; Togo; Dt.-O-Afrika (heute: Tansania, Burundi und Ruanda); in Ozeanien: Neuguinea („Kaiser-Wilhelms-Land, heute: nördl. Teil Papua-Neuguineas) und die Marshall-Inseln.

1890er Jahre – Schwerpunkt Ostasien

Im Pazifik wurden nach dem *Spanisch-Amerikanischen Krieg* (1898) Inseln aus der Konkursmasse des spanischen Kolonialreiches erworben. Der Versuch, beim Ringen um Einflusssphären in ***China*** mit zu halten, stieß zunehmend auf das Misstrauen der Kolonialmächte.

1899 Teilung ***Samoas***, Kauf weiterer Inseln im Pazifik als Schutzgebiete (*Karolinen* und *Marianen, Palau-I.*).
1897 Besetzung von Kiautschou auf dem chin. Festland und Abschluss eines Pachtvertrages mit weitreichenden Konzessionen in der angrenzenden Provinz Schantung.
1899/1900 Dem sog. Boxeraufstand folgt die vom Deutschen Reich initiierte internationale Strafaktion.
Völkermord im Afrika 1904–07. Seit 1904 kam es zu Kolonialkriegen gegen Stämme in SW- und O-Afrika, die sich gegen die Okkupation des besten Landes durch deutsche Siedler und Diskriminierungen wehrten. Diese Kämpfe wurden mit Mitteln des Völkermords beendet: Deutsche Schutztruppen trieben die Hereros in die wasserlose Omaheke-Wüste, deportierten sie in Gefangenenlager und ermordeten ihre Häuptlinge, so dass von 60 000–80 000 nur 15 000 überlebten. Für die Überlebenden galt eine Politik der strikten Rassentrennung (Verbot der Mischehen) und verschärfter Zwangsarbeit.

Deutsche Auswanderung Ende 18./19. Jh.

Migration war ein Massenphänomen der dt. Geschichte des 18. und 19. Jh. ***Vielfältige Motive**** führten die Menschen dazu, ihre Heimat zu verlassen und ihr Glück im 18. Jh.

Auswanderungen mit Jahr der Auswanderung):
- aus Hessen und dem Rheinland (ca. 3300)
- aus Danzig und Westpreußen (ca. 6450)
- aus Baden (ca. 5400), Württemberg (17880), Pfalz (2865) und Elsass (ca. 3870)
- aus Brandenburg, Mecklenburg, Sachsen, Schlesien, Posen, Polen nach Wolhynien und Bessarabien (über 4500)

Ansiedlungsgebiet
1814 Ansiedlungsjahr
Grenzen von 1815
Grenze des Deutschen Bundes

primär in Osteuropa, im 19. Jh. millionenfach in den USA zu suchen. Mit der Hochindustrialisierung seit 1890 endete der Massenexodus. Deutschland wurde selbst Einwanderungsland.

Motive der Auswanderung. In SW-Deutschland die Belastung durch fortwährende Kriege v.a. gegen Frankreich, die Sonderabgaben, hohe Steuerlast, mangelnde Meinungsfreiheit, religiöse Motive. Im 19. Jh. trat die Massenarmut (Pauperismus) durch ein extremes Bevölkerungswachstum hinzu. Autonomie, sozialer Aufstieg, Steuerfreiheit, Befreiung vom Militärdienst und günstiger Landerwerb.

Russland, Polen und die Donauländer

Den *Einladungsmanifesten von Katharina II.* 1762/63 zur Besiedlung der Wolgaregion (Garantie von Steuer-, Religions- und Militärdienstfreiheit) folgten 30000 Einwanderer v.a. aus dem süddeutschen Raum und Hessen (Folgen des siebenjährigen Krieges). 40 Jahre später folgten mindestens 100000 Auswanderer in das Schwarzmeergebiet. Gleichzeitig setzte die Auswanderung donauabwärts in die ehemaligen osmanischen Gebiete der Habsburger Monarchie ein.

Reiserouten in den Osten. Bestimmte Städte entwickelten sich zu Sammlungsorten: Auswanderer nach Russland zogen größtenteils nach ***Lübeck***, dann über das Meer nach St. Petersburg (wo sie den Untertaneneid ablegten), weiter übers Land nach Saratow an der unteren Wolga, wo ihnen ihre Siedlungsgebiete zugewiesen wurden. Nach Ungarn, Siebenbürgen oder dem Schwarzmeergebiet entwickelte sich ***Ulm*** zum Sammlungsort: Auf „Ulmer Schachteln" erfolgte die Reise nach Wien, weiter nach Budapest und in die Siedlungsgebiete Ungarns und Siebenbürgens oder bis ans Schwarze Meer.

Auswanderung in die USA

90% aller deutschen Auswanderer zog es zwischen 1820 und 1930 in die USA (insgesamt 5,9 Mio. Menschen; 30% aller amerikanischen Einwanderer stammten aus Deutschland). Bedingt durch die günstigen Reisewege (Mississippi, Missouri) und das Interesse an der Gründung einer eigenen Farm siedelten die meisten Deutschen in einem nördlichen Viereck von Michigan bis North Dakota, Nebraska, Missouri und Ohio.

A
B
1
2
RUSS. REICH
Beringstr.
Alaska
(1867 USA)
K A N A D A
(1867 Dominion)
Grönland
(dän.)
Spitzbergen
Island
Färöer
NORWEGEN
SCHWEDEN
GROSS-BRITANNIEN
London
Berlin
H.
DEUTSCHLAND
11
12
13
Paris
FRANKREICH
M.
ÖSTERR.-UNG.
Rom
ITALIEN
Madrid
PORTUGAL
Lissabon
SPANIEN
14
Tunis
Algier
Marokko
Algerien
Libye
Vancouver
Ottawa
Montréal
Halifax
NEUFUNDLAND
(1907 Dominion)
St-Pierre u. Miquelon
Missouri
U S A
Denver
San Francisco
Boston
Washington
New York
Norfolk
Charleston
Mississippi
18./19. Jh.
Mitte 19. Jh.
Azoren
Madeira
Bermudas
New Orleans
MEXIKO
Havanna
Hawaii-In.
(1898 USA)
Mexiko
V.
Acapulco
KUBA
1902
Jamaica
Bahamas
Puerto Rico
10
9
Kleine Antillen
Curaçao
Trinidad
Clipperton
VENEZUELA
Guayana
Bogotá
KOLUMBIEN
PAZIFISCHER
Äquator
Galápagos-In.
(zu Ecuador)
G.
ECUADOR
OZEAN
Samoa
(1899 dt.)
ATLANTISCHER
Kanarische In.
Rio de Oro
Frz. - Westafrika
Kapverdische In.
D.
Gambia
Port.-Guinea
Freetown
15
LIBERIA
Niger
Togo
Goldk.
Nigeria
Lagos
1884
Kamerun
1884
S. Tomé
16
Annobon
Amazonas
Belém
B R A S I L I E N
1857
PERU
Lima
Bahía
seit 1821/50
OZEAN
Ascension
St. Helena
seit 1890
Deutsch-Südwest-afrika
18
1884
BOLIVIEN
Arica
Antofagasta
CHILE
PARAG.
Paraná
Rio de Janeiro
Sta.-Catarina-Bahn
URUGUAY
Buenos Aires
ARGENTINIEN
seit 1836/38
SÜDAFRIKAN. UNION
Kapstadt
Pitcairn
Oster-I.
(1888 zu Chile)
Santiago
seit 1850
Tristan da Cunha
Falkland-In.
Südgeorgien
1909
Punta Arenas
1 Niederschlagung von Aufständen in Ostafrika 1888/89 und 1905/07
2 Niederschlagung des Boxeraufstandes 1900/01 unter dt. Oberkommando
3 Niederschlagung der Aufstände der Herero und Nama 1904/07
4 Venezuela 1902/03
5 Entsendung des Kriegsschiffes „Panther" nach Agadir 1911 (Auslösung der 2. Marokkokrise)
6 Mexiko 1912/13
Deutsche Auswanderung
über 4,5 Mio.
100 000 – 500 000
50 000 – 100 000
unter 50 000
deutsche Siedlungsgebiete außerhalb Mitteleuropa um 1900
Staaten und ihre Kolonien (□ kolonialer Stützpunkt)
1914
Interessensgebiete
Deutschland
Großbritannien
Frankreich
Russland
Japan
USA
Spanien
Portugal
Niederlande
Belgien
Dänemark
Italien

Seekriegshafen/Flottenstützpunkt der Entente-Mächte (außerhalb Europas)

bedeutende Kriegs- und Krisengebiete

1 militärische Intervention Deutschlands/Demonstration militär. Stärke

deutsche Dampferlinien

Bagdad-Bahn deutsche Eisenbahnbau-Projekte

1 Brit.-Honduras
2 GUATEMALA
3 HONDURAS
4 EL SALVADOR
5 NICARAGUA
6 COSTA RICA
7 PANAMA 1903
8 Panama-Kanalzone seit 1903
9 HAITI
10 DOMINIKANISCHE REP.
11 DÄNEMARK
12 NIEDERLANDE
13 BELGIEN
14 Gibraltar
15 Sierra Leone
16 Spanisch-Guinea
17 Eritrea
18 Walfischbucht (1878 brit.)
19 Betschuanaland
20 Bahrain
21 BHUTAN
22 Port Arthur (1898 russ./1905 jap.)
23 Weihaiwei (1898 brit.)
24 Kiautschou (1897/98 dt.)

A. Alexandria
A. A. Addis Abeba
C. Colombo
D. Dakar
G. Guayaquil
H. Hamburg
I. Istanbul
K. Karikal
M. Marseille
Ma. Malakka
Pe. Peking
Po. Pondichéry
T. Tschandernagar
V. Veracruz
W. Wladiwostok

Das Reichstagsgebäude in Berlin. *(1894 fertig gestellt) mit der Kuppel über dem Sitzungssaal.*

Die Rolle der Parteien im Kaiserreich

Die Verfassung des Kaiserreiches räumte den im Reichstag vertretenen Parteien zwar Mitspracherechte ein (Budget, Beschlüsse über Gesetze), hielt sie aber von der *Regierungsverantwortung* fern. Der Reichskanzler (zugleich preuß. Ministerpräsident) benötigte zu seiner Ernennung oder zur Regierungsbildung (Minister hießen Staatssekretäre) nicht der Zustimmung des Reichstags. Daher gab es keine echten Regierungskoalitionen, wohl aber wechselnde Stützen für Regierungsvorhaben. Insofern waren die Parteien nicht gezwungen, ihre Ziele am polit. Machbaren auszurichten, Interessengegensätze durch Kompromisse zu überbrücken und stabile Koalitionen zu erproben. Die SPD blieb bis zum Ausbruch des Ersten Weltkriegs politisch isoliert. Eine lange diskutierte ***Parlamentarisierung*** des polit. Systems erfolgte erst 1918 kurz vor dem Zusammenbruch.

Wahlrecht im Kaiserreich. Es galt das ***allgemeine, gleiche, direkte und geheime Wahlrecht*** aller Männer über 25 Jahre. Das *absolute Mehrheitswahlrecht* – ein Kandidat pro Wahlkreis wird gewählt – benachteiligte die SPD, da die 397 Wahlkreise nie der starken Binnenwanderung im Kaiserreich angepasst wurden. Gab es 1912 im Wahlkreis Teltow bei Berlin 338 900 Wahlberechtigte, so waren es in ländl. Wahlkreisen wie Schaumburg-Lippe 10 700. *„Rivierawahlkreise"* galten bestimmten Kandidaten als sicher, so die 51 bayer. Wahlkreise dem *Zentrum*, die ostelb. den *Konservativen* und die großstädt.-industriellen den *Sozialdemokraten*. Zeitweise bildeten die konservativen Parteien Kartelle (Einigung auf einen Kandidaten: 1887). Die wachsende Anteilnahme der Bevölkerung an polit. Fragen *(Fundamentalpolitisierung)* lässt sich an der wachsenden Wahlbeteiligung ablesen. 1871 lag sie bei 51%, 1912 bei 85%.

Parteien im Kaiserreich

Zentrum und Sozialdemokratie hatten ihre Verankerung in bestimmten religiösen, wirtschaftl., soz. und kultur. Milieus. Die ***Liberalen*** spalteten sich seit 1866 in die rechten *Nationalliberalen* (unterstützten den Kurs Bismarcks) und die *linke Fortschrittspartei* (zeitweilig weitere Aufspaltung) auf. Sie entsprachen dem Typ der alten *Honoratiorenpartei*, der sich in einer mod. Massengesellschaft aufgrund des mangelnden organisator. Unterbaus schlechter behaupten konnte, während die ***SPD*** als sozialist. Partei (bis 1890 SAP) eher dem neuen Typ einer *Massenpartei* entsprach. Das ***Zentrum*** als Partei der meisten kath. Wähler wandelte sich nach einer Phase harter Opposition im ***Kulturkampf**** zu einem wichtigen Partner für die Regierung. Die ***Konservativen*** spalteten sich in *Deutschkonservative* und die *Deutsche Reichspartei* (auch *Freikonservative*), die den Kurs Bismarcks unterstützte.

Die Entwicklung der SPD (bis 1890 SAP)

Neben dem ADAV (Allgemeiner Deutscher Arbeiterverein 1863) Ferdinand Lassalles, der ein takt. Bündnis mit der preuß. Monarchie anstrebte, gründete sich die *SDAP* (1869), die v.a. ein Bündnis mit den bürgerl. Liberalen suchte. Beide Parteien vereinigten sich 1875 in ***Gotha*** zur SAP (Sozialist. Arbeiterpartei Deutschlands) mit einem zunächst sozialreformer. Programm. Ein Kurswechsel erfolgte nach dem Verbot der Parteiorganisation in den ***Sozialistengesetzen**** (1878–90). Der Kurs blieb allerdings auch im sog. ***Erfurter Programm*** (1891) zw. revolutionär-marxist. Programmatik und reformerischer Alltagsarbeit doppelgesichtig. Im Ersten Weltkrieg begann die polit. Integration der SPD (Unterstützung der Kriegskredite), allerdings führte dies auch zur Abspaltung der USPD (1917).

Kulturkampf und Sozialistengesetze. Katholiken und Sozialdemokraten galten Bismarck als Gefahr für das junge klein-deutsche Kaiserreich. Die *Sozialdemokraten* diffamierte er wegen ihrer Zugehörigkeit zur sozialistischen Internationale als „vaterlandslose Gesellen". Im sog. ***„Kulturkampf"*** (1871–78) kam es zu scharfen Auseinandersetzungen zwischen Staat und katholischer Kirche, deren Ergebnis die Einführung der Zivilehe und die Zuständigkeit des Staates für die Schulaufsicht darstellte. In den ***„Sozialistengesetzen"*** (1878–90) wurde jede sozialdemokratische Betätigung (Partei, Presse, Gewerkschaften) verboten, allerdings blieb die sozialdemokratische Fraktion im Reichstag unbehindert. Kulturkampf und Sozialistengesetze konnten weder dem Zentrum noch den Sozialdemokraten dauerhaft schaden, ihre Wählerschaft stieg trotzdem an (1912 SPD stärkste Fraktion im Reichstag).

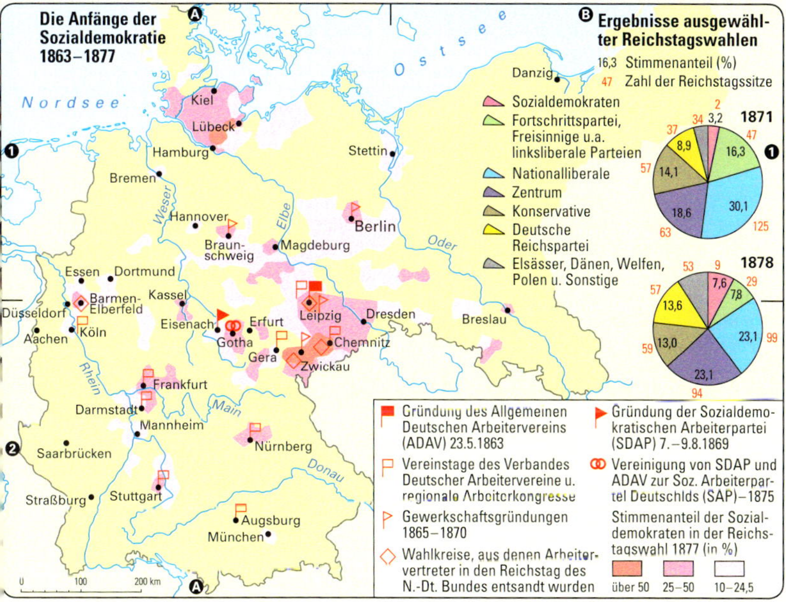

Die Anfänge der Sozialdemokratie 1863–1877

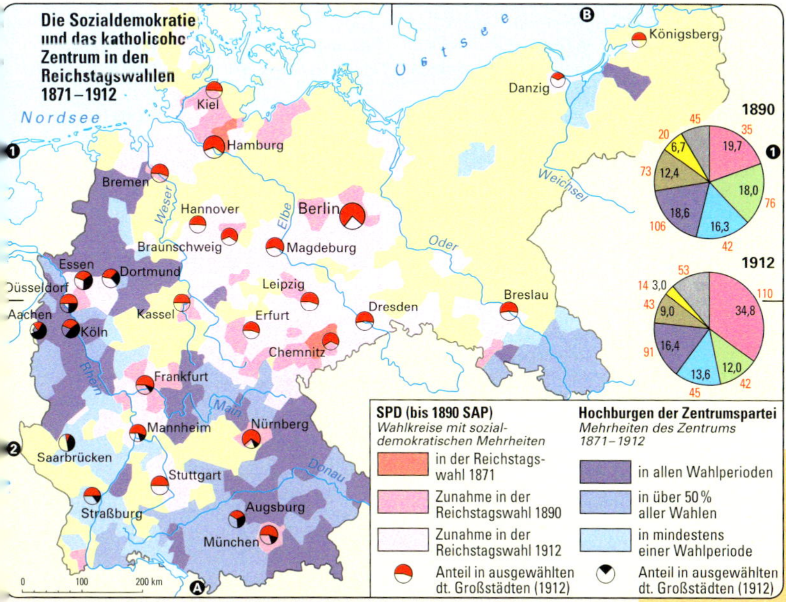

Die Sozialdemokratie und das katholische Zentrum in den Reichstagswahlen 1871–1912

Röntgengerät – (Ausschnitt aus einer Katalogseite). *1895 entdeckte Wilhelm Conrad Röntgen die Röntgenstrahlung (1901 Nobelpreis für Physik). Die moderne Röntgendiagnostik und -therapie revolutionierte die Medizin.*

Die Weltgeltung des Kaiserreiches gründete vor allem auf seiner Wissenschaft und Forschung innerhalb sowie außerhalb der Universitäten und Hochschulen. Durch das Zusammenwachsen der bestehenden und neu gegründeten Hochschulen und Forschungseinrichtungen der Bundesstaaten und deren Konkurrenz entstand eine einzigartige Forschungslandschaft. Neben den bestehenden 21 Universitäten kam es zu Neugründungen (1872 Straßburg, 1902 Münster, 1914 Frankfurt).

Der Aufstieg der Natur- und Ingenieurwissenschaften

Traditionell dominierten an den Universitäten des 19. Jh. die Geisteswissenschaften (Philosophie, klassische und germanische Altertums-, Rechts-, Staats- und Geschichtswissenschaften). Neben die Universitäten traten verstärkt Hochschulen mit ***anwendungsorientierten Wissenschaften***, sowie die acht neu gegründeten ***Technischen Hochschulen*** (z.B. Aachen, Danzig, Breslau). Die Konkurrenz mit den Universitäten führte auch dort zur Stärkung der Naturwissenschaften. Eine besondere Rolle spielte die ***Chemie***, deren Ergebnisse die deutsche Chemieindustrie in eine führende Position brachte (1901–18 erhielten sieben Wissenschaftler aus Deutschland den Nobelpreis für Chemie; z.B. 1902 E.H. Fischer oder 1907 E. Buchner). Die Forschungszusammenarbeit der Hochschulinstitute mit der Industrie schufen einen technologischen Vorsprung der deutschen chemischen und elektrotechnischen Industrie. Auf Grundlage der von August Kekulé von Stradonitz 1865 entwickelten *Benzolringtheorie* konnte sich die Farbstoffindustrie etwa durch die Entwicklung synthetischer Farben ein Monopol auf dem Weltmarkt schaffen.

Bildung für alle?

Während Bildung und Wissenschaft vor allem eine Domäne des gehobenen *Bildungsbürgertum blieben*, setzte sich die Forderung der *Frauenbewegung* nach Zugang der Frauen zum Hochschulstudium durch: Zugang zu staatlichen Gymnasien (erste Abiturientinnen 1896) und Zulassung der ersten Frauen zum Universitätsstudium seit 1900. Die preußischen Universitäten öffneten sich 1908 als letzte im Reich dem Studium für Frauen.

Großforschungsinstitute im Kaiserreich

Mit der wachsenden ***Lehrverpflichtung**** an den Universitäten entstanden v.a. naturwissenschaftlich-medizinische Großforschungseinrichtungen.

Lehrverpflichtung und Prinzipien deutscher Hochschulen

Vorbildlich für das deutsche und teilweise auch das internationale Universitätswesen wurden die an der 1810 gegründeten Berliner Universität praktizierten Grundprinzipien: 1. Die ***Freiheit von Forschung und Lehre***: Wissenschaftler sind von Weisungen des Staates unabhängig und 2. Die ***Einheit von Forschung und Lehre***: Alle Professoren an einer Universität forschen und lehren, damit die Studenten die neuesten wissenschaftlichen Erkenntnisse lernen und während ihres Studiums dazu angehalten werden, selbstständig zu forschen.

Ein Schwerpunkt staatlicher ***Großforschungseinrichtungen*** war die ***medizinische Forschung***, die zur Bekämpfung bestimmter Krankheiten (Tetanus, Diphterie, Cholera: noch 1866 Choleraseuche im Hamburg mit 8000 Opfern) dienten. Die Suche nach *bakteriellen Krankheitserregern* stellte eine Hauptaufgabe dar: Entdeckung des Tuberkelbazillus (1882), der Choleraerreger (1883) durch *Robert Koch* und der Entwicklung von Mitteln und Impfstoffen gegen Diphterie, Wundstarrkrampf (Tetanus) und Geschlechtskrankheiten durch Paul Ehrlich.

Großforschungseinrichtungen im Kaiserreich.

- ***1891*** *Königliches Institut für Infektionskrankheiten* (heute: Robert-Koch-Institut).
- ***1896*** *Königliches Institut für Serumforschung und Serumprüfung* (Paul Ehrlich) – seit 1899 *Institut für experimentelle Therapie.*
- ***1887*** Seminar für Orientalische Sprachen (Auswärtiges Amt). Physikalisch-Technische Reichsanstalt.
- ***1910/11*** ***Kaiser-Wilhelm-Gesellschaft zur Förderung der Wissenschaften*** (heute Max-Planck-Gesellschaft). Institute z.B. für *Chemie*, für *Physikalische Chemie und Elektrochemie* (Im Ersten Weltkrieg Entwicklung der Giftgaswaffe durch Fritz Haber).

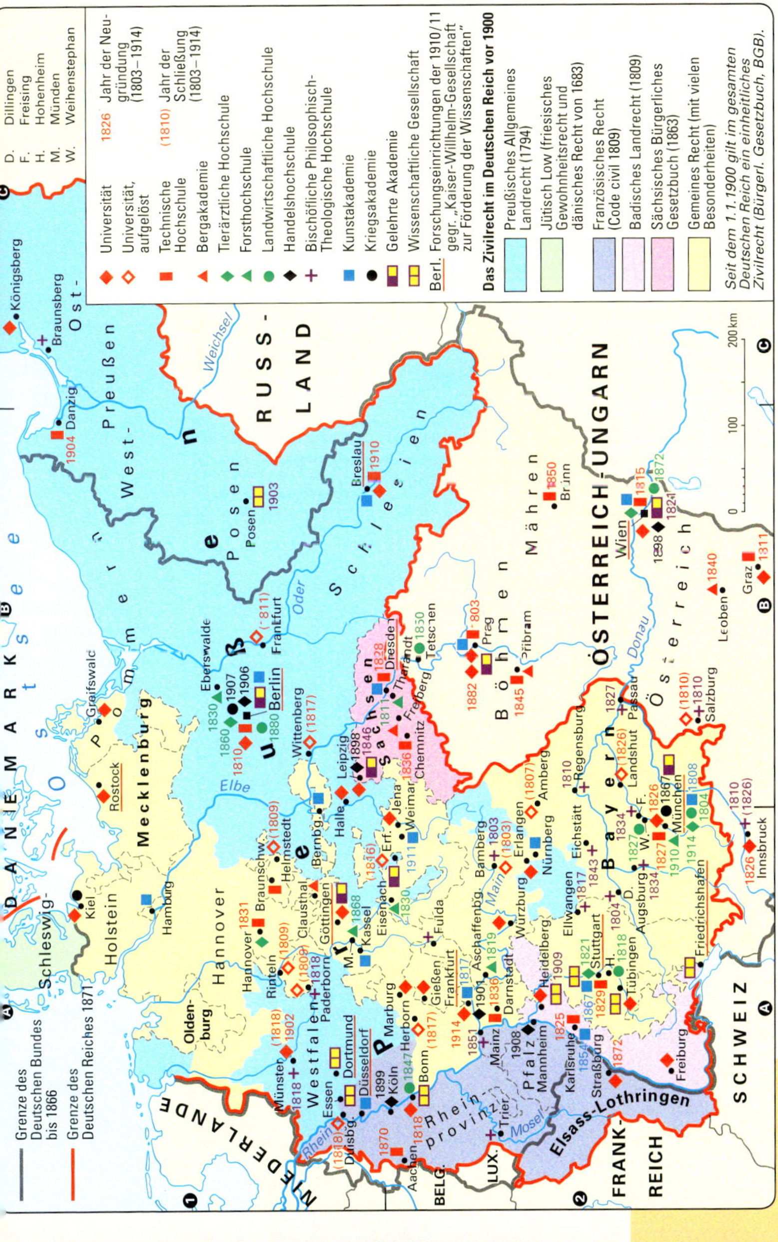

Grenze des Deutschen Bundes bis 1866
Grenze des Deutschen Reiches 1871
D. Dillingen
F. Freising
H. Hohenheim
M. Münden
W. Weihenstephan
Universität
Universität, aufgelöst
Technische Hochschule
Bergakademie
Tierärztliche Hochschule
Forsthochschule
Landwirtschaftliche Hochschule
Handelshochschule
Bischöfliche Philosophisch-Theologische Hochschule
Kunstakademie
Kriegsakademie
Gelehrte Akademie
Wissenschaftliche Gesellschaft
1826 Jahr der Neugründung (1803–1914)
(1810) Jahr der Schließung (1803–1914)
Berl. Forschungseinrichtungen der 1910/11 gegr. „Kaiser-Wilhelm-Gesellschaft zur Förderung der Wissenschaften"
Das Zivilrecht im Deutschen Reich vor 1900
Preußisches Allgemeines Landrecht (1794)
Jütisch Low (friesisches Gewohnheitsrecht und dänisches Recht von 1683)
Französisches Recht (Code civil 1809)
Badisches Landrecht (1809)
Sächsisches Bürgerliches Gesetzbuch (1863)
Gemeines Recht (mit vielen Besonderheiten)
Seit dem 1.1.1900 gilt im gesamten Deutschen Reich ein einheitliches Zivilrecht (Bürgerl. Gesetzbuch, BGB).
DÄNEMARK
Ostsee
RUSSLAND
ÖSTERREICH-UNGARN
SCHWEIZ
FRANKREICH
NIEDERLANDE
BELG.
LUX.
Schleswig-Holstein
Mecklenburg
Pommern
Westpreußen
Ostpreußen
Posen
Schlesien
Sachsen
Hannover
Oldenburg
Westfalen
Rheinprovinz
Pfalz
Elsass-Lothringen
Bayern
Böhmen
Mähren
Österreich
Königsberg
Braunsberg
Danzig
Kiel
Hamburg
Rostock
Greifswald
Berlin
Eberswalde
Frankfurt
Breslau
Posen
Leipzig
Halle
Dresden
Tharandt
Freiberg
Chemnitz
Wittenberg
Helmstedt
Braunschw.
Hannover
Clausthal
Göttingen
Rinteln
Paderborn
Münster
Essen
Dortmund
Düsseldorf
Duisbg.
Köln
Bonn
Aachen
Marburg
Herborn
Gießen
Kassel
Fulda
Eisenach
Erf.
Jena
Weimar
Bernbg.
Frankfurt
Aschaffenbg.
Darmstadt
Mainz
Trier
Mannheim
Heidelberg
Karlsruhe
Straßburg
Freiburg
Stuttgart
Tübingen
Ellwangen
Würzburg
Bamberg
Erlangen
Nürnberg
Amberg
Regensburg
Eichstätt
Augsburg
Landshut
München
Passau
Friedrichshafen
Innsbruck
Salzburg
Prag
Příbram
Tetschen
Brünn
Wien
Graz
Leoben
Elbe
Oder
Weichsel
Rhein
Mosel
Main
Donau
0 100 200 km

Brit. Schlachtschiff „Dreadnought" *(engl. „furchtloser Zerstörer"), seit 1905 in völlig neuen Dimensionen gebaute Schiffe, um den Flottenvorsprung vor dem Dt. Reich zu halten.*

Kennzeichnend für die Zeit von 1871–90 war der Versuch, die Position der neu entstandenen Großmacht zu sichern. Die ***Kontinentalpolitik*** Bismarcks erklärte das Deutsche Reich für „saturiert" und versuchte das Problem der „Mittellage" (Angst vor einem russ.-frz. Bündnis) außenpolit. zu kompensieren. Gute Beziehungen wurden zu allen Großmächten (außer Frankreich) gesucht, deren wechselseitige Spannungen als durchaus nützlich für die Position Deutschlands gesehen wurden *(„Peripheriepolitik")*. Allerdings verstrickte sich das dt. Bündnissystem Ende der 80er Jahre immer mehr in Widersprüche. Seit 1890 betrieb das Dt. Reich ***Weltpolitik*** [→ 162–165] und beteiligte sich am imperialistischen Wettlauf. Das aggressive dt. Auftrumpfen beim Ringen um den Weltmachtstatus führte zur zunehmenden Isolation („Selbstauskreisung") Deutschlands.

Bündnissysteme nach 1871

Die Zeit nach 1871 war gekennzeichnet durch die Feindschaft zw. Frankreich und Deutschland als Folge der dt. Annexion Elsass-Lothringens und eine Isolation Frankreichs in Europa. Auch wurde zunächst die Allianz der konservativen Monarchien als natürlich angesehen, z.B. im ***Dreikaiserbund*** (1873), dessen Grundlage trotz Erneuerung 1881 durch den russ.-österr. Gegensatz auf dem Balkan immer mehr schwand. Wichtiger wurde der 1879 abgeschlossene dt.-österr. ***Zweibund***, der 1882 zum ***Dreibund*** mit Italien erweitert wurde. Deshalb kam es 1887 zum ***Rückversicherungsvertrag*** zwischen Russland und Deutschland, dessen geheimes Zusatzprotokoll Russland Unterstützung bei seiner Meerengenpolitik versprach. Dies stand im Gegensatz zum ***Mittelmeerabkommen*** oder ***Orientdreibund*** von 1887 (Österreich-Ungarn, Italien, Großbritannien), das zum Schutz der Türkei und zur Eindämmung der russ. Ansprüche auf den Bosporus gedacht war. Es entstand ein in sich widersprüchliches Bündnissystem, das nur funktionieren konnte, solange der Bündnisfall nicht eintrat.

Grundkonstellationen des I. Weltkriegs

In der Phase 1890–1914 entstanden völlig neue Mächtekonstellationen, etwa durch das Ende der seit 1813 fast ununterbrochenen deutsch-russischen Zusammenarbeit und die zunehmende Isolation Deutschlands. Großbritannien gab seine trad. Neutralität *(„splendid isolation")* auf, da es sich als See- und Handelsmacht herausgefordert sah. Bis 1907 entstanden zwei Blöcke: ***Mittelmächte*** (bei Kriegsausbruch Deutschland und Österreich-Ungarn) und ***Entente*** (Großbritannien, Frankreich, Russland).

Blockbildung in Europa 1890–1914

1890 Entlassung des Reichskanzlers Bismarck: Grundsätzlich neue deutsche Außenpolitik im Zeichen der Weltpolitik. ***Nichterneuerung des Rückversicherungsvertrags*** mit Russland.

1894 ***Französisch-russische Miltärkonvention.***

1897 Bau der Anatolischen und der Bagdadbahn durch deutsche Firmen stößt auf britisches Misstrauen.

1898 Die Beilegung der ***Faschoda-Krise*** zwischen Großbritannien und Frankreich leitet die brit.-frz. Annäherung ein (***Sudan-Vertrag*** 1899).

1898 Beginn der deutschen ***Flottenpolitik*** und des Wettrüstens zur See mit Großbritannien.

1900 ***Französisch-italienisches Abkommen:*** Abgrenzung der Interessensphären in Nordafrika.

1902 ***Französisch-italienischer Neutralitätsvertrag***.

1904 ***Entente Cordiale.*** Kolonialer Interessenausgleich zw. Frankreich und Großbritannien in Afrika – Anerkennung der frz. Einflusssphäre in Marokko.

1905/06 ***Erste Marokkokrise.*** Deutscher Kaiser protestiert durch persönliches Auftreten in Tanger gegen die französische Durchdringung Marokkos. In der ***Konferenz von Algeciras*** zeigt sich die Isolation des Deutschen Reiches.

1907 ***Brit.-russ. Interessenausgleich*** in Asien führt zur Erweiterung der Entente zur Tripelentente.

1908 Die ***österreichische Annexion Bosniens*** führt zur weiteren Entfremdung Russlands von Österreich, dem Deutschland die „Nibelungentreue" hält.

1911 ***Zweite Marokkokrise***. Entsendung des deutschen Kanonenbootes Panther nach Agadir nach der französischen Besetzung von Fes führt zur Festigung der französisch-britischen Entente.

1912/13 ***Zwei Balkankriege*** werden v.a. durch den Einfluss Großbritanniens und Deutschlands auf ihre Bündnispartner Russland und Österreich-Ungarn lokalisiert.

Deutschland und seine Verbündeten
Zweibund seit 1879
Erweiterung zum Dreibund 1882
Beitritt zum Dreibund 1883 (unsicheres Mitglied)
Mittelmeerabkommen (Orientbund) 1887–1896
Entente
Zweiverband 1894
Entente Cordiale 1904
1907 Erweiterung zur Tripelentente (1912 Bündnisfestigung)
1. Balkanbund 1912 (mit russ. Unterstützung)
0 250 500 km
Bedeutende Kriege und Krisen
bedeutender Krieg
neue Grenzen nach den Balkankriegen 1913
Krisenherd
bedeutende Revolution
Russ.-Japan. Krieg 1904/05
RUSSLAND
KSR.
Minsk
Kiew
Wolga
Dnjepr
Krim
Schwarzes Meer
Finnland
St. Petersburg
Björko
Kronstadt
Reval
Russische Revolution 1905
1905
Stockholm
KGR. SCHWEDEN
KGR. NORWEGEN (1905 unabh.)
Christiania
KGR. DÄNEMARK
Helgoland (1890 dt.)
Nordsee
Ostsee
KGR. GROSSBRITANNIEN
London
ATLANTISCHER OZEAN
KGR. NIEDERLANDE
KGR. BELG.
GHZM. LUX.
Elsass-Lothringen
DEUTSCHES KSR.
Berlin
Elbe
Rhein
1898 Beginn der Flottenpolitik
1873 Dreikaiserbündnis
Neutralitätsvertrag 1881–87
1887–90 Rückversicherungsvertrag
(1890 nicht erneuert)
1894 Französisch-russische Militärkonvention
1907 Brit.-russ. Interessensausgleich in Asien (Persien, Afghanistan, Tibet)
1899 u. 1904: Abgrenzung der Einflusssphären in Afrika
1900 Abgrenz. der Interessensgebiete in N-Afrika–1902 frz.-ital. Neutralitätsvertrag
1902 beginnende Lösung vom Dreibund (1915 Kündigung)
REP. FRANKREICH
Paris
1871
Loire
Garonne
Rhône
SCHWEIZ
Racconigi
Po
KSR. ÖSTERREICH-UNGARN
Wien
Buchlau
Budapest
Bosnien (1908 annektiert)
1908
KGR. ITALIEN
Rom
Adria
KGR. MONTENEGRO
FSM. ALBANIEN (1912 unabh.)
KGR. SERBIEN
Belgrad
KGR. BULGARIEN
Sofia
KGR. RUMÄNIEN
Bukarest
Donau
2 Balkankriege 1912/13
KGR. GRIECHENLAND
Athen
Meerengenkrise 1908
Istanbul
1908
OSMANISCHES REICH (TÜRKEI)
1913 Heeresreform unter dt. Leitung
Aug. 1914 dt.-türk. Defensivbündnis
Bagdadbahn s. 1897
Smyrna
Aleppo
Syrien
Damaskus
Zypern (1878 brit.)
Kreta (1908/12 griech.)
Dodekanes (1912 ital.)
Ital.-Türk. Krieg 1911/12
Tripolis (1912 ital.)
Malta (brit.)
Sizilien
Mittelmeer
Tunesien (1881/83 frz.)
Algerien (frz.)
Marokko (1912 frz.)
Fès
Agadir
1./2. Marokkokrise 1905/06 und 1911
Tanger (1912 intern.)
Algeciras
Gibraltar (brit.)
(1912 span.)
KGR. SPANIEN (1887 Beitritt zum Orientbund)
Madrid
Tajo
Ebro
1909
KGR. PORTUGAL
Lissabon
1910/12

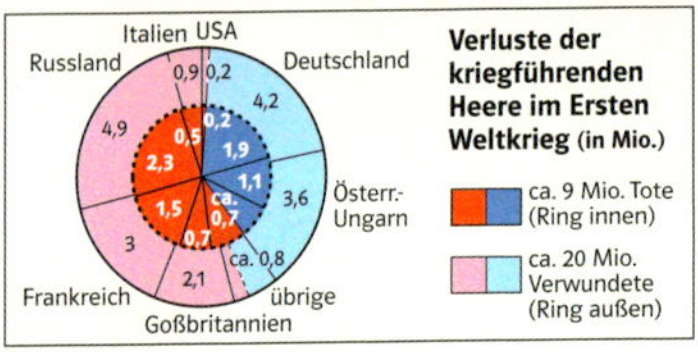

Die ***Ermordung des österreichischen Thronfolgers in Sarajewo*** und die folgende ***Julikrise*** lösten den Ersten Weltkrieg aus. Ein großer Teil der Verantwortung am Kriegsausbruch lag beim Deutschen Reich, dessen diplomatische Initiativen eine Verschärfung des österreichisch-serbischen Konflikts (5./6.7. sog. *„Blankoscheck“* an Österreich) mit verursachten und dessen militärische Planung einen überraschenden Offensivkrieg gegen Frankreich ***(Schlieffen-Plan*)*** für notwendig hielt.

Mächtegruppierungen im Ersten Weltkrieg
Die ***Mittelmächte*** (Deutschland, Österreich-Ungarn) standen der ***Entente*** (Frankreich, Russland, Serbien, Großbritannien) gegenüber. ***Italien***, das sich anfangs für neutral erklärte, trat nach Gebietsversprechungen *(Geheimvertrag von London)* 1915 auf die Seite der Entente, ebenso ***Rumänien*** 1916. ***Japan***, das den deutschen Kolonialbesitz im Pazifik annektierte, griff auf dem europäischen Kriegsschauplatz nicht ein.

Das ***Osmanische Reich*** trat bereits im November 1914 auf die Seite der Mittelmächte, genauso wie 1915 ***Bulgarien***. Die anschließende ***Eroberung Serbiens*** schuf eine Landbrücke zwischen allen Mittelmächten. Trotzdem besaßen diese von Anfang an wesentliche ***strukturelle Nachteile***: Sie kämpften ständig an mehreren Fronten im Osten, Westen und bald auch im Süden Die ***englische Seeblockade*** schnitt sie von kriegswichtigen Rohstoffen und Nahrungsmitteln ab, die auch durch die Schaffung synthetischer Stoffe (Gummi, Salpeter) und von Ersatzstoffen bei Lebensmitteln nicht ausgeglichen werden konnten. Auch mangelte es an einer engen Abstimmung der Verbündeten, die eine Nutzung des Vorteils durch die kürzeren Transportwege gebracht hätte. Demgegenüber stimmten sich die Ententemächte, z. B. in der ***Konferenz von Chantilly*** (6.–8.12.1915), über ihr militärisches Vorgehen ab.

Kriegsverlauf an der Westfront:
Nach dem Scheitern des ***Schlieffen-Plans**** begann ein vierjähriger ***Stellungskrieg*** mit einem System von Schützengräben, das sich von der belgischen Kanalküste bis an die Schweizer Grenze erstreckte. Der Versuch, doch noch den Durchbruch zu erzielen, führte zu immer bedenkenloserem Einsatz von Menschen und Material sowie furchtbarer Waffentechnik, wie z. B. ***Giftgas*** seit 1915. Der deutsche Angriff auf Verdun (1916), der auf eine „Ermattung“ Frankreichs zielte, war Höhepunkt des Versuchs, den Gegner in riesigen Menschen- und Materialschlachten zu verschleißen (mehr als 500 000 Tote auf beiden Seiten – parallel englischer Entlastungsangriff an der Somme). Erst der Angriff der Alliierten bei ***Amiens*** (Aug. 1918) mit der neuen Panzerwaffe durchbrach die deutsche Westfront.

Etappen des Krieges an der Westfront

2.8.1914 Besetzung Luxemburgs und Angriff auf die belgische Festung Lüttich (4.–16.8.). Unerwartet heftiger Widerstand in Belgien (vierjährige deutsche Besatzungsherrschaft: 1915 Errichtung eines ca. 2 000 V Starkstrom-Elektrozauns zwischen Belgien und den Niederlanden – von Vaals bei Aachen bis in die Gegend von Brügge).

6.9.1914 Beginn des Gegenstoßes an der ***Marne***, Scheitern des Schlieffen-Planes.

Bis 21.11. Der Wettlauf zum Meer mit den *Schlachten bei Ypern und Langemark*. Der dt. Versuch, die Kanalhäfen der brit. Expeditionsarmee Dünkirchen und Boulogne-sur-Mer zu erreichen, scheitert.

Beginn des Stellungskriegs.

1915 Die Front verschiebt sich keine drei Meilen, aber Millionen von Opfern (z. B. Franzosen 1,43 Mio.); erster Einsatz von Giftgas.

1916 *Verdun* (21.2.) und *Somme* (24.6.) als verlustreichste Schlachten des Ersten Weltkrieges. Die dritte Oberste Heeresleitung (seit 29.8.) unter Hindenburg und Erich Ludendorf radikalisiert die deutsche Kriegsführung.

1918 Der letzte deutsche Versuch, einen Durchbruch mit einer Offensive in der Picardie (21.3.1918) zu erzielen scheitert.

8.-11.8. Schlacht bei *Amiens* (Somme). Durchbruch der Alliierten – Einsatz der brit. Panzerwaffe.

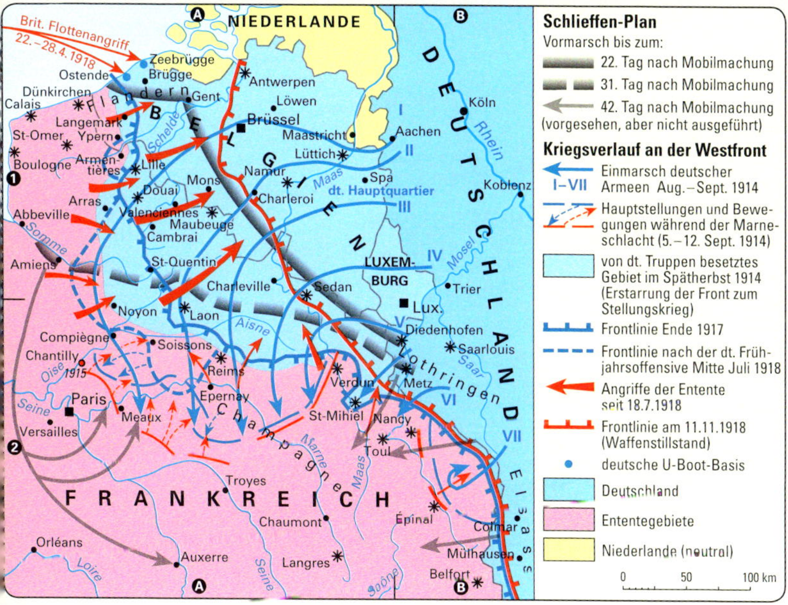

Sept. Rückverlegung der deutschen Front in die „Siegfriedstellung“ – eine Kampflinie von Arras über Saint Quentin bis Reims.

Ostfront

Die Situation im O war anders. Nach anfänglichen russ. Erfolgen in ***Ostpreußen*** und ***Galizien*** gelang es den Mittelmächten bis Okt. 1915, gr. Teile Polens zu erobern. Nach der russ. ***Brussilow-Offensive*** 1916 erstarrte auch die Ostfront bis zur Russ. Revolution 1917.

Etappen des Krieges an der Ostfront

1914 Der russische Vormarsch nach Ostpreußen wird gestoppt in den Schlachten bei *Tannenberg* (26.–30.8.) und an den Masurischen Seen (6.–15.9.). Russischer Sieg in Ostgalizien und österreichischer Rückzug.

1915 Mai–Oktober Offensive der Mittelmächte mit großen Raumgewinnen (Litauen, Kurland, Polen) und der Rückeroberung Galiziens mit Lemberg.

1916 Erfolgreiche russische *Brussilow-Offensive* mit Siegen in der Bukowina.

1917 und die Niederlage der Mittelmächte

Das ***Ausscheiden Russlands*** nach der Russischen Revolution (***Frieden von Brest-Litowsk*** 3.3.1918) brachte keine Wende zu Gunsten der Mittelmächte. Der ***Kriegseintritt der USA*** (6.4.1917), der v. a. durch den dt. ***uneingeschränkten U-Bootkrieg*** provoziert wurde, machte den Krieg zum ***Weltkrieg*** und brachte frische Kräfte auf der Seite der Entente auf den europäischen Kriegsschauplatz. Dem Zusammenbruch seiner Verbündeten folgte auch das Deutsche Reich mit dem ***Waffenstillstand am 11.11.1918***.

Schlieffen-Plan. Der Schlieffen-Plan war Ausdruck der dt. außenpolitischen Misere vor dem Ersten Weltkrieg. Bereits 1905 vom Chef des dt. Generalstabs Alfred Graf von Schlieffen (1833–1913) aufgestellt, versuchte er der Einkreisung Deutschlands zu begegnen, indem er den zu erwartenden Zweifrontenkrieg gegen Russland und Frankreich in zwei aufeinander folgende Einfrontenkriege auflöste. Unter Verletzung der belgischen Neutralität sollten die dt. Truppenverbände mit einem starken rechten Flügel zu einer großen Umfassung der französischen Armeen bis westlich von Paris ausholen und diese gegen einen defensiven linken Flügel drücken und aufreiben. Der Schlieffen-Plan scheiterte und verursachte durch die Verletzung der belgischen Neutralität den britischen Kriegseintritt. Der Vorstoß der deutschen Armeen scheiterte in der *Marne-Schlacht* (5.–12.9.).

0 100 200 300 400 500 km
M. Marneschlacht (5.–12.9.1914)
L. Lille
Orkney-In.
Scapa Flow
Brit. Blockadelinie ab 2.11.1914
NORWEGEN
Christiania
Stavanger
Skagerrak
SCHW
Göteborg
Aberdeen
Glasgow
Edinburgh
Belfast
31.5.1916
Nordsee
GROSSBRITANNIEN
4.8.1914
Irland
Dublin
Manchester
Liverpool
Hull
24.1.1915
Doggerbank
DÄNEMARK
Kopenhagen
Malmö
Helgoland 28.8.1914
Kiel
3.11.1918 Beginn der Novemberrevolution
W.
Hamburg
Bremen
Birmingham
ATLANTISCHER
OZEAN
NIEDER-LANDE
Amsterdam
London
Bristol
Plymouth
Portsmouth
Stettin
Hannover
Berlin
Magdeburg
Ostende
Calais
Kanal
BELGIEN
A.
B.
Lü.
Spa
Maas
Essen
DEUTSCHLAND
1.8.1914
Köln
Leipzig
Elbe
Dresden
Amiens
Le Havre
Somme
Rouen
1915
Chantilly
Brest
6./7.1918 amer. Truppen
Reims
LUX.
Mosel
Frankfurt
Paris
M.
Verdun
Metz
Seine
Main
Prag
Nantes
Orléans
Nancy
Rhein
Stuttgart
Nürnberg
Böhmen
Straßburg
Donau
Loire
München
Golf von Biscaya
Dijon
Belfort
FRANKREICH
3.8.1914
Zürich
Bern
LIECHT.
SCHWEIZ
ÖSTERREICH
Genf
Lyon
St. Etienne
Trient
5.1915–10.1917
10.17
10.18
Isonzo
Triest
Po
Mailand
Etsch
Turin
Venedig
Genua
Rhône
Bilabao
PORTUGAL
9.3.1916
Duero
Ebro
SAN MARINO
Marseille
ANDORRA
MONACO
Zara
Toulon
Florenz
Ancona
ITALIEN
23.5.1915
SPANIEN
Madrid
Tajo
Barcelona
Korsika (zu Frankr.)
8.1918 amer. Truppen
Rom
Balearen
Mallorca
Sardinien (zu Ital.)
Neapel
Tyrrhenisches Meer
Cagliari
Mittelmeer
Algier
Palermo
Sizilien
Reggio
Constantine
Tunis
Algerien (frz.)
Tunesien (frz.)
Malta (brit.)
Entente
Mittelmächte
Mächte, die später in den Krieg eintraten (mit dem Kriegseintrittsdatum)
1915
1915
neutrale Staaten
strategisch wichtige Eisenbahnlinien der Mittelmächte
Angriffe und Vordringen der Entente
Angriffe und Vordringen der Mittelmächte

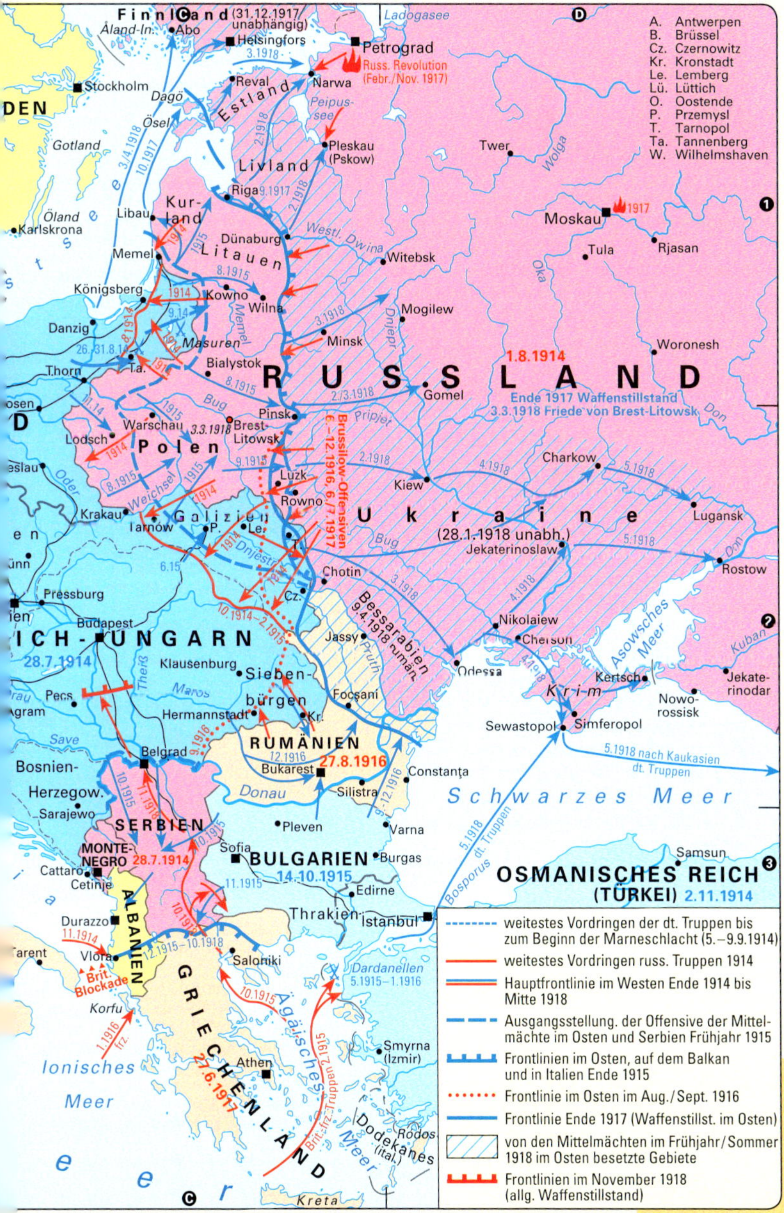
A. Antwerpen
B. Brüssel
Cz. Czernowitz
Kr. Kronstadt
Le. Lemberg
Lü. Lüttich
O. Oostende
P. Przemysl
T. Tarnopol
Ta. Tannenberg
W. Wilhelmshaven
Finnland (31.12.1917 unabhängig)
Petrograd
Russ. Revolution (Febr./Nov. 1917)
Moskau 1917
RUSSLAND
1.8.1914
Ende 1917 Waffenstillstand
3.3.1918 Friede von Brest-Litowsk
Estland
Livland
Kurland
Litauen
Polen
Galizien
Ukraine (28.1.1918 unabh.)
Bessarabien 9.4.1918 rumän.
Brussilow-Offensiven 6.–12.1916, 6./7.1917
ÖSTERREICH-UNGARN 28.7.1914
Siebenbürgen
RUMÄNIEN 27.8.1916
SERBIEN
MONTENEGRO 28.7.1914
ALBANIEN
BULGARIEN 14.10.1915
GRIECHENLAND 27.6.1917
OSMANISCHES REICH (TÜRKEI) 2.11.1914
Schwarzes Meer
Asowsches Meer
Ägäisches Meer
Ionisches Meer
Dardanellen 5.1915–1.1916
Brit. Blockade
Brit.-frz. Truppen 2.1915
5.1918 nach Kaukasien dt. Truppen
5.1918 dt. Truppen Bosporus
weitestes Vordringen der dt. Truppen bis zum Beginn der Marneschlacht (5.–9.9.1914)
weitestes Vordringen russ. Truppen 1914
Hauptfrontlinie im Westen Ende 1914 bis Mitte 1918
Ausgangsstellung. der Offensive der Mittelmächte im Osten und Serbien Frühjahr 1915
Frontlinien im Osten, auf dem Balkan und in Italien Ende 1915
Frontlinie im Osten im Aug./Sept. 1916
Frontlinie Ende 1917 (Waffenstillst. im Osten)
von den Mittelmächten im Frühjahr/Sommer 1918 im Osten besetzte Gebiete
Frontlinien im November 1918 (allg. Waffenstillstand)

Plakat „Heraus mit dem Frauenwahlrecht". *Eine der ersten Beschlüsse der Provisorischen Revolutionsregierung war die Erfüllung der lange bestehenden Forderung nach dem aktiven und passiven Wahlrecht für Frauen.*

Die Revolution 1918/19 hing eng mit der Niederlage im Ersten Weltkrieg und dem Vertrauensverlust der militär. und zivilen Führung zusammen. Zum ersten Mal entstand eine ***parlamentar. Demokratie***, andererseits blieb eine umfassende Demokratisierung (Bürokratie, Militär, Wirtschaft) aus.

Die Novemberrevolution in Deutschland

Nach dem Eingeständnis der militär. Niederlage kam es trotz einer verspäteten Reform des polit. Systems (Parlamentarisierung) zum ***Zusammenbruch des Kaiserreiches***. Dem *Matrosenaufstand* in Kiel folgte die Bildung von Arbeiter- und Soldatenräten in vielen dt. Städten. In München als Zentrum der Rätebewegung stürzte bereits am 7.11. die Monarchie (Ausrufung des Freistaates Bayern); die anderen Monarchien folgten. In Berlin kam es am 9.11. zur *Abdankung des Kaisers* und zur Bildung einer provisor. Revolutionsregierung ***(Rat der Volksbeauftragten 10.11.)*** aus ***Sozialdemokraten****, die Reformen einleiteten und die Weichen hin zur ***parlamentar. Demokratie*** und zur Gründung der Weimarer Republik stellten.

Sozialdemokraten in der Revolution. Die Revolutionsparteien (***MSPD*** – Mehrheitssozialdemokraten, ***USPD*** – Unabhängige Sozialdemokraten und der ***Spartakusbund***) gerieten in schwere Konflikte. Die *MSPD* und die Mehrheit der *USPD* wollten eine ***parlamentar. Demokratie***. Die Furcht vor der kleinen Gruppe der ***Spartakisten*** *(Gruppe Internationale)*, die eine bolschewist. Revolution nach sowjet. Muster anstrebte, führte allerdings dazu, dass sich die ***MSPD*** immer mehr auf eine Zusammenarbeit mit den alten Machteliten (Militär, Bürokratie) einließ, um Ruhe und Ordnung sicherzustellen.

Januaraufstand 1919

Ausdruck der wachsenden Polarisierung war der ***Januaraufstand*** durch Spartakisten und die neu gegründete KPD, bei dessen Niederschlagung die provisor. Regierung, der nur noch Vertreter der MSPD angehörten, auf die ***Freikorps**** zurückgriff. Die Revolution nahm nun bürgerkriegsartige Formen an.

Freikorps – die „Bluthunde" der Revolution. Neben der Reichswehr entstanden seit 1918 *Freikorps* als *Freiwilligenverbände*, denen zeitweise bis zu 400 000 Mann angehörten. Sie wurden sowohl zur Grenzsicherung im O als auch zur Niederschlagung von Aufständen im Innern eingesetzt. Da weder ihre Zusammensetzung noch ihre Führer (jeder ehemalige Offizier konnte ein Freikorps gründen) kontrolliert wurden, sammelten sich hier äußerst brutale Elemente, die auch nach der Auflösung der Freikorps seit 1920 für politische Morde in zahlreichen rechtsextremistischen Organisationen verantwortlich zeichneten.

Die Revolution 1918/19

Ende Sept. Die OHL (Oberste Heeresleitung) erkennt die drohende militärische Niederlage. Reformen von Oben sollen das Kaiserreich retten und Vorbedingungen für günstige Friedensbedingungen schaffen und zudem die Schuld an der Niederlage den Reformkräften zuschieben.

2./3.10. Bildung des Kabinetts Prinz Max von Baden mit Staatssekretären (Ministern) aus den Mehrheitsfraktionen. Die neue Regierung übermittelt Friedens- und Waffenstillstandsgesuch an den amerikanischen Präsidenten Wilson.

23.10. Die Antwortnote Wilsons gibt Forderungen nach Abdankung des Kaisers Auftrieb.

28.10. ***Reichsreform***. Parlamentarisierung des Reiches – Reichskanzler wird abhängig vom Vertrauen des Parlaments. Außenpolitik, Heer und Marine unterliegen der Kontrolle durch das Parlament.

29.10. Beginn der ***Matrosenmeuterei*** in Wilhelmshaven und Kiel nach dem eigenmächtigen Befehl der Seekriegsleitung zum Auslaufen gegen Großbritannien. Bildung von *Arbeiter- und Soldatenräten* in vielen deutschen Städten.

9.11. Prinz Max von Baden publiziert die Abdankung des Kaisers und ernennt Friedrich Ebert (MSPD) zum Reichskanzler. ***Doppelte Ausrufung*** der *„Deutschen Republik"* durch Philipp Scheidemann (MSPD) vom Reichstag und der „Freien Sozialistischen Republik" durch Karl Liebknecht (Spartakus) vom Berliner Schloss aus.

10.11. Bildung des *„Rats der Volksbeauftragten"* mit drei MSPD- und drei USPD-Mitgliedern an der Spitze. *Ebert-Groener-Bündnis* mit der OHL schafft die Voraussetzung für Kontinuität der militär. Führung.

11.11. *Waffenstillstand.*

30.11. Reformen des *Rats der Volksbeauftragten*: Frauen erhalten das aktive und passive Wahlrecht; im sozialen Bereich: Acht-Stunden-Arbeitstag.

16.-20.12. Der ***Rätekongress der Arbeiter- und Soldatenräte*** stimmt mehrheitlich für die parlamentarische Demokratie.

1.1.1919 Gründung der KPD.

5.-12.1.1919 Zweite bürgerkriegsartige Phase der Revolution.

31.7./11.8. Verabschiedung und Unterzeichnung der Verfassung der Weimarer Republik.

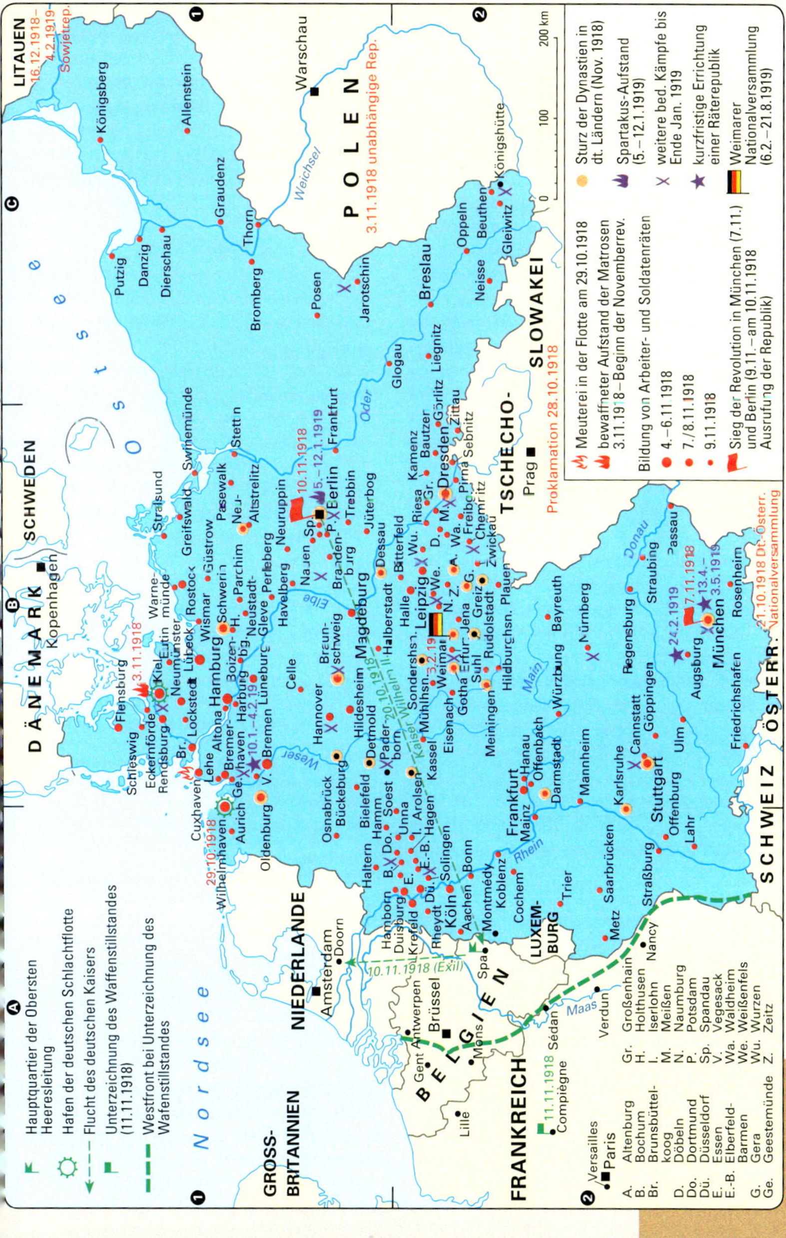
Hauptquartier der Obersten Heeresleitung
Hafen der deutschen Schlachtflotte
Flucht des deutschen Kaisers
Unterzeichnung des Waffenstillstandes (11.11.1918)
Westfront bei Unterzeichnung des Waffenstillstandes
Meuterei in der Flotte am 29.10.1918
bewaffneter Aufstand der Matrosen 3.11.1918–Beginn der Novemberrev.
Bildung von Arbeiter- und Soldatenräten
4.–6.11.1918
7./8.11.1918
9.11.1918
Sieg der Revolution in München (7.11.) und Berlin (9.11.–am 10.11.1918 Ausrufung der Republik)
Sturz der Dynastien in dt. Ländern (Nov. 1918)
Spartakus-Aufstand (5.–12.1.1919)
weitere bed. Kämpfe bis Ende Jan. 1919
kurzfristige Errichtung einer Räterepublik
Weimarer Nationalversammlung (6.2.–21.8.1919)
0 100 200 km
A. Altenburg
B. Bochum
Br. Brunsbüttelkoog
D. Döbeln
Do. Dortmund
Dü. Düsseldorf
E. Essen
E.-B. Elberfeld-Barmen
G. Gera
Ge. Geestemünde
Gr. Großenhain
H. Holthusen
I. Iserlohn
M. Meißen
N. Naumburg
P. Potsdam
Sp. Spandau
V. Vegesack
Wa. Waldheim
We. Weißenfels
Wu. Wurzen
Z. Zeitz
Nordsee
Ostsee
GROSSBRITANNIEN
NIEDERLANDE
BELGIEN
FRANKREICH
LUXEMBURG
SCHWEIZ
ÖSTERR.
TSCHECHO-SLOWAKEI
Proklamation 28.10.1918
POLEN
3.11.1918 unabhängige Rep.
LITAUEN
16.12.1918–4.2.1919 Sowjetrep.
DÄNEMARK
SCHWEDEN
10.11.1918 (Exil)
11.11.1918 Compiègne
29.10.1918 Wilhelmshaven
3.11.1918 Kiel
10.1.–4.2.1919 Bremen
10.11.1918
5.–12.1.1919 Berlin
3.2.19 Weimar
24.2.1919
7.11.1918
13.4.–3.5.1919 München
21.10.1918 Dt.-Österr. Nationalversammlung
Kaiser Wilhelm II.
20.10.1918
Rhein
Weser
Elbe
Oder
Main
Donau
Weichsel
Maas

178 Der Versailler Vertrag 1919 und die territoriale Gliederung

Wahlplakat der DNVP zur Dolchstoßlegende: *"Die Revolution sei der unbesiegten Frontarmee in den Rücken gefallen" verfälschte die wahren Ursachen der deutschen Niederlage.*

Der Beginn des Ersten Weltkriegs als dt. Angriffskrieg (Schlieffen-Plan), die immer extremere Ausweitung des totalen Krieges durch die deutsche Oberste Heeresleitung seit 1916 und nicht zuletzt die in der dt. Öffentlichkeit vorherrschenden annexionist. und hegemonialen Forderungen (Vorherrschaft in Mitteleuropa), die 1917 auch im Diktatfrieden von *Brest-Litowsk* gegenüber Sowjetrussland leitend waren, begründeten das Vorgehen der Siegermächte gegenüber dem besiegten Deutschen Reich. Aus den multinat. Kaiserreichen (Deutschland, Österreich und Ungarn) wurden nat. homogene Republiken; neu war nun die Existenz größerer Minderheiten jenseits der Grenzen.

Verlauf der Verhandlungen

Die 27 Siegerstaaten des Ersten Weltkriegs traten am 18.1.1919 zur *Friedenskonferenz im Schloss Versailles* zusammen (entscheidend die Vertreter der „Großen Vier": USA, Frankreich, Großbritannien und Italien). Wilsons Forderung nach Öffentlichkeit der Verhandlungen konnte sich nicht durchsetzen, genauso wie die Ergebnisse nur bedingt seinem 14-Punkte-Programm folgten. Die Friedensbedingungen wurden der dt. Delegation am 7.5.1919 überreicht und führten zunächst zum Rücktritt der dt. Regierung (20.6.1919). Am 28.6. erfolgte die Vertragsunterzeichnung, zum 10.1.1920 traten die Bestimmungen des Versailler Vertrags in Kraft.

Militärische Bestimmungen

Deutschland verlor alle ***Weltmachtattribute*** (Kolonien und Flotte). Das Berufsheer (Aufhebung der allgemeinen Wehrpflicht) wurde auf 100 000 Mann, die Marine auf 15 000 Mann begrenzt (Verbot von Luftwaffe, Unterseebooten, Panzern und schwerer Artillerie, Auflösung des großen Generalstabes). Die Bestimmungen unterlagen der Überwachung durch interalliierte Kontrollkommissionen. Die *Besetzung der linksrheinischen Gebiete* und der *Brückenköpfe* Mainz, Koblenz, Köln und Kehl dienten als Sicherheit und Faustpfand (zur Räumung in drei Zonen nach fünf, zehn und fünfzehn Jahren vorgesehen). Rechts des Rheins gab es eine 50 km tiefe entmilitarisierte Zone (Schleifung aller Festungen bis 50 km östlich des Rheins).

Gebietsabtretungen

Die Gebietsabtretungen folgten v.a. einem frz. Sicherheitskonzept. Die größten territorialen Verluste stellten die Abtretung des 1871 annektierten *Elsass-Lothringens* an Frankreich und des sog. ***polnischen Korridors*** (Posen und Westpreußen) an Polen dar, wodurch der neu gegründete Staat einen Zugang zur Ostsee erhielt. Der polnische Korridor trennte Ostpreußen vom Reich (zollfreie Verkehrsverbindungen). *Danzig* wurde zur Freien Stadt unter einem vom Völkerbund bestimmten Hohen Kommissar. Das *Memelland*, zunächst unter frz. Besatzung gestellt, wurde 1923 von litauischen Freischaren erobert. Das *Hultschiner Ländchen* fiel an die Tschechoslowakei. ***Volksabstimmungen***** in umstrittenen Randzonen stellten die einzigen Zugeständnisse der Alliierten dar.

Volksabstimmungen

- ***1920*** *Eupen und Malmédy* (zu Belgien); *Nordschleswig* (nördliche Zone zu Dänemark, südliche verblieb bei Deutschland); *Südliches Ostpreußen* und *Westpreußen* (beide zu Deutschland).
- ***1921*** *Oberschlesien* (60 % stimmten für Deutschland) wurde nach heftigen Auseinandersetzungen geteilt; Industriegebiet Hindenburg-Kattowitz an Polen.
- ***1935/6*** Das *Saargebiet* nach 15 Jahren unter Völkerbundsverwaltung zu Deutschland.

Reparationen

Der Artikel 231, der die Alleinschuld Deutschlands und seiner Verbündeten feststellte, begründete die Forderung der Alliierten nach *Reparationszahlungen*. Das bes. Interesse Großbritanniens an einer Ausweitung des Reparationsbegriffes um Versorgungsansprüche neben Sachschäden, die v.a. Frankreich und Belgien geltend machten, führte mit zu der ungeheuren Höhe der geplanten Zahlungen (tatsächl. geleistet neben Sachlieferungen nur etwa 25 Mrd. Goldmark).

Schuldenregelungen des Versailler Vertrages

1921 Erstmals Festlegung der Schulden durch eine ***Konferenz in London*** (132 Mrd. RM; *Londoner Ultimatum*); fortschreitende Inflation in Deutschland macht die Festlegung der Zahlungen unmöglich.

1923 Die Ruhrbesetzung durch Frankreich (Pfänder) und die Einführung der Rentenmark (November) schaffen den Druck und die Voraussetzung für die Festlegung der Reparationen im

9.4.1924 Dawes-Plan. Orientierung der Zahlungen an der wirtschaftlichen Zahlungsfähigkeit Deutschlands. In den ersten fünf Jahren 1 Mrd. RM, dann 2,5 Mrd. (keine Festlegung der Gesamtsumme).

1929 Young-Plan. Senkung der jährlichen Zahlung (2 Mrd.). Festlegung der Reparationssumme auf 112 Mrd. Reichsmark mit einer Laufzeit bis 1988.

1932 Konferenz von Lausanne. Infolge der Wirtschaftskrise Aufhebung der Reparationen durch die Siegermächte gegen eine nie geleistete Restsumme von 3 Mrd. Reichsmark.

Groß-Berlin 1920
Stadtentwicklung 1800 – 1920

1920 Die Entstehung Groß-Berlins

Durch das ***Groß-Berlin-Gesetz*** (1.10.1920) wurden 7 Städte, 57 Landgemeinden und 27 Gutsbezirke nach Berlin eingemeindet. Die Einwohnerzahl Berlins (1,9 Mio. Einw., 66 km² Fläche) verdoppelte sich auf 3,86 Mio. Einw. (878 km² Fläche; 20 Bezirke), so dass die drittgrößte Stadt nach New York und London entstand. Auch kulturell wurde Berlin in den Zwanzigerjahren zu einem Zentrum von Weltrang (Presse, Theater, Film) mit der schnellsten Stadtbahn und den meisten Telefonanschlüssen.

Österreich – Das Ende einer Großmacht

Die *Republik Österreich* wurde im *Friedensvertrag von Saint-Germain-en-Laye* (10.9.1919) in den neuen Grenzen Rechtsnachfolger der Monarchie, während die anderen Nachfolgestaaten der Doppelmonarchie als Sieger (Tschechoslowakei, Polen, Ungarn, Königreich der Serben, Kroaten und Slowenen) behandelt wurden. Von 10 Mio. Deutschsprachigen lebten nur 6,5 Mio. innerhalb der Grenzen, während große deutschsprachige Gebiete den Nachfolgestaaten zugesprochen wurden (Sudetengebiet, Kanaltal, Südsteiermark usw.). *Deutsch-Südtirol* ging an Italien, das so die Brennergrenze erreichte. *Südkärnten* (Volksabstimmung 1920) und das *Burgenland* (von Ungarn) konnten hinzu gewonnen werden. Verboten war auch der Name *Deutsch-Österreich*, der Anschluss an das Deutsche Reich und militärische Rüstung (keine schweren Waffen, keine Luftwaffe usw.).

Die Rolle der Länder

Aus Staaten wurden „Länder". Eine ursprünglich geplante umfassende Länderreform, um das Übergewicht Preußens zu vermindern, kam nicht zustande. Allerdings besaß Preußen im Reichsrat (entspricht Bundesrat) keine Mehrheit mehr (40 %). 1920 erfolgte als einzige größere territoriale Reform die Zusammenfassung der thüring. Kleinstaaten zum Land Thüringen [→ 136/137]. Die Verfassung war unitarischer (zentralstaatl.) als die des Kaiserreichs. Wichtig war die ***Erzbergersche Reichsfinanzreform*** (1920), die die Finanzhoheit beim Reich zentralisierte und ihm auch alle direkten Steuern (v.a. Einkommens- und Vermögenssteuer) zuwies. Die Länder wurden finanzpolit. abhängig vom Reich. Viermal wurde vom Reichspräsidenten das Mittel der *Reichsexekution* gegen Länder angewandt (vorgesehen für den Fall, dass ein Land seine gesetzlichen Verpflichtungen nicht erfüllte). 1932 beim sog. *„Preußenschlag"* wurde dieses Mittel Teil eines Staatsstreiches zur Absetzung der rechtmäßig gewählten Regierung in Preußen.

180 Der Versailler Vertrag 1919 und die territoriale Gliederun

Memel
LITAUEN
Kaunas
Wilna (Vilnius) (1920/22 zu Polen)
Bornholm (dän.)
Ostsee
Tilsit
Memel
Königsberg
Pregel
Gumbinnen
Gdingen
Danzig
Stolp
Ostpreußen
Elbing
Kolberg
Köslin
Pommern
Grodno
Njemen
92,4 %
Marienwerder
Allenstein
11.7.1920
97,5 %
Westpreußen (1919/20 poln.)
Weichsel
Grenzmark Posen-Westpreußen
Bialystok
Bromberg
Thorn
Soldau
Schneidemühl
Netze
Bug
Posen (1918/20 poln.)
Posen
Warschau
Brest-Litowsk
Frankfurt
Warthe
Prosna
POLEN
Lodz
Piliza
Pripjet
Glogau
Radom
Lublin
Nieder-schlesien
Bober
Neiße
Breslau
Liegnitz
Görlitz
Kielce
Oder
Schweidnitz
Ober-schlesien
20.3.1921
60 %
Hirschberg
Tschenstochau
Reichenberg
Oppeln
San
Beuthen
Königshütte
Hindenburg
Gleiwitz
Kattowitz
Glatz
(1921 poln.)
Krakau
Elbe
Teschen (1920 poln.)
Mährisch-Ostrau
Olmütz
March
Mähren
Iglau
Brünn
Waag
TSCHECHOSLOWAKEI (ČSR)
Slowakei
Nieder-
Donau
Gran
Wien
Pressburg
Leitha
Komorn
Enns
Eisenstadt
Budapest
Burgenland (1921 österr.)
Sopron
Mur
Steiermark
Graz
Raab
UNGARN
10.1920
57 %
Plattensee
Donau
Theiß
Szegedin
Warasdin
Drau
JUGOSLAWIEN
Fünfkirchen
Laibach
Save

Bestimmungen des Versailler Vertrages (28.6.1919)
Gebietsabtretungen Deutschlands:
1 Saargebiet (1920–35 unter Völkerbundverwaltung, zum französischen Zollsystem)
2 Freie Stadt Danzig (unter dem Schutz des Völkerbundes, zum poln. Zollgebiet)
3 Memelgebiet (1920–23 unter alliierter Kontrolle, 1923 zu Litauen)
4 Eupen und Malmédy (an Belgien)
5 Hultschiner Ländchen (1920 zur ČSR)
6 Elsass-Lothringen (1918/20 an Frankreich)
20.3.1921 68 % Abstimmungsgebiete (mit Datum); deutscher Stimmenanteil
Besatzungsgebiete:
besetzt bis 1926
besetzt bis 1929
besetzt bis 1930
BELGIEN Besatzungsmacht
Sanktionen (1920–25) und französ. Ruhrbesetzung (1923–25)
Ostgrenze der entmilitarisierten Zone
Grenze der entfestigten Zone
Internationalisierte Wasserstraße

Inflationsgeld.
Zehn Billionen Mark der Deutschen Reichsbahn.

Bis 1923 war die Existenz der Weimarer Republik durch eine Vielzahl nahezu unlösbar erscheinender polit., wirtschaftl. und soz. Probleme mehrfach gefährdet. Gegner der parlamentar. Demokratie auf der Linken und der Rechten bekämpften die Weimarer Republik rücksichtslos. Polit. Morde und Putschversuche im Inneren, außenpolit. Konflikte mit den Siegermächten, v. a. mit Frankreich in der *Reparationsfrage*, kulminierten in der Krise von 1923. Erst dann gelang die Stabilisierung der inneren Ordnung und die Entspannung der äußeren Lage. *Justiz* und *Reichswehr* sympathisierten zu großen Teilen mit rechtsradikalen Kräften und waren nicht bereit, den Staat zu verteidigen, während sie gegen linke Aufständische mit unverhältnismäßiger Härte agierten.

1920 Kapp-Putsch

Einen ersten Höhepunkt brachte das Jahr 1920 nach der Demobilisierung von Freikorps und Truppen (Inkrafttreten des Versailler Vertrags). Der sog. ***Kapp-Putsch**** stellte einen Staatsstreich von Rechts dar, der nur am *Generalstreik der Gewerkschaften* und an der Ministerialbürokratie scheiterte. Weigerte sich die Reichswehrführung bei diesem Putsch einzugreifen, ging sie beim Einsatz gegen die *„Rote Ruhrarmee"*, die sich inzwischen als Gegenreaktion gebildet hatte und weite Teile des Ruhrgebiets kontrollierte, mit unverhältnismäßiger Härte vor.

Kapp-Putsch

13.3.1920 Militante Rechtskreise versuchen die Regierungsgewalt an sich zu reißen. Besetzung des Regierungsviertels durch die *Marinebrigade Erhardt* (Freikorps) und Ausrufung des Landschaftsdirektors Wolfgang Kapp zum Reichskanzler. Flucht der Regierung nach Dresden und Stuttgart, nachdem die Reichswehrführung ihr die Unterstützung verweigert.

15.3.1920 Beginn des Aufstands der „Roten Ruhrarmee", unterstützt durch den Generalstreik der Bergarbeiter.

17.03.1920 Scheitern des Kapp-Putsches; allerdings Erfolg in Bayern (rechte „Ordnungszelle" des Reiches).

Krisenjahr 1923

Das Krisenjahr 1923 war gekennzeichnet durch drei sich überschneidende und gegenseitig verstärkende Krisen: 1. Die französisch-belgische ***Ruhrbesetzung***, die von deutscher Seite mit passivem Widerstand beantwortet wurde, die daraus folgende 2. rapide Beschleunigung der ***Inflation*** zur Hyperinflation und 3. ***Putschversuche*** von Rechts beim nationalsozialist. Putsch (8./9.11.) und von Links beim sog. *„Deutschen Oktober"* v.a. der KPD in Sachsen und Thüringen. Daneben kam es mit Unterstützung Frankreichs zu ***separatistischen Bewegungen*** im Rheinland und der Pfalz, die jedoch an der mangelnden Unterstützung durch die Bevölkerung scheiterten. Zwar wurden daraufhin die KPD, die NSDAP und weitere rechtsextremistische Organisationen im Reich verboten, aber die geringen Strafen beim Hochverratsprozess nach dem nationalsozialist. Putsch zeigten, dass sich die Weimarer Republik nicht als wehrhafte Demokratie erwies.

Krisenjahr 1923

11.1.1923 Besetzung des Ruhrgebiets durch französische und belgische Truppen. Ausrufung des passiven Widerstands durch den Reichskanzler: Die daraus resultierenden Verpflichtungen übersteigen die Leistungsfähigkeit des Reiches. Die bereits durch die Schuldenpolitik im Ersten Weltkrieg ausgelöste Inflation eskaliert.

12.8. Rücktritt der Regierung Cuno; es folgt eine Regierung der großen Koalition (Reichskanzler Gustav Stresemann), die unverzüglich Verhandlungen zur Reparationsfrage aufnimmt.

1.10. Putsch einer Zeitfreiwilligenformation („Schwarze Reichswehr") in Küstrin durch reguläre Reichswehr niedergeschlagen.

Okt. Koalitionsregierungen von SPD und KPD in Sachsen und Thüringen. Der Versuch der KPD, von Mitteldeutschland aus den revolutionären „Deutschen Oktober" zu entfesseln, scheitert. Die *Reichsexekution* (23.10. Einmarsch von Reichswehrtruppen) gegen Sachsen führt zum Rücktritt der Regierungen in Sachsen und Thüringen. In Hamburg blutige Kämpfe kommunistischer Arbeiter gegen die Polizei.

8./9.11. Nationalsozialist. Putsch: Adolf Hitler verkündet im Münchener Bürgerbräukeller die „nationale Revolution", erklärt die bayerische Regierung für abgesetzt und proklamiert den „Marsch auf Berlin". Die Landespolizei schlägt an der Münchner Feldherrnhalle den Putsch gewaltsam nieder.

15.11. Die Einführung der Rentenmark leitet die wirtschaftliche Stabilisierung ein.

Das Krisenjahr 1923

- Ruhrkonflikt – erneute Besetzung rechtsrhein. Gebiete durch französ. und belgische Truppen (11.1.1923-25)
- Zentren des rheinischen Separatismus (21.–23.10. Proklamation „Rhein. Republiken" und 12.11. einer autonom. Republik Pfalz (Speyer)

Bedeutende Streiks

- 16.–30.5. Ruhrarbeiterstreik (380 000 Teilnehmer)
- Juni: Schlesischer Landarbeiterstreik (120 000 Teilnehmer)
- 5.–12.6. Generalstreik in Oberschlesien (120 000 Teilnehmer)
- 6.–12.7. Berliner Metallarbeiterstreik (130 000 Teiln.)
- 11.–14.8. Zentren des Generalstreiks gegen die Cuno-Regierung (3 Mio. Teilnehmer)
- Sept.: Generalstreik in Baden

Putschversuche, Aufstände

- 1.10.1923 Küstriner Putsch der „Schwarzen Reichswehr"
- 19./20.10. Meuterei des bayrischen Reichswehrkommandos (v. Lossow)/ Rebellion der bayerischen Regierung gegen die Reichsregierung
- 23.–25.10. kommunistischer Aufstand in Hamburg
- 8./9.11. Nationalsozialistisch. Putsch (Hitler-Ludendorf) in München
- Bildung von SPD/KPD-Regierungen in Sachsen (10.10.) u. Thüringen (16.10.)
- Reichswehreinmarsch in Sachsen (23.10.) und Thüringen (5.11.) – Absetzung der sächs. Regierung durch den Reichspräsidenten Ebert

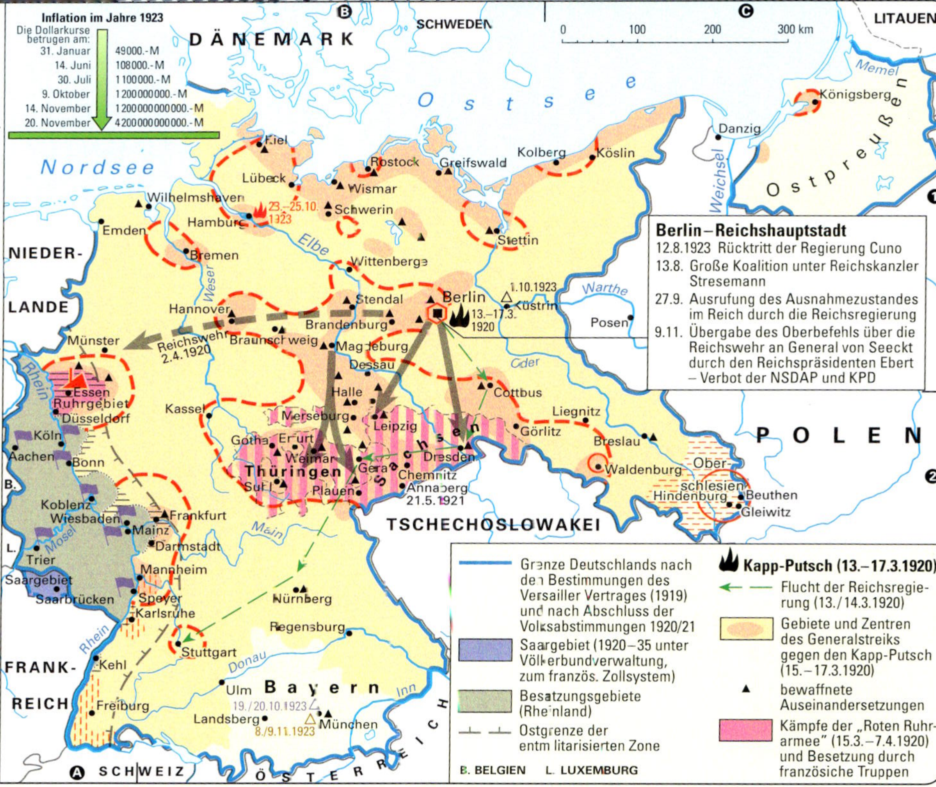

Berlin – Reichshauptstadt

- 12.8.1923 Rücktritt der Regierung Cuno
- 13.8. Große Koalition unter Reichskanzler Stresemann
- 27.9. Ausrufung des Ausnahmezustandes im Reich durch die Reichsregierung
- 9.11. Übergabe des Oberbefehls über die Reichswehr an General von Seeckt durch den Reichspräsidenten Ebert – Verbot der NSDAP und KPD

- Grenze Deutschlands nach den Bestimmungen des Versailler Vertrages (1919) und nach Abschluss der Volksabstimmungen 1920/21
- Saargebiet (1920–35 unter Völkerbundverwaltung, zum französ. Zollsystem)
- Besatzungsgebiete (Rheinland)
- Ostgrenze der entmilitarisierten Zone

B. BELGIEN L. LUXEMBURG

Kapp-Putsch (13.–17.3.1920)

- Flucht der Reichsregierung (13./14.3.1920)
- Gebiete und Zentren des Generalstreiks gegen den Kapp-Putsch (15.–17.3.1920)
- bewaffnete Auseinandersetzungen
- Kämpfe der „Roten Ruhrarmee" (15.3.–7.4.1920) und Besetzung durch französische Truppen

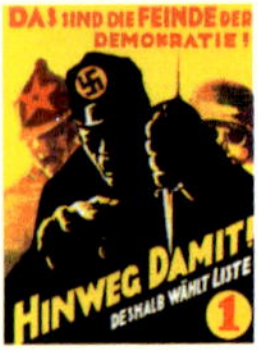

Das ***Wahlplakat der SPD.*** *„Das sind die Feinde der Demokratie!" zeigt die Polarisierung von links und rechts.*

Die Weimarer Republik als ***parlamentarische Demokratie*** brachte die ***deutschen Parteien**** erstmals in eine echte Regierungsverantwortung. Allerdings konnten sie nur schwer zu Kompromissen finden (Klientelorientierung), brachten kaum stabile Mehrheiten zustande und standen sogar oftmals in Opposition zu der von ihnen mit gestellten Reichsregierung.

Parteien in der Verfassung

Neu war das allgemeine Stimmrecht auch für Frauen. Im Gegensatz zum Kaiserreich (→ 166–167) galt das *absolute Verhältniswahlrecht*. Für 60 000 Stimmen erhielt jede Partei ein Mandat im Reichstag, so dass ihre Anzahl je nach Wahlbeteiligung schwankte. Der Reichstag stand in der Weimarer Verfassung vor dem Staatsoberhaupt und der Reichsregierung. Allerdings konnte der Reichspräsident, der unabhängig von den politischen Mehrheiten war (direkte Wahl durch das Volk) die Rechte des Parlaments erheblich beschneiden (§ 48 Regierung per Sonderverordnungen; § 25 Auflösungsrecht des Reichstags und Anberaumen von Neuwahlen).

Parteien der Weimarer Republik

Als *Weimarer Parteien*, die die Republik trugen, galten nur drei Parteien: 1. Die ***SPD*** (MSPD bis zur Wiedervereinigung mit der Rest-USPD 1922). 2. Das ***Zentrum*** blieb konfessionell kath. geprägt und war am koalitionsoffensten (an allen Regierungen 1919 bis 1932 beteiligt, seit 1928 Rechtsruck der Parteiführung). 3. Die linksliberale ***DDP*** *(Dt. Demokrat. Partei)* war genauso wie die rechtsliberale ***DVP*** *(Dt. Volkspartei)* von einem dramat. Wählerschwund betroffen (1919 noch 20% der Stimmen, 1932 noch 2%). Die *Weimarer Koalition* (SPD, Zentrum, DDP) erhielt 1920 keine Mehrheit mehr, während sie in *Preußen* bis 1932 eine stabile Regierung stellte. Im Reich war nun keine Koalition mehr möglich, die dauerhaft sowohl in der *Innen-* als auch *Außenpolitik* Einigkeit erzielen konnte. Die ***DNVP*** (Deutschnationale Volkspartei) als nationalistische antiparlamentarische Gesinnungspartei beteiligte sich zweimal an der Regierung (sog. Bürgerblock 1925, 1927), kehrte aber in Kooperation mit der ***NSDAP*** seit 1928 zu strikter systemfeindl. Opposition zurück. Die linksextreme ***KPD*** (1919) richtete sich in den 20er Jahren immer mehr an der Komintern aus („Stalinisierung") und bekämpfte in der Endphase der Republik v. a. die SPD auch in gemeinsamen Aktionen mit der NSDAP, mit der die KPD seit 1930 eine Sperrmajorität im Reichstag besaß.

Der Aufstieg der NSDAP

Die NSDAP verfolgte seit ihrer Neugründung 1925 (Verbot nach dem nationalsozialist. Putsch) einen scheinbaren *Legalitätskurs* und schuf durch gezielte Agitation, straffe Organisation und ihre Kooperation mit der antiparlamentar. Rechten *(Harzburger Front)* die Voraussetzungen für ihren Durchbruch seit 1930. Mit der Reichstagswahl 1930 wurde sie zur Massenpartei. Begünstigt wurde der Aufstieg und die Machtübernahme der NSDAP 1933 durch die Aushöhlung des parlamentar. Systems hin zu autoritären Regierungsformen in den sog. ***Präsidialregimen*** seit 1930.

Wahlen in der Weimarer Republik

19.1.1919 *Wahlen zur Nationalversammlung*. Mehrheit der Weimarer Koalition (3/4 der Sitze: DDP, Zentrum, MSPD).

6.6.1920 *Erste Reichstagswahlen*: Weimarer Koalition verliert ihre Mehrheit. Starke Gewinne für USPD und Rechtsparteien (DNVP, DVP).

1925 ***Präsidentschaftswahlen***: Generalfeldmarschall von Hindenburg folgt Friedrich Ebert.

20.5.1928 *Reichstagswahlen*: Verluste des Zentrums und der liberalen Parteien; Stimmengewinne der DNVP – Kabinett der großen Koalition unter Hermann Müller (SPD). Dem Bruch der großen Koalition am 27.3.1930 folgt der Übergang zu ***autoritären Präsidialregimen*** zunächst unter Brüning (30.3.1930). Um das Parlament zur Annahme von Notverordnungen zu zwingen Auflösung des Parlaments und am

14.9.1930 *Reichstagswahlen*: Erdrutschartiger Sieg der NSDAP (von 12 auf 107 Mandate).

1932 *Präsidentschaftswahlen*: Durch Unterstützung der SPD Wiederwahl Hindenburgs statt Adolf Hitler.

31.7.1932 Reichstagswahlen: NSDAP auf dem Höhepunkt (37,3%).

6.11.1932 Reichstagswahlen: NSDAP mit Verlusten.

30.1.1933 Ernennung Adolf Hitlers zum Reichskanzler eines Präsidialkabinetts, Beginn der NS-Diktatur.

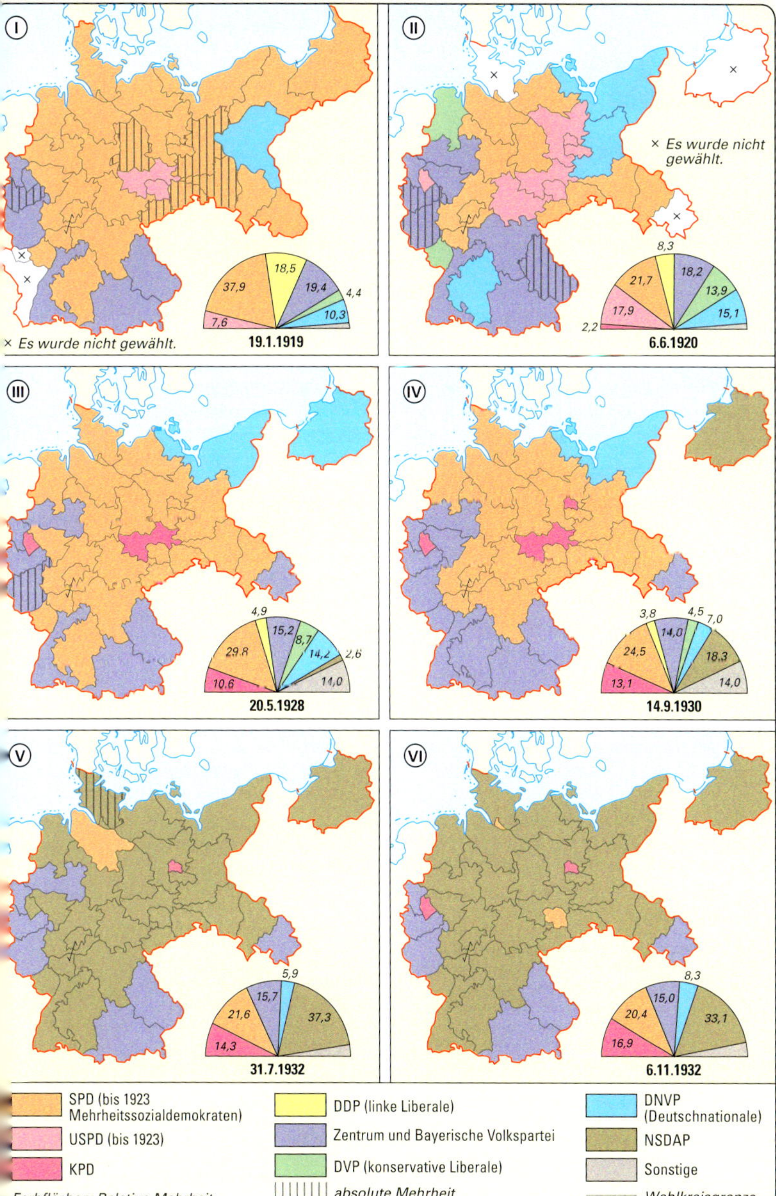
I
× Es wurde nicht gewählt.
37,9
18,5
19,4
4,4
10,3
7,6
19.1.1919
II
× Es wurde nicht gewählt.
8,3
21,7
18,2
13,9
17,9
15,1
2,2
6.6.1920
III
4,9
15,2
8,7
29,8
14,2
2,6
10,6
14,0
20.5.1928
IV
3,8
4,5
7,0
14,0
24,5
18,3
13,1
14,0
14.9.1930
V
5,9
15,7
21,6
37,3
14,3
31.7.1932
VI
8,3
15,0
20,4
33,1
16,9
6.11.1932
SPD (bis 1923 Mehrheitssozialdemokraten)
USPD (bis 1923)
KPD
DDP (linke Liberale)
Zentrum und Bayerische Volkspartei
DVP (konservative Liberale)
DNVP (Deutschnationale)
NSDAP
Sonstige
Farbflächen: Relative Mehrheit
absolute Mehrheit
Wahlkreisgrenze

*Die **Hakenkreuzflagge** – das Symbol der NS-Bewegung – wurde **1935** offizielle Staats- und Landesflagge des „Dritten Reiches".*

Kern der nationalsozialist. ***Wirtschafts- und Außenpolitik*** war die Kriegsvorbereitung. Die seit 1936 ***(Vierjahresplan)*** forcierte Aufrüstung sollte v.a. die ***Autarkie bei kriegswichtigen Rohstoffen*** sicherstellen, um so im Gegensatz zum Ersten Weltkrieg nicht für eine zu erwartende Seeblockade anfällig zu sein. Dies stieß bei bestimmten Rohstoffen, etwa bei Eisenerz, an Grenzen, während die entsprechende Politik in der Landwirtschaft erfolgreicher (Selbstversorgungsgrad 1938: 83%) war. Alternativ entwickelte sich die Idee einer ***schnell einsetzbaren Truppe***, die fähig war, in begrenzten Aktionen erfolgreich (Blitzkrieg) zu operieren und die fehlenden Ressourcen als Kriegsbeute zu erringen (hierfür rascher Aufbau der Luft- und Panzerwaffe). Die Beutevorstellung lag auch der Finanzierung des Rüstungsprogramms zu Grunde, da die unsolide Finanzierung (z.B. *Mefo-Wechsel*) ohne Krieg in einen Staatsbankrott geführt hätte. Angestrebt wurde auch eine Auflockerung der Industriezentren etwa durch die Gründung von Tochterfirmen im mitteldt. Raum, um die Fabriken weniger anfällig für einen zu erwartenden Bombenkrieg zu machen.

Außenpolitische Absicherung

Wegen der militär. Beschränkungen des Versailler Vertrags (→ 178–179) diente die dt. Außenpolitik der Absicherung der anfangs noch geheim betriebenen dt. Aufrüstung.

Deutsche Aufrüstung und Verschleierungspolitik

14.10.1933 Austritt Deutschlands aus dem Völkerbund: Ziel der ungehinderten Aufrüstung.

26.1.1934 Nichtangriffspakt des Deutschen Reiches mit Polen: Zusammenrücken Russlands mit den Westmächten (Völkerbundeintritt der UdSSR).

13.1.1935 Rückgliederung des Saargebiets nach Volksabstimmung.

1.3.1935 Einführung der ***Luftwaffe*** als dritter Waffengattung neben Heer und Marine (bis zum Krieg 4000 Maschinen und 400000 Mann).

16.3.1935 Wiedereinführung der allg. Wehrpflicht in Deutschland: Bildung der anti-dt. „Stresa-Front" (Italien, Großbritannien, Frankreich), die mit dem dt.-brit. Flottenabkommen bereits zerbröckelt (ebenfalls dt.-engl. Luftpakt 13.2.1935).

1936 Militärische Intervention Deutschlands und Italiens im ***Spanischen Bürgerkrieg***. Erste Erprobung der neuen deutschen Luftwaffe.

1936 Einmarsch in die entmilitarisierte Zone des Rheinlands (Blitzcoup). ***Antikominternpakt*** zwischen Deutschland und Japan, dem auch Italien beitritt (1937). ***Vierjahresplan***: Steigerung von Roh- und Ersatzstoffen: Eisenerz, Leichtmetalle, synthetischer Kautschuk, Textilfasern, Brenn- und Treibstoff (seit 1938 v.a. Pulver und Sprengstoffe). Rüstungsausgaben bereits 39% des Etats.

Aufrüstung und Autobahnbau

Die *Arbeitsbeschaffungsprogramme* begannen zunächst mit beschäftigungswirksamen zivilen Bauvorhaben (Erstellung und Sanierung von Wohnraum, Verbesserung der kommunalen und landwirtschaftl. Infrastruktur) und seit 1934 dem ***Autobahnbau****.

Autobahnbau. Die NS-Propaganda stilisierte Adolf Hitler zum Erfinder des Autobahnbaus („Straßen des Führers"). Tatsächlich griff die NS-Führung auf bereits vorliegende Pläne des seit 1926 arbeitenden Vereins HAFRABA (Hansestädte-Frankfurt-Basel) zurück, der gleichgeschaltet wurde. 1936 arbeiteten 125000 Menschen im Autobahnbau (die Kosten von ca. 6 Mrd. Reichsmark stammten aus Sozialversicherungsbeiträgen).

Die Arbeitsbeschaffungsmaßnahmen und die Einführung des ***Reichsarbeitsdienstes**** dienten ebenfalls der Kriegsvorbereitung wie etwa der Bau riesiger Befestigungsanlagen, des ***West- und des Ostwalls****.

Reichsarbeitsdienst (= RAD). Seit 1935 war der halbjährige Arbeitsdienst für männliche Jugendliche zwischen 18 und 25 Jahren obligatorisch, für weibliche zunächst freiwillig (bis 1.9.1939). Unter dem Motto „Mit Spaten und Ähre" legte der RAD Moore trocken, kultivierte neues Ackerland oder wirkte beim Bau der Reichsautobahnen und des Westwalls mit. Der RAD (Gesamtstärke 1935 200000; 1939: 350000) wurde im Krieg auch zu militärischen Aufgaben herangezogen.

West- und Ostwall. Bereits 1934 begann der Aufbau einer Verteidigungslinie ***Ostwall*** (auch *Festung im „Oder-Warthe-Bogen"*) östlich von Berlin. Sie bestand aus zahlreichen Bunkeranlagen, Sperrwerken und Zugbrücken. Der ***Westwall*** als ca. 630 km lange Befestigungslinie an der deutschen Westgrenze von der Schweiz bis in den Raum Kleve wurde (Mai 1938 – Sept. 1939) als Betonhöckerlinie mit über 14000 Bunkern und befestigten Unterständen errichtet. Beim Vormarsch der Alliierten 1944/45 bewährten sich die Anlagen nicht.

Aufrüstung (1933–1939)

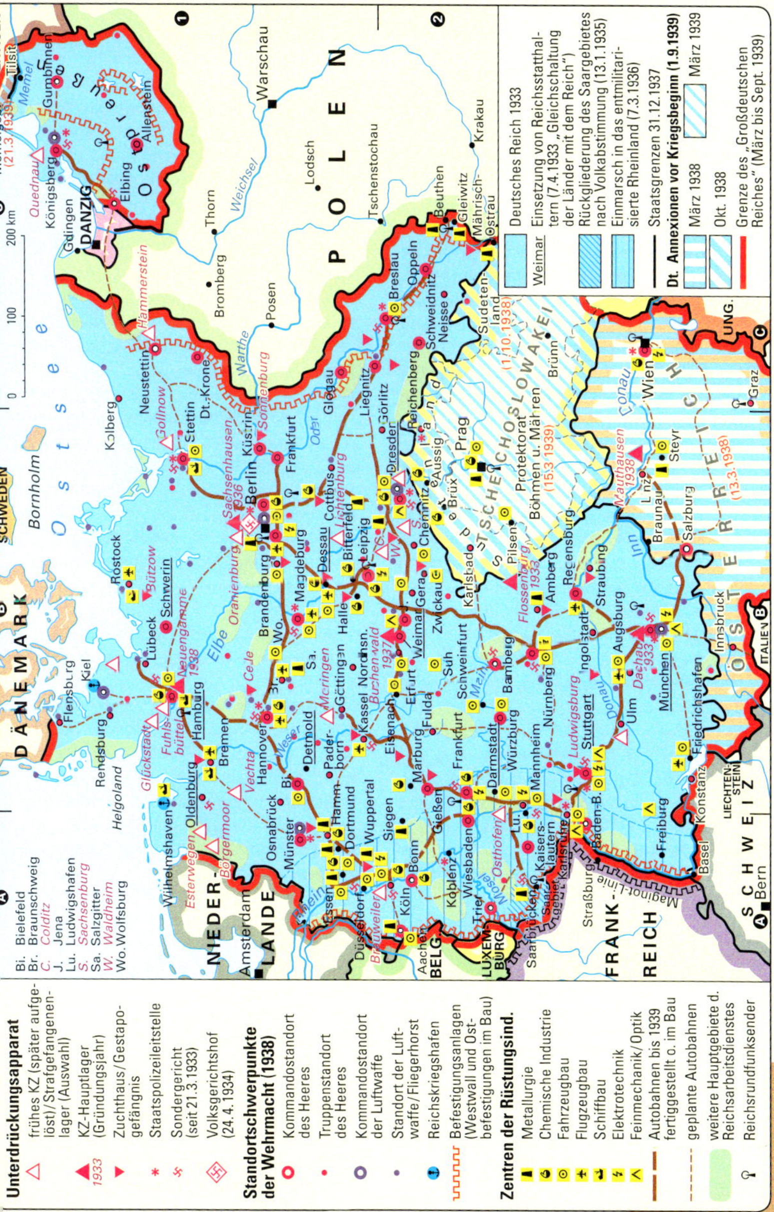

Zeichen eines Ostarbeiters. *Um den Mangel an Arbeitskräften auszugleichen, wurden Fremdarbeiter v.a. aus Osteuropa und KZ-Häftlinge als Arbeitssklaven in der dt. Industrie und in anderen Bereichen rücksichtslos ausgebeutet.*

Mit der ***Machtübernahme der Nationalsozialisten*** unter Adolf Hitler (30.1.1933) begann ein Prozess der ***Gleichschaltung*** der dt. Gesellschaft und der Aufbau eines ***Terrorsystems***, das einen integralen Bestandteil der nationalsozialistischen Herrschaft darstellte. Mit der ***dt. Expansion*** dehnte sich der dt. Terror auf ganz Europa aus und machte so zum größten Teil Menschen anderer europ. Staaten zu seinen Opfern.

Gleichschaltung der Länder

Ein zentraler Schritt bei der Errichtung des nationalsozialistischen Herrschaftssystems war die *Gleichschaltung der Länder*, die dem Aufbau eines zentralisierten Führerstaates diente. Dem ersten Gleichschaltungsgesetz vom 31.3.1933 folgte eine ganze Reihe von Gesetzen, die bis 1935 die Eigenständigkeit der Länder und die föderale Struktur Deutschlands beseitigten (Auflösung der Länderparlamente, Auflösung des Reichsrats, Übertragung aller Hoheitsrechte auf das Reich). Kernstück war die Einsetzung von ***Reichsstatthaltern*** (7.4.1933) mit weit gefassten Kompetenzen: Diese Funktion wurde in der Regel den ***Gauleitern**** der NSDAP übertragen (in Preußen Adolf Hitler selbst).

Gauleiter. Die schließlich *42 Gaue* als Gebietseinheit der NSDAP entstanden seit 1925 zunächst anhand der Wahlkreisgrenzen. Sie waren ihrerseits unterteilt (Kreis, Ortsgruppe, Zelle und Block). Mit der Machtübernahme erhielten sie hoheitliche Aufgaben, deren Kompetenzen von denen der staatlichen Behörden oder Ministerpräsidenten nie klar abgegrenzt wurden (Kompetenzenwirrwarr im NS-Staat). Zu Gauleitern ernannte Adolf Hitler besonders fanat. „Alte Kämpfer", denen im Krieg auch Verteidigungsaufgaben übertragen wurden (z.B. als Reichsverteidigungskommissare, 1944 Organisation des Volkssturms). Annektierte Gebiete im Osten und Westen wurden zu neuen Gauen oder angrenzenden im Reich angegliedert.

Das System des Terrors

Der Terror richtete sich zunächst gegen polit. und weltanschauliche Gegner, dann gegen sog. Asoziale und Kriminelle, Homosexuelle, Angehörige von Sekten und schließlich gegen Sinti und Roma sowie Juden (rassisch Verfolgte). Konzentrationslager (KZ, amtl. KL) wurden hierfür in einem unvorstellbaren Ausmaß errichtet: Als Mittel der „Umerziehung" und Einschüchterung, zur *rassischen Vernichtung (Juden, Sinti und Roma)* und schließlich seit 1942 als *Arbeitskräftereservoir* für Sklavenarbeit v.a. für die Rüstungsindustrie. Nach einer frühen Periode „wilder Lager" ging die SS (seit 1934 für alle Lager zuständig; *Totenkopfverbände* als Wachmannschaften) ausgehend vom *„Dachauer Modell"* zur systemat. Ausgestaltung der Lagerstruktur über, die die Häftlinge einer Mischung aus präziser Bürokratie und hemmungsloser Gewalt aussetzte (Einteilung der Häftlinge in bestimmte Kategorien, detaillierte Vorschriften für brutale Strafen, z.B. Prügelstrafe vor den Häftlingen, Todesstrafe usw.). Während *Korruption* der Wachmannschaften durchaus verfolgt wurde, ließ man ihrem Sadismus freien Lauf. Nach Schließungen und Zusammenlegungen entstanden bis 1939 sechs *Hauptlager* (Dachau, Buchenwald, Flossenbürg, Mauthausen, Ravensbrück und Sachsenhausen), bis 1945 im gesamten nationalsozialist. Herrschaftsbereich weitere 22 Hauptlager mit einer unübersehbaren Anzahl von *Arbeitslagern* und *Außenkommandos* (ca. 1200). Von ca. 7,2 Mio. Häftlingen haben nur 500 000 überlebt. Es existierten noch eine ganze Reihe von anderen Lagerkategorien, die nur formal nicht als KZ bezeichnet wurden, so das angebliche „Altersghetto Theresienstadt", die „Jugendschutzlager" Mohringen (bei Göttingen) und Uckermark (nahe KZ Ravensbrück) und die über 100 Arbeitserziehungslager, die teilweise auch innerhalb bestehender KZ eingerichtet wurden. Die KZ waren auch Ort grausamster medizin. Versuche an Insassen und Kriegsgefangenen („Vernichtung durch Arbeit").

Außenpolitik und Expansion

Die deutsche Außenpolitik diente der Vorbereitung eines ***Rasse- und Vernichtungskrieges****im Osten. Dieses Ziel wurde getarnt durch vorgetäuschte Verhandlungsbereitschaft und Friedensbeteuerungen, die mit Drohungen, Überraschungsaktionen und vollzogenen Tatsachen wechselten.

Rasse- und Vernichtungskrieg im Osten. In Hitlers Zielsetzungen mischten sich außen- mit rassepolitischen Motiven. Er sah die ***Sowjetunion*** als den Hauptfeind des dt. Reiches an. So sollte der ***Krieg gegen die Sowjetunion*** den Bolschewismus zerschlagen, die *„Lösung der Judenfrage"* herbeiführen und dem dt. Volk den notwendigen *„Lebensraum im Osten"* für eine menschenverachtende Germanisierungspolitik erobern. Insofern ist die Phase bis zum Überfall auf die Sowjetunion 1941 als taktische Vorbereitung des Krieges im O anzusehen.

Der Weg zum Ziel führte über eine ***Revision der Bestimmungen des Versailler Vertrages*** (Wiederaufrüstung zunächst geheim, Anspruch auf Gebiete mit dt. Minderheiten) hin zu einer *aggressiven Expansionspolitik*, die seit 1938 immer offener und unverhohlener verfolgt wurde. Er mündete 1939 in die ***Entfesselung eines Weltkrieges***. Tragischerweise stieß diese Außenpolitik auf Entgegenkommen vor allem Großbritanniens, das in der sog. ***Appeasement-Politik*** (engl. *Beschwichtigung, Besänftigung, eig. gemeint als Befriedung Europas*) versuchte, das Dt. Reich durch Entgegenkommen bei berechtigten Forderungen zufrieden zu stellen. Begünstigt wurde die NS-Außenpolitik in den Dreißigerjahren durch die immer aggressiver auftretenden Mächte ***Italien*** (Überfall auf Abessinien) und ***Japan*** (Besetzung der Mandschurei), die die Kolonien der Westmächte bedrohten. Auch behinderten die Vorbehalte der Westmächte gegen eine dauerhafte Zusammenarbeit mit der ***Sowjetunion*** ein gemeinsames Vorgehen gegen Hitler, der im ***Hitler-Stalin-Pakt 1939*** aus takt. Gründen an die dt.-sowjet. Zusammenarbeit der Zwanzigerjahre anknüpfte. Die lange ***Serie von außenpolit. Erfolgen*** führte zur Stabilisierung des NS-Regimes in Deutschland. Die wachsende Akzeptanz des Regimes in der dt. Bevölkerung zeigte sich auch an der *Schließung einiger Konzentrationslager.*

Großdeutschland, Großdeutsches Reich. Großdeutschland wird seit dem „Anschluss" Österreichs 1938–45 zum nationalsozialistischen Begriff für Deutschland. Der Begriff schloss an die seit der Revolution 1848 existierende Vorstellung eines Großdeutschen Reiches unter Einschluss Österreichs an, wobei die Annexion der nichtdeutschen Teile Tschechiens und großer Teile Polens weit darüber hinaus ging.

Von der aggressiven Außenpolitik zur Expansion: 1938–41

13.3.1938 „Anschluss" Österreichs unter massivem Druck der nationalsozialist. Führung als „Ostmark" des zukünftigen Großdeutschen Reiches.

29.9.1938 Münchner Konferenz Deutschlands, Italiens, Frankreichs und Großbritanniens: beschließt die Abtretung des Sudetenlands durch die Tschechoslowakei an das Deutsche Reich mit gleichzeitiger Garantie für den Bestand der Resttschechoslowakei.

9./10.11.1938 Reichspogromnacht: Massive Ausschreitungen gegen Juden und jüdischen Besitz; Zerstörung der meisten dt. Synagogen. Das NS-Regime lässt alle außenpolit. Rücksichten fallen.

22.5.1939 Stahlpakt mit Italien: ***Achse Berlin–Rom.***

15.3.1939 „Erledigung der Resttschechei". Das „Protektorat Böhmen und Mähren" wird Teil des Großdeutschen Reiches.

31.3.1939 Britische Garantieerklärung für Polen.

23.8.1939 Dt.-sowjet. Nichtangriffspakt (***„Hitler-Stalin-Pakt"***). Das ***geheime Zusatzprotokoll*** steckt die Interessenssphären in Osteuropa ab und schafft die Voraussetzung für den

1.9.1939 Dt. Überfall auf Polen als Ausbruch des Zweiten Weltkriegs. Unterwerfung Polens in nur 18 Tagen im „Blitzkrieg". ***Deutsch-sowjetische Teilung Polens.*** Die westpolnischen Gebiete werden als dt. Reichsgaue direkt angegliedert, während Zentralpolen zum ***„Generalgouvernement"*** unter dt. Besatzung wird.

1940 Nach dem Westfeldzug werden das *Elsass, Lothringen*, das *Hzm. Luxemburg* und *Eupen-Malmédy* den benachbarten Gauen angegliedert.

1941 Nach dem deutschen Überfall auf die UdSSR Einrichtung der Reichskommissariate Ostland (NO-Polen und Baltikum) und Ukraine.

„Neue Ordnung Europas" und Kolonisation des Ostens

In Mitteleuropa plante die NS-Führung einen autarken wirtschaftlichen Großraum unter deutscher Vorherrschaft (Mitteleuropakonzept). Im Osten hingegen verfolgte sie eine brutale Germanisierungspolitik, die die Ausrottung, Vertreibung oder Germanisierung der slawischen Bevölkerung und die Ansiedlung der so genannten deutschen „Herrenrasse" einschloss (sog. *Generalplan Ost*).

Staatsgrenzen 1937
Deutsches Reich 31.12.1937
Grenzen des „Großdeutschen Reiches“
März 1939
1941/42
Baden Gau der NSDAP
Gaugrenze
Gauhauptstadt
Ordensburg der NSDAP
Annexionen des Dt. Reiches
März–Okt. 1938
März 1939
Sept. 1939
1940/41
dt. Verwaltung poln. Gebiete als „Generalgouvernement“
dt.-sowj. Demarkationslinie (Westgrenze der Sowjetunion) 28.9.1939–21.6.1941
von dt. Truppen 1940/41 besetzte Gebiete
abhängige und verbündete Staaten
neutrale Staaten
1 Olsagebiet (1.11.1938 poln.)
2 Gebiete des Zips (21.11.1939 slowak.)
3 Karpato-Ukraine (8.10.1938 autonom, 23.3.1939 ungar.)
4 Slowenien (14.4.1941)
DÄNEMARK
SCHWEDEN
Kopenhagen
Malmö
Kolding
Odense
Fünen
Seeland
Sylt
Helgoland
Nordsee
Rügen
NIEDERLANDE
Groningen
Westerbork
Zuiderzee
Amsterdam
's-Gravenhage
Amersfoort
Deventer
Enschede
Utrecht
Rotterdam
Arnheim
Herzogenbusch (Vught)
1943
BELGIEN
Gent
Antwerpen
Brüssel
Maastricht
Aachen
Lüttich
Namur
Eupen (1940)
Malmédy
LUXEMBURG
(1940)
Luxemburg
Longwy
Thionville
Reims
Verdun
Marne
Châlons
Metz
Nancy
Toul
FRANKREICH
Vittel
Natzweiler-Struthof 1941
Elsass-Lothringen (1940)
Straßburg
Mülhausen
Basel
Flensburg
Schleswig
Kiel
Schleswig-Holstein
Rendsburg
Lübeck
Rostock
Stralsund
Greifswald
Swinemün
Cuxhaven
Bremerhaven
Wilhelmshaven
Emden
Hamburg
Schwerin
Bützow
Malchin
Mecklenburg
Neuengamme 1938
Müritz
Weser-Ems
Oldenburg
Esterwegen
Bremen
Ost-Hannover
Lüneburg
1943
Bergen-Belsen
Ravensbrück 1939
Sachsenhausen 1936
Oranienburg
Celle
Elbe
Havel
Weser
Hannover
Berlin
Potsdam
Magdeburg-Anhalt
Brandenbg.
Mark Brand
Magdeburg
Osnabrück
Münster
Bielefeld
Detmold
Südhannover-Braunschweig
Westfalen-Nord
Wesel
Essen
Dortmund
Niederhagen (Wewelsburg)
Bochum
Wuppertal
Ruhr
Arolsen
Kassel
Göttingen
Nordhausen
Halle
Mittelbau-Dora 1943/44
Halle-Merseburg
Leipzig
Dessau
Bernburg
Torgau
Cottbus
Düsseldorf
M.-Gladbach
Westfalen-Süd
Köln-Aachen
Köln
Bonn
Kurhessen
Buchenwald 1937
Weimar
Eisenach
Erfurt
Jena
Thüringen
Dresden
Chemnitz
Zwickau
Plauen
Vogelsang
Wetzlar
Gießen
Fulda
Hadamar
Hessen-Nassau
Koblenz
Wiesbaden
Frankfurt
Hanau
Meiningen
Moselland
Trier
Mainz
Hinzert (SS-Sonderlager)
Darmstadt
Worms
Mannheim
Ludwigshafen
Speyer
Bruchsal
Saarbrücken
Westmark
Main-Franken
Würzburg
Coburg
Bayreuth
Bamberg
Flossenbürg 1938
Fürth
Nürnberg
Heilbronn
Franken
Bayerische Ostmark
Regensburg
Straubing
Passau
Karlsruhe
Baden-B.
Stuttgart
Württemberg-Hohenzollern
1919
Grafeneck
Neckar
Ulm
Donau
Ingolstadt
Augsburg
Dachau 1933
München-Oberbayern
München 29.9.1938
Isar
Inn
Lech
Schwaben
Freiburg
Sigmaringen
Konstanz
Ravensburg
Bodensee
Sonthofen
Salzburg
Berchtesgaden
Braunau
Hartheim
Oberdonau
LIECHTENSTEIN
Tirol-Vorarlberg
Innsbruck
ÖSTERREICH
Kärnten
Klagenfurt
Chur
SCHWEIZ
Südtirol
Bozen
Etsch
Adda
Piave
ITALIEN
Trient
Teplitz
Theresienstadt
Lidice
Eger
Karlsbad
Prag
Pilsen
Sudetenland
(1.–10.10.1938)
Böhmen
(15./16.3.1939)
Budweis
Rhein
Saar
Mosel
Maas
Ems
Main
Fulda
Werra
Saale
Naab

C
D
0 50 100 150 200 km
Ostsee
Bornholm (dän.)
Memel
Memelgebiet (22.3.1939 dt.)
LITAUEN (1940 sowj.)
Kaunas (Kowno)
1943
Tilsit
Memel
Vilnius (Wilna)
1942
Reichskommissariat Ostland
Pregel
Gumbinnen
Königsberg
Ostpreußen
Gdingen
Danzig
Stolp
Stutthof 1942
Elbing
Wolfsschanze („Führerhauptquartier")
Allenstein
Suwalki
Augustow
Grodno
Njemen
Kolberg
Köslin
Pommern
Danzig-Westpreußen
Graudenz
Bezirk Białystok (Aug. 1941)
Białystok
Crössinsee
Soldau
Bromberg
Schneidemühl
Weichsel
Thorn
Ciechanow
Bug
Treblinka 1942
Reichskommissariat
Netze
Warthe
Küstrin
Frankfurt
Posen
Warschau
1943
Brest-Litowsk
Kulmhof (Chelmno) 1941
POLEN
Wartheland
Lodsch
Prosna
Pilica
Sobibor 1942
Pripjet
Ukraine
Kowel
Kalisch
Glogau
Lublin-Majdanek 1943
Lublin
Radom
Niederschlesien
Oder
Breslau
Groß-Rosen 1940/41
„Generalgouvernement"
Kielce
Sandomir
Görlitz
Hirschberg
Reichenberg
Schweidnitz
Tschenstochau
Nisko
Belzec 1942
Oberschlesien
Oppeln
Beuthen
Königshütte
Glatz
Hindenburg
Gleiwitz
Kattowitz
Tarnow
Rzeszów
San
Bug
Lemberg
Krakau
Krakau-Plaszów 1944
Auschwitz 1940
Przemysl
Dnjestr
Distrikt Lemberg (Aug. 1941)
Elbe
Kuttenberg
Sudetenland (1.–10.10.1938)
Mährisch-Ostrau
Teschen
Borysław
Stanisławów
Protektorat Böhmen und Mähren
Olmütz
March
Waag
Leutschau
Iglau
Brünn
TSCHECHOSLOWAKEI
SLOWAKEI (6.10.1938 autonom, 14.3.1939 „unabhäng.")
Neusohl
Kaschau
Ushgorod (Ungvár)
2.11.1938 ung.
Munkatsch
1.–10.10.1938
Neustadt
Gran
Theiß
Nieder-Donau
Krems
Donau
Mauthausen
Wien
Tokaj
Miskolc
Pressburg (2.11.1938 ung.)
Szamos
Sathmar
Nord-Transsilvanien (30.8.1940 ung.)
Komorn
UNGARN
Kistarcsa
Debrecen
RUMÄNIEN
Leitha
Eisenstadt
Sopron
Deutsches Reich (13.3.1938)
Mur
Graz
Steiermark
Raab
UNGARN
Süd-Steiermark
JUGOSLAWIEN
KROATIEN
Drau
Save
Ort mit mehreren verbrannten und zerstörten Synagogen (9./10.11.1938)
KZ-Hauptlager
Vernichtungslager
KZ-Außenkommando, Nebenlager, Arbeitslager (Auswahl)
Zuchthaus, Gestapogefängnis
(Hinrichtungsstätte)
Lager für Sinti und Roma („Zigeuner")
Tötungszentren der Aktion T4 (1939–41)
Polen/Litauen/Ukraine:
Massaker an Juden
großes Ghetto (Auswahl)
großes Arbeitslager für Juden (über 2000 Häftlinge)
großes Strafarbeitslager (über 2000 Häftlinge)
Durchgangslager/Internierungslager für die Deportation

*„**Judenstern**": zuerst im Generalgouvernement 1939, 1941 auch im „Reich" eingeführt. Gehörte zu einer Reihe von Maßnahmen zur äußeren Kennzeichnung von Juden („J" im Pass, das Führen bestimmter Vornamen usw.). Reichspropagandaminister Goebbels entwarf das Zeichen. Alle Juden über sechs Jahre mussten sichtbar auf der linken Brustseite der Kleidung „fest angenäht" den gelben Stern tragen.*

Der ***Völkermord im europ. Maßstab*** war Teil eines gezielten Planes, dem im Deutschen Reich bereits vor 1939 eine umfassende Diskriminierung und Entrechtung der Juden vorausgegangen war. Er ließ sich nur im Rahmen eines ***Krieges*** radikal verwirklichen. Bes. Bedeutung hatte der erfolgreiche ***Polenfeldzug*** (September 1939), durch den sich die Zahl der jüd. Bevölkerung unter deutscher Herrschaft versechsfachte. Die Errichtung der *Besatzungsherrschaft in Europa* mit besonders fanat. Vertretern der NSDAP und der SS an der Spitze schuf die Voraussetzung für den Aufbau einer „effizienten" Mordmaschinerie.

Definition: Judenfeindschaft, Antisemitismus
Die Vernichtung der europ. Juden war die Folge eines fanatischen ***Rassenantisemitismus***. Gegenüber der religiös motivierten ***trad. Judenfeindschaft***, gründete der Antisemitismus auf primitiver biolog. Vorstellung von unterschiedl. Rassen und deren Kampf ums Dasein ***(Sozialdarwinismus)***. Die Vorstellung der Bedrohung einer Rasse durch „artfremde" Elemente begründete die ***Züchtungs- und Vernichtungsideologie*** des NS-Staates und die Aufgabe aller moral. Wertvorstellungen von Toleranz, Schutz und Fürsorge als Teil der Zivilisation.

Etappen der Judenvernichtung im Zweiten Weltkrieg

Die Einrichtung von ***Ghettos*** (abgeriegelte Wohnbezirke, in denen in Warschau bis zu 500 000 Menschen zusammengepfercht wurden) in Polen schuf die Voraussetzung zur Konzentration der jüd. Bevölkerung. Später entwickelten sie sich zu Sammel- und Durchgangslagern für die Zentren der Judenvernichtung. Beim ***„Russlandfeldzug"*** Juli/August 1941 stellten ***massenhafte Erschießungen*** jüdischer Frauen, Kinder und Männer durch die ***vier Einsatztruppen*** – mobile Einheiten, die unmittelbar hinter den vorrückenden Armeen mit Unterstützung der Wehrmacht ihr Mordwerk verrichteten – den Übergang zur systemat. Vernichtung dar.

Zum ***Wendepunkt in der „Judenpolitik"*** des Dritten Reiches wurde der Jahreswechsel 1941/42. Die Großoffensive der sowjet. Armee und der Kriegseintritt der USA machten die Hoffnung auf einen raschen „Endsieg" und die Pläne einer Massendeportation nach Sibirien oder auf die Insel Madagaskar zunichte. Daher verstärkten sich die fanat. Anstrengungen zur Durchführung der Judenvernichtung noch im Krieg. Auf der Berliner ***Wannseekonferenz vom 20.1.1942*** wurde die Planung eines europ. Vernichtungsprojektes durch die verantwortl. Stellen der SS und der Ministerien koordiniert. Bei der Ermordung behinderter Menschen (sog. Aktion T4, 1939–41) waren bereits Erfahrungen mit Gaskammern zur massenhaften Tötung von Menschen gesammelt worden, die die „Experten" zum Bau großer Vernichtungslager im Osten nutzten. ***Auschwitz-Birkenau*** wurde zur größten dieser Mordfabriken, in denen der größte Teil der Ermordung von bis zu 6 Mio. Menschen geschah. Besonders makaber war die systemat. industrielle Verwertung aller Hinterlassenschaften, sogar des Zahngoldes oder der Haare der Opfer.

Massenmord im europäischen Maßstab

Wurde in Osteuropa im Rahmen der Besatzungsherrschaft rücksichtslos gemordet, so war der Zugriff auf die jüd. Bevölkerung im übrigen Europa unterschiedlich. Auf ***verbündete Staaten*** wie Italien nahm das NS-Regime aus taktischen Gründen Rücksicht, wenn sie ihre Juden schützten, so dass es davon abhing, wie stark Regime jeweils mit dem Deutschen Reich kollaborierten. Aus den besetzten Staaten, wie den Niederlanden, wurde der größte Teil der jüd. Bevölkerung in Vernichtungslager deportiert. Dies galt auch für ***Ungarn***, das nach der Besetzung 1944 Gegenstand der letzten großen Deportations- und Vernichtungswelle wurde. In einer beispiellosen Rettungsaktion gelang es dagegen 1943 in ***Dänemark***, fast die gesamte jüd. Bevölkerung auf Fischerbooten in das neutrale Schweden zu retten.

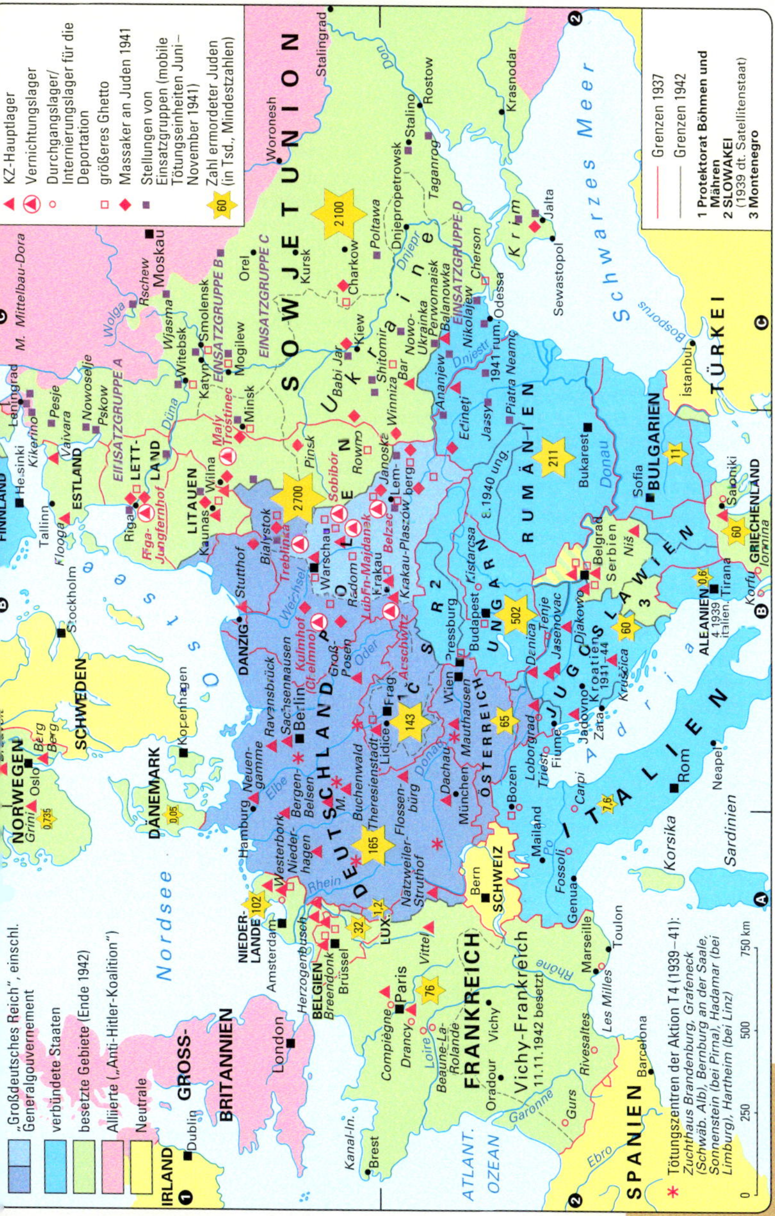
KZ-Hauptlager
Vernichtungslager
Durchgangslager/ Internierungslager für die Deportation
größeres Ghetto
Massaker an Juden 1941
Stellungen von Einsatzgruppen (mobile Tötungseinheiten Juni–November 1941)
Zahl ermordeter Juden (in Tsd., Mindestzahlen)
Grenzen 1937
Grenzen 1942
1 Protektorat Böhmen und Mähren
2 SLOWAKEI (1939 dt. Satellitenstaat)
3 Montenegro
„Großdeutsches Reich", einschl. Generalgouvernement
verbündete Staaten
besetzte Gebiete (Ende 1942)
Alliierte („Anti-Hitler-Koalition")
Neutrale
Tötungszentren der Aktion T4 (1939–41): Zuchthaus Brandenburg, Grafeneck (Schwäb. Alb), Bernburg an der Saale, Sonnenstein (bei Pirna), Hadamar (bei Limburg), Hartheim (bei Linz)
0 250 500 750 km

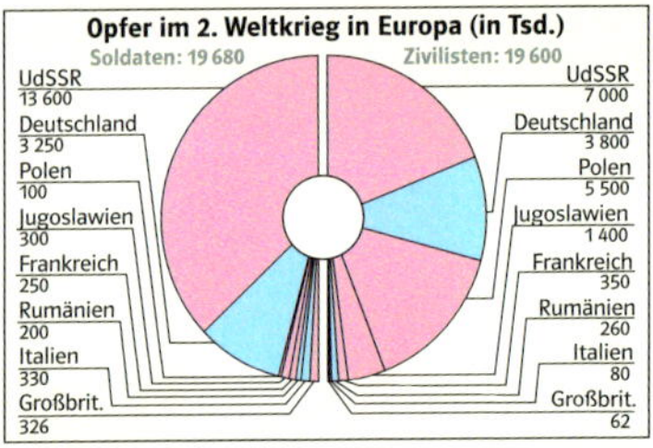

Nach dem Sieg über Polen folgten 1940 noch eine ganze Reihe von dt. Erfolgen in weiteren Blitzkriegen. Die Anwendung der Blitzkriegsstrategie auf die riesige Sowjetunion und die Erweiterung des europäischen Krieges zum ***Weltkrieg*** (11.12.1941 dt. Kriegserklärung an die USA) überdehnten die militärischen Möglichkeiten der Achsenmächte.

Die Phase der Blitzkriege

Nach der Eroberung Polens folgte die ***Besetzung Dänemarks und Norwegens***, um den Zugang zu Nord- und Ostsee und zu den kriegswichtigen schwed. Erzvorkommen zu sichern. Mit ***Frankreich*** war es seit der Kriegserklärung 1939 zu keinen nennenswerten Kriegshandlungen gekommen (sog. „Sitzkrieg" oder „drôle de guerre"). Am 10.5. begann der ***Westfeldzug*** mit der Eroberung der neutralen Staaten Niederlande und Belgien unter Umgehung der frz. Maginotlinie. Nach der frz. Kapitulation (23.6.1940) wurden Nordfrankreich und die Kanalküste besetzt, während sich im S und SO das kollaborierende ***Vichy-Regime*** etablierte (1942 ebenfalls besetzt). Allerdings konnte sich das engl. Expeditionsheer in ***Dünkirchen*** einer Gefangennahme entziehen. Die am 13.8.1940 begonnene erfolglose *„Luftschlacht"* um England stellte die erste dt. Niederlage dar.

Die Taktik des „Blitzkriegs" ermöglichte die schnelle Eroberung gr. Gebiete in der ersten Phase des Krieges. Beim Polenfeldzug vernichtete die dt. Luftwaffe zunächst die poln., worauf Sturzkampfbomber poln. Truppenkonzentrationen sowie Städte angriffen. Panzervorstöße rissen Lücken in die poln. Linien, in die dann die motorisierte und nichtmotorisierte Infanterie eindrang. Bei dieser Art der Kriegsführung gab es keine Fronten; stehen zu bleiben bedeutete umzingelt zu werden.

Der italienische „Parallelkrieg"

Die ausgreifenden Eroberungspläne ***Italiens*** im ***Mittelmeerraum*** endeten in militär. Misserfolgen, die den dt. Verbündeten mehrfach zum Eingreifen zwangen: in Jugoslawien (April 1941) und Griechenland mit der Eroberung der strateg. wichtigen Insel Kreta. In ***Nordafrika***, wo Großbritannien das gesamte ital. Kolonialreich eroberte, griff das dt. Expeditionskorps ein, das bis in die Nähe des Suezkanals (El Alamein) vordrang.

Rasse- und Vernichtungskrieg

Wegen des Krieges auf dem Balkan begann der deutsche Überfall auf die Sowjetunion einen Monat später als geplant mit einer ungeheuren Streitmacht. Auch die ungeheuerlichen ***Verbrechen**** bei diesem ***Rasse- und Vernichtungskrieg*** und unter der deutschen Besatzungsherrschaft machen die Singularität dieses Krieges aus.

Kriegsverbrechen aufgrund völkerrechtswidriger Befehle der dt. Kriegsführung im Osten. Der ***Kommissarbefehl*** entzog die als polit. Funktionäre betrachteten Angehörigen der sowjet. Armee dem Schutz des Völkerrechts und ordnete an, sie zu „erledigen". Der ***„Kriegsgerichtsbarkeits"***-Erlass garantierte allen Wehrmachtsangehörigen vorab Straffreiheit für die Ermordung verdächtiger Zivilpersonen. Auch starb über die ***Hälfte der russ. Kriegsgefangenen*** (mehr als 3 Mio.) unter unmenschlichen Bedingungen (auch bei Massenerschießungen).

Etappen des Russlandfeldzuges

22.6.1941 Dt. Überfall auf die Sowjetunion *(„Unternehmen Barbarossa")* trifft auf unvorbereitete russ. Armee. Ziel ist aus strateg. und wirtschaftl. Gründen die Linie Leningrad – Moskau – untere Wolga: Kontrolle über die Getreidegebiete der Ukraine und wichtige Rohstoffe, wie die Mineralvorkommen des Donez-Gebiets und das kaukas. Öl, die Vorherrschaft über Ostsee und Schwarzes Meer.

Bis Nov. Siege in gewaltigen *„Kesselschlachten"*, Gefangennahme von über 3 Mio. russ. Kriegsgefangenen beim Vorstoß der dt. Truppen bis kurz vor Moskau. Wichtige russ. Industrieanlagen können allerdings nach Osten verlagert werden.

Sept. 41 Beginn der deutschen Hungerblockade von *Leningrad* (Abbruch aller Landverbindungen) mit ca. 1 Mio. Toten (bis Januar 1944).

5.12. Nach einem frühen Wintereinbruch erfolgt die ***erste russische Gegenoffensive*** vor Moskau.

Die ***Kriegswende*** war seit 1943 unübersehbar. Deutschlands Verbündete in Europa (Italien, Rumänien, Bulgarien, Finnland) erklärten 1943/44 dem Dt. Reich den Krieg. Während die Sowjetunion in einem verlustreichen Landkrieg in das Dt. Reich und bis auf den Balkan vorstieß, setzten die Alliierten nach dem Sieg in Nordafrika von S und W zum Sturm auf die „Festung Europa" an.

Die Schlacht bei Stalingrad (Nov. 1942 – Febr. 1943) gilt als Wendepunkt des Russlandfeldzuges u. des Zweiten Weltkriegs. Sie steht für die fanatische und menschenverachtende Kriegsführung der NS-Führung, die vergeblich versuchte das jämmerl. und sinnlose Ende der 6. Armee zum „Heldenmythos" aufzubauen. Die dt. Armee drang (bis Nov. 1942) bis auf einen schmalen Streifen vor der Wolga in das v.a. aus Prestigegründen angegriffene Stalingrad ein. Aufgrund des ungenügenden Flankenschutzes gelang den russ. Armeen die Einkesselung der dt. Truppen und rumän. Verbände. (22.11.). Während die Luftversorgung mangelhaft blieb, folgten die in Teilkesseln kämpfenden Generäle dem Befehl Adolf Hitlers, keinen Ausbruch zu versuchen, bis zum bitteren Ende.

Die Kriegswende in der Sowjetunion

1942 ***Dt. Sommeroffensive***. Vorstoß nun gegen Leningrad (Landverbindung zum finn. „Waffengefährten") und die kaukas. Erdölfelder. Erbitterter Partisanenkrieg hinter der Front aufgrund der brutalen dt. Besatzungsherrschaft.

Nov. 1942 Nachdem die 6. Armee in ***Stalingrad*** völlig eingeschlossen worden ist, erfolgt am

2.2.1943 ihre ***Kapitulation als zentraler Wendepunkt des Krieges***. Trotz sinnloser Durchhaltebefehle ist von jetzt an der dt. Rückzug unaufhaltsam.

5.7.1943 Dt. Angriff auf den ***Kursker Bogen*** (größte Panzerschlacht des Zweiten Weltkriegs) scheitert.

1943/44 In den ***russischen Winter-***, (Entsatz Leningrads), ***Frühjahrs- und Sommeroffensiven*** gelingt der Vorstoß bis an die Reichsgrenze.

12.1.1945 Russische Winteroffensive – 27.1. Befreiung des Vernichtungslagers Auschwitz als erstes großes Konzentrationslager. Die sowjet. Truppen stehen 80 km vor Berlin; Ostpreußen wird von allen Landverbindungen abgeschnitten (bis Mai 1945 Evakuierung von 1,5 Mio. Flüchtlingen und 500 000 Soldaten über den Seeweg nach W).

25.4.1945 Beginn ***Schlacht um Berlin***, die sich in sinnlosen Verteidigungskämpfen bis zum 2.5. hinzieht.

Kriegswende in Nordafrika

Im Oktober 1942 folgte die erfolgreiche ***brit. Gegenoffensive in Afrika***. (5.11. Durchbruch der Briten bei *El Alamein*; Mai 1943 Kapitulation des dt. Afrikakorps). Die ***Landung in Sizilien*** im Juli 1943 als großer Amphibienangriff gegen die Achsenmächte führte zum Sturz Mussolinis und dem Waffenstillstand mit Italien, die ***Eroberung Italiens*** gegen die dt. Armee zog sich noch bis April 1945 hin.

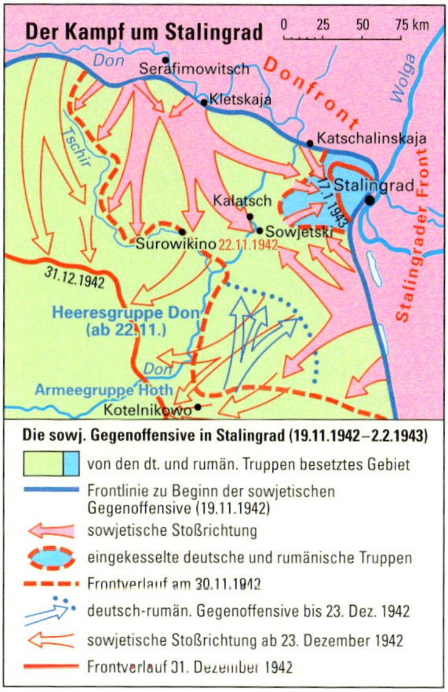

Die Errichtung der „zweiten Front"

Die Stalin von den Alliierten versprochene ***zweite Front*** wurde zunächst durch *Flächenbombardements dt. Städte* 1942 ersetzt und am ***6.6.1944*** durch die ***Landung der Alliierten*** in der Normandie errichtet. Sie erreichten bereits im September die dt. Westgrenze, während die ***Rote Armee*** zu diesem Zeitpunkt nach Ostpreußen und an die Weichsel vorstieß. Am 25.4.1945 trafen russ. und amerikan. Truppen bei ***Torgau an der Elbe*** zusammen. Es folgte die ***dt. Kapitulation*** in Reims (7.5.) und Karlshorst (9.5.).

Kampf bis zum „Endsieg". Die v.a. im Osten mit äußerster Brutalität angewandte Politik der „verbrannten Erde" richtete sich am Ende gegen das eigene Volk mit sinnlosen Durchhaltebefehlen und dem Einsatz von Kindersoldaten (25.9.1944 – Aufstellen des ***Volkssturms*** aller waffenfähigen „Männer" von 16–60 Jahren). Wer am Endsieg Zweifel äußerte, dem sprachen Sondergerichte insbesondere der berüchtigte Volksgerichtshof und die Militärgerichte (allein mindestens 22 000 Todesurteile) härteste Strafen für sog. „Feindbegünstigung" und „Wehrkraftzersetzung" aus. Den Höhepunkt stellten Befehle Adolf Hitlers dar, die gesamte Infrastruktur und Wirtschaft Deutschlands zu zerstören (***Nero-Befehl*** vom 19.3.1945).

196 Von den Blitzkriegen zum totalen „Weltblitzkrieg" – Der

Nov. 1942 bis Mai 1945
II
0 250 500 750 km
Barentssee
Murmansk
Hl-Kola
Weißes Meer
Archangelsk
Syktywkar
Lappland
Narvik
Kiruna
Erzbahn
Luleå
ISLAND
amer. Besetz.
USA-Geleitsicherung
NORDATLANTIK
Färöer (dän.)
(brit. Besetz.)
N O R W E G E N
S C H W E D E N
F I N N L A N D
3.1945
Murmanskbahn
Onegasee
Ladogasee
Trondheim
Bergen
Oslo
Stockholm
Helsinki
Tallinn
Leningrad
1.1944
Rybinsker Stausee
Scapa Flow
S O W J E T - U N I O N
Kasan
Gorki
Moskau
Tula
Kuibyschew
Wolga
Saratow
Edinburgh
Belfast
GROSS-BRITANNIEN
IRLAND
Nordsee
DÄNEMARK
Kopenhagen
Riga
Dwina
Smolensk
Minsk
Kursk
7./8.43
Woronesh
Don
Stalingrad
Winter 1942/43
Coventry
London
2. Front 6.6.1944
NIEDERL.
Hambg.
Berlin
4.45
DEUTSCHES REICH
Elbe
Oder
Rhein
P O L E N
Warschau
Torgau
Breslau
Weichsel
Prag
BELGIEN
LUX.
Caen
Normandie
Reims
7.5.45
Paris
8.44
FRANKREICH
Charkow
Kiew
11.43
Dnjepr
Stalino
Rostow
1.43
SLOWAK.
Wien
SCHWEIZ
UNGARN
12.1944
Jassy
Odessa
5.44
RUMÄNIEN
8.1944
Kertsch
Maikop
Mosdok
Kaukasus
Bordeaux
Vichy
Nov. 1942 dt. Besetzung
Mailand
Salò
ITALIEN
Marseille
Belgrad
JUGOSLAWIEN
KROATIEN
Bukarest
Donau
Jalta
2.1945
Tiflis
Batumi
BULGARIEN
9.1944
9./10.44
Schwarzes Meer
Sinope
Bosporus
SPANIEN
Barcelona
Valencia
Korsika
Rom
Sardinien
Salerno
Saloniki
Istanbul
Ankara
T Ü R K E I
2.1945
GRIECHEN-LAND
Izmir
Antalya
8.–12.11.42
10.1943
11.42
7.43
Mittelmeer
Oran
Algier
Bône
Tunis
5.43
Malta (brit.)
Sizilien
Dodekanes (ital.)
SYRIEN
2.1945
LIBAN.
2.1945
IRAK
1.1943
Damaskus
Zypern (brit.)
Kreta
10.44
Tunesien (frz.)
Gabes
Algerien (frz.)
Tripolis
1.43
Bengasi
11.42
Tobruk
El Alamein
Nov. 1942
Suezkanal
Palästina (brit.)
Transjordanien (brit.)
3.1945
SAUDI-ARABIEN
2.1945
Libyen (ital.)
ÄGYPTEN
A. Auschwitz 27.1.45
Achsenmächte (Deutschland und Italien) und Verbündete im November 1942
von den Achsenmächten im Nov. 1942 besetzte Gebiete
Machtbereich der Alliierten Anfang November 1942
9.1944 Datum der Kriegserklärung ehemaliger Verbündeter und Neutraler an Deutschland
neutrale Staaten
Staatsgrenze 1.9.1939
Westgrenze der Sowjetunion am 22.6.1941
Grenzen des deutsch-italien. Machtbereichs
Anfang November 1942
im Oktober 1943
Deutscher Machtbereich
Frontlinien vor Errichtung der „2. Front" (6. Juni 1944)
im Dezember 1944
bei Kriegsende (8. Mai 1945)
Angriffe der Alliierten
deutsche Räumungsaktionen
Partisanentätigkeit
Warschauer Aufstand (1.8.–2.10.1944)

Flagge des Landes Nordrhein-Westfalen [Wappen → 221]. *NRW ist eines der nach der Zerschlagung Preußens neu geschaffenen Länder.*

Deutschland unter alliierter Herrschaft

Nach der militärischen Niederlage und der Kapitulation des Dritten Reiches gingen Staatshoheit und Regierungsgewalt Deutschlands vollständig auf die Oberbefehlshaber der alliierten Streitkräfte über (5.6.1945). Die Aufteilung Deutschlands in ***vier Besatzungszonen*** der Siegermächte UdSSR, USA und Großbritannien unter Einbeziehung Frankreichs war bereits auf der ***Konferenz von Jalta*** im Februar 1945 beschlossen worden. Sie sollten allerdings Teile eines von den Alliierten gemeinsam verwalteten Gebiets sein. Wichtige Beschlüsse zur Besatzungsherrschaft wurden von den Alliierten auf der ***Potsdamer Konferenz**** gefasst.

Potsdamer Konferenz 17.7.–2.8.1945. Einrichtung des Alliierten Kontrollrates, *Entmilitarisierung und Entnazifizierung* Deutschlands, *Reparationen* sollen durch Entnahme in den eigenen Besatzungszonen befriedigt werden (zentraler sowjet.-amer. Konfliktpunkt). Die dt. Wirtschaft wird alliierter Kontrolle unterstellt, Deutschland soll aber als *wirtschaftl.* Einheit behandelt werden.

Die oberste Zivilgewalt bildeten die vier Militärgouverneure, die in Berlin zum ***„Alliierten Kontrollrat“*** zusammentraten, dem Herrschaftsorgan der Alliierten über Gesamtdeutschland.

Berlins Sonderstatus. Die ehemalige Reichshauptstadt wurde in ***vier Sektoren*** geteilt (Räumung von 12 von 20 Berliner Verwaltungsbezirken durch die Rote Armee), was die Insellage Westberlins inmitten der SBZ (seit 1949 DDR) begründete. Im November 1945 wurden Vereinbarungen über ***„Luftkorridore“*** zu den drei Berliner Westsektoren als Teil der Sicherung der Zufahrts- und Versorgungswege getroffen. Die Abhängigkeit vom Einvernehmen der Besatzungsmächte zeigte sich bei der ***Berlin-Blockade 1948/49***. Eine Regelung der Berlin-Frage erfolgte erst nach zwei Krisen und dem ***Mauerbau*** (1961) im ***Viermächteabkommen*** von 1971, das bis zur deutschen Wiedervereinigung Bestand hatte.

Die Besatzungszonen

Die ***britische Besatzungszone*** lag im Bereich der späteren ***Länder**** Niedersachsen, Hamburg, Schleswig-Holstein und Nordrhein-Westfalen. In der ***amerikanischen Zone*** (Bayern, Hessen, nördlicher Teil des späteren Baden-Württemberg, hierzu das heutige Bundesland Bremen mit Bremerhaven als Militärenklaven) wurden bereits früh deutsche Verwaltungen auf Länderebene gegründet. Die ***französische Besatzungszone*** (Rheinland-Pfalz, südlicher Teil des späteren Baden-Württemberg entlang der Autobahn Karlsruhe–Stuttgart–Ulm) wurde nachträglich aus Teilen der britischen und amerikanischen gebildet. Da die französische Politik auf Reparationen und die Verbesserung der schwerindustriellen Basis zielte, blockierte sie anfangs alle Ansätze zur übergreifenden Zusammenarbeit mit dem Ziel der Angliederung etwa des *Saargebiets* [→ 205]. Die ***sowjetische Besatzungszone (SBZ)*** bestand aus den Ländern Sachsen, Mecklenburg und Thüringen und den preußischen Provinzen Brandenburg und Sachsen-Anhalt, die 1947 in Länder verwandelt wurden. Inhaber der politischen Macht war die *Sowjetische Militäradministration* (SMAD). Bereits 1945 wurden in der sowjetischen Zone mit der Enteignung des Großgrundbesitzes und der Großindustrie Weichen hin zu einer staatsozialistischen Planwirtschaft gestellt.

Entstehung der Länder. Gegen die zentralistische Struktur des NS-Staates [→ 188–191] setzten die westlichen Besatzungsmächte eine ***föderative Struktur*** durch Länderneugründungen, die der Gründung eines Bundesstaates vorausgingen und so den föderalen Charakter der Bundesrepublik vorwegnahmen. ***Preußen***, das als Hort des deutschen Militarismus und deutscher Machtansprüche galt, wurde als aufgelöst erklärt (Kontrollratsgesetz Nr. 46 vom 25.2.1947) und so gleichzeitig ein ausgeglicheneres Verhältnis der Regionen hergestellt.

Die Teilung Deutschlands

Die zwischen den Siegermächten aufbrechenden wirtschaftlichen und gesellschaftspolitischen Konflikte und der daraus resultierende Kalte Krieg führten zur ***Gründung von zwei deutschen Staaten****. Während in der sowjetischen Besatzungszone das sozialistische Gesellschaftsmodell durchgesetzt wurde und die DDR entstand, wurden die

Westzonen der USA und Großbritanniens zur Bizone zusammengefasst und schließlich mit der französischen Zone (Trizone) zum Staatsgebiet der späteren Bundesrepublik vereinigt.

Gründung von zwei deutschen Staaten

7.–9.5.1945 Kapitulation der deutschen Wehrmacht.

Juli/Aug. 45 *Potsdamer Konferenz.*

April 46 Vereinigung der Parteien KPD und SPD in der Sowjetischen Besatzungszone zur SED.

23.8.1946 Bildung der Länder Schleswig-Holstein, Niedersachsen (Hannover unter Einbeziehung weiterer Länder) und Nordrhein-Westfalen in der britischen Zone aus dem ehemaligen Preußen (Länderneubildung auch in den anderen Zonen).

1.1.1947 Vereinigung der Zonen der USA und Großbritanniens zur ***Bizone***. Der „Wirtschaftsrat" der Bizone wird zum ersten deutschen Selbstverwaltungsorgan im Westen, Ausgangspunkt der späteren Weststaatsgründung. *Außenministerkonferenz der Siegermächte in London* ohne Einigung in der Deutschlandfrage.

Juni 47 Bekanntgabe des „Marshall-Plans".

März 48 Die UdSSR verlässt den Alliierten Kontrollrat aus Protest gegen den Beschluss zur Bildung der Trizone.

August 48 Erweiterung der ***Bizone*** durch die französische Zone zur Trizone.

Juni 48 Währungsreform (Einführung der D-Mark) in den Westzonen führt zur

Juni 48/Mai 49 Blockade Berlins durch die UdSSR – „Luftbrücke" Großbritanniens und der USA zur Versorgung Berlins (mehr als 270 000 Flüge mit fast 2 Mio. Tonnen Versorgungsgütern).

Sept. 48 Zusammentritt des Parlamentarischen Rates zur Ausarbeitung des Grundgesetzes.

Mai 49 Verkündigung des Grundgesetzes der Bundesrepublik Deutschland (BRD).

Okt. 49 Gründung der Dt. Demokrat. Republik (DDR).

Österreichs Rückkehr zur Selbständigkeit

Österreich wurde ebenfalls in vier Besatzungszonen und Wien mit Ausnahme der Innenstadt in vier Sektoren geteilt. Der am 15.5.1955 in Wien unterzeichnete ***Staatsvertrag für Österreich*** sah die Aufhebung des Besatzungsstatuts vor. Österreich (Zweite Republik) wurde ein unabhängiger Staat in den Grenzen vom 1.1.1938 mit der Verpflichtung, keine politische und wirtschaftliche Vereinigung mit Deutschland einzugehen.

200 Deutschland und Österreich nach dem Zweiten Weltkrieg

Besatzungszonen in Deutschland und Österreich
amerikanisch
britisch
französisch
sowjetisch
Sektorenstädte unter Viermächte-verwaltung
deutsche Ostgebiete u. Danzig unter poln. bzw. sowjetischer Verwaltung
Vertreibung der deutschen Bevölkerung
Saargebiet (1945/47–56 frz. Zoll- und Wirtschaftsgebiet, 1957 zur Bundesrepublik Deutschland)
Alliierter Kontrollrat und Hauptquartiere der Besatzungsmächte
Luftkorridore (Luftbrücke 1948/49)
Kontrollgebiet der Internationalen Ruhrbehörde (1948–52)
Ländergrenze 1947
1945 Gründungsjahr eines Landes
Länder der Bizone in Deutschland (1.1.1947)
Erweiterung zur Trizone (Aug.1948)
Ostsee
Bornholm (10.5.1945–4.1946 sowj. besetzt)
Memel (Klaipėda)
LITAUEN (1940 zur UdSSR)
Kaunas
Memel
Tilsit (Sowjetsk)
Wilna (Vilnius)
Königsberg (Kaliningrad)
Pregel
Ostpreußen
Gdingen (Gdynia)
Stolp (Słupsk)
Danzig (Gdańsk)
Elbing (Elbląg)
Allenstein (Olsztyn)
Kolberg (Kołobrzeg)
Köslin (Koszalin)
Swinemünde (Świnoujście)
Pommern
Stettin (Szczecin)
Weichsel
Grodno
Njemen
SOWJETUNION
Białystok
Bromberg (Bydgoszcz)
Thorn (Toruń)
Netze
Warthe
Bug
Oder
Küstrin (Kostrzyn)
Frankfurt
Posen (Poznań)
Warschau (Warszawa)
Brest
POLEN
Prosna
Lodsch (Lodz)
Pilica
Pripjet
Kalisch (Kalisz)
Glogau (Głogów)
Bober
Spree
Neiße
Liegnitz (Legnica)
Breslau (Wrocław)
Radom
Lublin
Görlitz
Schlesien
Kielce
Dresden
Hirschberg (Jelenia Góra)
Oppeln (Opole)
Tschenstochau (Częstochowa)
Aussig (Ústí)
Reichenberg (Liberec)
Beuthen (Bytom)
Hindenburg (Zabrze)
Königshütte (Chorzów)
Gleiwitz (Gliwice)
Kattowitz (Katowice)
Krakau (Kraków)
Prag (Praha)
Elbe
Pardubitz (Pardubice)
Hultschin (Hlučín)
Mährisch-Ostrau (Ostrava)
Teschen (Těšin)
Moldau
Olmütz (Olomouc)
March
TSCHECHOSLOWAKEI
Waag
Budweis (České Budějovice)
Iglau (Jihlava)
Brünn (Brno)
Neusohl (Banská Bystrica)
Trentschin (Trenčín)
Nieder-Donau
Ober-Österreich
Linz
Tulln
Wien
Gran
Pressburg (Bratislava)
Leitha
Komorn (Komárno)
Enns
Burgenland
Eisenstadt
Raab (Győr)
Gran (Esztergom)
Budapest
Steiermark
Mur
Graz
Stuhlweißenburg (Székesfehérvár)
Raab
UNGARN
Plattensee
Donau
Klagenfurt
Drau
Save
JUGOSLAWIEN
Laibach (Ljubljana)
Fünfkirchen (Pécs)

202 Zerstörte Städte 1945 – Flüchtlinge und Vertriebene in

*Ein **Leiterwagen**, der auf der Flucht vor der Roten Armee mitgenommen wurde.*

Die Folgen des totalen Krieges, der Flüchtlingsstrom und die massiven Kriegszerstörungen, bildeten die Ausgangssituation nach dem militärischen Zusammenbruch und der Befreiung Deutschlands von der NS-Diktatur. Der menschenverachtende nationalsozialistische Krieg hatte neben der Staatlichkeit Deutschlands auch das Leben in weiten Teilen des Landes zum Erliegen gebracht. Typisch blieben noch lange Einquartierungen, Notunterkünfte und Lager für Ausgebombte, Flüchtlinge und Vertriebene.

Bombenkrieg und Kriegszerstörungen

1945 bedeckten ca. 400 Mio. m³ Schutt die Städte im Reichsgebiet (allein 55 Mio. m³ in Berlin). 41% des Wohnraumes, ca. 6,5 Mio. Wohnungen, sowie wichtige Verkehrs- und Transportwege waren schwer beschädigt oder völlig zerstört. Bes. schwere Schäden gab es in der britischen Zone. Köln war z.B. zu 72% zerstört, von 770 000 Einwohnern lebten nur noch 40 000 in den Trümmern. Luftangriffe mit dem sog. ***Feuersturm**** hatten bes. verheerende Wirkungen hinterlassen.

Feuersturm. Eine erstmals beim Angriff auf Hamburg („Aktion Gomorrha" ab 27./28.7.1943) erprobte neuartige Luftkriegsstrategie beruhte auf der Kombination von Minenbomben (sog. „Blockbuster"=„Wohnblockknacker"), die Dächer, Wände und Mauern durchschlugen, und Brandbomben, die dann eine Vielzahl von Brandherden erzeugten, die sich zu einem gigantischen Feuersturm vereinigten, der mehrere Stunden anhielt.

Die ***Enttrümmerung**** der Städte stellte eine gigantische Aufgabe dar.

Die „Trümmerfrauen". Die Enttrümmerung der zerstörten Städte wurde primär von Frauen geleistet. Schätzungen zufolge wurden 10 Mio. Waggons Schutt (ein Schuttberg 170-mal größer als die Cheopspyramide) geräumt. 40 000 Frauen arbeiteten allein in den Trümmern Berlins.

Die Krise der Verkehrswege im harten Winter 1945/46 brachte den Verkehr und damit auch die Energieversorgung fast vollständig zum Erliegen.

Flucht und Vertreibung

Die Niederlage löste gewaltige Wanderungsbewegungen der Deutschen von O nach W aus. Besonders dramatisch gestaltete sich die Flucht vor der Roten Armee aus den dt. Ostgebieten, da keinerlei Vorsorge für die Zivilbevölkerung getroffen worden war. In Ostpreußen mussten ca. 2 Mio. Flüchtlinge mit Schiffen über die Ostsee evakuiert werden, da der Landweg bereits abgeschnitten war. Es folgten Vertreibungen aus den ehem. Ostgebieten, dem Sudetenland (sog. *Beneš-Dekrete*) und Ungarn, die oftmals von der Rache der Osteuropäer begleitet waren, die jahrelang unter der dt. Besatzungsherrschaft gelitten hatten. Auf der ***Potsdamer Konferenz 1945*** wurde die Oder-Neiße-Linie von den Westmächten de facto anerkannt (vorbehaltlich einer Regelung in einem Friedensvertrag), so dass sich ***Zwangsumsiedlungen*** bis 1951 hinzogen.

Die regionale Verteilung der Vertriebenen gestaltete sich unterschiedlich. Da die frz. Zone zunächst keine Flüchtlinge aufnahm, trugen die sowj., amerikan. und brit. Zonen zunächst die Hauptlast (Anfangs 66% der Flüchtlinge). Die meisten wurden in den agrar. Gebieten Bayerns, Niedersachsens und Schleswig-Holsteins angesiedelt.

Flüchtlinge und Vertriebene in der Gesellschaft der Bundesrepublik

Die Integration der Flüchtlinge und Vertriebenen stellte eine der schwierigsten Aufgaben der jungen Bundesrepublik dar. Die *Volkszählung* 1950 ergab, dass 16,6% der Bevölkerung der Bundesrepublik Vertriebene (9,6 Mio.) waren, von denen rund 8 Mio. aus Polen, der Tschechoslowakei und Ungarn stammten. Hinzu kamen 1,5 Mio. Flüchtlinge aus der SBZ (ab 1949 DDR). Das wichtigste Instrument der Eingliederungspolitik wurde der sog. ***Lastenausgleich*** seit 1952, eine Vermögensabgabe der Besitzenden, die den Opfern von Kriegsschäden und Vertreibung zu Gute kam (Gesamtvolumen bis 1979 bei 150 Mio. DM).

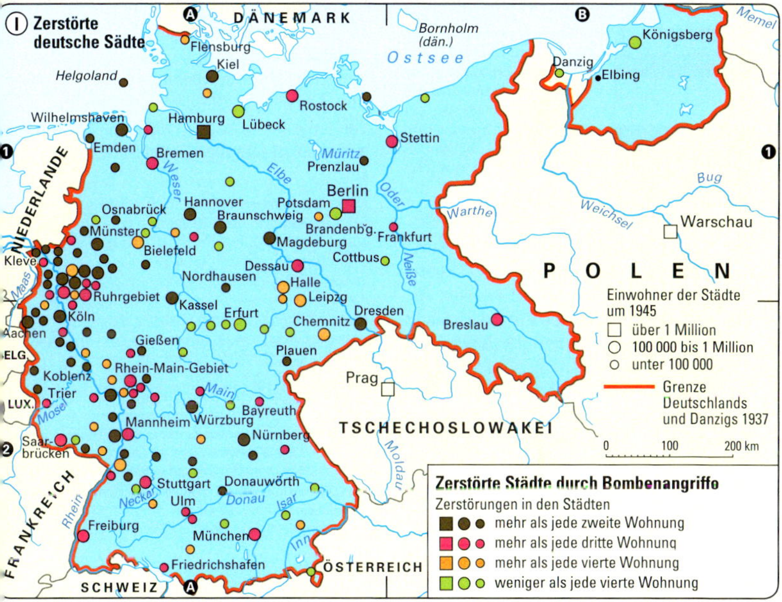

I Zerstörte deutsche Sädte
DÄNEMARK
Bornholm (dän.)
Ostsee
Memel
Königsberg
Danzig
Elbing
Flensburg
Kiel
Helgoland
Wilhelmshaven
Hamburg
Lübeck
Rostock
Stettin
Emden
Bremen
Müritz
Prenzlau
Weser
Elbe
Oder
Berlin
Potsdam
Hannover
Braunschweig
Osnabrück
Münster
Bielefeld
Brandenbg.
Magdeburg
Frankfurt
Warthe
Weichsel
Bug
Warschau
NIEDERLANDE
Kleve
Maas
Ruhrgebiet
Nordhausen
Dessau
Cottbus
Neiße
Halle
Leipzig
POLEN
Köln
Kassel
Erfurt
Chemnitz
Dresden
Breslau
Aachen
Gießen
Plauen
Rhein-Main-Gebiet
Koblenz
Trier
LUX.
Mosel
Main
Prag
Bayreuth
Mannheim
Würzburg
Nürnberg
TSCHECHOSLOWAKEI
Moldau
Saarbrücken
Stuttgart
Donauwörth
Donau
Neckar
Ulm
Isar
Rhein
FRANKREICH
Freiburg
München
Inn
Friedrichshafen
ÖSTERREICH
SCHWEIZ
Einwohner der Städte um 1945
über 1 Million
100 000 bis 1 Million
unter 100 000
Grenze Deutschlands und Danzigs 1937
0 100 200 km
Zerstörte Städte durch Bombenangriffe
Zerstörungen in den Städten
mehr als jede zweite Wohnung
mehr als jede dritte Wohnung
mehr als jede vierte Wohnung
weniger als jede vierte Wohnung

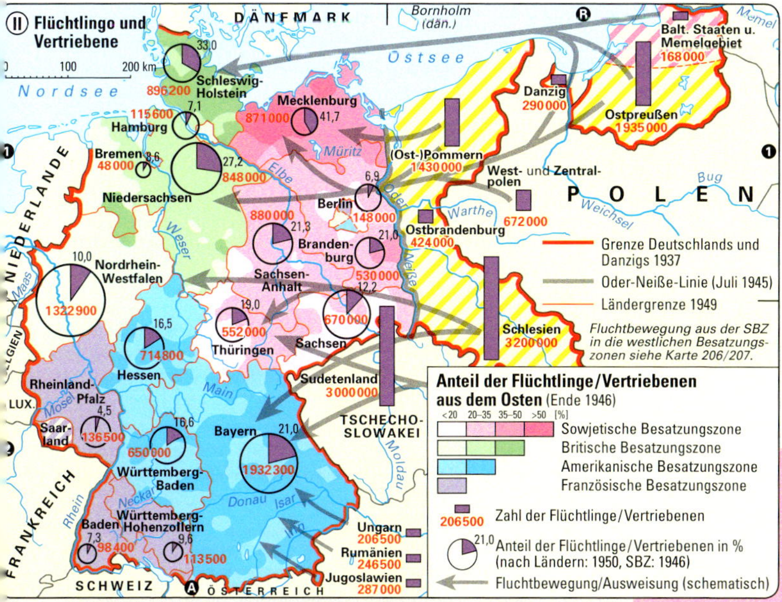

II Flüchtlinge und Vertriebene
DÄNEMARK
Bornholm (dän.)
Memel
Balt. Staaten u. Memelgebiet
168 000
Ostsee
0 100 200 km
Nordsee
33,0
Schleswig-Holstein
896 200
Danzig
290 000
Mecklenburg
871 000
41,7
Ostpreußen
1 935 000
115 600
Hamburg
7,1
Müritz
(Ost-)Pommern
1 430 000
Bremen
48 000
8,6
27,2
848 000
Niedersachsen
Elbe
6,9
Berlin
148 000
Oder
West- und Zentralpolen
672 000
POLEN
Bug
Weichsel
Warthe
Ostbrandenburg
424 000
880 000
21,3
Brandenburg
21,0
530 000
Weser
NIEDERLANDE
Maas
10,0
Nordrhein-Westfalen
1 322 900
Sachsen-Anhalt
12,2
19,0
552 000
670 000
Neiße
Grenze Deutschlands und Danzigs 1937
Oder-Neiße-Linie (Juli 1945)
Ländergrenze 1949
16,5
714 800
Hessen
Thüringen
Sachsen
Schlesien
3 200 000
Fluchtbewegung aus der SBZ in die westlichen Besatzungszonen siehe Karte 206/207.
Rheinland-Pfalz
LUX.
Mosel
Main
Sudetenland
3 000 000
4,5
Saarland
136 500
16,6
650 000
Bayern
21,0
1 932 300
TSCHECHOSLOWAKEI
Moldau
Württemberg-Baden
FRANKREICH
Rhein
Neckar
Donau
Isar
Württemberg-Hohenzollern
Baden
7,3
98 400
9,6
113 500
Ungarn
206 500
Rumänien
246 500
Jugoslawien
287 000
SCHWEIZ
ÖSTERREICH
Anteil der Flüchtlinge/Vertriebenen aus dem Osten (Ende 1946)
<20 20–35 35–50 >50 [%]
Sowjetische Besatzungszone
Britische Besatzungszone
Amerikanische Besatzungszone
Französische Besatzungszone
206 500 Zahl der Flüchtlinge/Vertriebenen
21,0 Anteil der Flüchtlinge/Vertriebenen in % (nach Ländern: 1950, SBZ: 1946)
Fluchtbewegung/Ausweisung (schematisch)

Flagge der Bundesrepublik Deutschland und der DDR. *Beide Staaten nahmen die Farben Schwarz-Rot-Gold (die Farben der Revolution von 1848) an. Die Flagge der DDR wurde zusätzlich mit dem sozialistischen Staatsemblem versehen.*

Die Bundesrepublik und die DDR waren von der Teilung bis zur Wiedervereinigung abhängig von der Weltpolitik, d.h. vom ***Ost-West-Konflikt***, da das geteilte Deutschland an der Nahtstelle zwischen den beiden Blöcken lag. Westorientierung, bürgerliche Demokratie und Marktwirtschaft standen der Einbindung in den Ostblock und der Durchsetzung des Sozialismus mit einer Planwirtschaft gegenüber.

Systemgegensatz und Mauerbau 1961

Die DDR setzte in den sechziger Jahren den in den fünfziger Jahren bereits forcierten Ausbau des „demokratischen Zentralismus" und der Planwirtschaft fort. Dies geschah allerdings nicht im Konsens mit der Bevölkerung, da bis 1961 fast 3 Mio. Menschen die DDR verließen. 1961 schuf die DDR deshalb mit dem ***Bau der Mauer**** die Voraussetzung für einen „ungestörten" Aufbau ihres politischen Systems. Die DDR-Bürger wurden zu einem Volk ohne Alternative.

Bau der Mauer. Bereits 1952 wurde das Grenzregime an der innerdt. Grenze errichtet [→ 214/215]. Die offene Zonenstadt Westberlin blieb für viele DDR-Bürger der Fluchtweg in den Westen (U- und S-Bahnen fuhren noch bis 1961 unbehindert). Im Zeichen der verschärften internationalen Situation (*Kalter Krieg*) und der wirtschaftlichen Probleme in der DDR kam es 1960/61 zu einer weiteren Flüchtlingskrise (1959: 143 000; 1960: 199 000). Am 13.8.1961 wurde Westberlin von Ostberlin und der umliegenden DDR durch eine Mauer abgetrennt. Am 22.8. folgte der Beschluss zur *„Anwendung der Waffe"* an der Mauer (Schießbefehl, bis 1989 geschätzt ca. 900 Tote an der Mauer und der innerdeutschen Grenze). In den sechziger Jahren gelang so eine Stabilisierung des politischen Systems, auch weil die massenhafte Ausreise hoch qualifizierter junger Menschen gestoppt war (25% der Studienplätze konnten so gespart werden).

Mit der Bestätigung und dem weiteren Ausbau der ***Führungsrolle der SED**** wies sich die DDR als besonders strikte kommunistische Diktatur im Vergleich zu anderen Ostblockstaaten aus. Sie beteiligte sich auch an der Okkupation der ČSSR und der Beendigung des „Prager Frühlings" (1968) als Alternative eines demokratischen Sozialismus.

„Die Partei hat immer recht". Durch die zweite **„Sozialistische Verfassung"** der DDR (1968) wurde der Führungsanspruch der SED auch verfassungsrechtlich abgesichert. Die DDR definierte sich als „sozialistischer Staat deutscher Nation" und tilgte jeden Anspruch auf Wiedervereinigung (Verfassungsrevision 1974), den die „bürgerliche Verfassung" von 1949 noch enthalten hatte. Der zentralistische Aufbau der SED, der den Einfluss der Führung des Politbüros und des Sekretariats des Zentralkomitees sicherte, zeigte sich an drei Prinzipien: 1. *Freiwillige Disziplin* „freiwilliger Kampfbund Gleichgesinnter" – hierarchische Unterordnung. 2. *Allmacht des hauptamtlichen Apparates* innerparteilich und mit entscheidendem Einfluss auf Wirtschaft und Kultur. 3. *Kaderauswahl:* Auswahl und Heranbildung parteiergebener Kader. Die DDR gehörte wie Polen und die ČSSR zu den sozialistischen Staaten, die ein ***Mehrparteiensystem*** behielten. Die vier „nichtkommunistischen Parteien" (sog. *Blockparteien*: CDU, LDPD, NDPD, DBD) mussten allerdings auch die Führungsrolle der SED anerkennen und wurden immer mehr dem Modell des demokratischen Zentralismus angeglichen.

Von der Konfrontation zur Annäherung

Dem ***Alleinvertretungsanspruch*** der Bundesrepublik (Wiedervereinigungsgebot des Grundgesetzes) stand zunächst die ***Zweistaatentheorie*** der DDR unversöhnlich gegenüber. Außenpolitisch versuchte die Bundesrepublik, die DDR durch die ***Hallstein-Doktrin**** zu isolieren.

Hallstein-Doktrin (1955). Drohte Drittstaaten mit dem Abbruch der diplomatischen Beziehungen durch die BRD, wenn sie diplomatische Beziehungen mit der DDR aufnahmen.

Arrangement mit dem Status quo

In den fünfziger Jahren gelang es im Rahmen der Westintegration mit der ***Lösung der Saarfrage****, die letzte strittige territoriale Frage mit Frankreich auszuräumen. 1951 erfolgte mit der ***Südweststaatsgründung**** die einzige Veränderung der Ländergrenzen durch Volksentscheid.

Lösung der Saarfrage. Ziel Frankreichs war die Angliederung der Saar (Wirtschafts- und zollpolit. Angliederung 1947 bei fortdauernder polit. Autonomie). Zur

Lösung des dt.-frz. Saarkonflikts fand 1955 eine Volksabstimmung über das ***Saarstatut*** statt, das eine Europalösung (Unterstellung unter einen europ. Kommissar bis zu einem Friedensvertrag) für das Saargebiet vorsah. 2/3 der Bevölkerung stimmten gegen das Saarstatut, was als Plädoyer für die Bundesrepublik gewertet wurde. 1956 folgte das ***Saarabkommen***, welches das Saarland zum 1.1.1957 in die BRD eingliederte.

Südweststaatsgründung. Die Grenzen der Besatzungszonen durchschnitten die alten Ländergrenzen Württembergs und Badens [→ 198/199], so dass zunächst drei Länder entstanden, aus der amerikanischen Zone *Württemberg-Baden* und aus der französischen Zone *Württemberg-Hohenzollern* und *Baden*. Per Volksabstimmung wurde die Veränderung der Ländergrenzen (Dezember 1951) herbeigeführt. Die SW-Deutschen votierten, die drei Länder zu einem „Südweststaat" (Bundesland Baden-Württemberg) zusammenzufassen.

In die ***Ostpolitik*** konnte erst nach der weltpolitischen Entspannung (im Anschluss an die Kuba-Krise) Bewegung kommen. Ende der sechziger Jahren setzte sich Pragmatismus im Verhältnis der beiden deutschen Staaten mit der ***Ostpolitik der sozialliberalen Koalition*** durch, die eine Normalisierung der Beziehungen und v.a. auch menschliche Erleichterungen erlaubte. Mit einer Serie von ***Ostverträgen***, die v.a. auch die Anerkennung der Oder-Neiße-Linie als polnische Westgrenze beinhalteten (Warschauer Vertrag), erfolgten ***wichtige Schritte in der Deutschlandpolitik****.

Wichtige Schritte in der Deutschlandpolitik.

1963 Beginn der *Passierscheinabkommen* des Berliner Senats mit der DDR (Verwandtenbesuche zu Weihnachten im Ostteil der Stadt möglich); seit 1964 Reiseerlaubnis für DDR-Rentner für Verwandtenbesuche im Westen.

1972 ***Berlin-Abkommen*** regelte den Sonderstatus von Westberlin (nicht konstitutiver Bestandteil der BRD, aber „Bindungen" zwischen der Bundesrepublik und Berlin), im Gegenzug: Garantie des ungehinderten Landzugangs, d.h. Transitverkehr zwischen der BRD und Westberlin. ***Post-Protokoll:*** Regelung der Post- und Fernmeldeverbindungen.

1971 Vereinbarung des Westberliner Senats mit der DDR über den Reise- und Besucherverkehr; ***Transitabkommen*** zw. der Bundesrepublik und der DDR (1972 *Deutsch-deutscher Verkehrsvertrag*).

1972 ***Grundlagenvertrag:*** Vertragliche Regelungen nach den Grundsätzen des Völkerrechts normale („gutnachbarliche Beziehungen zueinander auf der Grundlage der Gleichberechtigung"), ohne formale völkerrechtliche Anerkennung der DDR durch die Bundesrepublik (eine Staatsbürgerschaft). Einrichtung von *„ständigen Vertretungen"* der DDR statt Botschaften. Beitritt beider deutscher Staaten zu den ***Vereinten Nationen***. (bis 1978 völkerrechtliche Anerkennung der DDR durch 123 Staaten). Reiseerleichterungen machten Familienzusammenführungen einfacher. Der so genannte *kleine Grenzverkehr* erlaubte es, Bundesbürgern aus 65 grenznahen Kreisen der Bundesrepublik mit nur einem Antrag neun Tagesbesuche in 54 DDR-Grenzkreisen zu unternehmen. Zusätzliche Grenzübergänge wurden eingerichtet: Salzwedel/Bergen, Worbis/Duderstadt, Meiningen/Eußenhausen und Eisfeld/Rottenbach (je zwei an der niedersächsischen und an der bayerischen Grenze).

Wirtschaftliche Probleme als Motor der Annäherung

Die DDR stieg in den sechziger Jahren auch nach wirtschaftspolitischen Reformen durch die Lockerung planwirtschaftlicher Vorgaben (*Neues Ökonomisches System der Planung und Leitung = NÖSPL* 1963) zur zweitgrößten Wirtschaftsmacht des Ostblocks und zur führenden Industrienation auf. In den siebziger Jahren geschahen Akzentverlagerungen in der Wirtschafts- und Sozialpolitik, so dass Investitionen in der Schwerindustrie zurückgefahren und die freiwerdenden Mittel dem Wohnungsbau und Konsum zugeschlagen wurden (Parteiprogramm 1976). Allerdings blieb die DDR hinter der wirtschaftlichen Entwicklung der Bundesrepublik weit zurück. Steigende Rohstoffpreise, v.a. auch bei Erdöl, ab Mitte der siebziger Jahre führten zu einer immensen Auslandsverschuldung, die bis zum Ende der DDR ein zentrales Problem blieb. Insofern wurde die Bundesrepublik zu einem wichtigen Partner für die stets auf Devisen hungrige DDR, die ihrerseits sogar menschliche Erleichterungen für ihre eigenen Bürger gegen harte Devisen tauschte (zuständig die Abteilung „Kommerzielle Koordination" im DDR-Außenhandelsministerium; z.B. Freikauf von politischen Häftlingen). 1983/84 etwa folgten den durch die Bundesregierung garantierten Bankkrediten (2 Mrd. DM) im Gegenzug der Abbau der Selbstschussanlagen an den DDR-Grenzsicherungen und die Entschärfung von Minen (allerdings Ersatz durch akustische und optische Warnanlagen).

Grenzübergänge (Straßen):
1 Lübeck-Selmsdorf
2 Gudow-Zarrentin
3 Lauenburg-Horst
4 Bergen-Salzwedel
5 Helmstedt-Marienborn
6 Duderstadt-Worbis
7 Herleshausen-Wartha
8 Eußenhausen-Meiningen
9 Rottenbach-Eisfeld
10 Rudolphstein-Hirschberg
DÄNEMARK
NIEDERLANDE
BELGIEN
LUXEMBURG
FRANKREICH
SCHWEIZ
ÖSTERREICH (1955 nach Staatsvertrag souver
BUNDESREPUBLIK DEUTSCHLAND
DEUTSCHE DEMOKRATISCHE REPUBLIK
Schleswig-Holstein
Niedersachsen
Nordrhein-Westfalen
Rheinland-Pfalz
Hessen
Saarland (s. 1957 Bundesland)
Baden-Württemberg (seit 25.4.1952)
Bayern
Mecklenburg
Sachsen-Anhalt
Brandenburg
Thüringen
Sachsen
Helgoland (1952 an Bundesrep. Deutschland zurück)
Nordsee
17. Juni 1953 Volksaufstand
Berlin (West) (Ost)
Kehl (1946–52 frz.)
Lindau (1956 zu Bayern)
Karl-Marx-Stadt (b. 1953 Chemnitz)
s. 1983
Sylt
Fünen
Seeland
Rügen
Esbjerg
Odense
Malmö
Trelleborg
Flensburg
Schleswig
Kiel
Sassnitz
Stralsund
Rostock
Greifswald
Swinemünde (Swinoujscie)
Wismar
Lübeck
Lübeck-Herrnburg
Schwerin
Neubrandenburg
Stett (Szczeci
Cuxhaven
Wilhelmshaven
Bremerhaven
Emden
Hamburg
Büchen-Schwanheide
Groningen
Bremen
Oldenburg
Lüneburg
Schwedt
Stendal
Wolfsburg-Oebisfelde
Wolfsburg
Potsdam
Brandenburg
Frankf
Enschede
Arnheim
Osnabrück
Minden
Hannover
Braunschweig
Salzgitter
Helmstedt-Marienborn
Magdeburg
Münster
Bielefeld
Detmold
Clausthal
Dessau
Duisburg
Dortmund
Paderborn
Bochum
Essen
Arnsberg
Göttingen
Walkenried-Ellrich
Cottbus
Düsseldorf
M.-Gladbach
Hagen
Wuppertal
Friedland
Kassel
Halle
Merseburg
Leipzig
Maastricht
Köln
Aachen
Siegen
Erfurt
Weimar
Jena
Dresde
Lüttich
Bonn
Marburg
Bebra-Gerstungen
Eisenach
Gera
Karl-Marx-Stadt
Gießen
Fulda
Suhl
Ilmenau
Zwickau
Koblenz
Ludwigsstadt-Probstzella
Plauen
Hof-Gutenfürst
Aue
Wiesbaden
Mainz
Frankfurt
Coburg
Hof
Karlsbad (Karlovy Vary)
Prag (Praha
Schweinfurt
Eger (Cheb)
Trier
Luxemburg
Darmstadt
Würzburg
Bamberg
Bayreuth
Kaiserslautern
Mannheim
Ludwigshafen
Heidelberg
Ramstein
Saarbrücken
Pilsen (Plzeň)
Ansbach
Nürnberg
Metz
Heilbronn
Karlsruhe
Nancy
Toul
Baden-Baden
Stuttgart
Eichstätt
Regensburg
Budweis (České Budějovi
Straßburg
Ingolstadt
Tübingen
Landshut
Passau
Ulm
Augsburg
Colmar
München
Freiburg
Landsberg
Sigmaringen
Mülhausen
Konstanz
Salzburg
Basel
Zürich
St. Gallen
Bodensee
Rhein
Elbe
Weser
Ems
Ruhr
Werra
Fulda
Main
Mosel
Saar
Neckar
Donau
Lech
Isar
Inn
Naab
Eger
Moldau
Havel
Saale
Maas
Doubs
IJsselmeer

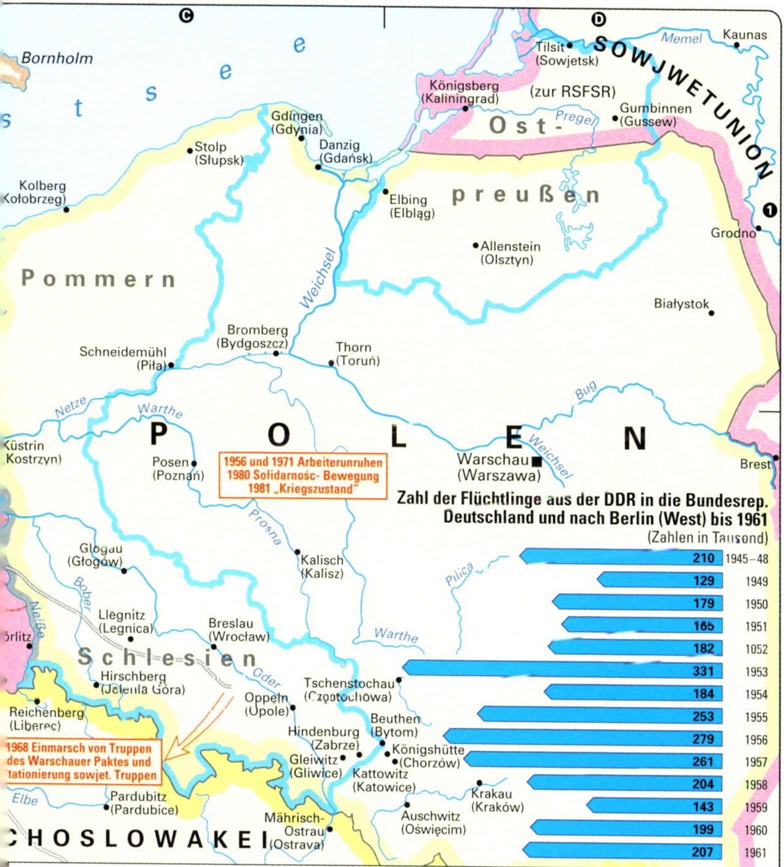

- Bundesrepublik Deutschland seit 1949
- Deutsche Demokratische Republik (DDR) und Berlin (Ost) 1949–1990
- Grenze zwischen der Bundesrepublik Deutschland und der DDR (bis 3.10.1990) und Grenze von Berlin nach dem Viermächtestatus (1945–1990)
- Grenze zwischen Berlin (West) und Berlin (Ost) (1961–1989 „Mauer")
- „Oder-Neiße-Linie" – polnische Westgrenze nach den Verträgen mit der DDR (1950) und der Bundesrepublik Deutschland (1970)
- Ostgrenze des Deutschen Reiches (31.12.1937)
- Ländergrenze (in der DDR bis 1952)
- Halle — DDR-Bezirk (1952–1990)
- Autobahn (1949/1990)
- Zentren der industriellen Entwicklung in den beiden Staaten

Eingeschränkte Verkehrsverbindungen nach Berlin (West) bis zum 9.11.1989

- Luftkorridor (unter alliierter Kontrolle)
- Transitautobahnen und -straßen
- Eisenbahnlinien für Personen- und Güterverkehr
- Grenzübergänge 1949–1989 *(Berlin: vgl. Karte 199)*
- Grenzübergänge 1973–1989
- Gebiete des grenznahen Verkehrs (1973–89)

0 50 100 150 200 250 km

ERGEBNISSE DER BUNDESTAGSWAHLEN (1949 – 1987)

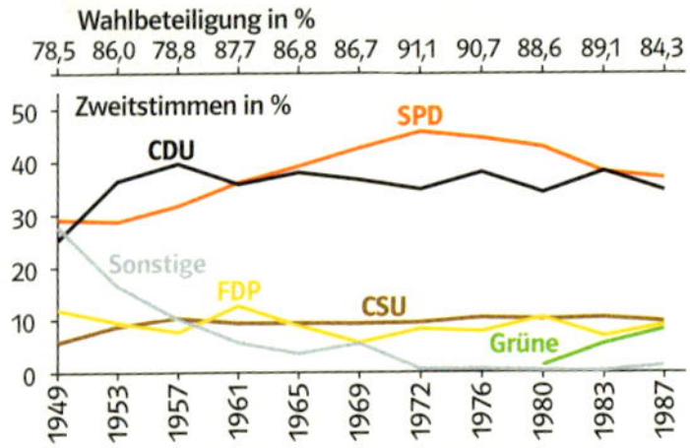

Typisch für die Geschichte der Bundesrepublik wurde die Stabilität des Parteiensystems und der Regierungskoalitionen. Nach dem Grundgesetz definiert sich die Bundesrepublik als ***parteienstaatliche parlamentarisch-demokratische Republik**** mit den zentralen Verfassungsprinzipien: Rechtsstaat, Bundesstaat und Sozialstaat.

Die Rolle der Parteien in der Bundesrepublik. Die Parteien haben den Rang von Verfassungsinstitutionen, die an der Bildung des politischen Willens mitwirken sollen (Erziehungs- und Entscheidungsauftrag). Die *5-Prozent-Klausel* soll eine zu große Parteienzersplitterung verhindern. Regierungswechsel sind abgesehen von Wahlen nur durch ein *konstruktives Misstrauensvotum* möglich. Die Möglichkeit des ***Parteienverbots*** durch das Bundesverfassungsgericht, wenn ihre Ziele gegen die freiheitliche demokratische Grundordnung ausgerichtet sind („wehrhafte Demokratie"), wurde zweimal angewandt: 1952 gegen die von ehemaligen Funktionären und Anhängern der NSDAP gegründete *Sozialistische Reichspartei* (SRP; 11% in Niedersachsen) und 1956 gegen die *Kommunistische Partei Deutschlands* (KPD). Das Wahlalter wurde auf 18 Jahre abgesenkt.

Das Parteiensystem

In den Wahlen der fünfziger Jahre schälte sich immer mehr ein ***Dreiparteiensystem der Mitte*** (SPD, FDP, CDU/CSU) heraus. Parteien, die spezielle Gruppen (z.B. Vertriebene) vertraten, verschwanden. Im Gegensatz zur Zersplitterung des bürgerl. Lagers in der Weimarer Zeit entstand mit der ***Christl.-Demokrat. Union (CDU)*** eine bürgerl. christl. Sammlungspartei über alle konfessionellen und sozialen Grenzen hinweg. Die ***Sozialdemokraten*** (SPD) tilgten im *Godesberger Programm* (1959) alle marxist. Forderungen aus ihrem Programm. Die Forderung nach Sozialisierung wich dem Bekenntnis zu soz. Marktwirtschaft und Privateigentum. Mit dem Programm eines „demokrat. Sozialismus" öffnete sich die SPD neuen Wählerschichten und wandelte sich von der *Milieupartei* der Arbeiterklasse zur *linken Volkspartei*. (Es folgte das Bekenntnis zu Westintegration und NATO). Eine Transformation zu einem Vierparteiensystem geschah erst durch die Etablierung der ***Grünen Partei*** seit 1980.

Von Stammwählern zu Wechselwählern

Die *Wahlentwicklung* war zunächst von einer relativ stabilen *Stammwählerschaft* der großen Parteien SPD (Arbeiterschaft) und CDU/CSU (kirchennahe Katholiken) gekennzeichnet. Die Veränderung der Erwerbsstruktur beim Wandel zur Dienstleistungsgesellschaft und die Säkularisierung der Lebensformen führten dazu, dass die Wahlen seit den achtziger Jahren zunehmend von *Wechselwählern der Mitte* entschieden wurden.

Daten zur Geschichte der Bundesrepublik

1949 Konrad Adenauer (CDU) zum ersten Bundeskanzler der Bundesrepublik gewählt (bis 15.10.1963); bis 1966 Ludwig Erhard (CDU).

1966 1.12. *Große Koalition* von CDU und SPD.

1968 Studentenunruhen, Bildung einer außerparlamentar. Opposition (APO); Bildung der „Bader-Meinhof-Gruppe" (ab 1971 Rote-Armee-Fraktion = RAF); Beginn linksterroristischer Aktionen.

1969 Erster echter Regierungswechsel nach 20 Jahren Bundesrepublik. Mit Willy Brandt (SPD) wird der Bundeskanzler zum ersten Mal von einer anderen Partei als der CDU gestellt.

1973 ***Ölkrise:*** Das Ölembargo durch die arab. Staaten löst in Deutschland eine Energiekrise aus. Ihr folgen sowohl Energiesparprogramme als auch die Suche nach Alternativen wie der umstrittene Ausbau der Kernkraft (1972 erste kommerzielle Kernkraftwerke in Stade und Würgassen). In Bürgerinitiativen formiert sich Widerstand gegen die Kernenergie; Entstehung einer ökolog. Bewegung (z.B. 1976 schwere Zusammenstöße zwischen Demonstranten und Polizei am Bauplatz des geplanten Kernkraftwerks bei Brokdorf).

13.1.1980 *Gründung der Grünen Partei* in Karlsruhe aus basisdemokrat. Gruppen; Gründungsprogramm: „ökologisch", „sozial", „gewaltfrei" und „basisdemokratisch" (erstmals im Bundestag 6.3.1983).

1.10.1982 *„Wende":* Sturz des Kanzlers H. Schmidt durch ein konstruktives Misstrauensvotum (Ende von 13 Jahren sozial-liberaler Koalition); Wahl H. Kohls zum Bundeskanzler einer CDU/FDP-Regierung.

6.3.1983 Wahlen zum 10. Dt. Bundestag bestätigen den Regierungswechsel: CSU 48,8%; FDP 7,0%; SPD 38,2%; Grüne 5,6%.

Grenze zwischen der Bundesrepublik Deutschland und der DDR (1949–1990) und Grenze von Berlin nach dem Viermächtestatus
Grenze zwischen Berlin (West) und Berlin (Ost) (1961–1989 „Mauer")
Grenze eines Bundeslandes
Bundeshauptstadt
Hauptstadt eines Bundeslandes
Universitäten, Technische Hochschulen
vor 1945
Neugründungen 1945–90 (einschl. Gesamthochschulen)
Bundestagswahl 1972
(seit 1969 sozialliberale Koalition)
SPD-Mehrheit der Direktmandate
CDU/CSU-Wahlkreise, die seit 1969 an die SPD fielen
CDU/CSU-Mehrheit 1969 u. 1972
Bundestagswahlen 1983
(1982 Bruch der sozialliberalen Koalition)
CDU/CSU-Mehrheit
der SPD verbliebene Wahlkreise
Kernkraftwerk
Kernforschungszentrum
0 50 100 150 km
Die 22 Berliner Bundestagsabgeordneten (mit beratender Stimme) werden vom Berliner Abgeordnetenhaus nach dem Verhältniswahlrecht gewählt und in den Bundestag entsandt.
(1972: SPD 12, CDU 9; FDP 1)
DÄNEMARK
NIEDERLANDE
BELGIEN
LUXEMBURG
FRANKREICH
SCHWEIZ
ÖSTERREICH
TSCHECHOSLOWAKEI
DDR
BUNDESREPUBLIK DEUTSCHLAND
Schleswig-Holstein
Niedersachsen
Nordrhein-Westfalen
Hessen
Rheinland-Pfalz
Saarland
Baden-Württemberg
Bayern
Flensburg
Schleswig
Kiel
Brunsbüttel
Lübeck
Cuxhaven
Brokdorf
Stade
Bremerhaven
Wilhelmshaven
Emden
Hamburg
Krümmel
Unterweser
Groningen
Oldenburg
Bremen
Lüneburg
Gorleben
Elbe
Rheinsberg
Schwedt
Havel
Oder
Stendal
Berlin
(-West)
(-Ost)
Potsdam
Spree
Emsland
Ems
Weser
Ijsselmeer
Osnabrück
Hannover
Bielefeld
Braunschweig
Grohnde
Detmold
Münster
Magdeburg
Kalkar
Maas
Rhein
Clausthal
Dortmund
Paderborn
Duisburg
Bochum
Essen
Göttingen
Düsseldorf
Hagen
Ruhr
Wuppertal
Kassel
Werra
Halle
Merseburg
Leipzig
Jülich
Siegen
Saale
Rossendorf
Köln
Aachen
Erfurt
Weimar
Jena
Freiberg
Dresden
Marburg
Gera
Karl-Marx-Stadt
(b. 1953 Chemnitz)
Bonn
Ilmenau
Suhl
Zwickau
Mülheim-Kärlich
Gießen
Fulda
Plauen
Koblenz
Hof
Coburg
Wiesbaden
Frankfurt
Schweinfurt
Eger
Mainz
Mosel
Kahl
Grafenrheinfeld
Main
Trier
Biblis
Darmstadt
Würzburg
Bamberg
Bayreuth
Pilsen
(Plzeň)
Cattenom
Ramstein
Kaiserslautern
Mannheim
Erlangen
Ludwigshafen
Heidelberg
Ansbach
Nürnberg
Naab
Moldau
Saarbrücken
Obrigheim
Philippsburg
Neckarwestheim
Heilbronn
Karlsruhe
Neckar
Saar
Eichstätt
Regensburg
Straßburg
Stuttgart
Hohenheim
Ingolstadt
Tübingen
Grundremmingen
Landshut
Passau
Ohu/Isar
Ulm
Augsburg
Donau
Inn
Freiburg
Isar
Lech
München
Fessenheim
Sigmaringen
Konstanz
Salzburg
Basel
Lindau
Bodensee
Zürich
Doubs

Klassenbrüder – Waffenbrüder! ***Werbeplakat für den Warschauer Pakt*** *(ca. 1965) und die* ***Flagge der NATO***

Die militär., polit. und wirtschaftl. Blockbildung in Europa hatte die Einbindung der beiden dt. Staaten in gegensätzl. und miteinander konkurrierende supranationale (überstaatliche) Organisationen zur Folge. War die Bundesrepublik Teil der marktwirtschaftl.-kapital. ***EG (Europäische Gemeinschaft)*** und der ***NATO*** im W, gehörte die DDR dem planwirtschaftl.-kommunist. ***RGW (Rat für gegenseitige Wirtschaftshilfe)*** und dem ***Warschauer Pakt*** im O an. Der Systemgegensatz machte die dt. Staaten zum Ort extremer Hochrüstung durch die Supermächte USA und UdSSR und zementierte für fast ein halbes Jahrhundert die Teilung Deutschlands.

Westbindung und volle Souveränität

Die Einbindung in multilaterale Zusammenschlüsse und internat. Verträge erlaubte der ***Bundesrepublik*** eine rasche Rückkehr zu ***voller staatl. Souveränität***. (Souveränitätsgewinn durch Souveränitätsverzicht). Die konsequente Politik der ***Westintegration*** bot Chancen als verlässlicher Partner Vertrauen und schließlich Souveränität auch im europ. Rahmen zurück zu gewinnen, andererseits nahm sie die dt. Teilung dauerhaft in Kauf.

Der europäische Einigungsprozess

Zum entscheidenden Impuls für die Europabewegung wurde der Zwang zur Koordination des ***Marshall-Planes****, dessen Hilfe an eine enge Kooperation der europäischen Empfängerländer geknüpft war.

Marshall-Plan

Vom amer. Außenminister 1947 initiierte Wiederaufbauhilfe für Europa. Die europ. Staaten erhielten insgesamt 12,4 Mrd. US-$ Wirtschaftshilfe. Die amer. Gesamthilfe für Deutschland belief sich auf 3,2 Mrd. US-$.

Aus diesem Grund wurde 1948 die ***OEEC*** (Organization for European Economic Cooperation) als erster Schritt zu einer engen wirtschaftl. Kooperation von 16 westeuropäischen Staaten gegründet. Die Bundesrepublik konnte im Rahmen des europäischen Einigungsprozesses Konflikte mit den westl. Siegermächten (Kontrolle des Ruhrgebiets, Demontagen, Saarfrage) dauerhaft ausräumen. Parallel mit der Gründung der ***Montanunion**** 1952 sollte Deutschland zu voller staatlicher Souveränität ***(Deutschland-Vertrag)*** zurückkehren, was allerdings erst 1954 durch die militärische Integration gelang.

Die EG

Der ökonomische Einigungsprozess der sechs Gründerstaaten seit 1952 vollzog sich ausgehend von drei Teilgemeinschaften *(Montanunion, EWG, EURATOM)*, die 1967 zur EG vereinigt wurden. Er führte zur Schaffung eines Gemeinsamen Marktes mit seinen „vier Freiheiten": Freier Verkehr von Waren, Dienstleistungen, Personen und Kapital. Bis 1968 wuchs die EU von der ursprünglichen Sechser- zur Zwölfergemeinschaft.

Wirtschaftliche Integration

1948 Einrichtung der ***Ruhrbehörde*** (Kontrolle der Produktion des Ruhrgebiets an Koks, Kohle und Stahl auf dem deutschen und internationalen Markt durch die Alliierten). Gründung der ***OEEC*** (Organization for European Economic Cooperation) durch 16 westeuropäische Staaten zur Koordination der Marshall-Plan-Hilfe wird zum Impuls für eine engere europäische Zusammenarbeit.

1949 Gründung des ***Europarates*** durch zehn westeurop. Staaten mit Sitz in Straßburg (bestehend aus ***Parlamentar. Versammlung*** – Abgeordnete aus den nat. Parlamente) und dem Ministerkomitee.

1.10. BRD wird Mitglied der OEEC.

22.11. ***Petersberger Abkommen***: Beitritt der BRD zur ***Internationalen Ruhrbehörde***; im Gegenzug Regelung der Demontagen durch westl. Alliierte.

1950 ***Europäische Menschenrechtskonvention*** – Jeder Bürger kann die Europäische Menschenrechtskommission anrufen.

1952 Gründung der ***Europäischen Gemeinschaft für Kohle und Stahl*** (EGKS sog. Montanunion entsprechend dem Schuman-Plan) durch die BRD, Frankreich, Italien und die drei Beneluxstaaten. Unterzeichnung des ***Deutschland-Vertrages*** (sog. *Generalvertrag* 26.5.1952), dessen Inkrafttreten allerdings an die EVG (Europ. Verteidigungsgemeinschaft) gekoppelt war, nach deren Scheitern Inkrafttreten erst 1954.

1958 Gründung der ***Europ. Wirtschaftsgemeinschaft*** (EWG) und der ***Europ. Atomgemeinschaft*** (EURATOM, EAG) durch die Montanunionsstaaten, sog. ***„Röm. Verträge"*** (unterzeichnet am 25.3.1957).

Dt. Wiederbewaffnung und Nato-Beitritt

Der Kalte Krieg brachte die Frage einer deutschen Wiederbewaffnung wesentlich schneller auf die internat. Agenda, wobei die Form lange strittig blieb: Einbindung in eine europ. Verteidigungsgemeinschaft oder eine eigene Armee im Rahmen der NATO? Am Ende stand die doppelte Einbindung in die *Westeuropäische Union* und die *NATO*. Die dt. Wiederbewaffnung, der Nato-Beitritt und die Rückgewinnung der vollen Souveränität bildeten für die Bundesrepublik eine Einheit.

Etappen der Geschichte der Nato und der WEU

17.3.1948 Gründung des ***Brüsseler Paktes*** als westeuropäisches Sicherheitsbündnis: Erweiterung des *Vertrages von Dünkirchen* (1947) Großbritanniens und Frankreichs um die Benelux-Staaten.

4.4.1949 Gründung des ***Nordatlantikvertrages (NATO)*** in Washington. Gründungsmitglieder: USA, Belgien, Dänemark, Frankreich, Großbritannien, Island, Italien, Kanada, Luxemburg, die Niederlande, Norwegen und Portugal.
Die Gründung der *Europäischen Verteidigungsgemeinschaft (EVG)* scheitert nach der Ablehnung durch die französische Nationalversammlung (sog. „*Pleven-Plan*").

9.5.1955 Beitritt Deutschlands zur NATO (*Pariser Verträge* vom 23.10.1954) und zur ***Westeuropäischen Union*** (Gründung 5.5.1955), Verzicht Deutschlands auf *ABC-Waffen*; Proklamation der ***vollen Souveränität der Bundesrepublik Deutschland*** (Auflösung der Alliierten Hohen Kommission); Westliche Alliierten behalten Rechte und Pflichten in Bezug auf Gesamtdeutschland und Berlin (Viermächtevereinbarungen von 1945).

1979 Der ***NATO-Doppelbeschluss*** führt zum Aufbau von Pershingraketen und Marschflugkörpern als Reaktion auf die Stationierung von SS-20-Raketen im O (Einigung zu ihrer Abrüstung im INF-Vertrag 1987).

Die DDR im Ostblock 1949–90

Im ***Sicherheitskonzept der UdSSR**** spielte die DDR eine zentrale Rolle, wobei bis Anfang der fünfziger Jahre noch offen blieb, ob ein wiedervereinigtes neutrales Deutschland eine Art Pufferzone zwischen dem W und O darstellen sollte (sog. gesamtdt. Option).

Sicherheitskonzept der UdSSR

Beruhte gegenüber dem W auf drei Ringen: 1. *Annexionen* der baltischen Staaten und Ostpolens seit 1939 – 2. *Gürtel von „Volksdemokratien"* in Polen, Rumänien, Bulgarien und Ungarn usw. durch die Einsetzung von Führungskadern, die die ideologische Führungsrolle der Sowjetunion bzw. der KPdSU im „sozialist. Lager" anerkannten und durch ein Netz bilateraler Verträge über Wirtschafts- und Militärhilfe an die UdSSR gebunden waren – 3. ein möglichst *neutralisiertes Deutschland*.

Schließlich erfolgte die vollständige wirtschaftliche und militärische Einbindung der DDR in den Ostblock. Die DDR gehörte zum Kern der „harten" Warschauer Paktstaaten (UdSSR, Polen, DDR, Ungarn, Bulgarien).

Der RGW im Osten

1949 erfolgte als Antwort auf den Marshall-Plan die Gründung des RGW (*Rat für gegenseitige Wirtschaftshilfe* – engl. auch *COMECON* gen.). Er beruhte v.a. auf bilateralem Außenhandel mit der UdSSR. Im Rahmen des RGW wurden den Volkswirtschaften arbeitsteilige Spezialisierungen vorgeschrieben. Der Beitritt der DDR erfolgte 1950, für die dies eine Erweiterung der außenwirtschaftl. Beziehungen zur Sowjetunion und den „Volksdemokratien" bedeutete. Bereits 1954 entfielen ¾ des DDR-Außenhandels auf den Ostblock. Die Auflösung des RGW erfolgte am 28.6.1991.

Der Warschauer Pakt als militär. Bündnis

Der 1955 gegründete ***Warschauer Pakt*** zementierte die militärische Führungsrolle der UdSSR im Ostblock dauerhaft. Das „Vereinte Oberkommando der Streitkräfte" hatte seinen Sitz in Moskau, den Vorsitz hatte immer ein sowjetischer Offizier. Darüber hinaus existierten Truppenstationierungsverträge mit fast allen Mitgliedsländern (in der DDR alleine ca. 350 000 sowjetische Soldaten). Der Warschauer Pakt war gleichzeitig ein Instrument zur Disziplinierung seiner Mitglieder.

Daten zur Geschichte des Warschauer Pakts

1947 Gründung des *„Kominform"* (Kommunistisches Informationsbüro), das die Arbeit der kommunistischen Parteien unter sowjetischer Führung straffer koordinieren sollte (1956 geschlossen).

1955 Unterzeichnung des *„Vertrags über Freundschaft, Zusammenarbeit und gegenseitigen Beistand"* durch osteuropäische Staaten (UdSSR, Albanien, Bulgarien, DDR, Polen, Rumänien, die Tschechoslowakei und Ungarn) – gemeinsames Oberkommando der Streitkräfte ergänzt durch Truppenstationierungsverträge.

1956 Die Reformkommunisten unter Ministerpräsident Imry Nagy verkünden am 1.11. den Austritt Ungarns aus dem Warschauer Pakt. Russische Truppen marschieren in Budapest ein und schlagen den *Ungarischen Volksaufstand* nieder.

1968 Nach dem sog. *„Prager Frühling"* besetzen Truppen des Warschauer Paktes Prag.

212 Die Bundesrepublik und die DDR in gegensätzlichen

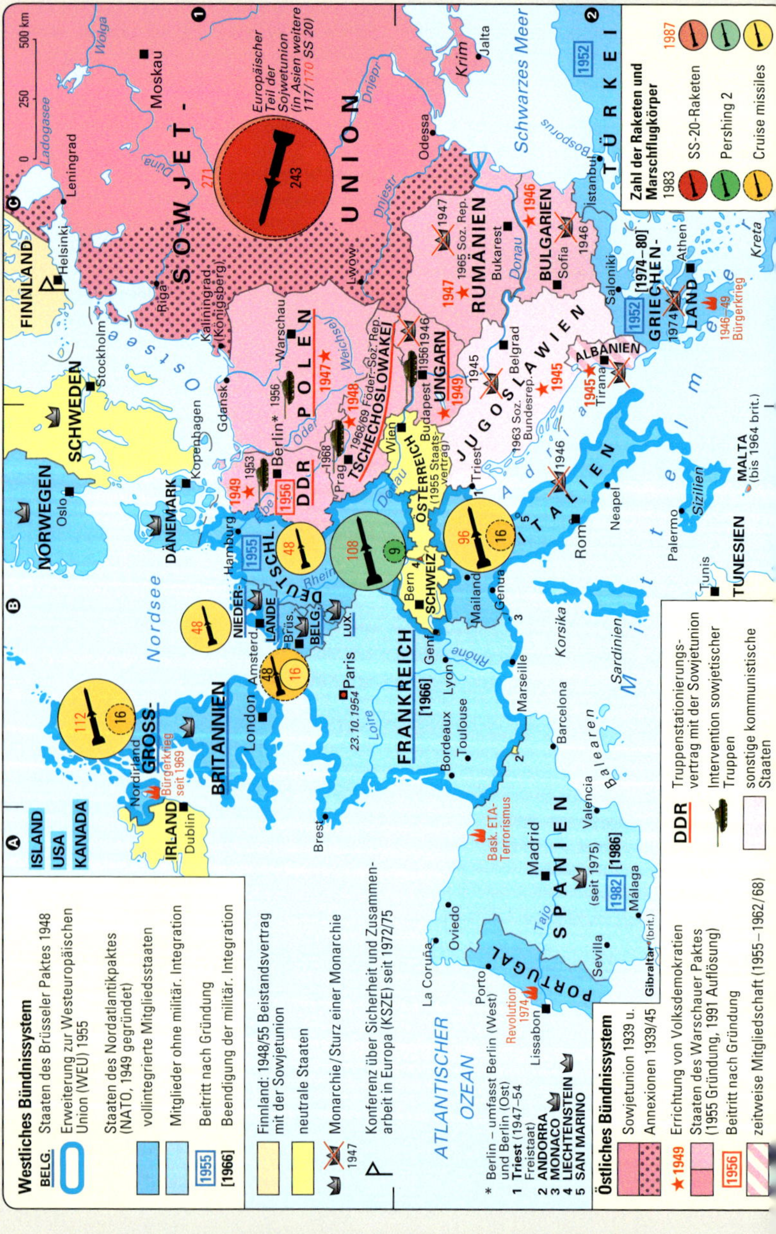

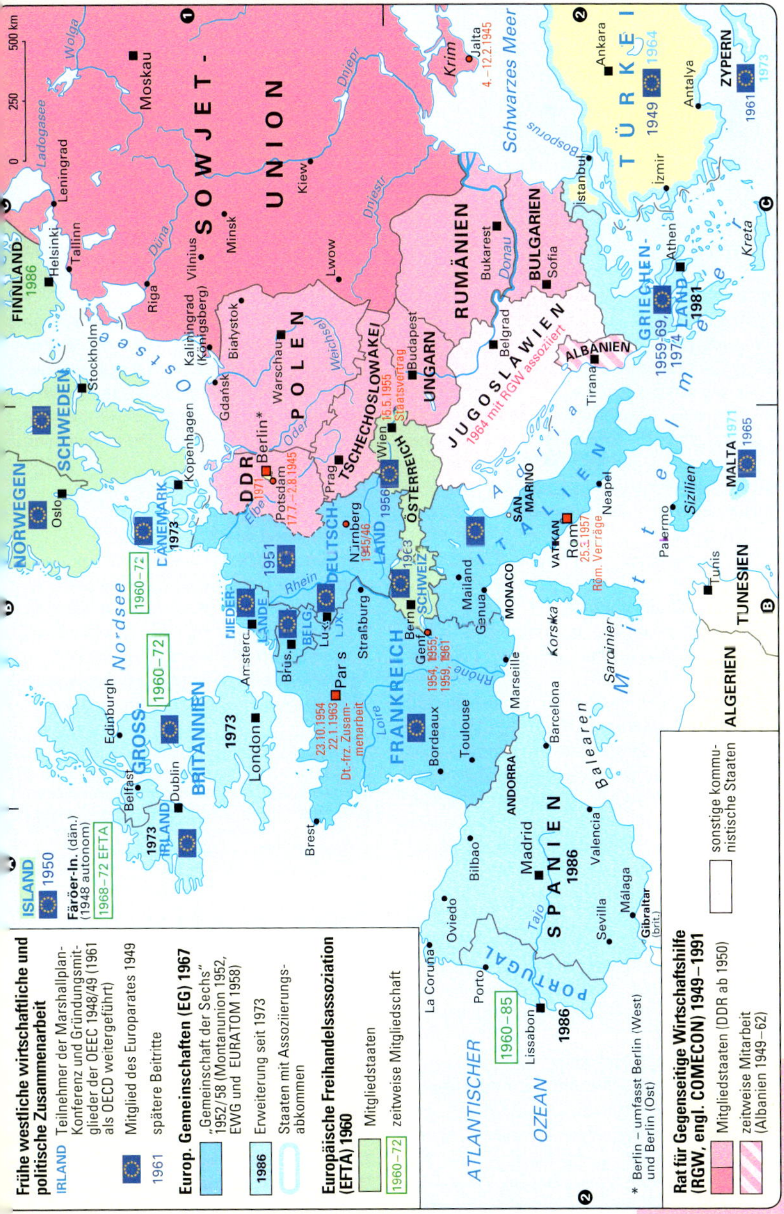
Frühe westliche wirtschaftliche und politische Zusammenarbeit
IRLAND Teilnehmer der Marshallplan-Konferenz und Gründungsmitglieder der OEEC 1948/49 (1961 als OECD weitergeführt)
Mitglied des Europarates 1949
1961 spätere Beitritte
Europ. Gemeinschaften (EG) 1967
„Gemeinschaft der Sechs" 1952/58 (Montanunion 1952, EWG und EURATOM 1958)
1986 Erweiterung seit 1973
Staaten mit Assoziierungsabkommen
Europäische Freihandelsassoziation (EFTA) 1960
Mitgliedstaaten
1960–72 zeitweise Mitgliedschaft
* Berlin – umfasst Berlin (West) und Berlin (Ost)
Rat für Gegenseitige Wirtschaftshilfe (RGW, engl. COMECON) 1949–1991
Mitgliedstaaten (DDR ab 1950)
zeitweise Mitarbeit (Albanien 1949–62)
sonstige kommunistische Staaten

214 Die Zerschlagung der Länder in der DDR und die neue

Wahlplakat der Nationalen Front zur Volkskammerwahl am 15.10.1950.
Nimmt Bezug auf den Fünfjahresplan (Zahl 5) und den Ausbau der Schwerindustrie. Die drast. Erhöhung der Arbeitsnormen war mit ursächlich für den Aufstand des 17. Juni.

Da sich die UdSSR bis 1949 noch die Möglichkeit eines neutralen Gesamtdeutschlands offen halten wollte, enthielt das politische System der DDR Elemente, die eine Vereinigung mit den Westzonen noch ermöglicht hätten: ein Mehrparteiensystem im *„Antifa-Block"*, ein noch bestehender Anteil an Privateigentum in der Wirtschaft und eine eher *bürgerlich-demokratische Verfassung* (1949). Die Gründung zweier deutscher Staaten und die veränderte weltpolitische Situation (Kalter Krieg, Koreakrieg seit 1950) führten zur Veränderung der sowjetischen Deutschlandpolitik und zu einem forcierten Umbau zum kommunistischen System.

Führungsrolle der SED

Voraussetzung einer verschärften Stalinisierung der DDR war der Ausbau der Führungsrolle und des Entscheidungsmonopols einer Partei nach marxist.-leninist. Muster, der SED, die so die Machtmittel erhielt, Staat, Wirtschaft und Gesellschaft im sozialistischen Sinne zu unterwerfen (Prinzip des *„demokratischen Zentralismus"*). Für die ***SED*** *(=Sozialistische Einheitspartei Deutschlands)* bedeutete dies zunächst die Beseitigung der Parität von Kommunisten und Sozialdemokraten, Säuberungen in der Führungsriege der Partei (Schauprozesse) und die Einrichtung eines Politbüros mit einem Sekretariat als Parteivorstand. Das noch existierende ***Mehrparteiensystem*** wurde zu einem Akklamations- und Durchführungsorgan degradiert.

Umbau zum Sozialismus

Zur Schaffung eines Staates nach sowjetischem Muster gehörten auch Kontroll- und Sicherheitsinstrumente im Innern, deren wichtigstes das *„Ministerium für Staatssicherheit"* [→ 218/219] darstellte. Wesentlich für die Zentralisierung der Staatsmacht war auch die ***Auflösung der Länder*** Mecklenburg, Brandenburg, Sachsen-Anhalt, Thüringen und Sachsen als Beseitigung föderalistischer Strukturen und stattdessen die ***Einrichtung von 14 Bezirken***, deren Größe und Zuschnitt nach planerischen und wirtschaftlich-geographischen Gegebenheiten ausgerichtet waren. Kernstück des Umbaus zum sozialist. System war der ***Übergang zur Planwirtschaft*** durch verstärkte Kollektivierung und Sozialisierung, nachdem bis 1949 nur Großindustrie, Versicherungen und Banken enteignet worden waren. Die zentrale Kommandowirtschaft beruhte auf Plänen ***(Fünfjahresplan 1951–55)***, die eine einseitige Förderung der Grundstoff- und Schwerindustrie (Ziel Autarkie) sowie eine ständige Erhöhung der Arbeitsnormen vorsahen (Geplante Steigerung der Produktivität um 76%!).

Der Aufstand vom 17. Juni 1953

Der Rückstand bei der Konsumgüterindustrie aber v.a. auch die ständige Erhöhung der Arbeitsnormen führten zu Unzufriedenheit und Widerständen bei der Arbeiterschaft und verstärkter Auswanderung. Die DDR reagierte 1952 auf die Fluchtwelle durch Abriegelung und den ***Aufbau des Grenzregimes****.

Der Aufbau des Grenzregimes. Mit der „Verordnung über Maßnahmen an der Demarkationslinie" begann 1952 die Abriegelung an der dt.-dt. Grenze. Die Umsiedlung von mehr als 8000 Grenzbewohnern ins Landesinnere unter z.T. entwürdigenden Umständen („Aktion Ungeziefer") ermöglichte die Einrichtung einer fünf Kilometer breiten Sperrzone. Wegen des Viermächtestatus von Berlin blieb Westberlin bis zum Mauerbau 1961 das Ziel der meisten Flüchtlinge aus der DDR.

Trotz vorsichtiger Kurskorrekturen nach Stalins Tod (5.3.1953) kam es bereits Ende Mai in Berlin zu Arbeitsniederlegungen. Bis Mitte Juni steigerten sich die Unruhen mit wirtschaftlichen und politischen Forderungen (freie Wahlen, Wiedervereinigung, Ablösung Ulbrichts). Der *Aufstand vom 17. Juni* konzentrierte sich v.a. auf die Industriegebiete und die städtischen Zentren (mehr als 800 Orte und 600 Betriebe). Er konnte nur durch den Einsatz sowjetischer Truppen bis zum 18./19.6. niedergeschlagen werden.

Grenze zwischen der Bundesrep. Deutschland und der DDR (bis 3.10.1990) und Grenze von Berlin nach dem Viermächtestatus
Grenze zw. Berlin (West) und Berlin (Ost) (1961–1989 die „Mauer")
„Oder-Neiße-Linie" – polnische Westgrenze nach den Verträgen mit der DDR (1950) und der Bundesrep. Deutschland (1970)
0 25 50 75 100 km
Ostsee
POLEN
BUNDES-REPUBLIK DEUTSCH-LAND
TSCHECHOSLOWAKEI
Rostock
Schwerin
Neubrandenburg
Potsdam
Frankfurt
Magdeburg
Cottbus
Halle
Leipzig
Dresden
Erfurt
Gera
Suhl
Karl-Marx-Stadt
Mecklenburg
Sachsen-Anhalt
Brandenburg
Thüringen
Sachsen
Glowe
Sassnitz
Bergen
Rügen
Barth
Stralsund
Warnemünde
Greifswald
Wolgast
Bützow-Dreibergen
Wismar
Mecklenburg
Güstrow
Teterow
Demmin
Anklam
Ueckermünde
Torgelow
Pasewalk
Neubrandenburg
Müritz
Neustrelitz
Hamburg
Boizenburg
Parchim
Lübs
Elde
Grabow
Lüneburg
Elbe
Oder
Wittstock
Mildenberg
Pinnow
Schwedt
Wittenberge
Kyritz
Neuruppin
Havel
Groß-Dölln
Nitzow
Salzwedel
Eberswalde
Velten
Strausberg
Rathenow
Hennigsdorf
Nauen
Falkensee
Rüdersdorf
Warthe
Aller
Stendal
Tangerhütte
Genthin
Potsdam
Berlin (West)
(Ost)
Fürstenwalde
Wolfsburg
Hannover
Brandenburg
Lu.
Königswusterhsn.
Fürstenberg
Braunschweig
Leine
Möckern
Delzig
Luckenwalde
Eisenhüttenstadt (Stalinstadt)
Gommern
Lübben
Cocchen
Halberstadt
Staßfurt
Calbe
Roßlau
Wittenberg
Jüterbog
Lübbenau
Sielow
Drewitz
Wernigerode
Jessen
Luckau
Spree
Peitz
Bernburg
Dessau
Gräfenhainichen
Thale
Quedlinburg
Wolfen
Mulde
Döbern
Hettstedt
Volkstedt
Finsterwalde
Schacksdorf
Spremberg
Göttingen
Bitterfeld
Torgau
S.
Krauschwitz
Sangerhsn.
Eisleben
Delitzsch
Eilenburg
Gröditz
L.
Weißwasser
Nordhausen
M.
Hoyerswerda
Neiße
Artern
Brandis
Riesa
Heiligenstadt
Roßleben
Le.
Grimma
Bautzen
Niesky
Görlitz
Mühlhausen
Weißenfels
Lützen
Meißen
Unstrut
B.
Borna
Coswig
Klotzsche
Gräfentonna
Sömmerda
Naumburg
Waldheim
Apolda
Weimar
Zeitz
Altenburg
Freiberg
Eisenach
Gotha
Jena
Saale
Fr.
Ichtershausen
Gera
G.
Karl-Marx-Stadt (bis 1953 Chemnitz)
Schmalkalden
O.
Weida
H.
Blankenburg
Greiz
Zw.
Werra
Suhl
Saalfeld
Unterwellenborn
Aue
F.-H.
Sch.
Untermaßfeld
Plauen
Cranzahl-Sosa
Erlabrunn
Hof
B. Böhlen
F.-H. Falkenbach-Himmelsmühle
Fr. Friedrichroda
G. Glauchau
H. Hoheneck
L. Lauchhammer
Le. Leuna
Lu. Ludwigsfelde
M. Merseburg
O. Ohrdruf
S. Senftenberg
Sch. Schwarzenberg
Zw. Zwickau
Der Volksaufstand vom 17. Juni 1953
Protestaktionen, Streiks oder andere Aktionen gegen das SED-Regime (Auswahl)
Gebiete unter Ausnahmezustand
Streikzentrum
sowjet. Militäreinsatz (Auswahl)
Strafvollzugsanstalt
Haftarbeitslager
Die Zerschlagung der Länder in der DDR 1952
Ländergrenze bis 23.7.1952 (Stand 1949)
Halle Name eines DDR-Bezirks
Halle Landeshauptstadt bis 1952
Bezirkshauptstadt 1952–1990
Bezirksgrenze 1952 bis 1990

Flagge der Solidarność
Die Flagge der poln. Gewerkschaft Solidarność steht für den Widerstand gegen die kommunistische Herrschaft.

Die Wende 1989/90 begann mit der Demokratisierung Osteuropas und führte zur Auflösung des Ostblocks. Ermutigt wurde diese Entwicklung v.a. durch den *KSZE-Prozess (Helsinki-Schlussakte* von 1975 mit der Verpflichtung auf die Menschenrechte). In der ČSSR *(Charta 77)* und Polen mit der *Gewerkschaft Solidarność* (poln. *Solidarität*) bildeten sich seit 1980 Demokratiebewegungen, die in Polen 1989 zu den ersten freien Wahlen führten. Parallel begann seit 1985 ein Reformprozess in der UdSSR, der den sowj. Griff auf Ostmitteleuropa lockerte [→ 221]. Staats- und Parteichef Gorbatschow entwickelte die Vision eines gemeinsamen *„Europ. Hauses"* zur Überwindung der Spaltung Europas.

Dem Druck der reformorientierten Staaten konnten sich die reformunwilligen Länder in Osteuropa nicht mehr entziehen, wie sich etwa in der Flucht von DDR-Bürgern über Ungarn zeigte. Mit dem blutigen Sturz des rumänischen Staats- und Parteichefs Ceauçescu fiel am 25.12.1989 das letzte kommunistische Regime in Osteuropa.

Deutsche Wiedervereinigung 1990

Der Wandel in Osteuropa bahnte auch die Wiedervereinigung der beiden deutschen Staaten an. Er bewirkte das Ende der Einschränkungen der Souveränitätsrechte durch die Siegermächte des Zweiten Weltkriegs sowie eine endgültige Friedensregelung für Berlin und Gesamtdeutschland.

9.11.1989 Öffnung der Mauer in Berlin und der Grenze der DDR.

Mai/Sept. 1990 Die ***2+4 Verhandlungen*** (beide deutsche Staaten und die Siegermächte des Zweiten Weltkriegs) schaffen die außenpolitischen Voraussetzungen der deutschen Wiedervereinigung.

1.7.1990 Währungs- und Sozialunion für ganz Deutschland – Einführung der D-Mark in der DDR.

31.8. Unterzeichnung des ***Einigungsvertrags*** zw. der Regierung der DDR und der Bundesrepublik.

12.9. Unterzeichnung des ***2+4 Vertrages*** in Moskau. Voraussetzungen der deutschen Wiedervereinigung sind: 1. Westbindung; 2. endgültige Anerkennung der durch den Zweiten Weltkrieg geschaffenen Grenzen (v.a. Oder-Neiße); 3. Verzicht auf atomare, biologische und chemische Waffen.

3.10. ***Beitritt der DDR*** zur Bundesrepublik Deutschland nach Art. 23 des Grundgesetzes.

Europäischer Integrationsprozess

Die Zusammenarbeit in der Gemeinschaft wurde durch die Gründung der Europ. Union (EU) vertieft, um der veränderten Lage in Europa gerecht zu werden. Neue Beitrittskandidaten drängten auf Vollmitgliedschaft in der EU, was 2004 eine Erweiterung von 15 auf 25 Mitgliedsstaaten zur Folge hatte. Bulgarien und Rumänien hoffen bis 2007 beizutreten, der Status der Türkei ist noch unsicher.

Charakter und Aufnahmebedingungen der EU. Die *Europäische Union* erweitert die europ. Zusammenarbeit neben der Wirtschafts- und Währungsunion um zwei weitere Pfeiler: 1. *Gemeinsame Außen- und Sicherheitspolitik* im Rahmen der NATO (Integration der WEU in die EU) 2. Polizeiliche und gerichtl. Zusammenarbeit in der *Innen- und Rechtspolitik*: Koordinierung der Asyl- und Einwanderungspolitik als Voraussetzung der Schaffung gemeinsamer Außengrenzen ***(Zweites Schengener Abkommen 1995)*** sowie zur Bekämpfung des organisierten Verbrechens. Die Staaten, die der EU beitreten wollen, müssen sich dem europ. Kulturkreis zurechnen, eine demokrat. Staatsform besitzen, die Menschenrechte achten und über eine wettbewerbsfähige Wirtschaft verfügen. ***Assoziierungsverträge*** sehen eine umfassende polit., wirtschaftl. und kult. Zusammenarbeit vor und bilden eine Vorstufe für einen späteren Beitritt.

Der europäische Einigungsprozess

1993 Gründung der EU durch Inkrafttreten des Vertrags von Maastricht, Staaten sollen bis 1999 eine *Wirtschafts- und Währungsunion* bilden.

1994 Inkrafttreten des EWR (Europäischer Wirtschaftsraum): 15 Mitgliedsstaaten der EU und die EFTA-Staaten Island, Liechtenstein, Norwegen (die Schweiz hat sich per Volksentscheid gegen eine Teilnahme am EWR entschieden). Gemeinsamer Markt nach den Regeln des EU-Binnenmarktes, allerdings keine Vertretung in EU-Gremien, keine gemeinsame Agrarpolitik.

1995 Beitritt Österreichs, Schwedens und Finnlands.

1999 Beginn der ***Europäischen Währungsunion***: Einführung des EURO (bis 2002 bargeldlos) in allen EU-Staaten außer Großbritannien, Dänemark (negativer Volksentscheid) und Schweden.

2002 Die Verabschiedung eines *EU-Verfassungsentwurfs* scheitert v.a. an der Frage der Stimmengewichtung der Mitgliedsstaaten.

1.5.2004 Estland, Lettland, Litauen, Malta, Polen, die Slowakische Rep., Slowenien, die Tschechische Rep., Ungarn und Zypern treten der EU bei.

Die Wende in Europa 1989/90/91
3.1990 Staaten mit Übergang zum Mehrparteiensystem, Durchführung freier Wahlen
Öffnung der Grenzen 1989 (9.11.1989 „Fall der Mauer“der DDR)
nationale Souveränitätserklärungen
Gemeinschaft Unabhängiger Staaten (GUS), Dez. 1991 nach dem Zerfall der Sowjetunion gegründet
ESTLAND 30.3.90 Erlangung bzw. Wiederherstellung der staatl. Selbständigkeit nach 1989
Bürgerkrieg, bürgerkriegsähnliche Unruhen
ehemaliges Jugoslawien (seit 1990/91 Bürgerkrieg u. Auflösung)
Europäischer Integrationsprozess
EG, einschließlich ostdeutsches Beitrittsgebiet, bis 1992
Europäische Union (1993), einschließlich Erweiterung 1995
EFTA-Staaten, mit der EU seit 1994 im „Europäischen Wirtschaftsraum“ (EWR) verbunden – die Schweiz ausgenommen
* SERBIEN u. MONTENEGRO seit 4.2.2003
M. Maastricht 1993
S. Schengen 1995
EU-Binnengrenzen (Schengener Abkommen)
Staaten der Währungsgemeinschaft (EURO) 1.1.1999
MONACO Nichtmitglied, aber Teil des EU-Zollgebietes
EU-Osterweiterung
Beitritte 2004
Staaten mit Beitrittsverhandlungen
Partnerschaftsabkommen (GUS-Staaten)
Mitgliedstaaten der NATO
vor 1990
ab 1999
ab 2004
0 250 500 km
ISLAND
Färöer-In. (dän.)
NORWEGEN
Oslo
SCHWEDEN
Stockholm
FINNLAND
Helsinki
Tallinn
ESTLAND 3.1990/8.1991
Riga
LETTLAND 5.1990/8.1991
LITAUEN 3.1990/8.1991
Vilnius
(Russl.)
RUSSLAND 6.1990 Souveränitätserklärung
Moskau 1989 8.1991
Wolga
Minsk
WEISS-RUSSLAND 8.1991
Tschernobyl
Kiew
Dnjepr
Charkow
UKRAINE 7.1990/8.1991
Dnjestr
MOLDAU 6.1990/8.1991
Chişinău
Krim
Schwarzes Meer
Nordsee
Ostsee
GROSS-BRITANNIEN
Nordirland
IRLAND
Man
Dublin
London
DÄNEMARK
Kopenhagen
NIEDER-LANDE
Amsterdam
Brüssel
BELG.
LUX.
Kanal-In.
Elbe
Rhein
Berlin
DDR
3.1990 3.10.1990 Wiedervereinigung
DEUTSCH-LAND
POLEN
Warschau 6.1989/12.1990
Oder
Weichsel
Prag
TSCHECHISCHE REP. 6.1990
SLOWAKEI 1.1993
Wien
Bratislava
Budapest
3.1990
UNGARN
ÖSTERREICH
Paris
Straßburg
Loire
FRANKREICH
Bern
SCHWEIZ
Rhône
SLOW. 6.1991
KROATIEN 1991–95
BOSNIEN-HERZEG. 3.1992
6.1991
1992–95
Belgrad
JUGO-SLAWIEN*
Kosovo
1998/99
RUMÄNIEN 5.1990
12.1989
seit 3.1989
Bukarest
Donau
BULGARIEN
Sofia 6.1990
5.1989
MAKED. 9.1991
ALBANIEN
Tirana 1992
ATLANTISCHER OZEAN
Lissabon
PORTUGAL
Madrid
SPANIEN
Tajo
ANDORRA
MONACO
Korsika
Sardinien
SAN MARINO
VATIKAN
Rom
ITALIEN
Adria
Mittelmeer
Sizilien
MALTA
MAROKKO
Gibraltar (brit.)
GRIECHEN-LAND
Athen
2001
Kreta
Ankara
TÜRKEI
Nikosia
ZYPERN

218 Das Ende der DDR 1989/90 – Erste freie Wahlen am

*„**Wir sind ein Volk**“ – Schild der Leipziger Montagsdemonstrationen.*

Der Zusammenstoß der ***Strukturdefekte der DDR**** mit den aktuellen internationalen Ereignissen führte zum Zusammenbruch der SED-Diktatur von innen durch die Bürgerbewegung der DDR und schließlich zum Ende der DDR durch Anschluss an die Bundesrepublik [→ 217].

Strukturdefekte der DDR

• *Politische Reformunfähigkeit der SED* als zentralistisch-monolithische Partei mit autoritärer Führung (Hegemonialpartei mit unbeschränktem Machtmonopol). Die Führung der DDR versperrte sich den innenpolitischen Reformbemühungen Gorbatschows, isolierte sich so gegenüber ihrer Schutzmacht Sowjetunion (symptomatisch das Verbot der sowjetischen (!) Zeitschrift Sputnik im November 1988 in der DDR) und löste so eine Protestbewegung der eigenen Bevölkerung aus.

• Ständige *Differenz zwischen Theorie und Praxis*: Das „Karl-Marx-Jahr“ (1983), das die SED als Hüterin der Lehren von Karl Marx darstellen sollte, brachte solche Differenzen noch krasser ins Bewusstsein; teilweise flüchtete sich die Nomenklatura in das Beschwören konservativer Werte.

• *Wirtschaftliche Probleme*: Die DDR stand am Rand des finanziellen Ruins nur aufgehalten durch Milliardenkredite aus dem W. Versorgungsengpässe, Stagnation, Fehlen von Innovationen und schwere Umweltschäden kennzeichneten das Wirtschaftsleben in der DDR.

• Anschwellen der *Ausreisewelle*: Allein 1984 reisten mehr als 35 000 DDR-Bürger in die Bundesrepublik aus (offiziell: „Entlassung aus der Staatsbürgerschaft“). Die Ausreisewelle hielt während der achtziger Jahre unvermindert an (1988: 112 000 Ausreiseanträge).

• *Wachsende Oppositionsbewegung*: Gestützt durch die evangelische Kirche, seit 1985 *Initiative für Frieden und Menschenrechte.*

Der Ausbau des Überwachungsstaates mit flächendeckender Kontrolle und Verfolgungen durch die ***Stasi**** brachte keine dauerhafte Stabilisierung.

Aufgaben der Stasi. Das 1950 gegründete ***Ministerium für Staatssicherheit*** (MfS) mit seinem an der sowjetischen Geheimpolizei ausgerichteten Organ des „Staatssicherheitsdienstes“ unterstand als selbstständiger Apparat nur dem Politbüro der SED („Schild und Schwert der Partei“). Mit einem weit verzweigten Netz von Agenten und Spitzeln (sog. „informelle Mitarbeiter“), die unter Tarnnamen Zuträgerdienste leisteten und Führungsoffizieren unterstanden, überwachte das MfS das gesamte öffentliche Leben und konnte so jede Opposition bereits im Keim ersticken.

Auf dem Weg zur friedlichen Revolution

1988 *Rosa-Luxemburg-Demonstration* wird von der Stasi mit der Verhaftung von über hundert DDR-Bürgern unterbunden.

1989 Mai: Manipulationen bei den Kommunalwahlen führen zu Demonstrationen u. a. in Leipzig.

2.5.1989 Abbau der Grenzsperren zwischen Österreich und Ungarn – Flucht von DDR-Bürgern in die Botschaften in Budapest, Prag und Warschau (Massenexodus, bis September 25 000 Flüchtlinge).

12.9. Gründungsaufruf der Bürgerbewegung *„Demokratie jetzt“.*

Seit Okt. Anschwellende ***Montagsdemonstrationen*** in Leipzig (2.10. bereits 20 000 Menschen; 9.10. 70 000; 23.10. 300 000) – Formierung der Opposition in der sog. „Kontaktgruppe“.

18.10. Wechsel in der Führung der SED von Erich Honecker zu Egon Krenz.

4.11. Größte Massendemonstration in Berlin mit etwa 1 Mio. Menschen, die Presse-, Meinungs- und Versammlungsfreiheit und insbesondere freie Wahlen fordern.

9.11. *„**Fall der Mauer**“* – Eigentliche Zäsur der Wende.

Wahlen zur Volkskammer vom 18.3.1990

Die Wahlen zur Volkskammer führten erstmals zu einer frei gewählten Regierung in der DDR. Der Wahlausgang überraschte durch den hohen Sieg der *konservativen Allianz für Deutschland*, während die SPD in den Stammländern der Weimarer Zeit (Thüringen, Sachsen usw.) keine Erfolge verbuchen konnte. Die seit Februar 1990 in *PDS* (*Partei des Demokratischen Sozialimus*) umbenannte SED konnte sich mit 16% (z. B. in Berlin 30%) behaupten und behielt auch in den folgenden Wahlen eine wichtige Rolle im Osten Deutschlands.

Die Konstituierung der Länder

Mit der Wiedervereinigung [→ 217] konstituierten sich auch die fünf neuen Bundesländer Brandenburg, Mecklenburg-Vorpommern, Sachsen, Sachsen-Anhalt und Thüringen an Stelle der 1952 in der DDR eingeführten Bezirksgliederung [→ 215]. Am 14.10.1990 fanden die ersten Landtagswahlen statt (CDU in vier Ländern stärkste Partei).

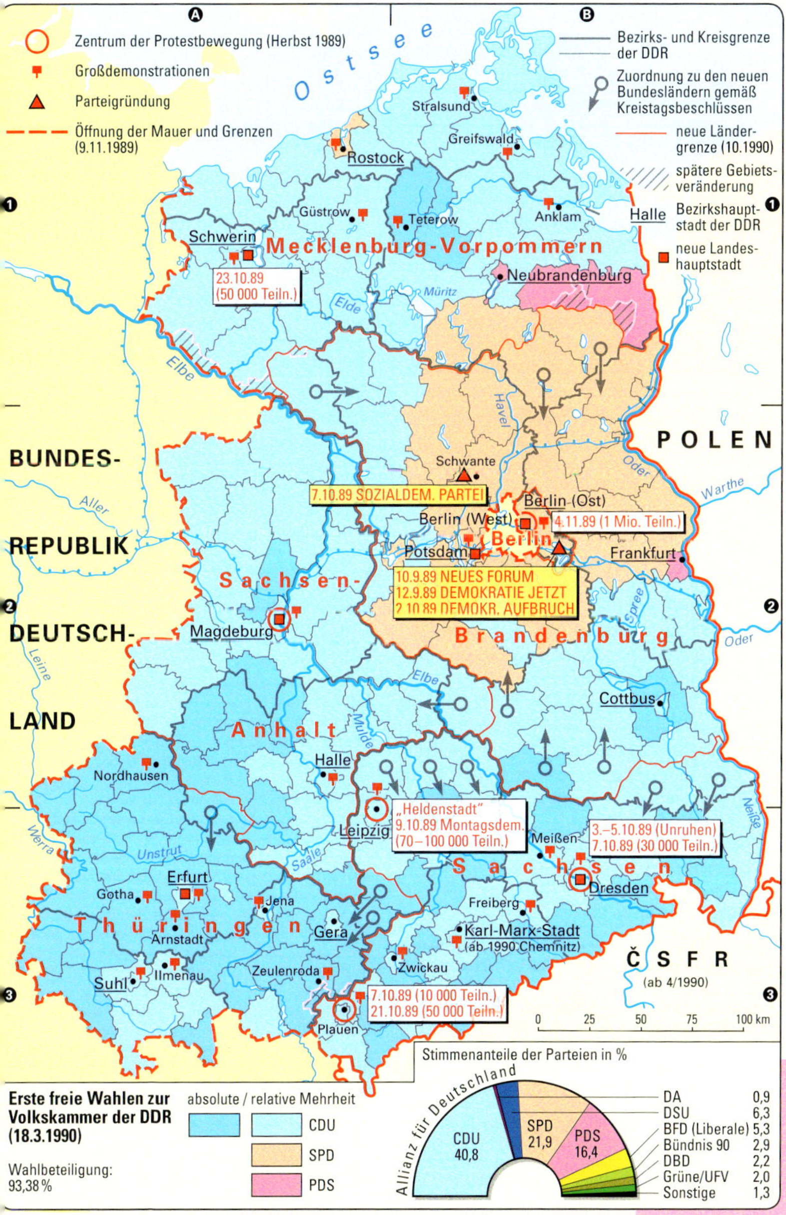

A
B
Zentrum der Protestbewegung (Herbst 1989)
Großdemonstrationen
Parteigründung
Öffnung der Mauer und Grenzen (9.11.1989)
Bezirks- und Kreisgrenze der DDR
Zuordnung zu den neuen Bundesländern gemäß Kreistagsbeschlüssen
neue Ländergrenze (10.1990)
spätere Gebietsveränderung
Halle Bezirkshauptstadt der DDR
neue Landeshauptstadt
Ostsee
Stralsund
Greifswald
Rostock
Güstrow
Teterow
Anklam
Schwerin
Mecklenburg-Vorpommern
23.10.89 (50 000 Teiln.)
Neubrandenburg
Müritz
Elde
Elbe
Havel
POLEN
BUNDES-
REPUBLIK
DEUTSCH-
LAND
Aller
Schwante
7.10.89 SOZIALDEM. PARTEI
Oder
Warthe
Berlin (Ost)
Berlin (West)
4.11.89 (1 Mio. Teiln.)
Berlin
Potsdam
Frankfurt
10.9.89 NEUES FORUM
12.9.89 DEMOKRATIE JETZT
2.10.89 DEMOKR. AUFBRUCH
Sachsen-
Magdeburg
Leine
Brandenburg
Spree
Cottbus
Anhalt
Mulde
Halle
Nordhausen
„Heldenstadt“
9.10.89 Montagsdem.
(70–100 000 Teiln.)
Leipzig
Meißen
3.–5.10.89 (Unruhen)
7.10.89 (30 000 Teiln.)
Neiße
Werra
Unstrut
Saale
Sachsen
Dresden
Erfurt
Gotha
Jena
Freiberg
Thüringen
Arnstadt
Gera
Karl-Marx-Stadt
(ab 1990 Chemnitz)
Zwickau
Ilmenau
Zeulenroda
Suhl
ČSFR
(ab 4/1990)
7.10.89 (10 000 Teiln.)
21.10.89 (50 000 Teiln.)
Plauen
0 25 50 75 100 km
Erste freie Wahlen zur Volkskammer der DDR (18.3.1990)
Wahlbeteiligung: 93,38 %
absolute / relative Mehrheit
CDU
SPD
PDS
Stimmenanteile der Parteien in %
Allianz für Deutschland
CDU 40,8
SPD 21,9
PDS 16,4
DA 0,9
DSU 6,3
BFD (Liberale) 5,3
Bündnis 90 2,9
DBD 2,2
Grüne/UFV 2,0
Sonstige 1,3

Logo der Verkehrsprojekte Dt. Einheit, *die Projekte der Bahn, des Straßenbaus und der Wasserwege umfassen.*

Die Modernisierung der Infrastruktur, der Fernverkehrswege und Kommunikationssysteme stellte nach der Wiedervereinigung eine gewaltige Aufgabe dar, da nur so die Angleichung der Lebensverhältnisse und ein wirtschaftl. Aufschwung gelingen konnten. Die Autobahnen im Osten waren insgesamt sanierungsbedürftig. Auch das Schienennetz war veraltet, ebenso die meisten Wasserstraßen. Mit der Nähe zur innerdeutschen Grenze wurde das Verkehrswegenetz immer dünner. Nur zehn Straßen und acht Eisenbahnübergänge existierten 1989 zwischen den beiden Teilen Deutschlands.

Verkehrsprojekte Deutsche Einheit

Zur Verbesserung der Verkehrsverhältnisse in den Neuen Bundesländern beschloss die Bundesregierung am 9.4.1991 Investitionen in 17 Verkehrsprojekte Deutsche Einheit (VDE) für den Erhalt und die Weiterentwicklung der Verkehrsinfrastruktur und zur Bewältigung der Verkehrsströme in West-Ost- und Nord-Süd-Richtung. Sie beinhalteten neun Schienen- und sieben Straßenprojekte sowie ein Vorhaben für die Binnenschifffahrt. Die neun Eisenbahnprojekte umfassten den Aus- und Neubau von rund 2000 km Schienenwegen. Im Bereich der Bahn sollte der Anschluss an das Hochgeschwindigkeitsnetz erreicht werden. Zur Vereinheitlichung gehörte auch die Zusammenfassung der wichtigsten großen ***Staatsunternehmen*** und deren ***Privatisierung****.

Zusammenfassung und Privatisierung der Staatsunternehmen

Ab 1990 wurden die Bundesbahn und die Reichsbahn der DDR zuerst als zwei getrennte Sondervermögen des Bundes geführt. 1994 Zusammenfassung von Bundesbahn und Reichsbahn zur Dt. Bahn AG als privatisiertes Unternehmen. Zusammenführung der Reichspost der DDR und der Bundespost zur Dt. Post. Seit Sommer 1994 Umstrukturierung des Staatsbetriebs in ein privatwirtschaftlich geführtes Unternehmen Telekom.

Auch der Ausbau der Wasserstraße Hannover – Berlin mit einer Länge von ca. 280 km, deren Kernstück die Elbüberquerung bei Magdeburg zur unmittelbaren Verbindung von Mittellandkanal und Elbe-Havel-Kanal über eine 918 m lange Kanalbrücke darstellt, gehört zu den Verkehrsprojekten Deutsche Einheit. In den Jahren 1990 bis 2000 wurde der Aufbau Ost mit Unterstützungsgeldern in einer Gesamthöhe von rund 1 Billion DM finanziert.

Die Wappen der deutschen Länder (kleine Staatswappen)

Baden-Württemberg: Das Drei-Löwen-Wappen ist dem Wappen der Staufer nachempfunden (bis 1268 Herzöge Schwabens). ***Bayern:*** Als kleines Staatswappen wird das Rautenwappen mit Volkskrone verwendet. ***Berlin:*** Der „Berliner Bär" wurde erstmals 1280 in einem Siegel der Stadt Berlin geführt. ***Brandenburg:*** Wappen (seit 1330) – Der märkische Adler leitet sich vermutlich vom kaiserlichen Lehnsherrn ab. ***Bremen:*** Der Schlüssel des bremischen Staatswappen ist Attribut des städtischen Schutzpatrons Apostel Petrus (seit 1366). ***Hamburg:*** Das Wappen geht auf das städtische Siegel aus dem 12./13. Jh. zurück: rotes Tor auf weißem, silbernen Grund, mit drei Türmen in der Mitte der Burgmauer (seit 1384). ***Hessen:*** Der neunmal silbern und rot geteilte, steigende Löwe Hessens gleicht dem Wappentier Thüringens (1247 Teilung Hessens und Thüringens). ***Mecklenburg-Vorpommern:*** kombiniert den Stierkopf Mecklenburgs und den Greifen Vorpommerns. ***Niedersachsen:*** Obwohl ihr Wappentier ein Löwe war, übernahmen die Welfen Mitte des 14. Jh. das „Sachsenross" in Ihr Wappen. ***Nordrhein-Westfalen:*** Das Wappen zeigt die konstituierenden Landesteile Rheinland (silberner Rhein), Westfalen (steigendes silbernes Ross) und Lippe (lippische Rose). ***Rheinland-Pfalz:*** Das rote Kreuz repräsentiert das Erzbistum und Kurfürstentum Trier, das Mainzer Rad das Erzbistum und Kurfürstentum Mainz und der Pfälzer Löwe die Kurpfalz. ***Saarland:*** Das Wappen kombiniert die Landesteile Nassau-Saarbrücken (silberner Löwe), Kurtrier (rotes Kreuz), das Herzogtum Lothringen (roter Schrägbalken mit drei silbernen Adlern) und das Herzogtum Pfalz-Zweibrücken (goldener Löwe). ***Sachsen:*** Wappen der askanischen Herzöge seit dem 13. Jh. (mehrfach schwarz-gold geteiltes Schild). Der grüne Rautenkranz diente zur dynastischen Unterscheidung der Linien der Askanier. ***Sachsen-Anhalt:*** Kombination des sächsischen (schwarze und gelbe Bänder, grüner Rautenzweig) mit dem anhaltinischen (schwarzer Bär auf roter Mauer) und preußischen (schwarzer Adler) Wappen. ***Schleswig-Holstein:*** Kombiniert die Wappen Schleswigs (zwei übereinander schreitende Löwen als Wappentiere der Herzöge Schleswigs seit dem 13. Jh.) und Holsteins. ***Thüringen:*** (12. Jh.) Die weißen Sterne entsprechen den sieben kleineren Staaten, die sich 1920 zum Land Thüringen zusammenschlossen.

Staatsgrenze (Oktober 1990)
Grenze eines Bundeslandes
Grenze eines Regierungsbezirkes
Hauptstadt eines Staates
Hauptstadt eines Bundeslandes
Verwaltungssitz eines Reg.-Bezirkes

Anteil der Bundesländer an Fläche u. Bevölkerung Deutschlands 2002 (%)
19,76 Flächenanteil
15,01 Bevölkerungsanteil

Verkehrsprojekte Deutsche Einheit (1991/92)
Ausbau/Neubau d. Autobahnen
Ausbau/Neubau Eisenbahnfernverbindungen
Ausbau von Wasserstraßen

Ansicht des ehemaligen Preußischen Herrenhauses *in Berlin (1735 als Palais erbaut), das seit dem Umzug der Bundeshauptstadt als Sitz des Bundesrates dient.*

Da die deutsche Wiedervereinigung durch Beitritt der neuen Länder nach § 23 des Grundgesetzes zur Bundesrepublik erfolgte, fand eine Übertragung des politischen Systems der alten Bundesrepublik statt. Trotz des ***Umzugs der Bundeshauptstadt von Bonn nach Berlin**** zeigt der neuerdings oftmals verwendete Begriff *„Berliner Republik"* keine Veränderung des politischen Systems an.

Umzug der Bundeshauptstadt. Bei der Gründung der Bundesrepublik setzte sich Bonn, das in der britischen Zone lag und relativ unzerstört war, in einer knappen Abstimmung als Hauptstadt der Bundesrepublik gegen die alte Krönungs- und Kaiserstadt Frankfurt durch, v.a. um den provisorischen Charakter des entstandenen Weststaates zu betonen. Nach der Wiedervereinigung, nach langen Debatten zwischen Bonn- und Berlin-Befürwortern entschied der Bundestag am 20.6.1991 mit knapper Mehrheit, dass Berlin zum künftigen Regierungssitz der Bundesrepublik werden sollte (Umzug bis zum Jahre 2000). Zwischen Bonn und Berlin sollte es jedoch eine „faire Arbeitsteilung" geben mit dem Verbleib einiger Ministerien und Bundeseinrichtungen in Bonn (etwa Verlagerung des Bundesrechnungshofs von Frankfurt nach Bonn).

Bis 1993 erfolgte aus diesem Grund nur eine punktuelle ***Revision des Grundgesetzes****.

Revision des Grundgesetzes
Auftrag zur praktischen Durchsetzung der Gleichberechtigung zwischen Frauen und Männern; Verbot der Benachteiligung von Behinderten; Umweltschutz erhält Verfassungsrang; die Kompetenzen in Grundsatzfragen der Gentechnik und der künstlichen Befruchtung liegen beim Bund.

Die neuen Länder

Wesentliche Bedeutung bei der Wiedervereinigung hatte auch die Fortführung der ***Tradition des deutschen Föderalismus****. Im Einigungsvertrag wurde dazu vereinbart, das föderalistische Prinzip auf ganz Deutschland zu übertragen und damit die Tradition der DDR als zentralisiertem Staat [→ 214/215] zu beenden. Nach dem Ländereinführungsgesetz erarbeiteten die im Oktober 1990 neu gewählten Landtage Verfassungsentwürfe für ihre Länder, die zwischen Mai 1992 (Sachsen) und Oktober 1993 (Thüringen) verabschiedet wurden. In Brandenburg, Mecklenburg-Vorpommern und Thüringen wurden sie zudem durch Volksabstimmungen legitimiert.

Tradition des deutschen Föderalismus
Der späten Nationalstaatsgründung [→ 158/159] Deutschlands und der langen Tradition des Einflusses partikularer Teilgewalten entspricht auch der weiterhin hohe Stellenwert des Föderalismus in Deutschland. Man spricht in der Bundesrepublik vom *kooperativen Föderalismus*. Er bezeichnet eine politische Praxis zwischen Bund und Gliedstaaten eines Bundesstaates, sich bei der jeweiligen Aufgabenerfüllung gegenseitig zu unterstützen, Absprachen zu treffen und üblicherweise in Übereinstimmung miteinander zu entscheiden.

Länderfinanzausgleich

Zwischen den Ländern bestehen teilweise erhebliche Unterschiede in der Wirtschafts- und Finanzkraft. Deshalb sind der Bund und die Länder nach dem Prinzip der Solidarität zur Unterstützung finanzschwacher Länder verpflichtet. Der *Länderfinanzausgleich* soll weitgehend gleiche Lebensbedingungen in den Bundesländern garantieren. Der sog. *horizontale Finanzausgleich* zwischen den Ländern spielt hierbei eine besondere Rolle.

Verteilung der Institutionen

Seit Gründung der Bundesrepublik wurde darauf geachtet, Bundesbehörden gleichmäßig auf die Länder zu verteilen. Allerdings hat mit Berlin als Hauptstadt die Diskussion um die Konzentration von Bundesbehörden eingesetzt, so etwa bei der Frage nach einem möglichen Umzug des Verfassungsschutzes von Pullach nach Berlin. Als neue Behörde entstand zur Aufarbeitung der DDR-Vergangenheit der *Bundesbeauftragte für die Unterlagen des Staatssicherheitsdienstes der ehemaligen Deutschen Demokratischen Republik* (**„Birthler-Behörde"; zunächst „Gauck-Behörde"**), die die rund 6 Mio. personenbezogener Akten, die das Ministerium für Staatssicherheit in fast 40 Jahren zusammengetragen hatte, verwaltet. Sie können seit Anfang 1992 eingesehen werden.

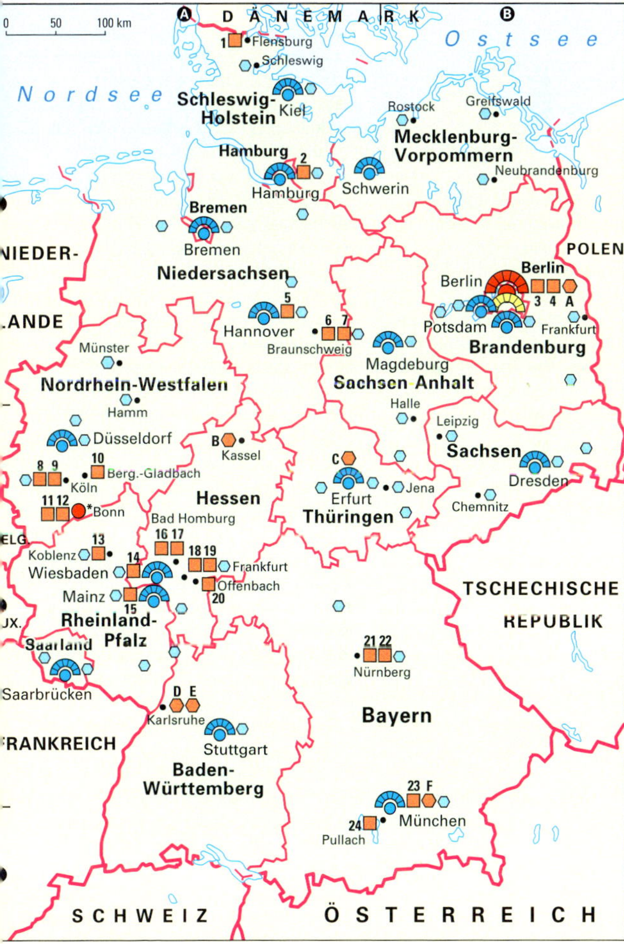

1 Kraftfahrt-Bundesamt
2 Bundesanstalt für Seeschifffahrt
3 Umweltbundesamt
4 „Birthler-Behörde“
5 Bundesanstalt Technisches Hilfswerk
6 Luftfahrt-Bundesamt
7 Physikalisch-Technische Bundesanstalt
8 Bundeszentrale für politische Bildung
9 Bundesamt für Verfassungsschutz
10 Bundesanstalt für Straßenwesen
11 Bundesrechnungshof
12 Bundeskartellamt
13 Bundesarchiv
14 Bundeskriminalamt
15 Statistisches Bundesamt
16 Bundesausgleichsamt
17 Bundesschuldenverwaltung
18 Bundesrechnungshof
19 Bundesbank
20 Deutscher Wetterdienst
21 Bundesanstalt für Arbeit
22 Bundesamt für die Anerkennung ausländischer Flüchtlinge
23 Deutsches Patent- und Markenamt
24 Bundesnachrichtendienst

A Bundesverwaltungsgericht
B Bundessozialgericht
C Bundesarbeitsgericht
D Bundesverfassungsgericht
E Bundesgerichtshof
F Bundesfinanzhof

* Außenstellen in Bonn verbliebener Ministerien

Standorte in Bund und Ländern

	Gesetzgebung (Legislative)	Verwaltung (Exekutive)	Rechtsprechung (Judikative)
Bund	Bundestag mit gewählten Abgeordneten	* Bundesregierung mit Kanzleramt und Ministerien	A bedeutendes Bundesgericht
	Bundesrat mit Vertretern der Landesregierungen	1 bedeutende Bundesbehörde	
Länder	Landtag/Abgeordnetenhaus/Bürgerschaft mit gewählten Abgeordneten	Landesregierung/Senat mit Staats-/Senatskanzlei und Ministerien	bedeutendes Landesgericht

224 Bevölkerungswanderungen und Arbeitslosigkeit in

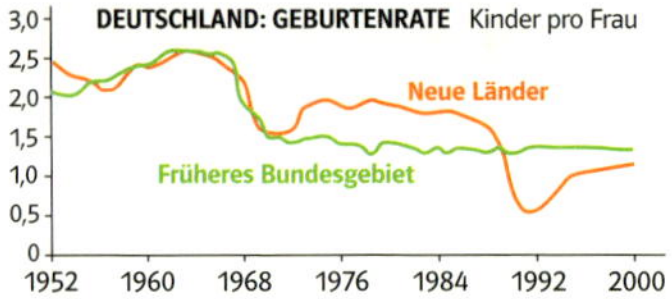

Binnenmobilität in der Bundesrepublik
Während die Politik versucht, Zuwanderung aus dem Ausland zu regeln, entziehen sich regionale Binnenwanderungsprozesse weitgehend politischer Einflussnahme. Vor allem im Hinblick auf den deutschen Vereinigungsprozess und den Erfolg oder Misserfolg der angestrebten Angleichung der Lebensverhältnisse stellt die Mobilität der Menschen einen wichtigen Anhaltspunkt dar.

Grundtendenzen der Wanderung
Die Ost-West-Wanderung und Nord-Süd-Wanderung stellen Grundtendenzen dar. Sie entsprechen der Wirtschaftskraft und den Produktivitätsunterschieden der Länder [→ 226/227]. Gewinnerregionen, also Regionen mit positiver nationaler und internationaler Wanderungsbilanz, waren v.a. Bayern und Baden-Württemberg. Hierbei spielt vor allem die Wirtschaftskraft, die sich in niedrigen Arbeitslosenzahlen ausdrückt, aber auch die generelle Lebensqualität, eine wichtige Rolle.

Mobilität aus den neuen Bundesländern
Zehn Jahre nach dem Vereinigungsprozess drohen sich nicht nur Gewinner- sondern auch Verliererregionen zu verfestigen, aus denen v.a. qualifizierte Fachkräfte und damit jüngere Menschen abwandern. Bereits die ehemalige DDR war de facto ein Auswanderungsland, dessen Bevölkerungszahl abnahm. Im Zuge der friedlichen Revolution kam es zu einer massiven Ausreisewelle in die Bundesrepublik. Mit der Vereinigung am 3.10.1990 wurden die deutsch-deutschen Wanderungen zu Binnenwanderungen. Hoffte man mittelfristig auf einen Ausgleich der Wanderungsströme von Ost nach West und von West nach Ost, so ging seit 1998 die Schere wieder auseinander. Dem Abzug jüngerer Menschen stand teilweise der Zuzug von Rentnern und Pensionären in einige neue Länder gegenüber.

Zwar stellt Mobilität einen Normalfall dar, aber insgesamt ergeben sich v.a. für die neuen Länder negative Folgen:

- Die Abwanderung von jungen Leuten verkehrt die Altersstruktur, denn vor allem junge flexible, qualifizierte Facharbeiter oder Familien mit unter 18-jährigen Kindern und 30–50-jährigen Eltern ziehen um.
- Der Altersüberhang entzieht den neuen Ländern kreatives Potential und wirkt Existenzgründungen entgegen.
- Der erhebliche Wohnungsleerstand bewirkt einen Qualitätsverlust des Stadtlebens und des urbanen Raums. Im Dezember 2000 standen in den neuen Ländern 380 000 Wohnungen der genossenschaftlichen Wohnungsunternehmen leer, was einen erheblichen Abriss oder „Rückbau“ an Wohnraum (Suburbanisierung) mit erheblichen Kosten für Bund und Länder notwendig machte.
- Die Abwanderung aus den ländlichen Gebieten des Nordostens führt zu einem Identitätsverlust des ländlichen Raums.
- Psychologische Auswirkungen: Verstärkung der pessimistischen Zukunftseinschätzung in Teilen Ostdeutschlands, d.h. des Gefühls, in Regionen ohne Zukunft zu leben.

Das Beispiel Sachsen
Zwar bleibt Sachsen das bevölkerungsreichste und am dichtesten besiedelte der fünf neuen Bundesländer, jedoch verlor es in den zehn Jahren seit der Wiedervereinigung 11,3% seiner Einwohner (570 000). Der Anteil der Bevölkerung unter 20 Jahren sank von 24,6% 1988 auf 19,7% im Jahre 1999.

Migration in den alten Bundesländern
Ein Sonderfall ist ***Niedersachsen***. Dort führten ein großer Zuzug aus dem Ausland und entsprechende Folgewanderungen vorübergehend zu hohen Binnenverlusten. Die Stadtstaaten ***Hamburg*** und ***Bremen*** erlitten Wanderungsverluste zugunsten der umliegenden Bundesländer, genauso Berlin durch Fortzug in das umliegende Brandenburg.

Bevölkerungswanderungen:
Wohnortwechsel zwischen den Bundesländern im Jahre 2000

Wanderungsströme
(1 mm Breite entspricht 5000 Personen)

Wanderungsbilanz eines Landes
- Zuwanderungen überwiegen
- Abwanderungen überwiegen

□ 2500 Personen

Arbeitslosigkeit 1994/2003
(in den Bundesländern; Angaben in %)

13,7 Arbeitslosenquote 1994
13,2 Arbeitslosenquote 2003

DDR-Werbeplakat für den Trabant. *Wie viele andere Produkte der ehemaligen DDR war auch der Trabant nach der Wende nicht mehr konkurrenzfähig.*

Als vordringliche Aufgabe nach der Wiedervereinigung stellte sich die wirtschaftliche Integration der neuen Länder in das marktwirtschaftliche System der Bundesrepublik. Zunächst gab es eine große Euphorie über die Perspektiven des „Aufbaus Ost" und die Hoffnung auf „blühende Landschaften". Allerdings stellten sich immer mehr große Probleme bei der Transformation der abgeschotteten sozialistischen Wirtschaft in eine offene, international konkurrenzfähige Marktwirtschaft heraus. Die rasche Privatisierung volkseigener Betriebe durch die ***Treuhandanstalt****** führte zu privatwirtschaftlichen Strukturen. Die industriellen Kerne der ehemaligen DDR mit ihren veralteten Produktionsmethoden und Produkten erwiesen sich allerdings nicht als konkurrenzfähig. Die Einführung der DM zum Umtauschkurs 1:1 (2:1) erfolgte zum Schaden der DDR-Wirtschaft.

Die Treuhandanstalt – Privatisierung im Eiltempo
Bereits unter der ersten demokratischen Regierung der DDR 1990 gegründet, wurde der Treuhand nahezu das gesamte verstaatlichte industrielle Vermögen der damals noch existierenden DDR zur Verwaltung und Verwertung übertragen. Hierzu gehörten Kombinate und volkseigene Betriebe (VEB), aber auch Grundstücke sowie das Sondervermögen der Parteien und Massenorganisationen. Etwa 180 000 Privatisierungs- und Pachtverträge für Liegenschaften wurden abgeschlossen, ungefähr 20 000 Kleinbetriebe und Einzelhandelsgeschäfte privatisiert. Vor allem die Privatisierung von 18 300 Großunternehmen war mit erheblichen Schwierigkeiten verbunden, so dass jeder DM, die beim Kauf eines ostdeutschen Unternehmens eingenommen wurde, drei DM, die von der öffentlichen Hand etwa für die Beseitigung ökologischer Altlasten aufgewandt werden mussten, gegenüberstanden. Bereits nach vier Jahren war die Arbeit der Treuhand abgeschlossen.

Bedingt durch die staatliche Förderpolitik entstanden einzelne hochproduktive industrielle Inseln. Dazu gehören u. a. modernste Fertigungsstätten der Automobilindustrie, der Elektronik, der Energieerzeugung und anderer Branchen, ohne dass damit die Rückstände in der Wirtschaftskraft der östlichen Regionen spürbar beseitigt wurden. Zonen mit solchen Fertigungsstätten sind Berlin (einschließlich Potsdam und Teile von Kreisen Brandenburgs), Halle, Erfurt, Jena, Leipzig, Chemnitz und Dresden. Fast die Hälfte aller abhängig Beschäftigten Ostdeutschlands arbeiten in diesen sieben Regionen.

Auseinanderklaffende Entwicklung

Trotz hoher Finanztransfers aus dem Westen wurde noch kein selbst tragender Aufschwung in den neuen Ländern erreicht. Die Hoffnung auf eine rasche Angleichung der Lebensverhältnisse erfüllten sich nicht. Die wirtschaftliche Leistung je Einwohner verharrt bei 2/3 des westdeutschen Niveaus. Deutschland entwickelte sich zum Land mit dem größten inneren wirtschaftlichen Gefälle in der Europäischen Union. Hamburg, eine der wirtschaftlich stärksten Regionen Europas liegt unmittelbar neben einer der schwächsten, Mecklenburg-Vorpommern. Diese innere Spannung hat auch demographische Folgen, da hohe Arbeitslosigkeit zur Abwanderung führt [→ 224/225].

Auf dem Weg zur Dienstleistungsgesellschaft

Ein wichtiger Bereich der deutschen Wirtschaft ist die exportierende Industrie mit einer Vielzahl an Produkten. Parallel dazu findet ein Umbau zur ***tertiären Wirtschaft*** (Handel, Verkehr, öffentliche und private Dienstleistungen) statt. Inzwischen erwirtschaftet dieser Teil fast 70% des Bruttoinlandsprodukts. Auch in dieser Entwicklung geht vor allem der prosperierende Süden mit seinen stark exportorientierten Industrien voran.

Exportgüter	***Anteil (2001)***
Kraftwagen und -teile	18,2%
Maschinen	14,2%
Chemische Erzeugnisse	12,4%
Nachrichtentechnik	5,2%
Geräte der Elektrizitätswirtschaft	4,9%
Eisen- und Stahlerzeugnisse	4,7%

0
50
100 km
DÄNEMARK
Ostsee
Nordsee
Schleswig-Holstein
Kiel
Rostock
Mecklenburg-Vorpommern
Schwerin
Emden
Hamburg
Bremen
NIEDER-LANDE
POLEN
Niedersachsen
Hannover
Berlin
Potsdam
Frankfurt
Sachsen-Anhalt
Magdeburg
Brandenburg
Münster
Bielefeld
Nordrhein-Westfalen
Duisburg
Dortmund
Düsseldorf
Köln
Kassel
Halle
Leipzig
Sachsen
Dresden
Erfurt
Thüringen
BELG.
Hessen
Frankfurt
Wiesbaden
Mainz
LUXEM-BURG
Rheinland-Pfalz
Saarland
Saarbrücken
Würzburg
TSCHECHISCHE REPUBLIK
Nürnberg
Regensburg
FRANKREICH
Stuttgart
Bayern
Baden-Württemberg
München
Freiburg
SCHWEIZ
ÖSTERREICH
Produktivitätsunterschiede
Produktivität pro Arbeitsplatz*
über 125
100–125
75–100
unter 75
Dienstleistungsarbeitsplätze
überdurchschnittlich hoher Anteil
Haushaltseinkommen
überdurchschnittlich hoch
unterdurchschnittlich gering
(*Werte gemessen am Durchschnitt in Deutschland = 100)

Inhalt, Reihenfolge der Namen

- Das Register erschließt den Inhalt der Karten, Legenden und Texte. Es umfasst neben dem historisch-geographischen Namengut auch Personennamen und wichtige Sachbegriffe aus den Kartenlegenden und Texten. Ferner enthält es Namen von Flüssen, Seen, Bergen, Pässen usw., zu denen ein historischer Bezug existiert.
- Die Reihenfolge der Namen entspricht dem lateinischen Alphabet. Dabei wurden Umlaute und Buchstaben mit diakritischen Zeichen wie einfache Buchstaben eingereiht., z.B.
  ä = a; ê = e.
- Die abgekürzten Namen sind im Register zumeist ausgeschrieben. Abkürzungen von Eigennamen und Organisatoren werden im Register erklärt.
  EWG (Europ. Wirtschaftsgemeinschaft)
- Von historischen Namen wird auf die heutige Namenform verwiesen, sofern dies von Bedeutung ist oder es die historische Kontinuität erfordert, z.B.
  Aquae → auch *Aachen*
- Bei Namen mit Klammerzusätzen erfolgt eine zusätzliche Verweisung:
  Danzig (Gdańsk)
  Gdańsk → *Danzig*
- Gleich lautende Ortsnamen wurden zur Unterscheidung mit einem Zusatz versehen, z.B.
  Neustadt/Pfalz
  Neustadt/Franken

Erläuternde Zusätze

- Außer den Sachbegriffen sind nahezu alle Namen des Registers mit Gattungssignaturen in Form von Piktogrammen versehen, die auf jeder rechten unteren Seite erläutert sind:
  ⊙ Siedlung, Ort, Stadt
  ♜ Burg, Schloss
  + Abtei, Kloster, Kirche
  ☐ Staat, Land, Territorium
  ⚔ Aufstand, Schlacht, Eroberung, Revolution
  § Vertrag, Bündnis, Gesetz
  ∽ Gewässer (Fluss, Meer usw.)
  👤 Person
  👥 Volk, Völkergruppe

Suchangaben

- Die Suchangabe besteht aus der arabischen Zahl für die Text- oder Kartenseite und der römischen Zahl für die Kartennummer auf dieser Seite (bei Nebenkarten mit dem Zusatz Nk.). Wichtige Seitenhinweise sind fett hervorgehoben.
  Beispiele: Greifswald ⊙ 47.II
  Ungarn ☐ **212 C 2**
- Suchangaben, die sich auf die topographische Lage in der Karte beziehen, sind aus den Suchfeldern zu entnehmen, die sich mit Hilfe der Index-Angaben für Spalten (Großbuchstaben) und Zeilen (Ziffern) ergeben, z.B.
  Malmö ⊙ 47.I A 1
  Franken 👥 21 B 2

Zeitliche Zuordnung

- Auf jeder linken Seite des Registers befindet sich unten eine Zeitleiste, die die schnelle Zuordnung der Seitenzahlen zu den üblichen Epochen (Altertum, Mittelalter usw.) ermöglicht:

12–19	20–69	70–121	122–175	176–197	198–227
Altertum bis ca. 500	Mittelalter 500–ca.1500	Frühe Neuzeit 1500–1789	Neuzeit 1789–1918	Zeitgeschichte 1918–1945	Zeitgeschichte seit 1945

A

⊙ Siedlung, Ort, Stadt
♜ Burg, Schloss
\+ Abtei, Kloster, Kirche
□ Staat, Land, Territorium
⚔ Aufstand, Schlacht, Eroberung
§ Vertrag, Bündnis, Gesetz
∽ Gewässer (Fluss, Meer usw.)
👤 Person
👥 Völkergruppe

⊙ Siedlung, Ort, Stadt	□ Staat, Land, Territorium	∽ Gewässer (Fluss, Meer usw.)
♜ Burg, Schloss	⚔ Aufstand, Schlacht, Eroberung	👤 Person
+ Abtei, Kloster, Kirche	§ Vertrag, Bündnis, Gesetz	👥 Völkergruppe

B

⊙ Siedlung, Ort, Stadt	□ Staat, Land, Territorium	∽ Gewässer (Fluss, Meer usw.)
♜ Burg, Schloss	⚔ Aufstand, Schlacht, Eroberung	👤 Person
✝ Abtei, Kloster, Kirche	§ Vertrag, Bündnis, Gesetz	👥 Völkergruppe

12–19	20–69	70–121	122–175	176–197	198–227
Altertum bis ca. 500	Mittelalter 500–ca.1500	Frühe Neuzeit 1500–1789	Neuzeit 1789–1918	Zeitgeschichte 1918–1945	Zeitgeschichte seit 1945

⊙ Siedlung, Ort, Stadt	□ Staat, Land, Territorium	∽ Gewässer (Fluss, Meer usw.)
♜ Burg, Schloss	⚔ Aufstand, Schlacht, Eroberung	👤 Person
+ Abtei, Kloster, Kirche	§ Vertrag, Bündnis, Gesetz	👥 Völkergruppe

⊙ Siedlung, Ort, Stadt	□ Staat, Land, Territorium	∽ Gewässer (Fluss, Meer usw.)
♜ Burg, Schloss	⚔ Aufstand, Schlacht, Eroberung	👤 Person
+ Abtei, Kloster, Kirche	§ Vertrag, Bündnis, Gesetz	👥 Völkergruppe

⊙ Siedlung, Ort, Stadt	☐ Staat, Land, Territorium	∽ Gewässer (Fluss, Meer usw.)
♜ Burg, Schloss	⚔ Aufstand, Schlacht, Eroberung	⚲ Person
✚ Abtei, Kloster, Kirche	§ Vertrag, Bündnis, Gesetz	⚲⚲ Völkergruppe

⊙ Siedlung, Ort, Stadt	□ Staat, Land, Territorium	∽ Gewässer (Fluss, Meer usw.)
♜ Burg, Schloss	⚔ Aufstand, Schlacht, Eroberung	👤 Person
+ Abtei, Kloster, Kirche	§ Vertrag, Bündnis, Gesetz	👥 Völkergruppe

⊙ Siedlung, Ort, Stadt	☐ Staat, Land, Territorium	∽ Gewässer (Fluss, Meer usw.)
♜ Burg, Schloss	⚔ Aufstand, Schlacht, Eroberung	👤 Person
✝ Abtei, Kloster, Kirche	§ Vertrag, Bündnis, Gesetz	👥 Völkergruppe

⊙ Siedlung, Ort, Stadt	□ Staat, Land, Territorium	∽ Gewässer (Fluss, Meer usw.)
♜ Burg, Schloss	⚔ Aufstand, Schlacht, Eroberung	👤 Person
+ Abtei, Kloster, Kirche	§ Vertrag, Bündnis, Gesetz	👥 Völkergruppe

12–19	20–69	70–121	122–175	176–197	198–227
Altertum bis ca. 500	Mittelalter 500–ca.1500	Frühe Neuzeit 1500–1789	Neuzeit 1789–1918	Zeitgeschichte 1918–1945	Zeitgeschichte seit 1945

⊙ Siedlung, Ort, Stadt	□ Staat, Land, Territorium	∽ Gewässer (Fluss, Meer usw.)
♜ Burg, Schloss	⚔ Aufstand, Schlacht, Eroberung	👤 Person
+ Abtei, Kloster, Kirche	§ Vertrag, Bündnis, Gesetz	👥 Völkergruppe

⊙ Siedlung, Ort, Stadt
♜ Burg, Schloss
+ Abtei, Kloster, Kirche
□ Staat, Land, Territorium
⚔ Aufstand, Schlacht, Eroberung
§ Vertrag, Bündnis, Gesetz
∿ Gewässer (Fluss, Meer usw.)
👤 Person
👥 Völkergruppe

12–19	20–69	70–121	122–175	176–197	198–227
Altertum bis ca. 500	Mittelalter 500–ca.1500	Frühe Neuzeit 1500–1789	Neuzeit 1789–1918	Zeitgeschichte 1918–1945	Zeitgeschichte seit 1945

⊙ Siedlung, Ort, Stadt
♜ Burg, Schloss
+ Abtei, Kloster, Kirche
□ Staat, Land, Territorium
⚔ Aufstand, Schlacht, Eroberung
§ Vertrag, Bündnis, Gesetz
∽ Gewässer (Fluss, Meer usw.)
👤 Person
👥 Völkergruppe

⊙ Siedlung, Ort, Stadt
♜ Burg, Schloss
\+ Abtei, Kloster, Kirche
□ Staat, Land, Territorium
⚔ Aufstand, Schlacht, Eroberung
§ Vertrag, Bündnis, Gesetz
∽ Gewässer (Fluss, Meer usw.)
👤 Person
👥 Völkergruppe

12–19	20–69	70–121	122–175	176–197	198–227
Altertum bis ca. 500	Mittelalter 500–ca.1500	Frühe Neuzeit 1500–1789	Neuzeit 1789–1918	Zeitgeschichte 1918–1945	Zeitgeschichte seit 1945

⊙ Siedlung, Ort, Stadt
♜ Burg, Schloss
✚ Abtei, Kloster, Kirche
□ Staat, Land, Territorium
⚔ Aufstand, Schlacht, Eroberung
§ Vertrag, Bündnis, Gesetz
∽ Gewässer (Fluss, Meer usw.)
♙ Person
♙♟ Völkergruppe

⊙ Siedlung, Ort, Stadt	□ Staat, Land, Territorium	∽ Gewässer (Fluss, Meer usw.)
♜ Burg, Schloss	⚔ Aufstand, Schlacht, Eroberung	👤 Person
+ Abtei, Kloster, Kirche	§ Vertrag, Bündnis, Gesetz	👥 Völkergruppe

M

⊙ Siedlung, Ort, Stadt
♜ Burg, Schloss
✚ Abtei, Kloster, Kirche
☐ Staat, Land, Territorium
⚔ Aufstand, Schlacht, Eroberung
§ Vertrag, Bündnis, Gesetz
∽ Gewässer (Fluss, Meer usw.)
👤 Person
👥 Völkergruppe

⊙ Siedlung, Ort, Stadt	□ Staat, Land, Territorium	∿ Gewässer (Fluss, Meer usw.)
♜ Burg, Schloss	⚔ Aufstand, Schlacht, Eroberung	👤 Person
+ Abtei, Kloster, Kirche	§ Vertrag, Bündnis, Gesetz	👥 Völkergruppe

⊙ Siedlung, Ort, Stadt	□ Staat, Land, Territorium	∽ Gewässer (Fluss, Meer usw.)
♜ Burg, Schloss	⚔ Aufstand, Schlacht, Eroberung	👤 Person
+ Abtei, Kloster, Kirche	§ Vertrag, Bündnis, Gesetz	👥 Völkergruppe

⊙ Siedlung, Ort, Stadt
♜ Burg, Schloss
+ Abtei, Kloster, Kirche
□ Staat, Land, Territorium
⚔ Aufstand, Schlacht, Eroberung
§ Vertrag, Bündnis, Gesetz
∽ Gewässer (Fluss, Meer usw.)
👤 Person
👥 Völkergruppe

⊙ Siedlung, Ort, Stadt
♜ Burg, Schloss
\+ Abtei, Kloster, Kirche
□ Staat, Land, Territorium
⚔ Aufstand, Schlacht, Eroberung
§ Vertrag, Bündnis, Gesetz
∽ Gewässer (Fluss, Meer usw.)
👤 Person
👥 Völkergruppe

⊙ Siedlung, Ort, Stadt
♜ Burg, Schloss
\+ Abtei, Kloster, Kirche
☐ Staat, Land, Territorium
⚔ Aufstand, Schlacht, Eroberung
§ Vertrag, Bündnis, Gesetz
∽ Gewässer (Fluss, Meer usw.)
👤 Person
👥 Völkergruppe

⊙ Siedlung, Ort, Stadt	☐ Staat, Land, Territorium	∽ Gewässer (Fluss, Meer usw.)
♜ Burg, Schloss	⚔ Aufstand, Schlacht, Eroberung	👤 Person
✚ Abtei, Kloster, Kirche	§ Vertrag, Bündnis, Gesetz	👥 Völkergruppe

12–19	20–69	70–121	122–175	176–197	198–227
Altertum bis ca. 500	Mittelalter 500–ca.1500	Frühe Neuzeit 1500–1789	Neuzeit 1789–1918	Zeitgeschichte 1918–1945	Zeitgeschichte seit 1945

⊙ Siedlung, Ort, Stadt
♜ Burg, Schloss
\+ Abtei, Kloster, Kirche
□ Staat, Land, Territorium
⚔ Aufstand, Schlacht, Eroberung
§ Vertrag, Bündnis, Gesetz
∽ Gewässer (Fluss, Meer usw.)
👤 Person
👥 Völkergruppe

12–19	20–69	70–121	122–175	176–197	198–227
Altertum bis ca. 500	Mittelalter 500–ca.1500	Frühe Neuzeit 1500–1789	Neuzeit 1789–1918	Zeitgeschichte 1918–1945	Zeitgeschichte seit 1945

⊙ Siedlung, Ort, Stadt
♜ Burg, Schloss
✝ Abtei, Kloster, Kirche
□ Staat, Land, Territorium
⚔ Aufstand, Schlacht, Eroberung
§ Vertrag, Bündnis, Gesetz
∽ Gewässer (Fluss, Meer usw.)
👤 Person
👥 Völkergruppe

⊙ Siedlung, Ort, Stadt	□ Staat, Land, Territorium	∽ Gewässer (Fluss, Meer usw.)
♜ Burg, Schloss	⚔ Aufstand, Schlacht, Eroberung	👤 Person
+ Abtei, Kloster, Kirche	§ Vertrag, Bündnis, Gesetz	👥 Völkergruppe

T

12–19	20–69	70–121	122–175	176–197	198–227
Altertum bis ca. 500	Mittelalter 500–ca.1500	Frühe Neuzeit 1500–1789	Neuzeit 1789–1918	Zeitgeschichte 1918–1945	Zeitgeschichte seit 1945

⊙ Siedlung, Ort, Stadt
♜ Burg, Schloss
\+ Abtei, Kloster, Kirche
□ Staat, Land, Territorium
⚔ Aufstand, Schlacht, Eroberung
§ Vertrag, Bündnis, Gesetz
∽ Gewässer (Fluss, Meer usw.)
♙ Person
♙♙ Völkergruppe

12–19	20–69	70–121	122–175	176–197	198–227
Altertum bis ca. 500	Mittelalter 500–ca.1500	Frühe Neuzeit 1500–1789	Neuzeit 1789–1918	Zeitgeschichte 1918–1945	Zeitgeschichte seit 1945

W

⊙ Siedlung, Ort, Stadt
♜ Burg, Schloss
✚ Abtei, Kloster, Kirche
□ Staat, Land, Territorium
⚔ Aufstand, Schlacht, Eroberung
§ Vertrag, Bündnis, Gesetz
ᔕ Gewässer (Fluss, Meer usw.)
👤 Person
👥 Völkergruppe

12–19	20–69	70–121	122–175	176–197	198–227
Altertum bis ca. 500	Mittelalter 500–ca.1500	Frühe Neuzeit 1500–1789	Neuzeit 1789–1918	Zeitgeschichte 1918–1945	Zeitgeschichte seit 1945

⊙ Siedlung, Ort, Stadt
♖ Burg, Schloss
+ Abtei, Kloster, Kirche
□ Staat, Land, Territorium
⚔ Aufstand, Schlacht, Eroberung
§ Vertrag, Bündnis, Gesetz
∽ Gewässer (Fluss, Meer usw.)
♙ Person
♙♙ Völkergruppe

⊙ Siedlung, Ort, Stadt	□ Staat, Land, Territorium
♜ Burg, Schloss	⚔ Aufstand, Schlacht, Eroberung
+ Abtei, Kloster, Kirche	§ Vertrag, Bündnis, Gesetz
∽ Gewässer (Fluss, Meer usw.)	👤 Person
👥 Völkergruppe	